STUDIENKURS POLITIKWISSENSCHAFT

Lehrbuchreihe für Studierende der Politikwissenschaft an Universitäten und Hochschulen

Wissenschaftlich fundiert und in verständlicher Sprache führen die Bände der Reihe in die zentralen Forschungsgebiete, Theorien und Methoden der Politikwissenschaft ein und vermitteln die für angehende WissenschaftlerInnen grundlegenden Studieninhalte. Die konsequente Problemorientierung und die didaktische Aufbereitung der einzelnen Kapitel erleichtern den Zugriff auf die fachlichen Inhalte. Bestens geeignet zur Prüfungsvorbereitung u.a. durch Zusammenfassungen, Wissens- und Verständnisfragen sowie Schaubilder und thematische Querverweise.

Hannes Schammann | Danielle Gluns

Migrationspolitik

Onlineversion
Nomos eLibrary

Die Deutsche Nationalbibliothek verzeichnet diese Publikation in der Deutschen Nationalbibliografie; detaillierte bibliografische Daten sind im Internet über http://dnb.d-nb.de abrufbar.

ISBN 978-3-8487-4054-3 (Print)
ISBN 978-3-8452-8353-1 (ePDF)

1. Auflage 2021
© Nomos Verlagsgesellschaft, Baden-Baden 2021. Gesamtverantwortung für Druck und Herstellung bei der Nomos Verlagsgesellschaft mbH & Co. KG. Alle Rechte, auch die des Nachdrucks von Auszügen, der fotomechanischen Wiedergabe und der Übersetzung, vorbehalten. Gedruckt auf alterungsbeständigem Papier.

Über dieses Buch

Migrationspolitik gehört zu den komplexeren Politikfeldern. Als *Newcomer* kann man leicht den Überblick im Gewirr der beteiligten Akteur:innen und wissenschaftlichen Perspektiven verlieren. Mit diesem Lehrbuch möchten wir daher Orientierungswissen in einem ebenso spannenden wie spannungsgeladenen Themengebiet vermitteln. Studierende, Forschende und Praktiker:innen sollen sich nicht nur einlesen, sondern auch eigenständig weiterdenken können.

Die Perspektive, zu deren Weiterentwicklung wir mit diesem Lehrbuch beitragen möchten, ist die einer politikwissenschaftlichen Migrations(politik)forschung. Das ist gar nicht so selbstverständlich, denn Migrationspolitikforschung wird keineswegs nur von Politikwissenschaftler:innen betrieben. Der Politikwissenschaftler und Migrationsforscher Gary Freeman stellte dazu einst einigermaßen ernüchtert fest: „[S]ome of the most influential or innovative writing on the politics of immigration and citizenship has been produced by scholars who are not political scientists" (Freeman 2002). Tatsächlich galt Migration der Politikwissenschaft wie auch der politischen Praxis lange als *low politics* – auch wenn ein unerschrockener Arbeitskreis innerhalb der Deutschen Vereinigung für Politikwissenschaft (DVPW) seit Langem dicke Bretter bohrt. Seit 2015 hat das Interesse an Migrationspolitik jedoch auch in der deutschsprachigen Praxis und Forschung deutlich zugenommen. Die Disziplin beginnt, Fragestellungen zur Migrationspolitik in ihren jeweiligen Teilgebieten zu bearbeiten, also beispielsweise: Politische Theorie, Politische Systeme und ihr Vergleich, Internationale Beziehungen, Policy Analyse und Politische Soziologie. Fast alle werden eine Rolle in diesem Buch spielen.

Allerdings genügt es für die seriöse Beschäftigung mit Migrationspolitik nicht, politikwissenschaftliche Theorien und Konzepte in einem neuen Anwendungsfall zu reproduzieren. Es gilt, die interdisziplinäre Natur von Migrationsforschung anzuerkennen und soziologische, historische, ökonomische, rechtswissenschaftliche und geografische Beiträge zur Kenntnis zu nehmen. Nur so kann politikwissenschaftliche Forschung eine ernst zu nehmende Stimme im Chor der multiperspektivischen Migrationsforschung darstellen (Schammann 2021).

Wir werden daher in diesem Buch Anleihen bei verschiedenen „Migrationswissenschaften" nehmen. Dies gilt unter anderem für Kapitel 1, wo wir uns auf Klassifikationsversuche von Migrationsphänomenen und Migrant:innen konzentrieren, auf denen zahlreiche migrationspolitische Regelungen aufbauen. Zudem werden wir den ebenfalls politisch und wissenschaftlich intensiv debattierten Integrationsbegriff unter die Lupe nehmen.

Was politikwissenschaftliche Migrationsforschung zweitens leisten muss – und was sie bislang häufig vermeidet – ist, eine genauere Vorstellung des eigenen Gegenstands zu entwickeln. Wo beginnt und wo endet Migrationspolitik? Ist sie Querschnittspolitik oder ein eigenes Politikfeld? Oder ist sie aufgeteilt in mehrere Politikfelder, also z. B. in Integrations-, Asyl- und Fachkräftepolitik? Wir werden in Kapitel 2 versuchen, Antworten auf diese Fragen zu geben und auf Basis existierender Definitionen ein weites Verständnis von Migrationspolitik skizzieren, das *Regelungen, Steuerungsmechanismen und normative Setzungen im Umgang mit Migration und migrationsbedingter Vielfalt* in den Mittelpunkt rückt.

Während Teil I also die terminologischen Grundlagen legt und erste Perspektiven skizziert, vermittelt Teil II einen Überblick zu zentralen Entwicklungslinien, Institutionen und Akteur:innen der globalen (Kap. 3), europäischen (Kap. 4) und deutschen (Kap. 5) Migrationspolitik. Damit reproduzieren wir einerseits eine eurozentrische Perspektive, andererseits scheint es uns sinnvoll, zunächst die Migrationspolitik im unmittelbaren Erfahrungskontext kennenzulernen, bevor sich der Blick weiten kann – und muss.

Infobox

Hinweise zum Gebrauch des Buchs

Der Textfluss in den Kapiteln ist immer wieder durch Kästen unterbrochen. Diese gliedern sich in drei Rubriken: Eine *Infobox* enthält zentrales Wissen zum Thema. Ein *Beispiel* illustriert oder vertieft Aspekte aus dem Text. Die Rubrik *Zur Diskussion* bietet einen Impuls zum Austausch – im Hörsaal, in der Mensa oder am Küchentisch.

Ein *Sachregister* am Ende des Buchs ermöglicht die gezielte Suche nach Begriffe oder Institutionen.

Am Ende jedes Kapitels laden *Übungs- und Reflexionsaufgaben* dazu ein, wichtige Aspekte zu rekapitulieren oder weiterzudenken. Außerdem werden Bücher und Aufsätze *Zur Vertiefung* empfohlen. Dabei handelt es sich einerseits um gut lesbare Einführungsliteratur (teils auch „graue" Literatur), aber auch um anspruchsvolle Texte in deutscher und englischer Sprache. Zur besseren Orientierung nutzen wir bei den Literaturangaben drei Symbole:

i = Überblick
* = Klassiker
# = aktuelle/wiederkehrende Debatten

Teil III stellt eine Auswahl an grundlegenden Fragestelllungen politikwissenschaftlicher Migrationsforschung vor. Wir beginnen mit der Diskussion darüber, ob Migrationspolitik grundsätzlich zum Scheitern verurteilt ist (Kap. 6). Ein Kapitel zur vergleichenden Migrationspolitikforschung geht der Frage nach, ob Migrationspolitik sich immer ähnlicher und dabei immer liberaler wird (Kap. 7). Dem gegenüber steht das Verhältnis von Migrationspolitik und Sicherheit (Kap. 8). Mit der Frage nach den Wohlfahrtsbilanzen von Migration und (globaler) sozialer Ungleichheit beschäftigen sich dann die Kapitel zu Wirtschaft und Wohlfahrt (Kap. 9) sowie Migration und Entwicklung (Kap. 10). Die abschließenden Kapitel widmen sich zwei Themen, die etwas weniger konkret sind, aber – um die Migrationsforscher Marc Rosenblum und Wayne Cornelius (2012) zu paraphrasieren – umso intensiver gefühlt werden: Migration und öffentliche Meinung (Kap. 11) sowie Zugehörigkeit und politische Partizipation (Kap. 12).

Mit der Auswahl der Fragestellungen in diesem Buch erheben wir keineswegs den Anspruch, alle Themen und Perspektiven einer politikwissenschaftlichen Migrationsforschung restlos abzudecken. Fünf Unterlassungen nehmen wir bewusst in

Kauf. *Erstens* können wir Diskussionen der normativen Politischen Theorie nur eingeschränkt berücksichtigen (für einen Einstieg u. a. Gibney 2014; Song 2018). Wir beziehen uns eher auf Theorien mittlerer Reichweite, die an empirischen Phänomenen ansetzen und diese zu verstehen oder zu erklären suchen. *Zweitens* konzentriert sich dieses Buch auf politikwissenschaftliche Migrations*politik*forschung. Politische Gründe, weshalb Menschen migrieren, können durchaus Gegenstand der politikwissenschaftlichen Migrationsforschung sein, sie entsprechen jedoch in den seltensten Fällen einer der hier verwendeten Definitionen von Migrationspolitik und werden daher überwiegend ausgeklammert. *Drittens* betrachten wir vor allem Staatstätigkeit – auch wenn wir auf die Bedeutung anderer Akteur:innen immer wieder hinweisen. Doch staatliches Handeln bleibt aus unserer Sicht weiterhin der Nukleus politikwissenschaftlicher Analyse – ganz im Sinne der Migrationsforscher:innen Caroline Brettell und James Hollifield (2014), die fordern: „bring the state back in". *Viertens* greifen wir den durchaus relevanten Nexus von Gender und Migrationspolitik zwar an mehreren Stellen auf, widmen ihm jedoch kein gesondertes Kapitel. Dies folgt der Entscheidung, das Buch nicht nach den gesellschaftlich konstruierten Zielgruppen politischen Handelns (z. B. Fachkräfte, Frauen, Asylsuchende), sondern nach übergreifenden Fragestellungen zu strukturieren. *Fünftens* verzichten wir aus Platzgründen auf eine ausführliche Diskussion von empirischen Methoden. Durch die spezifischen Bedingungen von Migrationspolitik – u. a. die Verbundenheit mit anderen Disziplinen und Politikfeldern sowie nicht zuletzt die Vulnerabilität mancher Migrant:innen – existieren durchaus besondere methodologische und ethische Herausforderungen, die ausführlich zu reflektieren wären, jedoch über eine erste Orientierung deutlich hinausgehen. Für den Einstieg sind wir zuversichtlich, dass Studierende und Forschende mit allgemeinen sozialwissenschaftlichen Methodenkenntnissen und einer grundlegenden Sensibilität für Forschungsethik auf Basis dieses Buchs tragfähige Forschungsfragen und -arbeiten entwickeln können.

Infobox

Praktische Hinweise für Studium und Lehre

Das Buch kann zum Selbststudium, aber auch als Grundlage für eine Lehrveranstaltung genutzt werden. Es ist so aufgebaut, dass die zwölf Kapitel nacheinander in einzelnen Sitzungen eines Semesters behandelt werden können. Alternativ dazu können sie in unterschiedlicher Reihung oder als einzelne Texte gelesen werden. Sie bieten eine Einführung in die jeweilige Thematik und könnten daher auch in weniger spezialisierten Seminaren als Anwendungsfall dienen – also z. B. Kapitel 4 zur Migrationspolitik der Europäischen Union in einem Seminar zum politischen System der EU.

Drei Kapitel (4, 5, 12) sind deutlich länger als der Durchschnitt. Unserer Erfahrung nach laden die dort behandelten Themen besonders zur Diskussion ein oder brauchen wegen des Umfangs der jeweils vermittelten Materie einfach mehr Zeit. Es empfiehlt sich daher, das eine oder andere dieser Kapitel über mehr als eine Sitzung zu strecken – je nach Anzahl der verfügbaren Semesterwochen.

Für diejenigen, die auf den Geschmack gekommen sind, bieten wir im Anhang eine Übersicht wichtiger Zeitschriften der Migrationsforschung sowie einige Websites und Newsletter zu aktuellen Entwicklungen im Themenfeld. Es empfiehlt sich, dass Studierende und Dozierende vereinbaren, mindestens einen dieser Newsletter für die Dauer des Seminars/der Vorlesung zu abonnieren oder eine Website zu verfolgen. Wir haben die Erfahrung gemacht, dass dies den Austausch belebt und die Lust auf theoretisch fundierte Auseinandersetzung mit der Praxis fördert.

Das Buch ist geprägt durch unsere jahrelangen Erfahrungen in Lehre, Forschung und Praxis zur Migrationspolitik. Vom Austausch mit Vertreter:innen staatlicher und nicht-staatlicher Organisationen haben wir enorm profitiert, ebenso wie von den Diskussionen mit Kolleg:innen und Studierenden verschiedener Hochschulen. Ihnen allen sind wir zu großem Dank verpflichtet. Darüber hinaus bedanken wir uns bei den Mitgliedern der Forschungsgruppe Migrationspolitik an der Universität Hildesheim – für Feedback zu einzelnen Textteilen, aber insbesondere für das ertragreiche und erfüllende gemeinsame Arbeiten an zahlreichen Projekten. Ganz besonders danken möchten wir auch unseren externen Reviewer:innen für einzelne Kapitel, Petra Bendel, Marcus Engler, Holger Kolb und Janna Teltemann, die sich trotz voller Terminkalender die Zeit genommen und uns wichtige Impulse gegeben haben. Weiterhin verbliebene oder im Nachgang produzierte Unzulänglichkeiten sind selbstverständlich nur uns allein anzulasten.

Die Qualität eines Lehrbuchs lebt vom Feedback der Lesenden. Wir möchten Sie daher dazu ermutigen, mit uns in Dialog zu treten. Natürlich freuen wir uns über Hinweise, an welcher Stelle Sie etwas Neues gelernt haben. Aber wir sind auch dankbar, wenn Sie entdecken, dass das Buch jenseits der bewussten Unterlassungen gravierende Fehler, Versäumnisse oder einseitige Darstellungen aufweist. In jedem Fall freuen wir uns über eine Kontaktaufnahme.

Hildesheim, im Mai 2021 *Hannes Schammann und Danielle Gluns*

Inhalt

Abbildungsverzeichnis

Tabellenverzeichnis

I. Migration und Migrationspolitik

1 Nicht zu fassen? Sozialwissenschaftliches Basiswissen zu Migration und Integration

Wie so oft in den Sozialwissenschaften ist auch in der Migrationsforschung die Frage nach dem zentralen Gegenstand gar nicht so einfach und widerspruchsfrei zu beantworten. Dieses Kapitel widmet sich zwei ebenso zentralen wie umstrittenen Begriffen der Migrationspolitik und der Migrationsforschung: Migration und Integration. In einem ersten Schritt werden Kategorisierungsversuche von Migrationsprozessen betrachtet. Das zweite Teilkapitel nähert sich dem umstrittenen Integrationsbegriff. Das hier vermittelte sozialwissenschaftliche Basiswissen bildet das Fundament für das Verständnis von Migrationspolitik im weiteren Verlauf des Buchs.

Migration über mehr oder weniger kurze Strecken ist der soziale und historische Normalfall. Wohl in fast jeder persönlichen Biografie finden sich zeitweilige oder permanente Wechsel des Lebensmittelpunktes. Wir ziehen einer Partnerschaft, der Ausbildung oder dem Beruf hinterher. Wir überqueren dazu Flüsse, Berge und manchmal auch ganze Kontinente. Manchmal bleiben wir unser restliches Leben an dem neuen Ort, manchmal ziehen wir weiter oder kehren zurück. Und auch wenn wir selbst sesshaft bleiben, gibt es doch in unserer Familiengeschichte immer Menschen, die einen Ort verlassen haben, um ihr Leben an einem anderen – und sei es nur in der nächstgrößeren Stadt – fortzuführen. In diesem Sinne ist auch die Geschichte der Menschheit die einer permanenten Wanderung: Hätten sich nicht vor vielen tausend Jahren einige afrikanische Migrant:innen auf den Weg gemacht, gäbe es auch die europäische Zivilisation nicht. Der Historiker Klaus Bade spricht daher vom *homo migrans* (Bade 2000: 11). Doch wenn Migration so normal ist, weshalb lässt sich dann so intensiv darüber streiten – und auch forschen? An welcher Stelle wird Migration vom Normalfall zur Besonderheit? Wann wird sie politisch und politikwissenschaftlich relevant?

Bei der Suche nach einer Antwort hilft die Beschäftigung mit wissenschaftlichen Kategorisierungs- und Erklärungsversuchen von Migrationsprozessen. Die folgenden Abschnitte zeigen Migration als mehrdimensionales Phänomen und nehmen dabei Bezug auf soziologische, ökonomische und geschichtswissenschaftliche Ansätze. Eine umfassende Darlegung sozialwissenschaftlicher Migrationstheorien kann und soll an dieser Stelle nicht geleistet werden. Eine entsprechende Vertiefung ist jedoch über qualitativ hochwertige Einführungsliteratur leicht möglich (soziologisch u. a. Gold/Nawyn 2019; Haug 2000; Martiniello/Rath 2012; Schwenken 2018; historisch u. a. Bade et al. 2010; Oltmer 2017).

1.1 Migration als mehrdimensionales Phänomen

Der Begriff Migration stammt etymologisch vom lateinischen *migratio* bzw. *migrare*. Damit ist zunächst einfach eine Wanderung gemeint. Diese definiert der Soziologe Georg Simmel bereits im Jahr 1908 in seinem „Exkurs über den Fremden", einem der Gründungstexte der deutschen Migrationssoziologie, als „die Gelöstheit von jedem gegebenen Raumpunkt" und als den „begriffliche[n] Gegensatz zu der Fixiertheit an einem solchen" (Simmel 1983). Doch trotz der momentanen „Gelöstheit" ist auch bei Simmel die Wanderung nicht gänzlich ohne Herkunft und Ziel, sondern findet zwischen den Grenzen[1] verschiedener Gruppen oder Gesellschaften statt. Je nachdem, welche Perspektive man einnimmt, kann man von *Emigration* (Aus-/Fortwanderung) aus oder *Immigration* (Ein-/Zuwanderung) in eine Gesellschaft sprechen. Zur weiteren Charakterisierung von Wanderungsbewegungen werden häufig drei Dimensionen genutzt: die zeitliche, die räumliche und die kausale Dimension.

1.1.1 Zeitliche Dimension

Wenn Menschen im Alltag darüber sprechen, eine Wanderung zu unternehmen, meinen sie einen längeren Spaziergang, den sie kaum als Migration bezeichnen würden. Doch ab welchem Zeitraum können Menschen als Migrant:innen gelten? Einig sind sich Migrationsforschende darüber, dass Migration einen Ortswechsel von Personen meint, der sich von kürzeren, eher touristischen Aufenthalten durch eine längerfristige Verlagerung des Lebensmittelpunktes unterscheidet. Es gibt unterschiedliche Ansichten darüber, ob Migration eine gewisse Mindestdauer haben muss. Die Statistiken der Vereinten Nationen sprechen bei einer Wohnsitzverlagerung von mehr als drei Monaten von kurzzeitiger Migration (*short-term*) und erst bei mehr als 12 Monaten von dauerhafter Migration (*long-term*). Andere, wie die Internationale Organisation für Migration (→ Kap. 3) und zahlreiche Forscher:innen, legen keine fest definierte Zeitspanne zugrunde, sofern das Kriterium der Verlagerung des Lebensmittelpunktes erfüllt ist.

Generell wird zudem zwischen *permanenter* und *temporärer Migration* unterschieden. Die permanente Migration entspricht am ehesten dem verklärten Bild von Immigrant:innen, wie es beispielsweise in den Gründungsmythen der Vereinigten Staaten von Amerika beschworen wird: Dabei wird angenommen, dass angesichts der beschwerlichen Reise von Europa nach Nordamerika eine Rückkehr für viele Menschen keine Option darstellte. Tatsächlich aber existierte auch im 19. Jahrhundert Rückkehrwanderung (*Remigration*) in erheblichem Umfang (Schniedewind 1993). Doch trotz dieser historischen Tatsachen bestimmt auch heute noch das idealisierte Konzept einer unidirektionalen und permanenten Migration die öffentlichen und politischen Debatten. Dabei korreliert es in den seltensten Fällen mit den Absichten der Migrant:innen zu Beginn ihres Aufenthaltes, denn Migration ist mindestens seit dem 20. Jahrhundert zunächst meist temporär intendiert. Beispielsweise hatten die Gastarbeitenden, die seit dem ersten Anwerbeabkommen mit Italien im Jahr 1955 nach Deutschland kamen, überwiegend das Ziel, in ihre Heimatländer zurückzukehren. Viele schlugen jedoch – auch aufgrund des Anwerbestopps von 1973 (→ Kap. 5) – familiäre Wurzeln in Deutschland. Aus temporärer wurde permanente Migration.

---

1 Grenzforschung stellt einen eigenen Zweig der Migrationsforschung dar; für einen Überblick Gerst et al. 2021.

Bezogen auf individuelle Biografien lässt sich Migration nach ihrer zeitlichen Dimension daher nur situativ als Momentaufnahme bestimmen. Jenseits persönlicher Werdegänge existieren jedoch strukturelle Anreize zur Migration, die man in ihrer Wirkung durchaus als befristet bestimmen kann. So ist das Erasmus-Programm, das innerhalb Europas den Austausch von Studierenden fördert, auf einen ausschließlich temporären Aufenthalt angelegt, dessen Ende vorab bestimmt ist. Zwar mögen sich einige Studierende im Anschluss an ein solches Programm entscheiden, ihren Aufenthalt auf unbestimmte Zeit zu verlängern. Doch das Programm selbst bleibt eines der temporären Migration. Ähnliches gilt für Saisonarbeit, die – nicht als Programm, aber ebenfalls strukturell – eine temporäre Wohnsitzverlagerung nach sich zieht. So migrieren deutsche Gastronomieangestellte während der Skisaison für eine vordefinierte Zeit von wenigen Wochen oder Monaten in die schweizerischen Alpen und kehren anschließend nach Deutschland zurück. Wiederholen Saisonarbeitskräfte ein solches Engagement im nächsten Jahr, oder pendeln Menschen wochen- oder quartalsweise zwischen verschiedenen Regionen oder Ländern hin und her, spricht man von *Pendelmigration* oder *zirkulärer Migration*. Im Gegensatz zu Pendelmigration wird der Terminus der zirkulären Migration auch verwendet, wenn der Abstand zwischen den Migrationsbewegungen länger und ihre Frequenz niedriger ist.

1.1.2 Räumliche Dimension

Hinsichtlich ihrer räumlichen Dimension kann Migration lokal, also über kurze Distanzen, in die unmittelbare Umgebung erfolgen. Sie kann jedoch auch mittlere oder große Entfernungen überbrücken. Besonders entscheidend für die politikwissenschaftliche Betrachtung ist die Frage, ob die Wanderung innerhalb einer politisch-administrativen Einheit, also innerhalb einer Kommune, eines Bundeslandes oder eines Nationalstaates, stattfindet oder über nationalstaatliche Grenzen erfolgt. Werden keine nationalen Grenzen überschritten, spricht man von *Binnenmigration*, andernfalls von *internationaler Migration*. Unter die Binnenmigration fällt beispielsweise ein Umzug von München nach Hamburg, aber auch die sogenannte Landflucht, also eine massenhafte *Land-Stadt-Migration*, die in vielen Staaten der Welt spätestens mit der Industrialisierung eingesetzt hat. In der Migrationsforschung zu westlichen Staaten wird Binnenmigration kaum – am ehesten noch in der historischen Migrationsforschung – analysiert. Das Phänomen wird eher von anderen Disziplinen, beispielswiese im Rahmen der Erforschung ländlicher Räume oder in der Stadtentwicklung, betrachtet. Stattdessen wird der internationalen Migration deutlich mehr Bedeutung beigemessen. Dies liegt u. a. daran, dass man bei internationaler Migration annimmt, dass die Wanderung zwischen verschiedenen politischen und kulturellen Kontexten erfolgt und daher besonders komplex ist. Dies ist zwar für sich genommen richtig, doch gerade kulturelle und sprachliche Grenzen können durchaus auch im Rahmen der Binnenmigration überschritten werden. Dies zeigt sich vor allem jenseits der westlichen Industrieländer wie in den multiethnischen und multilingualen Nationen China oder Indien, wo das Phänomen der Land-Stadt-Migration mit ganz klassischen Migrationsproblemen – beispielsweise der Diskriminierung und einer faktischen und politischen „Sprachlosigkeit“ von Wanderarbeiter:innen in Städten – einhergeht. Zudem existieren weltweit ungefähr doppelt so viele Binnenflüchtlinge (*internally displaced people*) wie internationale Flüchtlinge (*refugees*).

Menschen wandern nicht nur über Grenzen. Manchmal wandern auch Grenzen über Menschen (Bade 1996), etwa als nach dem Zweiten Weltkrieg weite Teile des von Deutschen bewohnten Gebiets an Polen fielen. Dies zog eine erzwungene – und mit einem Mal auch internationale – Migration deutschstämmiger Schlesier:innen nach sich. Umgekehrt können politische Umwälzungen aber auch dazu führen, dass internationale Migration zur Binnenmigration wird. Der Fall der innerdeutschen Grenze 1989/90 zeigt dies besonders anschaulich. Aus einer internationalen (Flucht-)Migration wurde quasi über Nacht ein binnendeutscher Umzug. Ähnliches lässt sich auch innerhalb der Europäischen Union feststellen, wo angesichts der Personenfreizügigkeit für Staatsangehörige der EU-Mitgliedsstaaten ebenfalls von *(EU-)Binnenmigration* gesprochen wird (→ Kap. 4).

Aufgrund vereinfachter Transportmöglichkeiten nehmen Formen der Migration zu, die nicht unidirektional als Wanderung zwischen zwei Regionen oder Ländern zu denken sind. Die Konsequenz sind multiple Migrationsprozesse, z. B.: Land A → Land B → Land C → Land A → Land C. Wenn Migrant:innen bei solchen Prozessen identifikative, wirtschaftliche, politische oder soziale Beziehungen in alle Kontexte aufrechterhalten, spricht man auch von *transnationaler Migration* (Faist et al. 2014; Pries 2008 a; Schiller et al. 1994). Sie ist eng mit den oben eingeführten Begriffen der Pendelmigration und der zirkulären Migration verbunden, betont aber stärker die Gleichzeitigkeit sozialer Bezüge in verschiedene soziale Kontexte und geht damit über die Frage der Migration an sich und die Anwesenheit auf einem bestimmten Territorium hinaus.

1.1.3 Kausale Dimension

Die Gründe für Migration können vielfältig sein. Zur Erklärung von Migrationsprozessen wurde vor allem in der sozialgeografischen, soziologischen und ökonomischen Migrationsforschung seit Ende des 19. Jahrhunderts ein weites Feld an Theorien und Konzepten auf der Mikro-, Meso- und Makroebene erarbeitet (Brettell/Hollifield 2014; Gold/Nawyn 2019; Haug 2000; Martiniello/Rath 2012; Reuter/Mecheril 2015). Weit über Fachkreise hinaus bekannt ist die stark vereinfachende Unterscheidung zwischen *Push- und Pull-Faktoren* nach Everett S. Lee (1966). Push-Faktoren sorgen für *Migrationsdruck* am Ausgangsort; sie sind dafür verantwortlich, dass es für Menschen komplizierter oder gar unmöglich wird, dort zu leben. Push-Faktoren können u. a. politischer (Krieg, Unterdrückung, Verfolgung), sozialer (Diskriminierung, Überbevölkerung), wirtschaftlicher (Arbeitslosigkeit, Armut, Hunger) oder ökologischer (Naturkatastrophen, Klimawandel) Natur sein. Die Push-Faktoren sind untereinander hochgradig interdependent – so kann eine Naturkatastrophe zu steigender Armut führen, oder Überbevölkerung zu erhöhter Arbeitslosigkeit, Armut und Hunger. Es ist daher in der Praxis kaum möglich, einen einzelnen Push-Faktor als alleine ausschlaggebend zu identifizieren. Ähnliches gilt für die Pull-Faktoren, also die Anreize für eine Migration in ein bestimmtes Zielland oder eine Zielregion (daher auch: Sogfaktoren). Sofern Push-Faktoren im Ausgangsort existieren und entscheidend für die Auswanderungsentscheidung sind, kommen besonders Zielländer in Frage, die Pull-Faktoren mit gegensätzlicher Ausprägung aufweisen. Am eindrücklichsten ist dies sicherlich, wenn der maßgebliche Push-Faktor für die Auswanderung ein Krieg ist. In diesem Fall wird sich die Person eine Zielregion suchen, in der Frieden oder zumindest ein Waffenstillstand herrscht. Es existieren allerdings auch Pull-Faktoren, die ohne dezidierte Push-Faktoren wirken. Beispielsweise kann ein spannendes oder gut dotiertes Arbeitsangebot dazu führen, dass ein Mensch eine Auswanderung in Betracht zieht, obwohl die berufliche Situation am Ausgangsort eigentlich als positiv empfunden wird.

Wichtig bei der Arbeit mit dem Push-Pull-Modell ist, dass sowohl Push- als auch Pull-Faktoren von dem oder der Migrant:in subjektiv als solche empfunden werden müssen. Zwar kann man annehmen, dass bestimmte Faktoren von den meisten Menschen ähnlich positiv oder negativ empfunden werden, aber letztlich bleibt ein individueller Interpretationsspielraum. Dabei geht Lee davon aus, dass Push-Faktoren aufgrund der guten Kenntnis der eigenen Lebenswelt realistischer eingeschätzt werden als die Pull-Faktoren, die sich auf einen nicht selbst erlebten Zielkontext beziehen. In dem individuellen Entscheidungsprozess spielen zudem auch intervenierende Variablen – also beispielsweise ein gefährlicher Migrationsweg – und individuelle Faktoren, wie Alter oder Gender, eine Rolle.

Theorien, die an das Push-Pull-Modell anschließen, implizieren meist einen *rational choice*-Ansatz – also eine Perspektive, die davon ausgeht, dass Entscheidungen überwiegend rational nach Kosten-Nutzen-Abwägungen getroffen werden. Dies findet sich auf Mikro-Ebene beispielsweise im *Humankapital*-Modell (Sjaastad 1962). Aber auch auf Makro-Ebene wird mit ähnlichen Modellen gearbeitet. Dies trifft insbesondere auf makroökonomische Theorien zu, nach denen sich Migration aus den strukturellen Unterschieden – wie beispielsweise dem Lohnniveau in zwei Ländern – erklärt. Werden diese Unterschiede beseitigt, wird Migration verlangsamt oder sogar gestoppt (Massey et al. 1993). In einer solchen Sichtweise ist Migration eng an die Nachfrage nach Arbeitskräften gekoppelt. Der Ökonom Michael Piore unterscheidet dabei zwischen verschiedenen Segmenten des Arbeitsmarktes, wobei Zuwanderung vor allem in unterprivilegierte Sektoren erfolgt (Piore 1979).

Das Push-Pull-Modell sowie die mikro- und makroökonomischen Theorien der Migration helfen sicherlich, Faktoren für Migration zu systematisieren und einen Teil der Migrationsentscheidungen zu erklären. Allerdings zeigt die jüngere Migrationsforschung auch, dass die Prozesse, die zur Auswanderung und zur Wahl eines Zielortes führen, wesentlich komplexer sind. Erstens werden Migrationsentscheidungen selten allein von einer Person getroffen. Daher berücksichtigt die *Neue Migrationsökonomie* den gesamten Haushalt. Aus dieser Perspektive lässt sich beispielsweise erklären, weshalb eine Familie entscheidet, eine Person an einen anderen Ort zu senden, um durch *Rücküberweisungen* den Lebensstandard der zurückgebliebenen Familienmitglieder zu verbessern (Massey et al. 1993). Zweitens wird Migration auch durch überindividuelle Strukturen auf der Meso- und Makro-Ebene geprägt, die sich einer rationalen Entscheidung entziehen. Erhebliche Bedeutung kann beispielsweise persönlichen *Netzwerken* zukommen.

Diese bestehen aus transnational miteinander verbundenen Personen und Gruppen und entwickeln ihre eigene Infrastruktur – sowohl auf den Migrationsrouten als auch im Zielland. Dadurch werden für auswanderungswillige Menschen diejenigen Zielländer besonders attraktiv, in die ihnen zugängliche Migrationsnetzwerke führen. Netzwerke können somit dazu beitragen, dass ein bestimmter Migrationsweg genommen wird, obwohl eine andere Zielort-Wahl für die migrierenden Personen rationaler wäre. Damit entzieht sich eine auf Netzwerken basierte Migration auch migrationspolitisch geschaffenen Anreiz-Strukturen, also beispielsweise erleichterte Einreisebedingungen für bestimmte Fachkräfte. Netzwerke werden häufig in Verbindung mit zirkulärer und transnationaler Migration diskutiert (Faist et al. 2014). Im Falle einer beständigen Wanderung von einem Ausgangs- in einen Zielort spricht man auch von einer *Kettenmigration*.

Netzwerktheorien bleiben einer akteurszentrierten Perspektive verbunden, führen aber auch strukturelle Überlegungen ein. Diese werden bei historisch geprägten Theorien, die auf Pfadabhängigkeit oder eine kumulative Verursachung von Migration setzen, noch stärker in den Mittelpunkt gerückt. Pfadabhängigkeiten entstehen beispielsweise durch eine vorausgegangene Migration, die zu Netzwerken oder Institutionen der Migration geführt hat. Der Migrationsforscher Stephen Castles (2004 a: 859) spricht in diesem Zusammenhang auch von einer *Migrationsindustrie*. Dazu gehören Schleuser:innen, aber auch Arbeitgeber:innen, Übersetzer:innen, Vermieter:innen oder migrationsspezifische Wohlfahrtsorganisationen. All dies macht Wanderungsbewegungen auf diesen Routen insgesamt wahrscheinlicher.

Sind die Beziehungen zwischen verschiedenen Orten durch institutionalisierte Netzwerke, mannigfache Handels- und Austauschbeziehungen und/oder eine gemeinsame politische Geschichte geprägt, so spricht man auch von einem *Migrationssystem* (Kritz et al. 1992; Mabogunje 1970). Besonders greifbar werden solche Migrationssysteme beim Blick auf Großbritannien und seine ehemaligen Kolonien. Ein solches Migrationssystem erhält Migration – ähnlich wie ein *Perpetuum mobile* – zwischen zwei oder mehr Orten dauerhaft aufrecht. Die Migrationssystemtheorie verfolgt das Ziel, möglichst viele Gründe für Migration zu berücksichtigen. Und doch deckt auch sie durch ihren Fokus auf die Meso- und Makro-Ebene bei weitem nicht alle Faktoren für Migration ab.

Festzuhalten ist daher: Die eine Theorie, die jegliche Migration zufriedenstellend erklärt, gibt es nicht. In der Migrationsforschung herrscht heute trotz oder gerade wegen der zahlreichen Perspektiven weitgehend Einigkeit darüber, dass Migration *multikausal* ist, also immer aus dem Zusammenwirken mehrerer Faktoren entsteht: Migrationsentscheidungen setzen sich aus rationalen Erwägungen von Push- und Pull-Faktoren, aber eben auch aus sozialen Beziehungen, Pfadabhängigkeiten etc. zusammen. Dies wiederum bedeutet auch, dass Migrationsrouten, -systeme oder -netzwerke von Menschen mit unterschiedlichen Motiven genutzt werden. Um diesen Facettenreichtum von Migrationsentscheidungen und Migrationsbewegungen zu beschreiben, wird in Praxis und Wissenschaft der Terminus *mixed migration* genutzt (→ Infobox.)

Infobox

***Mixed Migration* – Definitionen aus der Praxis**

Der Terminus der *mixed migration* wird nicht nur in der Wissenschaft, sondern auch in der Praxis der Migrationspolitik angewendet. Die praxisnahen Definitionen unterscheiden sich je nach Schwerpunkt der Akteur:innen, legen ihren Schwerpunkt aber insbesondere auf *mixed flows*, d. h. gemeinsam genutzte Routen von Menschen mit verschiedenen Motiven. Zwei Beispiele aus dem Bereich internationaler Organisationen (→ Kap. 3):

IOM – International Organization of Migration: „The principal characteristics of mixed migration flows include the irregular nature of and the multiplicity of factors driving such movements, and the differentiated needs and profiles of the persons involved. Mixed flows have been defined as 'complex population movements including refugees, asylum seekers, economic migrants and other migrants'. Unaccompanied minors, environmental migrants, smuggled persons, victims of trafficking and stranded migrants, among others, may also form part of a mixed flow."

UNHCR – United Nations High Commissioner for Refugees: „Migrants are fundamentally different from refugees and, thus, are treated very differently under international law. Migrants, especially economic migrants, choose to move in order to improve their lives. Refugees are forced to flee to save their lives or preserve their freedom. Migrants and refugees increasingly make use of the same routes and means of transport to get to an overseas destination. If people composing these mixed flows are unable to enter a particular state legally, they often employ the services of human smugglers and embark on dangerous sea or land voyages, which many do not survive."

Quelle: http://www.mixedmigrationhub.org/about/what-mixed-migration-is (19.2.2021).

Zur Diskussion

Mixed Migration

Eine syrische Ärztin, die in Deutschland ausgebildet wurde, flieht wegen des Krieges in ihrem Heimatland. Sie entscheidet sich für Deutschland als Zielland aufgrund der dortigen Arbeitsmarktsituation und ihrer Sprachkenntnisse. Ist sie nun Flüchtling oder Arbeitsmigrantin?

Die Frau überquert in einem Boot das Mittelmeer. Neben ihr sitzt ein Jugendlicher aus Tunesien, der zu seinem Onkel nach London migrieren möchte, um in dessen Schnellimbiss zu arbeiten. Ist dieses Boot nun ein „Flüchtlingsboot"?

Der Begriff der *mixed migration* ist für die differenzierte Beschreibung der Realität sicherlich angemessen. Allerdings beinhaltet er auch eine besondere Herausforderung für die migrationspolitische und rechtliche Praxis: Wenn man die Multikausalität von Migration anerkennt, so gesteht man sich ein, nicht mehr eindeutig zwischen Menschen, die ihr Zielland freiwillig wählen, und solchen, die ihren Wohnort unfreiwillig verlassen, unterscheiden zu können. Auf der Differenzierung zwischen freiwilliger und unfreiwilliger Migration basiert jedoch das Migrationsrecht – sowohl international als auch in den meisten Nationalstaaten (→ Kap. 3–7).

1.1.4 Kategorisierungen in der Kritik

Die Realität der *mixed migration* zeigt: Migrationsphänomene lassen sich zwar nach den drei Dimensionen Zeit, Raum und Ursache ansatzweise beschreiben. Will man daraus jedoch Typen von Wanderungen oder gar von Migrant:innen ableiten, wird dies immer zu einer verkürzten Betrachtung führen (dazu ausführlich u. a. Schwenken 2018). Typologien können helfen, Realität zu strukturieren und analysierbar zu machen. Sie scheinen zudem notwendig, um legitime Einreisezwecke rechtlich festlegen zu können. Kategorisierungen und Typologien bleiben jedoch immer Hilfskonstruktionen, die Komplexität auf Kosten eines ganzheitlichen Bildes reduzieren. Dessen sollte man sich besonders bei der Analyse von Migrationspolitik, in der besonders häufig auf der Basis simplifizierter Kategorisierungen debattiert wird, bewusst sein.

Zur Diskussion

Kategorien als Fiktionen

Michel Foucault zitiert in *Die Ordnung der Dinge* den Schriftsteller Jorge Luis Borges. Dieser macht sich in einem Text über vermeintlich eindeutige Kategorisierungen lustig, indem er die Einordnung von Tieren in einer fiktiven chinesischen Enzyklopädie beschreibt. Danach lassen sich Tiere folgendermaßen gruppieren:

„a) Tiere, die dem Kaiser gehören, b) einbalsamierte Tiere, c) gezähmte, d) Milchschweine, e) Sirenen, f) Fabeltiere, g) herrenlose Hunde, h) in diese Gruppierung gehörende, i) die sich wie Tolle gebärden, j) die mit einem ganz feinen Pinsel aus Kamelhaar gezeichnet sind, k) und so weiter, l) die den Wasserkrug zerbrochen haben, m) die von Weitem wie Fliegen aussehen." (Borges zitiert nach Foucault 2006: 17).

Es ist offensichtlich, dass sich die beschriebenen Gruppen keineswegs gegenseitig ausschließen – und dass die Kategorisierung keineswegs auf Tiere beschränkt bleiben muss. Es gibt hier keine Trennschärfe der Kategorien, ja noch nicht einmal übergreifende Dimensionen oder Kriterien des Vergleichs. Aus klassisch-positivistischer Wissenschaftsperspektive wäre die Kategorisierung von Borges daher als handwerklich mangelhaft einzustufen. Studierende, die einen solchen Versuch als Hausarbeit einreichten, müssten in der Regel mit vernichtender Kritik rechnen. Doch aus Foucaults wissenschaftskritischer Sicht zeigt der Text sehr anschaulich ein generelles Problem von Gruppierungen und Kategorisierungen in der Wissenschaft: Kategorien sind immer Konstruktionen und keineswegs das Abbild einer vermeintlich absoluten Wahrheit. Sie suggerieren Trennschärfe, ohne sie bei einem genauen Blick auf den individuellen Fall halten zu können. Sie sind aus Foucaults Sicht daher eine mehr oder weniger raffinierte Form, um sich eine fiktive Ordnung der Dinge zu erschaffen.

Die Kritik und Herausforderungen der Kategorisierung von Migrant:innen beziehen sich nicht nur auf Typen der Migration, sondern darüber hinaus auch auf weitere soziale ‚Schubladen', in die Menschen einsortiert werden. Ein Beispiel hierfür ist die Unterscheidung zwischen männlichen und weiblichen Migrant:innen. Sowohl Politik als auch Migrationsforschung waren lange Zeit nahezu „geschlechtsblind" – obwohl der Geograph Ernst Georg Ravenstein bereits 1876 diagnostizierte, dass auf kurze Distanzen die Migration von Frauen überwiege (Donato et al. 2011: 497 f.). Auch bei anderen Migrationen, wie den sogenannten Sachsengänger:innen gegen Ende des 19. Jahrhunderts, machten Frauen z. T. deutlich über 50% der Wandernden aus (Musekamp 2018: 70). Dennoch wird erst seit den 1990er Jahren die Situation von Frauen stärker in den Blick genommen (z. B. Gerard/Pickering 2014; Hunger/Rother 2021: 123–145; Kofman 2019; Schwenken 2018). Dieser Betrachtung liegt die Annahme zugrunde, dass Männer und Frauen Migration unterschiedlich erleben. Hierbei werden jedoch immer wieder insbesondere geflüchtete Frauen als Opfer kategorisiert, d. h. „viktimisiert". Diese Sichtweise findet ihren Niederschlag in rechtlichen Regelungen und politischen Programmen. Dies ermöglicht zwar einerseits, schützende Strukturen zu etablieren und Förderprogramme aufzusetzen. Andererseits verstellt diese eingeschränkte Perspektive aber nicht nur den Blick auf Frauen als handelnde Akteurinnen, sondern auch auf ihre z. B. beruflichen Fähigkeiten und Potenziale (Krause 2017; s. a. Farrokhzad 2019). Außerdem lässt sie außer Acht, dass die Beziehungen zwischen Migration und Gender in der Praxis deutlich vielfältiger sind. So kann Migration gewohnte Geschlechterrollen in Frage stellen, was entweder verunsichernd oder auch „empowernd" bzw. befreiend wirken kann (Krause 2017: 80). Darüber hinaus blendet die Gleichsetzung „Gender = Frau = schutzbedürftig" aus, dass auch Männer Opfer von beispielsweise sexueller oder geschlechterbasierter Gewalt werden können und dass auch andere Formen geschlechtlicher Identität (z. B. inter- und transsexuelle Personen) sowie sexueller Orientierung (also lesbische, schwule und bisexuelle Menschen)[2] einen besonderen Schutzbedarf aufweisen können (UNHCR 2012).

Eine ähnliche diskursive Verengung findet sich in Bezug auf Kinder. Sie geraten seit den 1990er Jahren vor allem als *unbegleitete Minderjährige* in den Blick von Politik und Wissenschaft. Diese Gruppe gilt ebenso wie (allein reisende) Frauen als besonders schutzbedürftig (Knörr 2005; Parusel 2017). Da Kinder beispielsweise auf der Flucht mit traumatisierenden Erlebnissen konfrontiert werden und dabei ohne den Schutz von erwachsenen Verwandten auf sich allein gestellt sind, ist diese Einschätzung in Teilen richtig und wichtig (Zito 2017). Gleichzeitig lässt diese Kategorisierung wenig Raum für Personen, die nicht dem Bild eines schutzbedürftigen, passiven und apolitischen Flüchtlingskindes passen. Insbesondere Jugendliche sehen sich zum Teil mit dem Vorwurf konfrontiert, bei der Altersfeststellung zu täuschen und Unruhe zu stiften (Lems et al. 2020). Zudem vernachlässigt der Blick auf *unbegleitete* Minderjährige, dass auch Kinder, die von ihren Eltern oder anderen Familienangehörigen begleitet werden, traumatisierende Erfahrungen machen und besondere Bedarfe haben können. So kritisieren Menschenrechtsorganisationen beispielsweise, dass (Erst-)Aufnahmeeinrichtungen auch für

2 Diese Gruppen werden i. d. R. als „LSBTI" bezeichnet, womit alle Formen gemeint sind, die von der dominierenden Heteronormativität abweichen. Sie erfahren oft nicht nur eine Verfolgung im Herkunftsland, sondern sind auch während und nach der Migration von Diskriminierung und Bedrohungen betroffen. Empfehlungen zum Schutz dieser Personen wurden bspw. im Jahr 2006 in den „Yogyakarta Principles" festgehalten.

begleitete Minderjährige keine angemessene Unterbringung darstellen, da dort die in der UN-Kinderrechtskonvention verankerten Rechte nicht immer eingehalten werden können (terre des hommes 2020).

Die empirische Wirklichkeit der Migration lässt sich also eigentlich nicht in einfachen Kategorien fassen. Dennoch passiert genau das regelmäßig in migrationspolitischen Debatten, wenn z.B. zwischen „Asylsuchenden", „Fachkräften", „unbegleiteten Minderjährigen" oder „nachreisenden Ehepartner:innen" unterschieden wird. Wichtig dabei ist: Selbst wenn diese konstruierten Kategorien nur ein Zerrbild der Wirklichkeit sind, dürfen sie nicht als irrelevant für die Realität der Migration abgetan werden. Sie haben beispielsweise ganz konkrete Auswirkungen auf den rechtlichen Aufenthaltsstatus von Migrant:innen und können in der Folge auch dazu führen, dass sich Menschen selbst der ein oder anderen Kategorie zuordnen. Dieser Zusammenhang ist keineswegs nur typisch für Migrationsfragen und wird im *Thomas-Theorem* beschrieben. Danach sind jegliche Konsequenzen menschlichen Handelns real, wenn sie auf einer als wirklich definierten Situationsanalyse basieren. Selbst offenbar konstruierte oder gar fiktive Kategorisierungen können im Alltag wirkmächtig sein und prägen unser Denken und Handeln – wenn sie von den Handelnden für real gehalten werden.

1.2 Annäherungen an den Integrationsbegriff

Wird schon der Begriff der Migration in der wissenschaftlichen Debatte häufig unscharf verwendet, so stellt sich beim „chaotic concept" (Robinson 1998: 118) der Integration das Problem in besonderer Form. Zwar ist es nicht für jede Forschungsarbeit notwendig, die ausufernde Diskussion um den Integrationsbegriff und konkurrierende Modelle in allen Nuancen zu kennen (dazu u. a. Pickel et al. 2019). Der „Integrations-Bias der deutschen Migrationsforschung" (Schwenken 2018: 203) ist auch mit guten Gründen kritisiert worden. Allerdings sollten Migrationspolitik-Interessierte einige zentrale Begriffselemente und -debatten zur Kenntnis genommen haben, da ihnen ansonsten ein ganzheitliches Verständnis von migrationspolitischen Prozessen verwehrt bleibt.

Bevor nun die begrifflichen Grabenkämpfe um Assimilation, Multikulturalismus und postmigrantische Gesellschaft skizziert werden, ist es ratsam, einen Moment zurückzutreten und ein einfaches sozialwissenschaftliches Verständnis von Integration zur Kenntnis zu nehmen. Integration ist nämlich nicht zwingend mit Migration verbunden. Sie meint vielmehr ganz allgemein einen permanenten Prozess zur Herstellung von Zusammenhalt einer Gesellschaft (*social cohesion*), der Fragen der individuellen Teilhabe beinhaltet (*social inclusion*).

Bereits aus einer solchen Basisdefinition lassen sich zwei wichtige Prämissen ableiten: Erstens ist Integration kein Zustand, sondern ein Prozess. Dies bedeutet auch: Aussagen zum „Stand der Integration" sind Momentaufnahmen, das Ringen um Zusammenhalt ist dauerhaft. Zweitens betrifft Integration niemals nur einzelne Personen, wie beispielsweise Migrant:innen, sondern beschreibt Prozesse, in die die gesamte Gesellschaft involviert ist. Letztlich steht der Integrationsbegriff daher im Zentrum jeder soziologischen oder philosophischen Gesellschaftstheorie. Auch der Politikwissenschaft ist der Grundgedanke, dass gesellschaftlicher Zusammenhalt prozesshaft hergestellt werden muss, keineswegs fremd, blickt man beispielsweise auf die Vertragstheorien (u. a. Hobbes, Locke, Rousseau). Um den Integrationsbegriff weiter zu operationalisieren, hat sich in der deutschsprachigen Migrationsforschung eine Zweiteilung durchgesetzt, die auf den Soziologen David Lockwood (1964) zurückgeht (Röder 2019).

1.2.1 Integrationsverständnis in der Tradition von David Lockwood

Lockwood unterscheidet im Anschluss an die großen sozialwissenschaftlichen Debatten um „Struktur versus Akteur" zwischen *Sozial-* und *Systemintegration*. Bei ersterer geht es um die Beziehungen zwischen Akteur:innen, bei zweiterer um die Beziehungen zwischen Teilen eines gesellschaftlichen Systems.

> „Whereas the problem of social integration focuses attention upon the orderly or conflictful relationships between the *actors*, the problem of system integration focuses on the orderly or conflictful relationships between the *parts* of a social system." (Lockwood 1964: 245)

Die Popularität des Ansatzes in der deutschsprachigen Migrationsforschung ist insbesondere auf seine Adaption durch den Soziologen Hartmut Esser (2001) und in der Folge auf die Auseinandersetzung mit Esser zurückzuführen (u. a. Heckmann 2015; Siegert 2006). Ein Verständnis von Integration als Sozialintegration wird dabei wesentlich intensiver genutzt, Systemintegration häufig vernachlässigt.[3]

Sozialintegration kann als das Streben von Migrant:innen nach Teilhabe an zentralen gesellschaftlichen Bereichen verstanden werden. Das bedeutet jedoch nicht, dass Integration ausschließlich die Aufgabe der Migrant:innen selbst wäre. Vereinfacht gesagt, besteht Sozialintegration sowohl darin, dass sich Individuen an gesellschaftliche Rahmenbedingungen anpassen, als auch, dass gesellschaftliche Rahmenbedingungen auf die Bedürfnisse und Merkmale der Zugewanderten eingestellt werden. Wird aufgrund unveränderlicher Merkmale eine gleichberechtigte Teilhabe verweigert, ist der Prozess der Sozialintegration nicht erfolgreich.

An diesem Zusammenhang wird deutlich, dass Sozialintegration nicht nur als individueller Vorgang, sondern auch als *Aushandlungsprozess um Rahmenbedingungen für die Teilhabe* von Migrant:innen verstanden werden kann. An diesem Aushandlungsprozess nehmen Akteur:innen unterschiedlichster Prägung teil – von Arbeitgeber:innen über Migrant:innenorganisationen bis hin zu politischen Parteien. Wenn er allgemeinverbindliche Rahmenbedingungen zum Ziel hat, kann er als politisch bezeichnet werden (→ Kap. 12). Welche Kombination als Ziel angestrebt wird, wieviel dem „Markt" überlassen wird und was durch Antidiskriminierungs-

3 Hartmut Esser ist unter Migrationsforscher:innen äußerst umstritten. Man muss die in seinen Schriften erkennbare Präferenz für einseitige Anpassung allerdings nicht teilen, um die analytische Stärke und den enormen Einfluss des Konzepts anzuerkennen. Essers Ansatz gehört daher in jedem Fall zum Grundlagenwissen der Migrationsforschung in Deutschland.

politik geregelt werden muss, ist Gegenstand der meisten politischen und medialen Integrationsdebatten.

Infobox

Rassismus

Rassismus beschreibt die Kategorisierung und Abwertung von Menschen nach vermeintlich unveränderlichen persönlichen Charakteristika. Rassismusforschung nimmt nicht nur biologische, sondern auch kulturalistische oder ethnisierende Zuschreibungen in den Blick (Mecheril/Scherschel 2007: 556; → Kap. 12). Der Begriff des Rassismus wird in jüngerer Zeit von einigen Aktivist:innen und Forschenden immer weiter ausgelegt und umfasst dann beispielsweise auch die Diskriminierung von Menschen mit bestimmten Religionszugehörigkeiten (z.B. „antimuslimischer Rassismus"). Andere Forschende verstehen Rassismus eher als eine unter mehreren Erscheinungsformen „gruppenbezogener Menschenfeindlichkeit" (Heitmeyer 2002; → Kap. 11). Sie argumentieren, dass sich Rassismus an der Oberfläche durchaus von Muslimfeindlichkeit, Homophobie etc. unterscheidet – auch wenn jede Form von Menschenfeindlichkeit ihre Wurzel in einer „Ideologie der Ungleichwertigkeit" (Zick et al. 2012) hat.

In Anlehnung an Essers Lockwood-Rezeption haben sich in der empirischen Migrationsforschung, aber auch in der migrationspolitischen Praxis vier Dimensionen als prägend erwiesen, in denen Prozesse der Sozialintegration typischerweise ablaufen.

Strukturelle Integration meint den „Zugang zu wichtigen, meist ungleich verteilten Ressourcen und zu den Positionen, an die diese Ressourcen häufig gebunden sind" (Geißler 2005: 50). Esser spricht in diesem Zusammenhang von sozialer Integration durch Platzierung und hält sie für die wichtigste Form des Einbezugs der Akteur:innen in die Gesellschaft (Esser 2001: 9). Unter die strukturelle Dimension fallen vor allem die Verleihung von Rechten (Wahlrecht, Staatsbürger:innenschaft) und der Abbau von Zugangsbarrieren zu bestimmten beruflichen Positionen.

Kulturelle Integration umfasst „die Kenntnis der wichtigsten Regeln für typische Situationen und die Beherrschung der dafür nötigen (kulturellen) Fertigkeiten, insbesondere sprachlicher Art" (Esser 2001: 8). Den meisten Autor:innen gilt eine Anpassung an die Sprache der Mehrheitsgesellschaft daher als unumgänglich. Was darüber hinaus noch erlernt werden muss, ist abhängig vom Ausgang gesellschaftlicher Aushandlungsprozesse (→ Kap. 12).

Soziale Integration beschreibt die als zufriedenstellend erlebte Interaktion mit anderen Menschen bzw. die Einbettung in soziale Netzwerke. Grundsätzlich kann soziale Integration auch innerhalb einer migrantischen Community erfolgen. Im Allgemeinen werden darunter jedoch Kontakte zwischen Angehörigen einer als migrantisch definierten Gruppe mit Angehörigen der Mehrheitsgesellschaft verstanden. Hier setzt auch die „Kontakthypothese" an, die interethnische Konflikte über mangelnden direkten Kontakt erklärt (→ Kap. 11).

Identifikative Integration meint die emotionale Hinwendung oder zumindest die passive Akzeptanz des gesellschaftlichen und politischen Systems, in dem das Individuum lebt. Identifikation kann erstens über emotionale „Hingabe“ und ein wertegestütztes Solidaritätsgefühl erfolgen. Zweitens kann sie ihren Ursprung auch in einem eher rationalen „Bürger:innensinn“ haben – ähnlich einem „Verfassungspatriotismus“ (Oberndörfer 2001). Drittens kann das Individuum das gesellschaftliche System einfach nur hinnehmen. Dies wiederum kann auf zwei Weisen geschehen: Entweder es verhält sich aufgrund der Aussichtslosigkeit einer Veränderung passiv oder es trägt durch Überlagerung verschiedener kollektiver Identitäten einen stetigen inneren Kampf aus: „[S]tatt einer Revolution gibt es nur Millionen von Magengeschwüren.“ (Esser 2001: 14). In gesellschaftlichen Debatten wird die Übernahme einer von der Mehrheitsgesellschaft selbst nur vage definierbaren kollektiven Identität durch Zugewanderte oftmals zum Ausgangspunkt des Integrationsprozesses stilisiert (→ Kap. 12). Dem widersprechen jedoch nahezu alle theoretischen und empirischen Ergebnisse aus der Migrationsforschung. Stellvertretend weist Esser darauf hin, dass man durch die Forderung nach einer Identifikation a priori „das Pferd vom Schwanze her aufzäumen“ (Esser 2001: 27) würde.

In empirischen Arbeiten wird neben der an Esser orientierten Dimensionierung häufiger auch mit einem Integrationsmodell der britischen Migrationsforscher Ager und Strang gearbeitet, das Zugang zu Arbeit, Wohnraum, Bildung und Gesundheit als zentrale Felder von Integration postuliert (Ager/Strang 2004). Die oben beschriebenen gesellschaftlichen Aushandlungsprozesse finden über die Berücksichtigung rechtlicher Rahmenbedingungen und sozialer Verbindungen Eingang.

Nach Lockwood muss eine umfassende Analyse von Integrationsprozessen auch strukturelle Mechanismen der *Systemintegration* berücksichtigen. Diese finden „über die Köpfe der Akteure hinweg“ statt (Esser 2001: 4). Sie können sich beispielsweise auf ein politisches oder ökonomisches Institutionengeflecht beziehen, das von allen Mitgliedern der Gesellschaft mitgetragen wird – z. B. den Kapitalismus mit seiner Wachstumsgläubigkeit. Aus der Perspektive der kritischen Migrationsforschung oder der Wissenssoziologie würde dasselbe Beispiel etwas anders konzeptualisiert werden: über das Vorliegen hegemonialer Diskurse bzw. kollektiv geteilte Wissensbestände. Aus der Perspektive der Systemtheorie lässt sich Systemintegration auch als der Zusammenhalt von verschiedenen Teilsystemen begreifen. In der Sprache von Niklas Luhmann kommt es durch strukturelle Kopplung der Teilsysteme zur wechselseitigen „Reduktion von Freiheitsgraden“ (Lange/Schimank 2004: 12). Dies bedeutet, vereinfacht ausgedrückt, dass die Teilsysteme aufeinander Rücksicht nehmen, um ein Ganzes zu bilden (Imbusch/Heitmeyer 2008).[4]

4 Für die Migrationsforschung hat der Soziologe Michael Bommes eines der einflussreichsten und theoretisch kohärentesten Gesamtwerke zur Systemtheorie hinterlassen. Seine Arbeiten lassen sich jedoch nicht der Systemintegration im Sinne Lockwoods zuordnen, sondern problematisieren aus systemtheoretischer Warte auch und besonders Fragen der Sozialintegration und der Migration (Bommes 2011 a, 1999).

Infobox

Sozialintegration und Systemintegration

Sozialintegration umfasst das individuelle Streben nach gesellschaftlicher Teilhabe sowie gesellschaftliche und politische Aushandlungsprozesse um ihre Rahmenbedingungen.

Systemintegration meint den Zusammenhalt einer pluralisierten Gesellschaft und ihrer gesellschaftlichen Teilsysteme durch übergeordnete Strukturen, Mechanismen oder Diskurse.

1.2.2 Politische Ziele in Integrationsprozessen: Assimilation, Multikulturalismus und postmigrantische Gesellschaft

Selbst wenn sie seinen analytischen Wert für die Forschung erkennen, wird der Integrationsbegriff dennoch von zahlreichen Aktivist:innen und Migrationsforscher:innen grundsätzlich abgelehnt. Sie erkennen in seiner Verwendung die sprachlich fixierte Maxime, dass sich Migrant:innen einer Aufnahmegesellschaft anzupassen hätten. Aus diesem Grund präferieren sie Termini wie „Teilhabe", „Inklusion", „Partizipation" oder „Zusammenhalt". An dieser Stelle kann die ausufernde Diskussion in der Migrationsforschung um konkurrierende theoretische und normative Konzepte nicht umfassend wiedergegeben werden (dazu u. a. Aumüller 2009; Pickel et al. 2019; Reuter/Mecheril 2015). Allerdings sollen zumindest drei zentrale Konzepte benannt werden, die in Wissenschaft und Praxis eine Rolle spielen:

Assimilationskonzepte sehen die Verwirklichung von *social cohesion* und *social inclusion* durch Angleichungsprozesse zwischen Migrant:innen und der Mehrheitsgesellschaft (u. a. Alba/Nee 2005; Berry 1997; Esser 2001; Gordon 1964). Sie gehen nicht unbedingt davon aus, dass die einseitige Anpassung des Individuums an die Rahmenbedingungen der Mehrheitsgesellschaft der einzige wünschenswerte Modus wäre. Aber sie halten eine Veränderung der gesellschaftlichen Rahmenbedingungen zugunsten einer kleinen Gruppe für unrealistisch. Stattdessen beschreiben sie Prozesse der stufenweisen Anpassung, die auch intergenerational erfolgen. Als grundlegend ist dabei der US-amerikanische Soziologe Robert E. Park zu nennen, der Anfang des 20. Jahrhunderts mit dem *race relation cycle* den empirischen Angleichungsprozess von Menschen in einem urbanen Lebensraum beschreibt (Park/Burgess 2013). Noch einflussreicher für migrationspolitische Debatten ist das Konzept des Soziologen Milton M. Gordon. Er führt neben einer differenzierten Beschreibung von Akkulturationsstufen auch den Begriff der *ethclasses* ein (Gordon 1964). Damit drückt er die Verquickung ethnischer Zugehörigkeit mit sozioökonomischen Merkmalen aus. Assimilation erscheint aus dieser Perspektive als Möglichkeit zur Überwindung sozialer Ungleichheit. In jüngerer Zeit lassen sich auch Hartmut Essers Arbeiten in dieser Weise interpretieren. Der Begriff der Assimilation wird von Kritiker:innen mit der politischen Zielsetzung einer einseitigen Anpassung gleichgesetzt (u. a. Geißler 2005). Sie rufen dazu auf, die Notwendigkeit einseitiger Anpassungsprozesse nicht als naturgegeben hinzunehmen.

Multikulturalismuskonzepte legen den Schwerpunkt auf die Anerkennung von kultureller und religiöser Vielfalt durch staatliche und gesellschaftliche Institutionen (Geißler 2005; Kymlicka 2003). Diese „politics of recognition" (Taylor/Gutmann 1994) haben ihre Ursprünge u. a. in der US-amerikanischen *affirmative action*-Bewegung, die sich für gleiche Rechte von Afroamerikaner:innen einsetzte. Sie sind somit weniger auf Forschung als auf politische Zielsetzungen zurückzuführen. Das Grundprinzip ist, dass jede ethnische oder religiöse Gruppe Rechte einfordern und gegen Diskriminierung vorgehen kann. Kritiker:innen sehen darin die Gefahr eines Kulturrelativismus, d. h. einer Zersplitterung der Gesellschaft in viele kleine Teile mit ihren eigenen Werten und „Kulturen". Ein für alle verbindlicher, meist menschenrechtlich begründeter Wertekanon ist jedoch in allen realen Multikulturalismus-Entwürfen enthalten. Zur staatlichen Doktrin erhoben wurde der Multikulturalismus in Australien und Kanada ab den 1970er Jahren und im Vereinigten Königreich von Großbritannien unter dem damaligen Premierminister Tony Blair ab 1997. Mittlerweile haben sich die meisten Staaten von dem Modell unter öffentlichem Druck ganz oder teilweise verabschiedet. In Deutschland wurde der Multikulturalismus als offizielle Politik nie politisch umgesetzt.

Postmigrantische Modelle sind im deutschsprachigen, v. a. universitären Bereich in den letzten Jahren zunehmend verbreitet (Foroutan 2019; Foroutan et al. 2018; Yıldız/Hill 2015). Sie schließen an Konzepte des Multikulturalismus an, kritisieren diese aber aus einer poststrukturalistischen bzw. postkolonialen Perspektive, beeinflusst vor allem durch die Postkolonialismus-Theoretiker:innen Gayatri C. Spivak, Homi K. Bhabha oder auch die Poststrukturalistin Judith Butler. Postmigrantische Wissenschaftler:innen und Künstler:innen argumentieren, dass der Kampf um die Teilhabe ethnischer/kultureller/religiöser Gruppen letztlich eine objektivistische Perspektive auf Zugehörigkeit festschreibe. Somit gebe es keinen Raum für ein „Sowohl-als-auch" oder für die Herausbildung hybrider Identitäten bzw. „dritter Originale" (→ Kap. 12). Sie bevorzugen daher eine Perspektive auf Integrationsprozesse, die weniger die ethnische Zugehörigkeit als vielmehr individuelle Merkmale und Aspirationen in den Mittelpunkt stellt. Eng damit verbunden sind pädagogische Konzepte der (weit verstandenen) Inklusion, bei denen die Wertschätzung von Diversität dazu führt, dass die Rahmenbedingungen an individuelle Bedürfnisse angepasst werden. Postmigrantische Konzeptionen sind – ähnlich wie multikulturalistische – einerseits als normative Zielvorstellungen für Migrationspolitik zu begreifen. Andererseits zeigen sie in empirischen Studien auch, dass hybride Identitäten in Migrationsgesellschaften durchaus realistisch sein können. Ihr Verdienst liegt aus wissenschaftlicher Perspektive also nicht so sehr in den Forderungen nach einer inklusiven Migrationspolitik als vielmehr darin, theoretische und empirische Befunde zu generieren, die eine vermeintliche Zwangsläufigkeit von Assimilationsprozessen und kollektiven Identitäten in Frage stellen. Kritiker:innen dieser Perspektive wenden ein, dass der Ansatz eine Idealisierung der Individualisierungstendenzen in der beschleunigten Moderne vornehme (→ Kap. 12). Zudem begreifen viele Migrant:innen sich durchaus gerne und freiwillig als Zugehörige bestimmter Gruppen und nicht nur als Individuen.

Infobox

Sozialwissenschaftliches Basiswissen zu „Migration“ und „Integration“ in 200 Wörtern

Die Auseinandersetzung mit sozialwissenschaftlichen Perspektiven auf Ursachen und Erscheinungsformen von Migration ist die Basis für jede Migrationsforschung. Dies umfasst besonders die Debatten über eine Klassifizierung von Migrationsphänomenen vor dem Hintergrund empirisch zu konstatierender *mixed migration*. Als möglicherweise konsensfähiges Credo aus diesen Debatten lässt sich festhalten: Migration, breit verstanden als Verlagerung des Lebensmittelpunktes, ist multidimensional und v.a. multikausal. Sie geht mit multiplen territorialen wie sozialen Grenzziehungen einher. Gleichzeitig funktionieren rechtliche, politische und akademische Debatten meist über eine Reduktion dieses Facettenreichtums in als eindeutig konstruierte Migrationskategorien (Flucht, Arbeitsmigration etc.). Diese Konstruktionen wiederum beeinflussen Migration, ihre praktische Bearbeitung und nicht zuletzt ihre Beforschung.
Wollte man auch zum Integrationsbegriff – trotz der aufgeregten theoretischen und normativen Diskussion – einen Konsens finden, so wäre dies möglicherweise der folgende: In akademischen wie öffentlichen Integrationsdebatten werden einerseits Prozesse des gesellschaftlichen Zusammenhalts (*social cohesion*) und andererseits Fragen der individuellen Teilhabe (*social inclusion*) diskutiert. Beide werden von Kulturalisierungen und Ethnisierungen begleitet, verlaufen mehrdimensional und ohne einen definierbaren Endpunkt. Beginnende Migrationsforscher:innen sollten zudem zentrale politische Zielvorstellungen verinnerlicht haben, nämlich: Assimilationskonzepte, Multikulturalismuskonzepte und postkolonial inspirierte bzw. postmigrantische Vorstellungen. Im Zusammenhang mit diesen Ansätzen stehen unterschiedliche Vorstellungen von „Ethnizität“ und „Kultur“, die im weiteren Verlauf des Buches noch ausführlicher thematisiert werden (→ Kap. 12).

Übungs- und Reflexionsaufgaben

1. Welche Möglichkeiten kennen Sie, um Migration zu kategorisieren?
2. Wie beurteilen Sie das Konzept der *mixed migration* hinsichtlich seiner Anwendbarkeit in Wissenschaft und Praxis?
3. Nennen Sie mindestens drei Fälle, in denen die Anpassung gesellschaftlicher Rahmenbedingungen unerlässlich ist, um soziale Teilhabe zu erreichen.
4. Sollten Forschende und Politiker:innen den Integrationsbegriff weiterhin nutzen?

Zur Vertiefung

i Bade, Klaus J./Emmer, Pieter C./Lucassen, Leo/Oltmer, Jochen (Hrsg.) (2010): Enzyklopädie Migration in Europa. 3. Aufl., Paderborn/München: Ferdinand Schöningh; Wilhelm Fink.

i Gold, Steven J./Nawyn, Stephanie J. (Hrsg.) (2019): The Routledge International Handbook of Migration Studies. 2. Aufl., London: Routledge.

* Lockwood, David (1964): Social Integration and System Integration. In: Zollschan, George K./Hirsch, Walter (Hrsg.): Explorations in Social Change, London: Routledge & Kegan, S. 244–257.

* Massey, Douglas S./Arango, Joaqín/Graeme, Hugo/Kouaouci, Ali/Pellegrino, Adela/Taylor, J. E. (1993): Theories of International Migration: A Review and Appraisal. In: Population and Development Review 19, H. 3, S. 431–466. https://doi.org/10.2307/2938462

i Martiniello, Marco/Rath, Jan (2012): An Introduction to International Migration Studies, Amsterdam: Amsterdam University Press.

i Pickel, Gert/Decker, Oliver/Kailitz Steffen/Röder, Anje/Schulze Wessel, Julia (Hrsg.) (2019): Handbuch Integration, Cham: Springer VS.

i Reuter, Julia/Mecheril, Paul (2015): Schlüsselwerke der Migrationsforschung, Wiesbaden: Springer VS.

Schinkel, Willem (2018): Against 'immigrant integration': for an end to neocolonial knowledge production. In: Comparative Migration Studies https://doi.org/10.1186/s40878-018-0095-1

i Schwenken, Helen (2018): Globale Migration zur Einführung, Hamburg: Junius.

2 Was ist Migrationspolitik? Definitionsversuche und Forschungsperspektiven

Das Kapitel bespricht existierende Definitionen von Migrationspolitik, die meist auf Teilbereiche des Gegenstandes fokussieren. Vor diesem Hintergrund wird eine breitere Definition vorgeschlagen, die alle in diesem Buch behandelten Themengebiete erfassen kann. Anschließend wird diskutiert, inwiefern Migrationspolitik überhaupt als Politikfeld beschrieben und strukturiert werden kann. Es folgen erste Erklärungsansätze zur Entstehung von Migrationspolitiken sowie ein kurzer Blick auf die Rolle von Migrationsforschung in der Politikberatung.

2.1 Auf dem Weg zu einer Definition von Migrationspolitik

Neben dem Migrations- und Integrationsbegriff ist auch der Politikbegriff keineswegs eindeutig. Jede Definition drückt ein jeweils spezifisches Interesse an bestimmten Aspekten des Gegenstands aus. Daher schließen sich die meisten Begriffe keineswegs aus, sondern stehen für verschiedene Herangehens- und Betrachtungsweisen (u. a. Bernauer et al. 2018). Gerade in der englischsprachigen Literatur ist die Fragmentierung des Politikbegriffs bereits sprachlich angelegt. Schließlich meinen *politics, policies* und *polity* voneinander abzugrenzende Dimensionen des Politischen: Eine Definition von Migrationspolitik im Sinne von *politics* fokussiert politische Prozesse, deren Ergebnis *policies* sein können, also Gesetze, Richtlinien, normative Setzungen oder symbolische Gesten. Mit *polity* wird der erhärtete institutionelle Rahmen bezeichnet, in dem sich politische Prozesse abspielen, also beispielsweise völker- oder verfassungsrechtlich verankerte Rahmenbedingungen, die den migrationspolitischen Prozess und seine Ergebnisse innerhalb gesellschaftlich konsentierter Grenzen halten.[5] Auch die grundlegende Frage nach der Normativität der Politikwissenschaft – und damit der Frage, in welchem Maße sie letztlich „Politische Wissenschaft“ sei – wird unterschiedlich beantwortet. Es kann vor diesem Hintergrund nicht verwundern, dass in Aufsätzen und Lehrbüchern recht unterschiedliche Definitionen von Migrationspolitik erfolgen.

2.1.1 Partielle Definitionen von Migrations- und Integrationspolitik

Die meisten der hier besprochenen Definitionen von Migrationspolitik schließen im Sinne der Berücksichtigung von *mixed migration* (→ Kap. 1) explizit oder implizit alle Formen internationaler Migration ein, lenken das politikwissenschaftliche Erkenntnisinteresse jedoch auf jeweils unterschiedliche Teilaspekte. Dies betrifft beispielsweise eine Konzentration auf eine bestimmte Phase des Migrationsprozesses, auf bestimmte Akteur:innen oder auf eine Facette des Politikbegriffs. Eine weit verbreitete Fokussierung ist die Orientierung an staatlichem Handeln – hier in einer Definition von Andreas Blätte:

5 Anstelle von *migration polity* wird in der internationalen Literatur eher von *Migrationsregimen* gesprochen, die über den eigentlichen polity-Begriff hinausgehen und aus einem engen Geflecht von Akteur:innen, Regelungen und – je nach theoretischer Ausrichtung – Diskursen und Pfadabhängigkeiten bestehen (→ Kap. 3).

> „Migrationspolitik ist das Feld staatlichen Handelns, in dem eine politische Gestaltung von grenzüberschreitenden Wanderungsbewegungen angestrebt wird“ (Blätte 2016 a).

Blätte nimmt hier die Perspektive einer (vergleichenden) Staatstätigkeitsforschung ein. Nichtregierungsorganisationen, wie Flüchtlingsräte, Wohlfahrtsverbände und lokale Initiativen, aber auch internationale und supranationale Akteur:innen, wie der UNHCR oder die EU-Kommission, werden nicht völlig ausgeschlossen, aber nachrangig berücksichtigt. Diese Engführung produziert zwar blinde Flecken, lässt sich aber rechtfertigen, da es im Konzert der multiperspektivischen Migrationsforschung durchaus Aufgabe der Politikwissenschaft sein kann, staatliches Handeln zu betonen (Hollifield 2004).

Infobox

Der Nationalstaat als Bezugspunkt?

Definiert man den Staat mit der über 100 Jahre alten Minimaldefinition nach Georg Jelinek als soziales Gebilde, das sich durch die drei Elemente Staatsgebiet, Staatsvolk und Staatsgewalt auszeichnet, so wird schnell deutlich, weshalb internationale Migration eine unmittelbare Herausforderung für moderne Nationalstaaten darstellt: Migration berührt sowohl territoriale Grenzen als auch Grenzen der Zugehörigkeit zu einer Gesellschaft. Die Fähigkeit zur Steuerung von Migrationsprozessen und ihren Folgen wird zudem zur Frage nach der Souveränität von Nationalstaaten und der Durchsetzbarkeit von Staatsgewalt. Die aufgeregten Debatten und auch die Häufigkeit nationalstaatlicher Alleingänge in der Migrationspolitik können daher kaum verwundern.
Gleichzeitig ist Migrationspolitik aber auch nicht ohne internationale Beziehungen zwischen Nationalstaaten denkbar, schließlich betrifft internationale Migration *per definitionem* mehr als ein nationalstaatliches Territorium. Migrationspolitik ist aber auch mehr als Politik zwischen Nationalstaaten. Hinzu kommen internationale oder (im Falle der Europäischen Union) gar supranationale migrationsrechtliche Vereinbarungen, die den Handlungsspielraum von Nationalstaaten deutlich einschränken (→ Kap. 3+4). Auch transnationale Verflechtungen von Migrant:innen und migrantischen Organisationen lassen eine einseitige Fokussierung auf nationalstaatliche Migrationspolitik kaum zu. In der politikwissenschaftlichen Beschäftigung mit Migrationspolitik ist es daher notwendig, beständig zwischen einer nationalstaatlichen und einer inter-, supra- und nicht zuletzt subnationalen Perspektive changieren zu können.

Den Fokus auf den Vergleich von Staatstätigkeit legt auch eine Definition einer größeren Forscher:innengruppe um Hein de Haas und Mathias Czaika. Sie betonen allerdings im Gegensatz zu Blätte stärker die inhaltliche Dimension (*policies*) und definieren Migrationspolitik als

> „rules (i.e., laws, regulations, and measures) that national states enact and implement with the explicit objective of affecting the volume, origin, direction, and internal composition of migration” (Haas et al. 2018 a: 24 f.).

In eine ähnliche Richtung argumentieren auch Liv Bjerre, Marc Helbling, Friederike Römer und Malisa Zobel (→ Kap. 7). Sie verstehen

> „immigration policy as government's statements of what it intends to do or not do (incl. laws, regulations, decisions or orders) in regards to the selection, admission, settlement and deportation of foreign citizens residing in the country" (Bjerre et al. 2015).

Beide konzentrieren sich auf *policies* als *output* und verzichten bewusst auf die Analyse von Implementation und Wirkung. In eine ähnliche Kerbe schlägt Holger Kolb. In seiner Definition unterscheidet er zudem dezidiert zwischen Migrations- und Integrationspolitik:

> „Während als Migrationspolitik staatlicherseits definierte Zuzugs-, Niederlassungs- und Abweisungsregelungen für Personen ohne die Staatsangehörigkeit des entsprechenden Landes subsumiert werden, beschreibt Integrationspolitik das Bündel staatlicher Maßnahmen, das Personen, denen im Rahmen einer migrationspolitischen Entscheidung Zutritt bzw. das Recht, im Land zu bleiben, gewährt wurde, zur Verbesserung ihrer Eingliederung in wichtige Teilbereiche des gesellschaftlichen Lebens angeboten wird." (Kolb 2019)

Eine „heuristische Unterscheidung" (ebd.) zwischen Migrations- und Integrationspolitik wird von Kolb als hilfreich angesehen. Allerdings weist er darauf hin, es gebe „empirisch immer wieder Verschränkungen und wechselseitige Bezugnahmen dieser beiden Politikbereiche etwa in Form einer über die Nachweispflicht von Integrationsleistungen und i. d. R. Sprachkenntnissen umgesetzten Konditionalisierung von Zuzugsrechten für Familienangehörige" (Kolb 2019). Andreas Blätte (2016 b) sieht gar ein „Migrations-Integrations-Dilemma":

> „Die inklusiven Verhältnisse, die Integrationsprozesse begünstigen, fördern weitere Migration, doch allzu weitreichende Zuwanderung überfordert zugleich administrative Kapazitäten und die gesellschaftliche Akzeptanz des Wandels. Dies verringert die Aussichten für gelingende Integration." (Blätte 2016 b: 79)

Eine allzu starke analytische Trennung von Migrations- und Integrationspolitik kann somit dazu verleiten, sich auf einen der beiden Aspekte zu konzentrieren und Interdependenzen oder ein Sowohl-als auch von migrations- und integrationspolitischen Maßnahmen zu übersehen. Die Gefahr einer allzu schnellen Komplexitätsreduktion könnte daher schwerer wiegen als der meist nicht näher begründete Gewinn der analytischen Trennung. Dies gilt auch für die praktische Politik (zu Konsequenzen der Komplexitätsreduktion s. auch Scholten 2020).

Die Unterscheidung in Migrations- und Integrationspolitik entspricht allerdings weiterhin dem Mainstream der deutschen und internationalen Forschung – (stellvertretend für weitere u. a. Baringhorst et al. 2006; Thränhardt/Hunger 2003; Zapata-Barrero et al. 2017). Bezugspunkt ist meist der Politikwissenschaftler Tomas Hammar, der im Jahr 1985 mit dem Begriffspaar „immigration policy" und „immigrant policy“ die wohl beständigste Kategorisierung der Migrationspolitikforschung prägte (Hammar 1990, 1985). Auch die Migrationsforscher Andrew Geddes und Peter Scholten beziehen sich in der Darlegung ihrer Forschungsperspektive auf Migrationspolitik in Europa explizit auf seine Unterscheidung:

> „We assess why, how and with what effects European countries have developed policies that seek to regulate entry to their territory (immigration policies); what it means when they then seek to ‘integrate’ these migrant newcomers (immigrant policies); and the causes and effects of common EU migration and asylum policies.” (Geddes/Scholten 2016: 1)

Drei Erweiterungen zu den vorgenannten Definitionen sind bei Geddes und Scholten jedoch festzuhalten: Erstens erfasst die Perspektive sowohl *policies* als auch *politics*. Zweitens ist der Nationalstaat durch den Einbezug der Europäischen Union nicht mehr der einzige Produzent von staatlicher Migrationspolitik – auch wenn zivilgesellschaftliche oder wirtschaftliche Akteur:innen weiter fehlen. Drittens bleibt die Definition nicht notwendigerweise beim unmittelbaren *output* des politischen Prozesses (z. B. Gesetze) stehen, sondern weitet den Blick für die Umsetzungspraxis und die *outcomes*, d. h. die Wirkungen von politischen Maßnahmen.

Einige Zeit später beschreibt Peter Scholten den Gegenstand politikwissenschaftlicher Migrationsforschung als „policy processes in the area of migration and (migration-related) diversity“ (Scholten 2020). Damit öffnet er den Blick für eine weite Definition zur ganzheitlichen Beschreibung des Politikfeldes.

Infobox

Governance

Nichtregierungsorganisationen aller Art, aber auch wirtschaftlich agierende Akteur:innen werden häufig außen vor gelassen, obwohl sie faktisch großen Einfluss auf politische Entscheidungen innerhalb eines politischen Systems haben. In Abgrenzung zu der Fokussierung auf Regierungen, also *Governments,* wird daher häufig der Begriff der *Governance* genutzt. Die Literatur zu Governance ist längst ausufernd (Grande 2012), doch zusammengefasst lassen sich unter dem Begriff mehr oder weniger institutionalisierte Modi des Regierens unter Einbezug nicht-staatlicher Akteur:innen verstehen. Auch in der Migrationspolitikforschung wird häufig mit Governance-Ansätzen (bzw. mit Kritik an diesen) gearbeitet, auch wenn die meisten Definitionen von Migrationspolitik den Schwerpunkt auf staatliches Handeln oder zumindest staatliche *outputs* des politischen Prozesses legen.

2.1.2 Annäherung an eine weite Definition von Migrationspolitik

Die genannten Definitionen können eine ausgezeichnete Grundlage für ein Forschungsdesign zu den jeweils angesprochenen Aspekten bilden, weisen jedoch unterschiedliche blinde Flecken auf. Erstens blenden die meisten Definitionen nichtstaatliche Akteur:innen und/oder untergesetzliche Maßnahmen sowie Implementationsfragen aus. Zweitens ist hinsichtlich der häufigen Unterscheidung in „immigration policy“ und „immigrant policy“ zu beachten, dass sich der Begriff der „immigrant policy“ üblicherweise nur auf Maßnahmen zur Verbesserung der individuellen Teilhabe bezieht (*social inclusion*). Maßnahmen zum gesellschaftlichen Zusammenhalt (*social cohesion*) sind nicht explizit enthalten. Drittens schließlich fehlen partiellen Definitionen meist der Bezug auf ein explizit gemachtes Politikverständnis und die Anknüpfungsstellen für verschiedene theoretische Zugänge.

Insgesamt scheinen die genannten Definitionen zwar durchaus geeignet, Teilbereiche des Feldes auszuleuchten, erfassen jedoch längst nicht alle politikwissenschaftlich beforschten und beforschbaren Facetten von Migration und migrationsbedingter Vielfalt. Die im Folgenden vorgeschlagene weite Arbeitsdefinition von Migrationspolitik versucht sich in einer solch ganzheitlicheren Begrenzung des sich herausbildenden Politikfeldes (→ Infobox).

Infobox

Vorschlag für eine weite Definition von Migrationspolitik

Migrationspolitik beschreibt (1) menschliches Handeln und übergreifende Prozesse zur Etablierung und Umsetzung allgemeinverbindlicher Regelungen, Steuerungsmechanismen und normativer Setzungen im Umgang mit Migration und migrationsbedingter Vielfalt sowie (2) die Ergebnisse dieser Prozesse, d. h. die Regelungen, Steuerungsmechanismen und Setzungen, selbst.

Zwei Bezugspunkte sind für das Verständnis dieser Definition näher zu erläutern:

Erstens übernimmt die Definition Elemente aus eingeführten Politikbegriffen in der Tradition von beispielsweise Werner Patzelt oder Thomas Meyer. Dies sind insbesondere der Fokus auf allgemeinverbindliche Regelungen, die Berücksichtigung von staatlichem und nicht-staatlichem Handeln sowie der Einbezug grundsätzlich aller Phasen des Politikprozesses – von der Politikformulierung über den *output* bis hin zur Implementierung politischer Maßnahmen. Bewusst nicht erfasst werden die Wirkungen (*outcomes*), da diese als Effekte von Migrationspolitik nicht Teil einer Definition derselben sein können. Im Gegensatz zu üblichen Definitionen fokussiert die Definition neben „handfesten“ *outputs*, wie Gesetzen oder Fördermaßnahmen, auch „normative Setzungen“. Diese sind zunächst nicht als Regelung oder Steuerungsmechanismus zu begreifen, jedoch mit Blick auf den „Möglichkeitsraum“ (Münch 2016: 63) politischen Handelns zentral.[6] Zudem werden durch die Definition nicht nur individuelle und kollektive Akteur:innen als gestaltende Kräfte angenommen, sondern auch rechtliche und organisatorische Strukturen sowie kollektive Wissensbestände. Damit können auch informelle Praxen erfasst werden, d. h. beispielsweise die (lokale) selten schriftlich fixierte Auslegungspraxis des Migrationsrechts (Dahlvik 2017; Eule 2014). Durch diese Erweiterungen wird der Politikbegriff anschlussfähig für stärker interpretative Ansätze, d. h. beispielsweise ethnographische oder diskursanalytische Analysen.

6 Ein Beispiel für das Streben nach einer normativen Setzung wäre die Aussage des ehemaligen Bundespräsidenten Christian Wulff: „[Der] Islam gehört inzwischen auch zu Deutschland.“ (https://www.zeit.de/politik/deutschland/2010-10/wulff-rede-dokumentation/komplettansicht, 5.2.2021).

Den zweiten Bezugspunkt bilden zwei Annahmen aus der Migrationsforschung: Erstens unterscheidet die Definition nicht zwischen Migrationsformen. Dies trägt dem Befund von *mixed migration* Rechnung und bedeutet, dass sowohl erzwungene als auch freiwillige Migration (und prinzipiell auch Binnenmigration) durch die Definition erfasst werden. Zweitens wird im Sinne obiger Ausführungen davon ausgegangen, dass Migrations- und Integrationspolitik zusammengedacht werden können und sollten, um blinde Flecken zu vermeiden. Gegenstand von Migrationspolitik sind also „Migration und migrationsbedingte Vielfalt" (Schammann 2018 a: 68) – oder wie bei Scholten: „migration and (migration-related) diversity" (Scholten 2020: 1).

Die vorgeschlagene Definition kann den Ausgangspunkt für sehr unterschiedliche Forschungsfragen sowie theoretisch-konzeptionelle Ausrichtungen darstellen. Sie hat keineswegs das Ziel, die oben genannten partiellen Definitionen zu ersetzen, sondern erkennt die dortigen Schwerpunktsetzungen als solche an. Dies zeigt sich auch in diesem Buch: Wenn allgemein die Rede von Migrationspolitik ist, wird unabhängig von Thema und theoretischem Ansatz stets der hier beschriebene weite Begriff der Migrationspolitik verwendet. Für Teilbereiche – also sogenannte *sub-policies* – werden spezifische Begriffe durchaus genutzt. Beispielsweise gruppiert sich der Teilbereich der Flüchtlingspolitik rund um die rechtlich konstruierte Kategorie des Flüchtlings und umfasst dabei sowohl Einreise und Aufenthalt als auch Teilhabeaspekte.

2.1.3 Migrationspolitik – ein Politikfeld mit vielen Bezügen

Eine geradezu reflexartige Frage der Politikwissenschaft an einen komplexeren, thematisch umrissenen Untersuchungsgegenstand ist die, ob es sich dabei wirklich um ein Politikfeld handle. Zwar sind der Politikfeldbegriff und seine Grenzen bzw. typischen Erscheinungsformen selbst Gegenstand wissenschaftlicher Beschäftigung und keineswegs unumstritten. Doch die Ausdifferenzierung in Politikfelder bleibt wesentliches Charakteristikum der Policy-Forschung und beeinflusst auch den Grad der akademischen Aufmerksamkeit, den man einem politischen Handlungsfeld zugesteht. Ein ausdifferenziertes Politikfeld ist üblicherweise dadurch charakterisiert, dass es spezialisierte staatliche und nicht-staatliche Akteur:innen sowie Institutionen gibt, die sich dezidiert mit einem Bestand an spezifischen Herausforderungen (*issues*) beschäftigen und dazu auf ein weitgehend konsentiertes Begriffsinstrumentarium (Definitionen/Deutungen) zurückgreifen. Spezielle Gesetzestexte, die Existenz eines entsprechenden Ministeriums, spezialisierter Lobbygruppen oder eine eindeutig definierte Zielgruppe, an die sich politische Maßnahmen richten, sind einige solcher Charakteristika. Ein Beispiel, auf das die meisten dieser Merkmale in Deutschland seit langem zutreffen, ist die Gesundheitspolitik. Dort gibt es mit Krankenkassen, medizinischen Berufsverbänden, Pharmaunternehmen etc. nicht nur zahlreiche spezialisierte Akteur:innen, sondern auch eine Vielzahl gesetzlicher Regelungen sowie typischerweise auch ein eigenes Ressort auf allen politischen Ebenen.

Doch wie steht es um Migrationspolitik? Einerseits existieren sowohl auf internationaler wie auch auf nationaler Ebene zahlreihe spezialisierte Akteur:innen sowie

Regelungswerke (→ Kap. 3+5). Klassische Merkmale eines Politikfeldes liegen also durchaus vor. Andererseits ist Migrationspolitik kein im Detail ausdifferenziertes Politikfeld, in dem ein Ausschnitt menschlichen Lebens geregelt wird. Sie zielt vielmehr darauf ab, Lösungen für Individuen und Gesellschaften bereitzustellen, deren Lebensrealität durch Migration verändert wurde oder verändert werden soll. Erfolge bei Integrationsprozessen, aber auch bei der Steuerung von Migration selbst hängen wesentlich von *policies* in anderen Politikfeldern ab – wie beispielsweise von der Handelspolitik oder auch von einer militärischen Einmischung in bewaffnete Konflikte. Dies hat zur Folge, dass Migrationspolitik häufig als Querschnittspolitik gedacht und gemacht werden muss (Blätte 2015). Will man Migrationspolitik daher als ein Politikfeld verstehen, so kann man es nie ohne seine Bezüge zu anderen Feldern betrachten (Scholten 2020).

Ähnliches gilt für das Verhältnis von Migrationspolitikforschung zu klassischen, politikwissenschaftlichen Teildisziplinen. Sie kann als Policy-Forschung durchgeführt werden, aber auch Fragen der Politischen Theorie adressieren oder die Analyse und den Vergleich politischer Systeme, Internationale Beziehungen, Verwaltungswissenschaften oder Politische Soziologie. Diese Multidisziplinarität im Kleinen kann dazu beitragen, angemessene theoretische und methodische Konzepte für das jeweilige migrationspolitische Problem zu finden. Beispielsweise lässt sich die Entstehung des internationalen Flüchtlingsschutzes wesentlich besser mit Konzepten aus den internationalen Beziehungen verstehen. Demgegenüber ist die Implementation dieses Schutzes durch die Brille der Verwaltungswissenschaften oder auch der Politischen Soziologie besser begreifbar. Im Laufe dieses Buchs werden die meisten Teildisziplinen der Politikwissenschaft zu Wort kommen.

Infobox

Politische Theorie und Migration

In diesem Buch wird überwiegend auf politikwissenschaftliche Theorien zurückgegriffen, die nach Gesetzmäßigkeiten in politischen Prozessen fragen. Im Gegensatz dazu beschäftigt sich die Politische Theorie als Teilgebiet der Politikwissenschaft mit den Ausgangsannahmen politischen Handelns. Mit Blick auf Migration gehen die meisten Autor:innen beispielsweise von der Annahme aus, dass Staaten grundsätzlich das Recht haben (müssen), Migration zu kontrollieren und zu reglementieren. Dazu gehört auch und besonders der Zugang zur Staatsangehörigkeit. Debattiert wird dann unter anderem, ob dieses Recht nur aus der Souveränität von Staaten oder auch aus ihrer demokratischen Verfasstheit abgeleitet werden kann (z. B. Angeli 2018; Bauböck 2020).

Es geht also nicht um die Erklärung von Migrationspolitik aus unmittelbaren empirischen Zusammenhängen, sondern um ein Verstehen von Prämissen und Traditionen politischen Denkens, die hinter empirisch feststellbaren Ausprägungen von Migrationspolitik stehen können. Fragen wie „Gibt es ein Menschenrecht auf Einwanderung?" werden von der Politischen Theorie nicht nur mit Blick auf Gesetzestexte beantwortet. Stattdessen wird eine Argumentation entfaltet, die sich mit der Begründung eines solchen Rechts auseinandersetzt und auf überwiegend philosophische Literatur Bezug nimmt. Häufig wird daher auch von der Ethik von Migration und Zugehörigkeit gesprochen, die nicht nur enge Bezüge zur Philosophie, sondern auch zur Theologie und den Rechtswissenschaften aufweist (für einen Überblick: Fine/Ypi 2016).

2.2 Beispiele zur Systematisierung von Migrationspolitik(en)

Eine systematische Analyse migrationspolitischer *policies* kann sich entweder nach rechtlichen Kategorisierungen von Migrationsformen (z. B. freiwillige vs. unfreiwillige Migration) oder nach Phasen im Migrationsprozess (z. B. Migration vs. Integration) orientieren. Im Folgenden werden allerdings zwei Perspektiven betrachtet, die sich stärker an der Ausrichtung der jeweiligen *policies* orientieren und einer politikwissenschaftlichen Systematisierung näher kommen. Sie können u.a. genutzt werden, um verschiedene Migrationspolitiken innerhalb eines Landes, Migrationspolitik zu verschiedenen Zeitpunkten oder in verschiedenen Staaten zu konkretisieren oder zu vergleichen (→ Kap. 7).

2.2.1 Systematisierung nach den Modi der Steuerung

Gary Freeman (2002) und Andreas Blätte (2016 b) unterscheiden in Anlehnung an die Policy-Theorie von Theodore Lowi zwischen distributiver/redistributiver und regulativer Politik. Blätte ergänzt kooperative und persuasive Politik.

Distributiv sind migrationspolitische Maßnahmen, wenn sie spezielle Leistungen für bestimmte Personengruppen (Asylbewerber:innen, Migrant:innen) bereitstellen. Dies betrifft beispielsweise Migrationsberatung oder Sprachkurse. Meistens basieren solche Leistungen auf einer Umverteilung von Mitteln (*redistributive Politik*), weshalb distributive und redistributive Migrationspolitik zwar analytisch (Verteilung vs. Umverteilung), kaum aber faktisch voneinander getrennt werden kann.

Regulativ ist staatliche Migrationspolitik, wenn sie das Verhalten von individuellen und korporativen Akteur:innen zu normieren sucht und das Abweichen von diesen Normen sanktioniert. Eine Wohnsitzauflage für Flüchtlinge, aber auch eine gesetzlich verankerte Antidiskriminierungspolitik, sind Beispiele für diesen Steuerungsmodus.

Kooperative Migrationspolitik fokussiert auf die Zusammenarbeit staatlicher und nicht-staatlicher Akteur:innen. Beispiele hierfür sind Härtefallkommissionen der Bundesländer für asylrechtliche Fragen, in denen Nichtregierungsorganisationen und Ministerien zusammenkommen. Aber auch die durch Staat und islamische Religionsgemeinschaften vorangetriebene Einführung von islamischer Theologie an deutschen Universitäten kann als Beispiel kooperativer Migrationspolitik dienen.

Persuasiv ist Migrationspolitik, wenn sie mit Hilfe von Überzeugungsarbeit und symbolischer Politik politische Ziele zu erreichen sucht. Beispiele hierfür sind Kampagnen zu den Gefahren illegaler Einreise (v. a. in Australien), aber auch die deutsche „Charta der Vielfalt", mit der sich Unternehmen und Organisationen einer vielfältigen, diskriminierungsfreien Gesellschaft verpflichten.

2.2.2 Systematisierung entlang des Gegensatzpaares „restriktiv vs. liberal"

In der Migrationspolitikforschung am gebräuchlichsten ist die binäre Einordnung migrationspolitischer *policies* in *restriktive* und *liberale* Regelungen (zur Kritik an diesem Begriffspaar → Kap. 11). Liberale und restriktive Politiken können dabei nicht nur als „entweder-oder", sondern auch als „mehr oder weniger" verstanden werden. In dem Fall werden Politiken als Abstufungen zwischen den beiden Extrempolen kompletter Öffnung bzw. Schließung analysiert. *Liberale* oder auch *expansive* Migrationspolitik umfasst Regelungen, die höhere Zuwanderung ermöglichen und/oder die Rechte der Migrant:innen ausweiten (Hollifield 2004; Kalm 2012). Unter *restriktiven* Regelungen werden hingegen Maßnahmen verstanden, die die Anzahl der Zuwandernden und/oder die Rechte von Zugewanderten einschränken oder staatliche Kontrolle ausweiten. In jedem Teilbereich der Migrationspolitik können Kräfte aktiv werden, die in Richtung einer stärkeren Expansion oder Schließung wirken. Der tatsächliche migrationspolitische *output* im Sinne der politischen Maßnahmen eines Staates ist abhängig von diesen Kräfteverhältnissen sowie von den jeweiligen politischen und wirtschaftlichen Strukturen.

Zur Diskussion

Arenen der Migrationsdebatte

Eine bislang weniger prominente Möglichkeit, Migrationspolitik zu strukturieren und dabei auch politische Prozesse und nicht-staatliche Akteur:innen einzubeziehen, bietet sich mit Blick auf migrationspolitische Debattenfelder. Migrationsdebatten in Einwanderungsländern werden nach Rosenblum und Cornelius (2012) in drei Arenen geführt (dazu auch Schammann 2015 a):

Die Arena der *Sicherheit* kann grob durch die Frage beschrieben werden, wie das Verhältnis von „menschlicher Sicherheit" (*human security*) und nationalen Sicherheitsinteressen gestaltet werden soll (→ Kap. 8).

Die Arena von *Wirtschaft und Wohlfahrt* ist v.a. durch die Frage geprägt, wie man Zuwanderung effizient gestalten, ihre Nettogewinne maximieren und dabei Verteilungsgerechtigkeit herstellen kann. Dazu gehört auch die Frage, wie wirtschaftliche Dynamiken auf politische Prozesse wirken (→ Kap. 9).

In der Arena von *Zugehörigkeit und Zusammenhalt* stehen die Auseinandersetzungen um vermeintliche ethnische, kulturelle oder religiöse Differenzen im Mittelpunkt. Diese bleiben als emotionalisierte Konflikte um die Voraussetzungen von Zugehörigkeit zwar inhaltlich vage, werden aber umso intensiver gefühlt (→ Kap. 12).

2.3 Erklärungsansätze für die Entstehung von Migrationspolitiken

Theoretisch wird die Entstehung von Migrationspolitiken (*policies*) mit Hilfe unterschiedlicher Ansätze erklärt (s. a. Natter 2018). Einige werden im weiteren Verlauf des Buches eine größere Rolle spielen, an dieser Stelle soll jedoch bereits ein erster Eindruck verschiedener Perspektiven gegeben werden.[7]

Beispielsweise gehen ökonomisch orientierte Ansätze von einer Dominanz wirtschaftlicher Interessen im politischen Prozess aus (→ Kap. 9). Während die marxistisch geprägte politische Ökonomie die Dominanz dieser Interessen in den kapitalistischen Wirtschaftsstrukturen sieht, gehen pluralistische Ansätze davon aus, dass wirtschaftliche Interessen durch die Öffentlichkeit als „öffentliche Meinung" oder durch konkrete Interessengruppen artikuliert werden. Da die Arbeitskräftenachfrage konjunkturbedingt schwankt, fordern wirtschaftlich basierte Interessen zeitweise höhere Zuwanderung und zu anderen Zeiten ihre Begrenzung. Ein Ergebnis davon ist beispielsweise die zeitlich befristete Vergabe von Aufenthaltserlaubnissen. Hierdurch sollen die „Nettogewinne" der Migration für die heimische Wirtschaft erhöht und Kosten gesenkt werden (→ Kap. 9).

Andere Ansätze fokussieren auf soziale und kulturelle Faktoren der Migration und ihren Einfluss auf die öffentliche Meinung sowie die Politik. Studien befassen sich einerseits mit der Frage, wie migrationskritische Haltungen in der Bevölkerung zustande kommen. Dies wird vor allem über sozioökonomische oder psychologische Aspekte erklärt (→ Kap. 11). Andererseits befasst sich die Forschung mit der Frage, ob und inwiefern diese Haltungen Einfluss auf die tatsächliche Politik haben. Die empirischen Nachweise hierfür sind jedoch relativ gering. Lediglich zu bestimmten Zeiten und durch bestimmte Mechanismen können sich kritische und populistische Einstellungen durchsetzen. Eine Rolle spielen dabei beispielsweise Wahlzyklen – Politiker:innen sind der kritischen Haltung gegenüber in Wahljahren responsiver – sowie die Dauer und Verbreitung ablehnender Positionen gegenüber Migration (Fetzer 2012).

Auch für die *Parteiendifferenz-Hypothese* – also den Einfluss der Regierungsbeteiligung von Parteien oder diskursive Manifestationen einer bestimmten Ideologie, üblicherweise verortet auf einem Rechts-links-Schema – lassen sich empirisch nur sporadisch Hinweise finden. Damit steht Migrationspolitik in einem Gegensatz zu anderen Politikfeldern, wie beispielsweise der Krise der Europäischen Währungsunion ab 2010 (Wallaschek 2020). Eine Ausnahme bilden Grenzkontroll- und Integrationspolitiken, bei denen rechte Regierungen restriktivere Politiken umsetzen als linke (Günther et al. 2019; Haas/Natter 2015).

Die verschiedenen Teilbereiche der Migrationspolitik interagieren, sodass z. B. der ökonomisch motivierte Wunsch nach liberalen Zuwanderungssystemen und der Wunsch nach einer Begrenzung kulturell divergierender Einflüsse dazu führen können, dass Migration nur für bestimmte Herkunftsländer ermöglicht wird. Da-

7 Zudem sind je nach Fragestellung selbstverständlich übergreifende politikwissenschaftliche Theorieansätze und Methoden fruchtbar zu machen, beispielsweise der Politikfeldanalyse (dazu u. a. Münch 2016; Knill/Tosun 2015).

rüber hinaus zielen politische Maßnahmen teilweise darauf ab, die wahrgenommene kulturelle Differenz – beispielsweise durch die Einführung verpflichtender Sprach- und Integrationskurse für Neuzugewanderte – zu verringern (Rosenblum/ Cornelius 2012).

Eine solche Interaktion zeigt sich auch beim politischen Umgang mit der Zuwanderung gering qualifizierter Menschen. Martin Ruhs und Philip Martin (2008) weisen darauf hin, dass es dabei einen *trade-off* gibt zwischen der Anzahl der Menschen, denen der Zugang zum Staatsgebiet erlaubt wird, und dem Umfang der Rechte, die Migrant:innen nach ihrer Einreise gewährt werden. Ihre empirischen Daten zeigen, dass Staaten entweder die Anzahl der Migrant:innen oder die ihnen verliehenen Rechte liberalisieren. Dieses Spannungsfeld von *rights vs numbers* erklären die Autoren über die steigenden Kosten, die aus einer Ausweitung der gewährten Rechte resultieren, was die Ablehnung einer zunehmenden Anzahl von Migrant:innen zur Folge hat.

Neben innenpolitisch geprägten Motivationen spielen auch außenpolitische Interessen eine Rolle. Hier besteht die auf der realistischen Theorie (→ Infobox Kap. 3) basierende Annahme, dass die Interessen geopolitisch dominanter Staaten die Migrationspolitik der anderen beeinflussen. Gleichzeitig nutzen Herkunfts- und Zielstaaten Migration auch als außenpolitisches Instrument (*diplomacy of migrations*), um ihre Ziele zu verfolgen. Ebenfalls auf der internationalen Ebene angesiedelt ist der Einfluss internationaler Normen wie z. B. der allgemein gültigen Menschenrechte (Soysal 1994). Hierbei liegt der Fokus auf der Rolle internationaler Institutionen und der Verbreitung allgemeingültiger Werte, die Einfluss auf nationale Politiken haben.

Letztlich interagieren jedoch alle Einflussfaktoren auf Migrationspolitiken miteinander:

> „Ultimately, most immigration policies – regardless of the political system in place – are likely determined by the dialectic between interests, institutions, and ideas evolving at the intersection of domestic and international spheres." (Natter 2018: 5)

Für die Erklärung von Migrationspolitiken müssen folglich Interessen, Institutionen und Ideen einbezogen werden, die sich sowohl auf der nationalen als auch internationalen Ebene verorten lassen. Da diese Faktoren miteinander interagieren, muss die Analyse von Migrationspolitik sensibel für Unterschiede zwischen bestimmten Teilbereichen der Politik sein.

Staaten können zudem nicht als monolithische Akteure gesehen werden, die homogene Interessen verfolgen. Stattdessen unterscheiden sich die Interessen auch zwischen verschiedenen staatlichen Institutionen wie z. B. der Regierung, die oft eine restriktivere Position vertritt, und den Gerichten, die teilweise liberaler ausgerichtet sind und den Menschenrechten der Migrant:innen Vorrang vor der Migrationssteuerung einräumen (Joppke 2010). Ebenso können die Interessen verschiedener staatlicher Ebenen, wie z. B. der nationalen und der lokalen Ebene, divergieren (Glorius et al. 2019; Hackett 2017).

Während die bisher betrachteten Ansätze die Bedeutung des Nationalstaats als handelnde Einheit voraussetzen, wird gerade diese Setzung von der *kritischen Migrationsforschung* in Frage gestellt. Sie betrachtet staatliche Einheiten sowie dazugehörige Konzepte wie Staatsangehörigkeit und Grenzen als Konstruktionen, mit deren Hilfe Machtbeziehungen etabliert und verfestigt werden (Schwenken 2018). Die Aufgabe der Forschung wird darin gesehen, diese zu dekonstruieren und geltende Hegemonien in Frage zu stellen. Auch dabei kann der Vergleich als Methode herangezogen werden, wenn beispielsweise Ordnungsstrukturen in verschiedenen Gesellschaften einander gegenübergestellt (Mecheril et al. 2013) oder Hegemonieprojekte verschiedener gesellschaftlicher Gruppen analysiert werden (Forschungsgruppe Staatsprojekt Europa 2014).

Allen Perspektiven ist gemein, dass sie Migrationspolitik als ein Feld ansehen, das – je nach Perspektive – stark von Widersprüchen, Spannungsfeldern oder gar „Politikversagen" gekennzeichnet ist. Diesen Faden wird Kapitel 6 wieder aufnehmen und die Ursachen und Systematisierung sogenannter *control gaps* thematisieren.

2.4 Migrations(politik)forschung und Politikberatung

Um migrationspolitische Entscheidungen besser fundieren und legitimieren zu können, fragen Regierungen aller Ebenen wissenschaftliche Expertise nach. Dies hat zur Folge, dass ein Teil der Migrationsforschung mittlerweile ein wichtiger Eckpfeiler des sogenannten Migrationsmanagements (→ Kap. 6) geworden ist. Dies betrifft u. a. politikberatende *Think Tanks*, wie das *Migration Policy Institute* (Washington DC und Brüssel), die *Migration Policy Group* (Brüssel), das *International Centre for Migration Policy Development* (Wien) oder das *Immigration Policy Lab*, das als Kooperation der Universität Stanford und der ETH Zürich von den genannten Einrichtungen die stärkste universitäre Anbindung hat. Die hier betriebene Forschung zeichnet sich überwiegend durch einen problemlösenden Ansatz aus, der im Rahmen des bestehenden Systems gründliche Analysen liefern und Verbesserungsvorschläge unterbreiten will. Dies gilt grundsätzlich auch für anwendungsorientierte Publikationen renommierter universitärer Institute, etwa des *Centre on Migration, Policy and Society* der Universität Oxford.

In Deutschland wird politikberatende Migrationsforschung überwiegend von außeruniversitären Forschungseinrichtungen vorangetrieben. Besonders prominent ist der *Sachverständigenrat für Integration und Migration* (SVR), der nach Jahren als stiftungsfinanziertes Projekt im Jahr 2020 in die Förderung des Bundesinnenministeriums übergegangen ist. Über eine vergleichsweise große Geschäftsstelle und durch einen eigenen Forschungsbereich betreibt der SVR durchaus kritische, aber gleichzeitig pragmatische Politikberatung. Sichtbarstes Produkt sind die jährlichen Jahresgutachten und die zahlreichen Policy Briefs. Stärker universitär geprägt ist das *DeZIM* (Deutsches Zentrum für Integrations- und Migrationsforschung), dem mehrere universitäre Standorte angehören und das überwiegend aus Mitteln des Bundesfamilienministeriums finanziert wird. Daneben sind die *Stiftung Wissenschaft und Politik* (SWP) sowie Forschungseinrichtungen politischer Ressorts oder Behörden relevant für die Produktion von Wissen über Migration, insbesondere die Forschungsgruppe des *Bundesamts für Migration und Flüchtlinge* (BAMF) und das *Institut für Arbeitsmarkt- und Berufsforschung* (IAB).

Meinungsstarke Politikbegleitung durch die Migrationsforschung hat in Deutschland eine gewisse Tradition (s.a. Goebel 2021). In dem von Klaus Bade editierten „Manifest der 60" Anfang der 1990er Jahre hatten sich 60 Wissenschaftler:innen zusammengetan und ihrer „Sorge über die mangelhafte politische Gestaltung der Migration und ihrer Folgen für Deutschland" (Bade 1994: 9) Ausdruck verliehen. Zwar basierten die Beiträge und Thesen des Manifestes auf wissenschaftlichen Befunden, das Papier war aber kein im engeren Sinne wissenschaftlicher Text. Es war eine Streitschrift, ein politischer Forderungskatalog. Aus dem „Manifest der 60" entwickelte sich ab 1998 der *Rat für Migration* (RfM), der mit mittlerweile über 150 Migrationsforschenden die Tradition einer „kritischen Politikbegleitung" fortführt. In seinen keineswegs zwischen allen Mitgliedern abgestimmten Pressemitteilungen argumentiert der RfM aus einer menschenrechtlich geprägten Position. Dabei wird die Regierung oft scharf attackiert und der öffentliche Schulterschluss mit NGOs gesucht. Die Vertreter:innen einer solchen Ausrichtung wiederum werden in jüngerer Zeit in einer polemisierten Auseinandersetzung durch konservativere Migrationsforschende (teilweise ebenfalls Mitglieder des RfM) als Personen mit „identitätslinke[r] Läuterungsagenda" (Kostner 2019) diffamiert.

Migrationsforschung in Deutschland ist also durchaus lautstark und gewillt, den Bedarf an politischer Orientierung in der öffentlichen Debatte zu decken. Dabei werden anhaltend grundsätzliche Fragen diskutiert: Wie „neutral" muss und kann Wissenschaft sein? Wie „wahr" sind ihre Befunde, wie verlässlich ihre Empfehlungen? Wie sieht das Ideal einer „evidenzbasierten, jedoch nicht technokratischen" (Vollmer 2021) Politikberatung aus? Der niederländische Migrationsforscher Peter Scholten weist in diesem Zusammenhang auf die Gefahren hin, die mit der Reduktion der Komplexität von Migrationsphänomenen einhergehen: Wenn Wissenschaft und Politik allzu einfache Kategorien und Zusammenhänge konstruieren, fällt die Reaktion notwendigerweise ebenfalls unterkomplex aus: „Complex issues require a complex approach" (Scholten 2020: 4).

Übungs- und Reflexionsaufgaben

1. Worin bestehen Herausforderungen bei der Definition von Migrationspolitik?
2. Weshalb kann Migrationspolitik (nicht) als ein Politikfeld verstanden werden?
3. Entwickeln Sie eine Forschungsfrage im Feld der Migrationspolitik. Was macht den Gegenstand Ihrer Frage zu einem politischen Gegenstand? Was macht Ihre Frage zu einer politikwissenschaftlichen Frage?

Zur Vertiefung

- i Fine, Sarah/Ypi, Lea (Hrsg.) (2016): Migration in Political Theory, Oxford: Oxford University Press.
- i Fiddian-Qasmiyeh, Elena/Loescher, Gil/Long, Katy/Sigona, Nando (Hrsg.) (2014): The Oxford Handbook of Refugee and Forced Migration Studies, Oxford: Oxford University Press.
- * Hollifield, James F. (2004): The Emerging Migration State. In: International Migration Review, 38, H. 3, S. 885–912. https://doi.org/10.1111/j.1747-7379.2004.tb00223.x
- i Rosenblum, Marc R./Tichenor, Daniel J. (Hrsg.) (2012): The Oxford Handbook of the Politics of International Migration, Oxford: Oxford University Press.
- # Scholten, Peter (2020): Mainstreaming versus alienation: conceptualising the role of complexity in migration and diversity policymaking. In: Journal of Ethnic and Migration Studies 46, H. 1, S. 108–126. https://doi.org/10.1080/1369183X.2019.1625758
- i Thränhardt, Dietrich/Hunger, Uwe (Hrsg.) (2003): Migration im Spannungsfeld von Globalisierung und Nationalstaat, Leviathan Sonderheft 22/2003. Wiesbaden: Westdeutscher Verlag.

II. Orientierung im Mehrebenensystem der Migrationspolitik

3 Globale Zusammenarbeit? Internationale Migrationsregime

Internationale Migration ist per definitionem ein grenzüberschreitendes Phänomen. Daher liegt es für Staaten nahe, sich politisch zu koordinieren und Migrationspolitiken miteinander abzustimmen. Gleichzeitig berührt Migrationspolitik aber auch Kernbereiche nationaler Souveränität, die die Staaten nur ungern aufgeben. Internationale Migrationspolitik bewegt sich folglich im Spannungsfeld zwischen der Notwendigkeit zur Zusammenarbeit und dem Wunsch nach nationaler Autonomie. Dieses Kapitel befasst sich mit der Entwicklung internationaler Regime der Migrationspolitik, insbesondere Regelwerke, Akteur:innen und politischen Foren.

Unabhängig von ihrer Verortung innerhalb der großen Denkschulen der Internationalen Beziehungen (→ Infobox) sprechen Praktiker:innen und Forschende in der internationalen Migrationspolitik häufig von *Regimen*. In einer Minimaldefinition kann ein Regime mit Bezug auf den Politikwissenschaftler Stephen Krasner (1982) als institutionalisierte Kooperationsbeziehung verstanden werden, die auf Regeln basiert und über einen längeren Zeitraum hinweg Bestand hat (Lemke 2018: 24). Migrationsregime können entsprechend verstanden werden als ein Geflecht der Akteur:innen, die sich mit Migration befassen – inklusive der Migrant:innen selbst – sowie der Regeln, die sie sich für ihre Interaktionen geben und die daraus resultierenden Strukturen. Zwar lassen sich in jüngerer Zeit zahlreiche Erweiterungen des Regimebegriffs feststellen, etwa um diskursive oder historische Komponenten (für die Migrationsforschung in Deutschland z. B. Pott et al. 2018 a). Der enge Regimebegriff ist jedoch am ehesten anschlussfähig an verschiedene theoretische Perspektiven. Er wird daher im Folgenden genutzt, um Regelwerke, Akteur:innen und politische Foren internationaler Migrationspolitik zu systematisieren.

Fakt ist nämlich, dass kaum von *einem* internationalen Migrationsregime gesprochen werden kann. Zwar existieren einige allgemeine Institutionen und Kooperationen, die auch Migrant:innen und Migrationspolitik betreffen. Doch auf dieser Basis entstehen zwei in ihrer Struktur recht unterschiedliche Regime, die als *Flüchtlingsregime* und *Migrationsregime* bezeichnet werden können. In der Sprache der Vereinten Nationen wird Migration als freiwillige und Flucht als erzwungene Migration definiert. Während das Flüchtlingsregime rund um das völkerrechtliche Konstrukt des Flüchtlings aufgebaut ist, werden unter dem Migrationsregime Regelwerke, Akteur:innen und Foren rund um freiwillige Migration verstanden. Letzteres stellt bislang allerdings kein gefestigtes Regime im engeren Sinne dar, auch wenn das Schlagwort der „Global Migration Governance“ gern genutzt wird (Hunger/Rother 2021: 271–292). Die meisten Vereinbarungen in diesem Bereich sind nicht rechtsverbindlich, auch wenn sich aus menschenrechtlichen Verpflichtungen einige Vorgaben für die Migrationspolitik auf internationaler und nationaler Ebene ergeben. Größere Verbindlichkeit herrscht dagegen im Flüchtlingsregime (s. u.).

Infobox

Theorien der Internationalen Beziehungen (IB)

Ausgangspunkt traditioneller IB-Theorien ist die Annahme, dass internationale Politik unter dem Vorzeichen der Anarchie steht. Anarchie meint dabei nicht Chaos, sondern die Abwesenheit legitimer Herrschaft oder zumindest einer übergeordneten Instanz, die Sicherheit und Ordnung garantiert. Fünf Denkschulen, die einen jeweils unterschiedlichen Blick auf diese Ausgangsannahme werfen, werden hier skizziert (für eine ausführliche Einführung zu IB-Theorien z. B. Auth 2014; Lemke 2018):

Die Denkschule des *(Neo-)Realismus* geht davon aus, dass Staaten die wichtigsten internationalen Akteure sind, als Einheiten auftreten und rational handeln. Sie versuchen, ihre Macht zu mehren, um damit einen Vorteil im letztlich unauflösbaren Kampf der Staaten zu erreichen. Während der klassische Realismus das Streben nach Macht als Selbstzweck definiert, verweist der Neo-Realismus darauf, dass letztlich das Bedürfnis nach Sicherheit im Kern jeglichen Machtstrebens stehe (zur Bedeutung von Sicherheitsdiskursen für Migrationspolitik → Kap. 8).

Die Theorien des *Institutionalismus* stimmen dem (Neo-)Realismus in wichtigen Annahmen zu, gehen jedoch davon aus, dass Staaten daran interessiert und in der Lage sind, nachhaltige und regelbasierte Kooperationen einzugehen. Dies tun sie, um dauerhaft die Kosten eines permanenten Strebens nach Macht zu reduzieren und vor allem die eigene Sicherheit zu garantieren. Ein Beispiel sind völkerrechtliche Verträge, zu deren Einhaltung sich ein Staat formal verpflichtet. Darüber hinaus etabliert sich in vielen Bereichen ein sogenanntes Völkergewohnheitsrecht, das über historische Pfadabhängigkeiten formellen Charakter bekommen kann.

Der *Liberalismus* bricht mit der Vorstellung des Staates als von der Regierung gelenkter Einheit. Stattdessen gehen die Theorien dieser Denkschule davon aus, dass die inneren Strukturen eines Staates ganz wesentlich sein Verhalten auf der internationalen Bühne prägen. Dazu gehören sowohl verfasste Formen der Entscheidungsfindung als auch spezifische Konstellationen von Akteur:innen oder rechtlich und diskursiv verankerte Werte und Normen. Aber auch interne politische Konflikte und aktuelle Debatten werden einbezogen. Das Innenleben der Staaten wird somit zum Prädiktor für ihr Verhalten nach außen.

Der *Konstruktivismus* der IB umfasst verschiedene Theorien, die ein sozialkonstruktivistischer Blick auf die Wirklichkeit eint. Sie gehen davon aus, dass die eingangs beschriebene Anarchie nicht als Urzustand zu begreifen ist, sondern durch das Handeln der Staaten produziert wird. Konstruktivistische Theorien betrachten vor diesem Hintergrund Resultate internationaler Politik als Konstruktionen, an denen alle beteiligten Akteur:innen (staatliche und nicht-staatliche) mitwirken. Im Vordergrund des Interesses stehen „Ideen, Interaktionen und Intersubjektivität" (Lemke 2018: 36), die zu einer gemeinsamen Identität der kooperierenden Akteur:innen führen. Dabei kommt es auch zu Rollenzuweisungen, d. h. alle Akteur:innen werden als Co-Konstrukteur:innen des politischen Prozesses auch selbst konstruiert.

Neben diesen vier bekannteren Denkschulen sind in der Migrationspolitikforschung v.a. marxistisch inspirierte *kritische Ansätze* relevant. Ein Beispiel sind *Dependenztheorien* (→ Kap. 10) und ihre Nachfolgerinnen. Sie betonen Abhängigkeitsverhältnisse, systematische Benachteiligungen und strukturelle Gewalt zwischen Staaten, die sich aus Kolonialismus und Imperialismus heraus ergeben haben. Staaten, die von der globalen sozialen Ungleichheit profitieren, versuchen, ihre privilegierte Position zu erhalten. Der *Neo-Gramscianismus* geht noch einen Schritt weiter und steht letztlich quer zum Verständnis internationaler Politik als Aushandlungsprozess zwischen Staaten und ihren Gesellschaften. Stattdessen rücken neo-gramscianische Analysen die Hegemonie und die Hegemonieprojekte gesellschaftlicher Klassen in den Mittelpunkt. Eine Klasse hat eine hegemoniale Stellung erreicht, wenn ihre führende Position und ihre „Kultur“ von der übrigen Gesellschaft nicht hinterfragt oder gar als erstrebenswert betrachtet werden.

Wie in Kapitel 1 dargelegt, ist die Unterscheidung in erzwungene und freiwillige Migration nicht trennscharf, was sich auch in der immer breiteren und sich stärker überlappenden Zuständigkeit internationaler Organisationen spiegelt. Als Reaktion auf die Kritik daran wurde 2006 die *Global Migration Group* (GMG) gegründet, um eine bessere Kooperation von 14 verschiedenen internationalen Organisationen zu erreichen, die im Bereich der Migrationspolitik aktiv sind. Die Einschätzungen über den Nutzen der Gruppe für die Koordination und Kooperation sind jedoch aufgrund der begrenzten Ressourcen sowie der unterschiedlichen Positionen der beteiligten Organisationen eher skeptisch (Georgi 2012: 58; IOM 2018: 146 f.). Auch weitere Versuche zu einer stärkeren Verbindung beider Regime sind bislang am Widerstand der Akteur:innen gescheitert – der Staaten ebenso wie der bestehenden internationalen Organisationen (→ Beispiel).

Beispiel

Sorge vor zu viel Komplexität: Ausgangspunkt und Ergebnis der New Yorker Erklärung von 2016

Die *New Yorker Erklärung für Flüchtlinge und Migranten* der UN-Generalversammlung von 2016 erkennt multiple Wanderungsmotive im Sinne von *mixed migration* an und spricht sich grundsätzlich für gemeinsame Regelungen für alle Migrant:innen aus, z. B. bei der Bekämpfung von Rassismus oder Menschenhandel. Einer der Verhandlungsführer, der irische Botschafter David Donoghue, erinnert sich: „Es war das erste Mal, dass das Thema Migration Gegenstand eines globalen Abkommens wurde. In einer Situation wie der Syrienkrise gibt es natürlich mixed flows, da gibt es sowohl Migranten als auch Flüchtlinge im engeren Sinne des Wortes.“ Trotz dieser Perspektive beschließt die Erklärung die Erarbeitung zweier getrennter Pakte – einer für Flüchtlinge, einer für eine „sichere, geordnete und reguläre Migration“. Dabei sollte der Flüchtlingspakt v. a. vom UNHCR erarbeitet werden, während der Migrationspakt durch die Staaten entwickelt werden sollte (IOM 2018: 138). Darin zeigt sich einerseits die unterschiedliche Zuschreibung von Zuständigkeiten: freiwillige Migration wird durch Nationalstaaten gesteuert, Flucht über Institutionen geregelt. Gleichzeitig berichtet Donoghue von der Sorge aller Beteiligten, dass die Einführung komplexer Migrationsrealitäten in internationales Recht unerwünschte Nebeneffekte haben könnte: „Eine Sorge vieler Länder und des UNHCR war, dass eine neue Kategorie von so etwas wie Zwangsmigrant:innen oder gefährdeten Migrant:innen oder Notmigrant:innen eingeführt würde, die das Problem von Menschen angehen würde, die internationalen Schutz benötigen, ihn aber nicht erhalten, weil sie nicht unter die Bestimmungen der Konvention von 1951 fallen. Sicherlich hoffte die Zivilgesellschaft auf eine solche Entwicklung. Bei den Verhandlungen war man der Meinung, dass wir nicht versuchen sollten, die GFK wieder zu öffnen. Insbesondere befürchteten einige Vertreter des UNHCR, dass die derzeit verfügbaren begrenzten Mittel für GFK-Flüchtlinge weiter gekürzt werden könnten, wenn es eine neue Gruppe gäbe, deren Unterstützung ebenfalls finanziert werden müsste."

Quelle für Zitate Donaghue: https://www.blog.fluchtforschung.net/die-wissenschaftliche-gemeinschaft-muss-aktiv-bleiben-und-regierungen-und-die-uno-weiter-mit-ideen-versorgen (5.2.2021).

3.1 Allgemeine Regelwerke und ihre Bedeutung für Migrationspolitik

Menschenrechtliche Vereinbarungen betreffen als Querschnittsthema alle Migrationspolitiken. Dazu gehört in erster Linie die *Allgemeine Erklärung der Menschenrechte (AEMR)*, die am 10. Dezember 1948 von den Vereinten Nationen verabschiedet wurde. Sie bestimmt in Art. 1: „Alle Menschen sind frei und gleich an Würde und Rechten geboren" und legt fest, dass dies unabhängig von „Rasse, Hautfarbe, Geschlecht, Sprache, Religion, politischer oder sonstiger Anschauung, nationaler oder sozialer Herkunft, Vermögen, Geburt oder sonstigem Stand" (Art. 2) gelte. Sie verbietet u. a. Folter oder Sklaverei und verbrieft das Recht, jedes Land, einschließlich des eigenen, zu verlassen. Ein analoges Recht zur Einreise gibt es hingegen nicht, abgesehen von dem Recht, in sein eigenes Land zurückzukehren (Art. 13). Ebenfalls migrationsrelevant ist das Recht auf Schutz der Familie, die als „natürliche Grundeinheit der Gesellschaft" (Art. 16 Abs. 3) definiert wird.

Die in der AEMR enthaltenen Rechte können jedoch nicht direkt eingeklagt werden. Inzwischen sind aber viele der Bestimmungen in nationale Verfassungen übernommen worden und werden zudem von Gerichtshöfen bei der Auslegung des nationalen Rechts berücksichtigt. Darüber hinaus wurden 1966 mit dem Internationalen Pakt für bürgerliche und politische Rechte (*Zivilpakt*) und dem Internationalen Pakt für wirtschaftliche, soziale und kulturelle Rechte (*Sozialpakt*) bindende Instrumente geschaffen, die die entsprechenden Regelungen konkretisieren und verbriefen. Zentral ist dabei der Grundsatz der Nichtdiskriminierung, das heißt, dass die Rechte allen Menschen – also auch unabhängig vom aufenthaltsrechtlichen Status – in gleichem Maße gewährt werden müssen. Darüber hinaus postulieren die Pakte das Recht auf Leben, Rechte in Strafverfahren, Glaubens- und Religionsfreiheit, sowie das Recht auf Arbeit, soziale Sicherheit, Gesundheit und Bildung (Angenendt 2003: 185).

Ergänzt wird die AEMR durch regionale Abkommen, insbesondere die *Europäische Menschenrechtskonvention* (EMRK). Inzwischen wurde die Konvention von 47 Staaten ratifiziert. Ihre Einhaltung wird durch den *Europäischen Gerichtshof für Menschenrechte* (EGMR)[1] in Straßburg überwacht. Hier können Vertragsstaaten sowie betroffene Individuen gegen Verstöße ihrer Rechte klagen. Zentrale Rechte aus der EMRK umfassen das Recht auf Leben und körperliche Unversehrtheit, die Gewissens- und Religionsfreiheit sowie das Recht auf freie Meinungsäußerung. Die Konvention verbietet zudem die Todesstrafe, Folter, Zwangsarbeit und Diskriminierung.

Auf der Ebene der Europäischen Union (EU) gibt es darüber hinaus noch die *Grundrechtecharta*, die 2000 vom Europäischen Rat unterzeichnet wurde. Sie weitet die Inhalte der EMRK aus und schreibt sie für die EU-Mitgliedstaaten und EU-Institutionen fest. Die Charta umfasst sechs Bereiche: Würde, Freiheiten, Gleichheit, Solidarität, Bürgerrechte und justizielle Rechte. Sie verankert zudem in Art. 18 das Recht auf Asyl auf europäischer Ebene (Buonanno/Nugent 2013: 237 f.). Mit dem Inkrafttreten des Vertrags von Lissabon erhielt die Charta im Jahr 2009 Rechtsverbindlichkeit, d. h. die darin enthaltenen Rechte können jetzt vor dem Europäischen Gerichtshof (EuGH) eingeklagt werden.

3.2 Das „Migrationsregime"

Neben den allgemeingültigen Menschenrechten gibt es völkerrechtliche Verträge, informelle Normen und internationale Organisationen, die direkt dem internationalen Migrationsregime zuzurechnen sind. Allerdings gibt es keinen einheitlichen normativen Rahmen. Stattdessen werden unterschiedliche Formen bzw. Kategorien von Migration in unterschiedlichen Rechtsakten und von unterschiedlichen Akteur:innen behandelt.

3.2.1 Austausch und Kooperation zu Migration allgemein

Ebenso wenig wie ein einheitliches Rechtssystem für Migration gibt es auch keine einheitliche Migrationsbehörde oder -agentur, die für internationale Migration in einem umfassenden Sinne zuständig wäre. Stattdessen gibt es verschiedene internationale und regionale Organisationen mit jeweils eigenen Zuständigkeiten (IOM 2018: 127–129). Diese fragmentierte Akteurslandschaft hat sich über die Zeit herausgebildet, indem bestehende Akteur:innen ihre Mandate erweitert haben und neue Organisationen geschaffen wurden. Dieser Prozess der *institutionellen Wucherung* („institutional proliferation") führt dazu, dass die ehemals klar abgegrenzten Funktionen verschiedener internationaler Organisationen inzwischen teils komplementär, teils aber auch kompetitiv sind (Betts 2013).

Mit der IOM (→ Infobox) existiert zwar eine Organisation mit einem potentiell umfassenden Steuerungsanspruch, der sich in ihrem Slogan „Managing Migration for the Benefit of All" widerspiegelt. Allerdings hat die Organisation weder das Mandat noch die Ressourcen, um wirklich einen tiefgreifenden Einfluss auf das internationale Migrationsregime auszuüben (Castles et al. 2013: 17 f.).

1 Dieser Gerichtshof darf nicht mit dem Europäischen Gerichtshof (EuGH) in Luxemburg verwechselt werden, der die Einhaltung des EU-Rechts überwacht (→ Kap. 4).

Infobox

International Organisation for Migration (IOM)

Nachdem die Organisation ursprünglich als temporäre Einrichtung gegründet worden war, um den Transport der europäischen „surplus populations“ nach dem Zweiten Weltkrieg zu organisieren, hat sich ihr Mandat über die Jahre erweitert und verfestigt. Inzwischen unterstützt sie Staaten beispielsweise bei der Durchführung von Neuansiedlungen und Rückführungen, betreibt Kapazitätsaufbau zur Migrationskontrolle in Herkunfts- und Transitstaaten und bietet Unterstützung bei der freiwilligen Rückkehr an. Allerdings ist die Organisation zum weit überwiegenden Teil über Projekte und Entgelte finanziert, sodass sie sehr abhängig von politischen Strömungen ist und nur über geringe finanzielle Planungssicherheit verfügt (Georgi 2012).

Die IOM versucht, zum „global leader on migration“ (IOM 2018: 146) zu werden. Als ein erster Schritt in diese Richtung kann die Aufnahme als verwandte Organisation der Vereinten Nationen (United Nations, UN) 2016 gesehen werden, nachdem sie zuvor außerhalb des UN-Systems gestanden hatte.

Auch wenn sie gerne auf die IOM zurückgreifen, sind Staaten weiterhin die entscheidenden Akteure in der internationalen Migrationspolitik. Das zeigt sich beispielsweise in den Verhandlungen um den *Globalen Pakt für sichere, geordnete und reguläre Migration* („Migrationspakt“), der im Dezember 2018 von der UN-Generalversammlung angenommen wurde. Im Vorfeld waren in vielen Staaten Diskussionen um den Pakt entbrannt, da befürchtet wurde, er schränke die Fähigkeiten der Staaten ein, Migration zu begrenzen. Diese Kritik geht am Inhalt des Paktes vorbei: Die 23 Ziele des Paktes beziehen sich auf verschiedene Aspekte der Migration: So sollen legale Wege der Migration eröffnet, Menschenhandel bekämpft, Rücküberweisungen und Rückkehrmigration erleichtert sowie der Grenzschutz gestärkt werden. Die Umsetzung des Paktes und dessen Überwachung verbleiben jedoch bei den Staaten. Sie sollen sich im Rahmen des *International Migration Review Forum* über die Umsetzung austauschen. Damit hebt der Pakt die Bedeutung des Multilateralismus, d. h. der Kooperation der Staaten, gegenüber einseitigem Handeln hervor, belässt ihnen aber ihre Handlungsautonomie.

Staaten tauschen sich noch in weiteren Foren über Migrationspolitik aus. Aus informellen Foren können dabei auch Beratungsorganisationen wie das *International Centre for Migration Policy Development* (ICMPD) werden. Es wurde 1993 gegründet und widmete sich ursprünglich besonders der irregulären Migration aus Osteuropa. Inzwischen versteht sich das ICMPD vor allem als Beratungsinstanz für Staaten, um sie bei der besseren Steuerung der Migration durch Kapazitätsaufbau, regionale Migrationsdialoge (z. B. die Budapest-, Prag-, Khartoum- und Rabat-Prozesse sowie der *Mediterranean Transit Migration*) und Forschung zu unterstützen (Hess 2012).

Auf globaler Ebene gibt es zudem das *Global Forum on Migration and Development* (GFMD), das 2006 auf Initiative des Sonderbeauftragten für Migration des UN-Generalsekretärs gegründet wurde (→ Kap. 10). Aufgrund von Vorbehalten u. a. der USA wurde es letztlich jedoch nicht im Rahmen der UN verankert, sondern als staatsbasiertes und informelles Forum für Austausch gegründet. Es erfüllt insbesondere eine vertrauensbildende Rolle und hilft, Brücken zwischen verschiedenen Sichtweisen auf Migration und Entwicklung zu bauen, während verbindliche Absprachen bislang nicht getroffen wurden (IOM 2018: 147; Kalm 2012; Maniatis 2015).

Beispiel

Jenseits der klassischen IB: Austausch von Ministerien und Behörden

Eher abseits der Öffentlichkeit, aber für die Abstimmung konkreter Politiken und Verwaltungspraxis nicht unwichtig, existieren mehrere Austauschforen staatlicher Migrationsbehörden und Ministerien. Ein Beispiel sind die *Intergovernmental Consultations on Migration, Asylum and Refugees* (IGC), bei denen sich Beamt:innen 18 westlicher Einwanderungsländer (u. a. Deutschland, USA; Australien, Spanien, Schweiz) seit 1985 regelmäßig in Genf beraten. Auch wenn die IGC ein informelles Gremium ohne Entscheidungsbefugnis sind, ist doch festzustellen, dass ein Austausch im Sinne eines *policy learning* stattfindet.

Quelle: https://www.iom.int/sites/default/files/our_work/ICP/RCP/2016/IGC-Flyer-2016-public.pdf (5.2.2021)

3.2.2 Spezialisierte Institutionen zu verschiedenen Migrationsformen

Eine der quantitativ wichtigsten Formen freiwilliger Migration ist die *Arbeitsmigration*: 2017 waren 164 Millionen der 258 Millionen internationalen Migrant:innen als Arbeitsmigrant:innen klassifiziert (ILO 2018). Allerdings wird die Arbeitsmigration weitgehend auf nationalstaatlicher Ebene reguliert, auch wenn es bi- und multilaterale Abkommen auf der regionalen Ebene gibt. Dazu gehören beispielsweise Anwerbe- oder Freizügigkeitsabkommen. Der weitgehendste Zusammenschluss in diesem Bereich fand in der Europäischen Union statt (→ Kap. 4), während die Personenfreizügigkeit im Rahmen beispielsweise der Afrikanischen Union oder der ASEAN (*Association of Southeast Asian Nations*) bislang nicht verwirklicht ist. Auf globaler Ebene gibt es bislang nur wenige völkerrechtliche Verträge, die zudem nur von wenigen Staaten ratifiziert wurden. Für den Bereich grenzüberschreitender Dienstleistungserbringung wurde mit dem *General Agreement on Trade in Services* (GATS) eine Liberalisierung beschlossen, die im Rahmen der *World Trade Organization* (WTO) durchgesetzt werden kann (IOM 2018: 132 f.). Diese institutionelle Verortung deutet darauf hin, dass dieser Bereich eher der Wirtschafts- als der Migrationspolitik zugerechnet wird.

Infobox

International Labour Organization (ILO)

Mit der ILO besteht bereits seit 1919 eine globale Organisation, die das Ziel verfolgt, die Rechte von Arbeitsmigrant:innen zu wahren und zu stärken. Zu ihren Mitgliedern gehören sowohl Staaten als auch Vertreter:innen der Arbeitgebenden- und Arbeitnehmendenorganisationen. In Bezug auf Migration verfolgt sie die Zielsetzung, faire Arbeitsbedingungen für Migrant:innen zu fördern, ihre Rechte zu wahren und ihnen eine gerechte Teilhabe am erwirtschafteten Wohlstand zu ermöglichen (Niederfranke/Staubach 2015). Dabei fokussiert sie einerseits auf Ausbeutung und irreguläre Migration und andererseits auf die Gefahr von brain drain in den Herkunftsstaaten (Angenendt 2003: 194 f.) (→ Kap. 10). Hinzugekommen ist in den letzten Jahren das Thema klimabedingter Migration. Hier strebt die ILO die Stärkung der Resilienz und Prävention durch Ausbildung, Förderung neuer Arbeitsbereiche und -sektoren etc. an. Außerdem versucht die Organisation, migrierte Kinder vor Kinderarbeit und Ausbeutung zu schützen (Niederfranke/Staubach 2015).

Für die *Familienzusammenführung* bestehen bislang keine verbindlichen internationalen Regelungen – oder auch nur eine einheitliche internationale Definition von Familie. Allerdings wird die Einheit der Familie in vielen menschenrechtlichen Dokumenten wie z. B. der AEMR als schützenswert deklariert. Auch die Kinderrechtskonvention der Vereinten Nationen legt fest, dass beispielsweise bei der Durchführung von Abschiebungen das Kindeswohl vorrangig zu berücksichtigen ist (Angenendt 2003: 185). Dementsprechend können aus diesen Dokumenten Mindestanforderungen an migrationspolitische Regelungen abgeleitet werden. Der Migrationspakt formuliert zudem das Ziel, Menschen aller Schichten den Zugang zu Prozessen der Familienzusammenführung zu erleichtern (Vereinte Nationen 2018 b).

Mit den „Palermo-Protokollen“ wurden auch die Themen *Menschenhandel und Schleusung* auf internationaler Ebene verankert. Bei ersterem handelt es sich zwar eindeutig nicht um freiwillige Migration, dennoch werden beide an der Schnittstelle des Migrationsregimes und der internationalen Kriminalitätsbekämpfung verortet. Sie werden in Zusatzprotokollen zum Übereinkommen der Vereinten Nationen gegen die grenzüberschreitende organisierte Kriminalität behandelt und damit als sicherheitspolitisches Thema markiert (→ Kap. 8). Das „Zusatzprotokoll gegen die Schleusung von Migranten auf dem Land-, See- und Luftweg“ definiert Schleusung bzw. Schlepperei als Herbeiführung der illegalen Einreise „mit dem Ziel, sich unmittelbar oder mittelbar einen finanziellen oder sonstigen materiellen Vorteil zu verschaffen“. Trotz der illegalen Einreise sollen die Migrant:innen selbst nicht strafrechtlich verfolgt werden, außer, wenn sie gegen innerstaatliches Recht verstoßen.

Menschenhandel ist demgegenüber gemäß des „Zusatzprotokolls zur Verhütung, Bekämpfung und Bestrafung des Menschenhandels, insbesondere des Frauen- und Kinderhandels“ als Anwerbung, Beförderung, Verbringung oder Beherbergung unter Ausübung von z. B. Zwang oder Täuschung mit anschließender Ausbeutung

(z. B. Prostitution, Sklaverei) definiert. Aufgrund des Tatbestands der Ausbeutung werden die betroffenen Migrant:innen als besonders schutzbedürftig definiert. Das Protokoll sieht dementsprechend vor, dass die Staaten die Identität und Sicherheit der Personen besonders schützen, und legt ihnen nahe, den Opfern von Menschenhandel ein vorübergehendes oder dauerhaftes Aufnahmerecht zu gewähren. Die Umsetzung dieser Empfehlungen obliegt aber weiterhin den Staaten.

3.3 Das „Flüchtlingsregime"

Ungeachtet der generellen Anwendbarkeit migrationspolitischer Regelungen auf Geflüchtete bestehen für diese Gruppe besondere Schutzregelungen, die anderen Migrant:innengruppen nicht offenstehen. Staatlichen Schutz für Geflüchtete hat es in der Geschichte immer wieder gegeben, z. B. für bestimmte Gruppen wie die französischen Hugenotten. Und auch internationale Vereinbarungen zum Flüchtlingsschutz bzw. zur Nichtauslieferung von Geflüchteten wurden schon im 19. Jahrhundert geschlossen. Allerdings betraf das Flüchtlingsregime meist nur kleine Gruppen, da die offene Migrationspolitik der meisten Staaten ohnehin relativ freie Wanderungsentscheidungen ermöglichte (Orchard 2017). Erst die Erfahrungen der beiden Weltkriege mit massenhafter Flucht und Vertreibung verdeutlichten die Notwendigkeit, internationale Absprachen für Fluchtmigration zu treffen. Die heutigen Regelungen wurden weitgehend nach 1945 geschaffen, auch wenn es mit dem Hochkommissariat für Flüchtlingsfragen des Völkerbundes Vorläufer gab, deren Erfahrungen die heutigen Strukturen mit beeinflusst haben.

Die wichtigste Norm des aktuellen internationalen Flüchtlingsschutzes ist die „Genfer Flüchtlingskonvention" (GFK). Sie definiert, wer ein Flüchtling ist und welchen Schutz sowie welche Rechte er oder sie vom aufnehmenden Staat erhalten soll. Der Begriff Flüchtling bezieht sich laut Art. 1 Abs. A2 auf eine Person, die

> „aus der begründeten Furcht vor Verfolgung wegen ihrer Rasse, Religion, Nationalität, Zugehörigkeit zu einer bestimmten sozialen Gruppe oder wegen ihrer politischen Überzeugung sich außerhalb des Landes befindet, dessen Staatsangehörigkeit sie besitzt, und den Schutz dieses Landes nicht in Anspruch nehmen kann oder wegen dieser Befürchtungen nicht in Anspruch nehmen will […]."

Ursprünglich war die Konvention nur auf Personen anwendbar, die aufgrund von Ereignissen geflohen waren, die vor dem 1. Januar 1951 eingetreten waren. Darüber hinaus konnten die Unterzeichnerstaaten eine Erklärung abgeben, die den Anwendungsbereich auf Flüchtlinge aus Europa eingrenzte. Mit diesen Einschränkungen hatten sich in den Verhandlungen die Staaten durchgesetzt, die sich gegen eine universelle Anwendbarkeit der Konvention wehrten, da sie „befürchteten, mit einer weit gefassten Definition einen ‚Blankoscheck' für die Aufnahme künftiger Flüchtlinge auszustellen" (Engler 2018: 22). Weitere Fluchtbewegungen sowie die zunehmende Spaltung zwischen Ost und West in den darauffolgenden Jahren verdeutlichten jedoch die Notwendigkeit für einen weiter gefassten Flüchtlingsbegriff. Daher wurde mit dem New Yorker Protokoll von 1967 die ursprüngliche zeitliche

Einschränkung der Konvention aufgehoben, während die individuell vereinbarten geographischen Vorbehalte beibehalten werden konnten.[2]

Die Genfer Flüchtlingskonvention verleiht kein individuelles Recht auf Schutz, sondern stellt in erster Linie eine Verpflichtung der Unterzeichnerstaaten dar. Damit behält sie die Sichtweise bei, dass Souveränität und Rechte in erster Linie bei den Staaten liegen (Kleist 2018: 175 f.). Eine der wichtigsten Verpflichtungen aus der GFK findet sich im sogenannten *Non-Refoulement-Prinzip* (Nichtzurückweisungsprinzip):

Infobox

Artikel 33 GFK: Verbot der Ausweisung und Zurückweisung

„1. Keiner der vertragschließenden Staaten wird einen Flüchtling auf irgendeine Weise über die Grenzen von Gebieten ausweisen oder zurückweisen, in denen sein Leben oder seine Freiheit wegen seiner Rasse, Religion, Staatsangehörigkeit, seiner Zugehörigkeit zu einer bestimmten sozialen Gruppe oder wegen seiner politischen Überzeugung bedroht sein würde.

2. Auf die Vergünstigung dieser Vorschrift kann sich jedoch ein Flüchtling nicht berufen, der aus schwer wiegenden Gründen als eine Gefahr für die Sicherheit des Landes anzusehen ist, in dem er sich befindet, oder der eine Gefahr für die Allgemeinheit dieses Staates bedeutet, weil er wegen eines Verbrechens oder eines besonders schweren Vergehens rechtskräftig verurteilt wurde."

Da der Flüchtlingsstatus von Staaten nicht verliehen, sondern nur zuerkannt wird, müssen Staaten aufgrund dieser Bestimmung sicherstellen, dass sie ihre Verpflichtung aus der Konvention auch dann nicht verletzen, wenn der Status noch nicht geklärt ist. Das bedeutet in der Praxis, dass sie Menschen nicht ausweisen dürfen, sofern nicht geklärt ist, ob ihnen als Flüchtling im Herkunftsland Verfolgung droht (Kleist 2018: 173). Gleichzeitig benennt der Artikel ebenso wie Art. 1 F Ausschlussgründe für die Schutzgewährung, sodass Menschen, die z. B. Kriegsverbrechen begangen haben, sich nicht auf den Schutz aus der GFK berufen können.

Andererseits erkennt die Konvention an, dass beispielsweise der Verstoß gegen Einreisebestimmungen bei Fluchtmigration teilweise unumgänglich ist. Daher legt Art. 31 fest, dass Flüchtlinge für eine unrechtmäßige Einreise nicht bestraft werden dürfen. Hier werden also Geflüchtete als besondere Gruppe von Bestimmungen des regulären Migrationsregimes ausgenommen. Gleichzeitig werden Flüchtlinge aber dazu verpflichtet, sich umgehend nach der Einreise bei den Behörden zu melden, sodass die Bestimmung nicht als Begründung für einen unbefristeten irregulären Aufenthalt genutzt werden kann. In den letzten Jahren werden zudem die Regelungen des Migrationsregimes immer strenger, sodass Politiken zur Abschottung und Abschreckung die Schutzbestimmung aus Art. 31 zunehmend in Frage stellen (IOM 2018: 130 f.). Außerdem werden die meisten Rechte, die sich aus der GFK ergeben, erst nach der Durchführung eines Asylverfahrens und der Zuerken-

2 Beispielsweise wendet die Türkei die Konvention weiterhin nur auf Flüchtlinge an, die aus Europa kommen, während beispielsweise syrische Geflüchtete einen anderen Schutzstatus erhalten (Ekşi 2016).

nung des Flüchtlingsschutzes gewährt. Dazu gehören vor allem soziale Rechte wie der Zugang zum Arbeitsmarkt, zum Bildungssystem und zur öffentlichen Fürsorge. Der Zugang zum Asylverfahren wird jedoch zunehmend durch Instrumente wie Visaregelungen, sichere Herkunfts- und Drittstaatenregelungen oder Sanktionen für Fluggesellschaften bei Transport ohne gültige Einreisedokumente erschwert (Angenendt 2003: 183 f.). Hier werden also Regelungen des Migrationsregimes genutzt, um Zugang zu den besonderen Schutzrechten des Flüchtlingsregimes zu beschränken. Mit dem Büro des Hochkommissars für Flüchtlinge der Vereinten Nationen (UNHCR) existiert eine zentrale Organisation mit einem umfassenden Mandat für die Wahrung des internationalen Flüchtlingsschutzes (→ Infobox).

Migrant:innen und Flüchtlinge sind jedoch keine passiven Regelungsobjekte und reagieren auf diese Vorgaben entsprechend ihrer Ressourcen, Bedarfe und Interessen. Ein Beispiel hierfür sind Widerstände gegen Abschiebungen, die in Deutschland teilweise mittels zivilgesellschaftlicher Unterstützer:innen oder auch unter Mithilfe von am Vollzug der Abschiebung beteiligten Personen durchgeführt wurden (Pott et al. 2018 b: 4).

Infobox

United Nations High Commissioner for Refugees (UNHCR)

Die Aufgaben des UNHCR waren nach seiner Gründung 1950 zunächst regional auf die Situation in Europa fokussiert und auf die Dauer von drei Jahren begrenzt. Die anhaltende Situation von Flucht und Vertreibung in vielen Regionen der Welt führte jedoch schnell zur Ausweitung des Mandats und zur Verstetigung der Organisation, die heute die größte Organisation in der internationalen Migrationspolitik ist (Betts et al. 2012: 2–5).

Obwohl sie explizit den Auftrag hat, die Einhaltung des Flüchtlingsrechts zu überwachen, ist die Organisation dennoch von den Staaten abhängig. Einerseits müssen sie ihr Zugang zum Staatsgebiet gewähren, um humanitäre Hilfe für Geflüchtete leisten zu können. Andererseits stammt das Budget von UNHCR zum großen Teil von einigen wenigen Geldgebern, die die Mittel zudem in den letzten Jahren stärker zweckgebunden vergeben (UNHCR 2018 b). Daher wird kritisiert, dass sich die Organisation zu stark auf humanitäre Hilfe konzentriert, anstatt die Einhaltung und Weiterentwicklung des Flüchtlingsschutzes zu propagieren (Angenendt 2003: 199).

Zu den zentralen Aufgaben des UNHCR gehört zudem die Suche nach dauerhaften Lösungen. Diese Lösungen können aus der Neuansiedlung (*resettlement*), Rückkehr (*repatriation*) oder Integration vor Ort bestehen. Insbesondere für Geflüchtete in sogenannten anhaltenden Fluchtsituationen (*protracted refugee situations*) ist die Neuansiedlung in aufnahmewilligen Staaten oder die dauerhafte Integration im Erstaufnahmeland eine Notwendigkeit. Im Jahr 2016 betrafen anhaltende Fluchtsituationen mehr als 40% der Geflüchteten weltweit; die durchschnittliche Dauer der Fluchtsituation betrug dabei 26 Jahre (Kleist 2018: 176).

Neben der Genfer Flüchtlingskonvention existieren weitere regionale Abkommen, deren Definitionen eines Flüchtlings in Abhängigkeit von den entsprechenden Erfahrungen der Region teilweise umfassender sind als die der GFK. So erkennt die *Afrikanische Flüchtlingskonvention* von 1969 auch schwerwiegende Störungen der öffentlichen Sicherheit, Fremdherrschaft und äußere Bedrohung als Fluchtursachen an (Angenendt 2003: 191). Die lateinamerikanische *Cartagena-Deklaration* bezieht ebenso Personen in den Flüchtlingsschutz ein, die aufgrund von z. B. fremder Angriffe, interner Konflikte oder massiver Menschenrechtsverletzungen fliehen (Kleist 2018: 177 f.).

Mit dem *Globalen Pakt für Flüchtlinge* („Flüchtlingspakt") wurde am 17. Dezember 2018 zudem ein neues Instrument im internationalen Flüchtlingsregime verabschiedet. Es war gemäß der New Yorker Erklärung von 2016 von UNHCR erarbeitet und von der UN-Generalversammlung angenommen worden. Der Pakt konstatiert die steigende Anzahl von Flüchtlingen in den letzten Jahren sowie die Gefahr, dass Fluchtzuwanderung außerordentliche Belastungen für die aufnehmenden Staaten bedeuten kann.

> „Vor diesem Hintergrund soll der Globale Pakt für Flüchtlinge Grundlage für eine berechenbare und ausgewogene Lasten- und Verantwortungsteilung zwischen allen Mitgliedstaaten der Vereinten Nationen und gegebenenfalls anderen relevanten Interessenträgern sein [...]" (Vereinte Nationen 2018 a: 1)

Damit geht der Pakt auf eines der am stärksten umstrittenen Themen des internationalen Flüchtlingsregimes ein. Die Verantwortung für die Aufnahme und den Schutz von Geflüchteten ist bislang nicht klar geregelt. Der Schutz nach der Genfer Flüchtlingskonvention gilt grundsätzlich für die Flüchtlinge, die das Staatsgebiet des entsprechenden Staates erreichen.[3] Da die Möglichkeiten zur Flucht durch die Ressourcen der Flüchtenden, geographische sowie rechtliche Voraussetzungen und Barrieren bestimmt sind, führt das dazu, dass ca. 85% der Flüchtlinge von Ländern mit geringem bis mittlerem Bruttoinlandsprodukt aufgenommen werden (UNHCR 2018: 5). Der Flüchtlingspakt möchte dies vor allem durch die Stärkung der Neuansiedlung[4] und nachhaltige Programme statt kurzfristiger humanitärer Hilfe ändern. Dabei sollen sowohl die Staaten als auch private Akteur:innen eingebunden werden. Allerdings sind die Empfehlungen nicht bindend und der Pakt verweist wiederholt auf die „nationale Führungsverantwortung". Durch seine Basis im bestehenden internationalen Recht (Flüchtlings- und Menschenrechte sowie Regelungen für Staatenlose) versteht sich der Pakt als „in seiner Art völlig unpolitisch" (Vereinte Nationen 2018 a: 2). Konkrete Maßnahmen, die der Pakt vorsieht, konzentrieren sich daher auf eine bessere Koordination der Staaten, z. B. durch eine Unterstützungsplattform sowie die Einrichtung eines Globalen Flüchtlingsforums alle vier Jahre, bei dem – auf freiwilliger Basis – konkrete Zusagen ge-

3 Zu den völkerrechtlichen Pflichten der Staaten in Bezug auf Flüchtlinge und Migrant:innen auf See: Rah 2009.

4 Unter Neuansiedlung oder *Resettlement* wird die planvolle Umsiedlung von Flüchtlingen aus den Erstaufnahmestaaten, die in der Regel in geographischer Nähe zu Konfliktregionen liegen, in weiter entfernte Staaten verstanden.

macht werden sollen. Allerdings ist bislang die Zahl der *Resettlement*-Plätze, die von den Staaten bereitgestellt werden, bei weitem nicht ausreichend. So stellt UNHCR fest, dass 2018 einem Bedarf von 1,4 Millionen Personen nur 75.000 angebotene Plätze gegenüberstehen. Damit würde es bis zum Jahr 2036 dauern, die Personen neu anzusiedeln, die im Jahr 2018 unmittelbar einen Bedarf an *Resettlement* haben (UNHCR 2019).

Eine Gruppe, die nicht unter das aktuelle Fluchtregime fällt, sind die *Umwelt-* oder *Klimaflüchtlinge*. Klimatische Veränderungen und extreme Wetterereignisse zwingen jedes Jahr Millionen Menschen dazu, ihre Herkunftsregion zu verlassen.[5] Zwar flieht der überwiegende Teil der Menschen in umliegende Regionen innerhalb ihres Landes und fällt damit in die Kategorie „Binnenvertriebene".[6] Teilweise ist internationale Migration jedoch die einzige Möglichkeit, um sich eine neue Lebensgrundlage zu schaffen. Klima- und Umweltereignisse sind aber (bislang) nicht als Fluchtgrund anerkannt, sodass die betreffenden Personen unter das reguläre Migrationsregime – mit all seinen Beschränkungen und Regeln – fallen.

In den letzten Jahren ist das Thema jedoch zunehmend auf die internationale politische Agenda gerückt. So wird beispielsweise in Ziel 2 des Migrationspaktes vereinbart, Umweltbedingungen zu schaffen, die den Menschen ein friedliches und produktives Leben ermöglichen. Darüber hinaus hatten die Schweiz und Norwegen im Jahr 2012 die „Nansen-Initiative" zum Schutz von Umweltvertriebenen gestartet. Sie mündete 2015 in einer von 109 Staaten unterstützten Agenda zum Schutz von Menschen, die im Kontext von Naturkatastrophen und Klimawandel über Grenzen hinweg fliehen müssen. Hierin werden Instrumente vorgeschlagen, mit deren Hilfe der Schutz der vertriebenen Menschen erhöht und die Reaktionsfähigkeit der Staaten auf solche Ereignisse gestärkt werden kann (The Nansen Initiative 2015). Allerdings ist die Agenda kein bindendes völkerrechtliches Instrument, sondern eine freiwillige Selbstverpflichtung der Staaten, die sie in die Lage versetzen soll, besser auf ihre jeweiligen Herausforderungen reagieren zu können. Auch das Sendai Rahmenwerk für Katastrophenvorsorge 2015 – 2030 nimmt Bezug auf Migrant:innen und ihr Wissen, das für die Vorsorge aber auch den Umgang mit Katastrophen genutzt werden sollte. Grenzüberschreitende Migration als Folge von Katastrophen wird jedoch nur am Rande erwähnt (UNIDSR 2015).

Insgesamt zeigt sich, dass die Weiterentwicklung des globalen Flüchtlingsregimes aktuell vor allem auf freiwilliger bi- und multilateraler Basis erfolgt, während grundlegende und verpflichtende Erweiterungen oder Reformen ausbleiben. Die generelle Notwendigkeit der Unterstützung für Geflüchtete wird weithin anerkannt, was sich u. a. in den inzwischen 145 Vertragsstaaten der Genfer Flücht-

5 Nach Angaben des *Internal Displacement Monitoring Center* wurden zwischen 2008 und 2019 jedes Jahr zwischen 17 und 42 Millionen Menschen durch Katastrophen wie Dürren, Überschwemmungen oder Erdbeben vertrieben (https://www.internal-displacement.org/database/displacement-data, 14.12.2020). Oft wirken diese Ereignisse und Veränderungen im Zusammenspiel mit anderen Faktoren wie z. B. Bevölkerungswachstum oder Unterentwicklung, die die Resilienz der Staaten und Gesellschaften einschränken und bestehende Vulnerabilitäten erhöhen (The Nansen Initiative 2015: 15).

6 Auf internationaler Ebene gibt es bislang keine explizite Zuständigkeit für diese Gruppe, auch wenn der UNHCR sie als „persons of concern" begreift und oft an der humanitären Hilfe beteiligt ist (https://www.unhcr.org/ph/persons-concern-unhcr; 14.12.2020).

lingskonvention zeigt. Gleichzeitig ist jedoch die Bereitschaft zur Aufnahme bei weitem nicht ausreichend (UNHCR 2019). Vor diesem Hintergrund scheint ein Schließen der Schutzlücke für klima- und umweltbedingte Flucht auf absehbare Zeit unwahrscheinlich. Auch die Finanzierung des Flüchtlingsschutzes ist oft nicht gesichert. Diese Unterfinanzierung erkannte die UN-Generalversammlung mit dem Flüchtlingspakt an: „Wir nehmen mit Sorge Kenntnis von einer erheblichen Diskrepanz zwischen den Bedürfnissen der Flüchtlinge und den vorhandenen Mitteln." (Vereinte Nationen 2018 a: 16). Dies soll durch eine verlässlichere staatliche Finanzierung, aber auch durch ein stärkeres Engagement der Weltbank sowie privater und zivilgesellschaftlicher Akteur:innen verbessert werden. Hier zeigt sich eine Tendenz zur globalen Governance im Sinne einer Verantwortlichkeit und Zusammenarbeit verschiedener „Stakeholder", obwohl die Staaten in der Regel als die Hauptakteure im internationalen Migrations- und Flüchtlingsregime gesehen werden. Auffällig ist dabei die Rolle der USA: während sie seit 2016 unter dem Stichwort „America First" aus verschiedenen multilateralen Gremien austraten oder ihr Engagement verringerten, sind sie weiterhin der größte Geldgeber des UNHCR. So gaben sie im Jahr 2020 über 1,97 Mrd. US$ und finanzierten damit 22% der geplanten Aktivitäten der Organisation.[7] Zudem stellten sie 2019 24.810 der weltweit 81,671 *Resettlement*-Plätze.[8]

3.4 Multilateralismus mit angezogener Handbremse

Staaten bleiben die zentralen Akteure in der internationalen Migrationspolitik, selbst wenn sie vor allem im Flüchtlingsregime verbindliche Abkommen geschlossen haben, die sie in ihrer Handlungsautonomie einschränken. Ein Grund für die mangelnde Bereitschaft zu grundlegenden Reformen könnte die Tatsache sein, dass Staaten die institutionelle Vielfalt nutzen können, um je nach ihren Interessen die für sie vorteilhafte Arena auszuwählen (Betts 2009 b). Nicht immer ist das die globale Zusammenarbeit im Rahmen internationaler Organisationen. Stattdessen zeigt der Anstieg regionaler Foren und Partnerschaften, dass informeller Austausch und „Mini-Multilateralismus" teilweise bevorzugt werden. Regionale und themenbezogene Zusammenarbeit ermöglicht es den Staaten, sich die Partner:innen zunächst auf der Basis z. B. ähnlicher Ausgangslagen, ideologischer Nähe oder Interessen auszusuchen (Jong et al. 2017). Allerdings können informelle oder kleinräumige Kooperationen teilweise helfen, institutionelle Blockaden zu überwinden. In dem Fall finden die Ergebnisse der Zusammenarbeit, wie im Fall der Nansen-Initiative, letztlich breitere Unterstützung (IOM 2018: 140). Oder sie werden sogar, wie im Fall des Schengen-Abkommens, in formelle multilaterale Rahmenwerke wie die EU übernommen (Hess 2012: 99 f.).

Eine weitere Hürde für eine stärkere multilaterale Zusammenarbeit im Bereich der Migration ist, dass der Nutzen der Kooperation nicht so eindeutig ersichtlich ist wie z. B. im Bereich der Handelspolitik. Darüber hinaus haben viele politische Akteur:innen Angst vor den politischen Kosten eines stärkeren Engagements für Migration und treten daher nicht als aktive Verfechter:innen eines verbindlichen und

---

7 https://www.reporting.unhcr.org/donor-profiles?year=2020&donor=GUSA (14.12.2020).
8 https://www.rsq.unhcr.org/en/#6Qxf (14.12.2020).

umfassenden globalen Migrationsregimes auf (Hoesch 2018: 198 f.). Dementsprechend schränkt die starke Politisierung des Themas die Bereitschaft zu weiteren verbindlichen Regelungen derzeit ein. Dies gilt insbesondere für Vorhaben, die weitere legale Migrationswege eröffnen, gering Qualifizierten dauerhafte Migration ermöglichen oder die Rechte von Arbeitnehmer:innen stärken würden (IOM 2018: 136 f.). Einig scheinen sich die Staaten aber darin zu sein, dass Migration bestmöglich gesteuert werden muss, um eine „*triple win*"-Situation zu erreichen, in der Herkunfts- und Zielländer ebenso von der Migration profitieren wie die Migrant:innen und ihre Familien (Jong et al. 2017). Damit schließen sie sich dem vor allem von der IOM propagierten Diskurs des *Migrationsmanagements* an (→ Kap. 6).

Übungs- und Reflexionsaufgaben

1. Was versteht man unter einem „Migrationsregime"?
2. Warum entschließen sich Staaten, in der Migrationspolitik zusammenzuarbeiten?
3. Nennen Sie die Kerninstitutionen des internationalen Flüchtlingsregimes.
4. Welche Perspektiven bestehen für eine Reform des internationalen Migrationsregimes?

Zur Vertiefung

Angenendt, Stefan/Koch, Anne (2017) Global Migration Governance im Zeitalter gemischter Wanderungen: Folgerungen für eine entwicklungsorientierte Migrationspolitik, Berlin: Stiftung Wissenschaft und Politik. https://www.swp-berlin.org/fileadmin/contents/products/studien/2017S08_adt_koh.pdf (15.3.2021).

* Betts, Alexander (2009) Forced migration and global politics, Malden et al.: Wiley-Blackwell.

i Engler, Marcus (2018) Das globale Flüchtlingsregime: Konzeptionen, Flüchtlingsbegriffe und Verantwortungsteilung. Flucht: Forschung und Transfer, State-of-Research Papier 06, Osnabrück. https://flucht-forschung-transfer.de/wp-content/uploads/2017/05/SoR-06-Schutzregime.pdf (15.3.2021).

i Hollifield, James (2012): Migration and International Relations. In: Rosenblum, Marc R./Tichenor, Daniel J. (Hrsg.): The Oxford handbook of the politics of international migration. Oxford: Oxford University Press, S. 345–379.

i Karatani, Rieko (2005): How History Separated Refugee and Migrant Regimes. In Search of Their Institutional Origins. In: International Journal of Refugee Law 17, H. 3, S. 517–541. https://doi.org/10.1093/ijrl/eei019

i Pott, Andreas/Rass, Christoph/Wolff, Frank (Hrsg.) (2018) Was ist ein Migrationsregime? What is a migration regime? Wiesbaden: Springer VS.

4 Jenseits des Nationalstaats? Migrationspolitik der Europäischen Union

Wer heute in Europa über Migrationspolitik spricht, kommt um die Rolle der Europäischen Union (EU) nicht herum. Dieses Kapitel geht zunächst der Frage nach, wie es zu einer „europäischen" Migrationspolitik gekommen ist. Zweitens beschäftigt es sich mit zentralen Regelwerken der europäischen Migrationspolitik. Zentral ist dabei die Trennung in die Migration von Staatsangehörigen der EU-Mitgliedstaaten (EU-Binnenmigration) und die Zuwanderung aus Nicht-EU-Staaten (Migration aus Drittstaaten). Das dritte Teilkapitel befasst sich mit den zentralen Akteur:innen der europäischen Migrationspolitik. Hierzu gehören zum einen die allgemeinen Organe der EU. Zum anderen gibt es Agenturen und Einrichtungen, die sich speziell mit migrationspolitischen Fragestellungen und verwandten Themenbereichen wie der Grenzsicherung befassen (z. B. EASO, das Europäische Unterstützungsbüro in Asylfragen). Abschließend wird ein Ausblick auf die Entwicklung der europäischen Migrationspolitik unternommen.

4.1 Überblick über die Europäisierung der Migrationspolitik

Migration, die in den meisten Staaten als Teil der Innenpolitik begriffen wird, gehört zu den als sensibel wahrgenommenen Politikfeldern. Demzufolge war der Prozess der Europäisierung immer wieder von Widerständen einzelner Staaten geprägt, die eine Übertragung von Zuständigkeiten auf eine den Nationalstaaten übergeordnete („supranationale") Ebene ablehnten. Gleichzeitig hofften andere Staaten, dass der Zusammenschluss ihnen die Möglichkeit bieten würde, Migration besser zu steuern (Hess et al. 2015). Daher wurde wiederholt auf Instrumente der „flexiblen Integration" zurückgegriffen, in denen (zunächst) nur ein Teil der Mitgliedstaaten außerhalb des Rahmens der EU zusammenarbeitete (Bache et al. 2011: 466–488; Birsl 2005: 106–122). Dieses Wechselspiel von zwischenstaatlichen und supranationalen Lösungen begleitet die Geschichte der Migrationspolitik der EU bis heute.

Die ersten praktischen Schritte auf dem Weg zur heutigen Europäischen Union liegen in der Zeit nach dem Zweiten Weltkrieg, auch wenn die Idee einer Vereinigung der Staaten in Europa schon älter ist (Loth 1996: 9–27). Im Jahr 1952 wurde die *Europäische Gemeinschaft für Kohle und Stahl* (EGKS oder „Montanunion") gegründet, mit der der gemeinsame Markt für Kohle und Stahl formell einer unabhängigen, supranationalen Verwaltung unterstellt wurde (Bache et al. 2011: 117–123). Damit wurden vor allem die Ziele verfolgt, in Zukunft kriegerische Auseinandersetzungen zwischen den beteiligten Staaten zu verhindern und ihre wirtschaftliche Leistungsfähigkeit zu steigern (Streinz 2008: 7–9).

Nachdem das Vorhaben einer stärkeren politischen Vergemeinschaftung gescheitert war (Bache et al. 2011: 106–108), konzentrierten sich die damals sechs Mitgliedstaaten auf den Ausbau der wirtschaftlichen Zusammenarbeit und gründeten 1957 mit den sog. „Römischen Verträgen" (in Kraft 1958) die *Europäische Wirtschaftsgemeinschaft* (EWG) und die *Europäische Atomgemeinschaft* (Euratom). Das Thema Migration war damals bereits auf der Tagesordnung, indem Art. 3 des

EWG-Vertrags „die Beseitigung der Hindernisse für den freien Personen-, Dienstleistungs- und Kapitalverkehr zwischen den Mitgliedstaaten“ vorsah. Die Umsetzung des gemeinsamen Marktes erfolgte jedoch nur schrittweise, sodass bis 1985 die Mitgliedstaaten zuständig für die Regelung grenzüberschreitender Wanderungsbewegungen blieben (Bache et al. 2011: 467 f.; Müller 2010: 84).

Das vorrangige Ziel der wirtschaftlichen Zusammenarbeit war es zunächst, durch den Abbau von Handelshemmnissen (sog. *negative Integration*) den Wettbewerb und insgesamt die europäische Wirtschaft zu stärken. Die ursprünglich begrenzte Zuständigkeit der europäischen Institutionen wurde jedoch schrittweise ausgeweitet und umfasste zunehmend auch die Schaffung neuer Regelungen auf der supranationalen Ebene (*positive Integration*; Tinbergen 1965; Scharpf 1999: 49 f.). Dies gilt auch für die Migrationspolitik: anfänglich stand die Abschaffung von Barrieren für die Wanderung von Arbeitnehmer:innen innerhalb der Europäischen Wirtschaftsgemeinschaft im Fokus. Dieses Ziel wurde später stückweise um den Aufbau gemeinsamer Politiken ergänzt, die beispielsweise die Unterstützung bei der Arbeitsvermittlung oder der Übertragung von Sozialversicherungsansprüchen umfassen. Dieser Prozess entfaltete seit Ende der 1980er Jahre mit der schrittweisen Vollendung des Binnenmarktes und der Gründung der Europäischen Union eine besondere Dynamik, da die Zunahme grenzüberschreitender Verflechtungen auch die Notwendigkeit einer verstärkten Zusammenarbeit mit sich brachte (Dinan 2010: 530–535).

Die Ausweitung der europäischen Kompetenzen lässt sich einerseits mit der Theorie des *Neofunktionalismus* erklären: die hohe Interdependenz der staatlichen Ökonomien sowie gesellschaftlicher Teilbereiche bedingt, dass eine Vergemeinschaftung zunächst technischer Bereiche eine Zusammenarbeit in weiteren Bereichen erfordert (*spill-over*). Die Zusammenarbeit wird dann entweder freiwillig oder erzwungenermaßen auf andere Politikbereiche ausgedehnt, weil sonst die ursprünglich verfolgten Zielsetzungen kaum zu erreichen sind (Wolf 2013: 60–62). Der neofunktionalistische Ansatz scheint zunächst durch die Entwicklung der europäischen Migrationspolitik bestätigt: um die angestrebten wirtschaftlichen Vorteile eines Binnenmarktes zu erzielen, müssen Arbeitnehmer:innen dorthin ziehen können, wo Arbeitsplätze entsprechend ihrer Qualifikation verfügbar sind. Wenn aber erst einmal die Grenzen im Inneren der Gemeinschaft geöffnet sind, stellt sich die Frage, wie mit Migration von außen umgegangen wird, da die Wanderung von Drittstaatsangehörigen zwischen Mitgliedstaaten ohne Grenzkontrollen kaum noch gesteuert werden kann. Somit wird erklärbar, warum der Binnenmarkt weitere gemeinsame Regelungen für die Zuwanderung aus Drittstaaten erforderlich machte.

Allerdings gibt es durchaus Entwicklungen im europäischen Integrationsprozess sowie der Vergemeinschaftung der Migrationspolitik, die zentrale Annahmen des Neofunktionalismus in Frage stellen, widerlegen oder zumindest ergänzen (Wolf 2013: 65). Beispielsweise wurde der Abbau der Grenzkontrollen zunächst nur von einigen Staaten auf völkerrechtlicher Basis außerhalb des institutionellen Rahmens der Europäischen Gemeinschaft beschlossen. Sie entschieden sich mit dem Übereinkommen von Schengen 1985 und dem dazugehörigen Schengener Durchführungsübereinkommen von 1990 dazu, Grenzkontrollen schrittweise abzuschaffen sowie ihre Visapolitik zu harmonisieren. Der Widerstand mancher Staaten gegen eine Zuständigkeit der supranationalen Organe für die Migrationspolitik liegt u. a. darin begründet, dass die Kontrolle der Zuwanderung einen Kernbereich nationaler Souveränität – die Frage nach dem Zugang zum Territorium – sowie die Außenpolitik als ebenfalls sehr sensibles Politikfeld berührt (Tomei 2001: 37–44). Daher waren die Aushandlungsprozesse im Bereich der Migrationspolitik auch durch „political horse-trading and compromises" (Buonanno/Nugent 2013: 228) gekennzeichnet. Dementsprechend sehen manche Wissenschaftler:innen weiterhin die Mitgliedstaaten als die zentralen Akteur:innen in der EU an und erklären die Entwicklung der gemeinsamen europäischen Politik mit Hilfe der „realistisch inspirierte(n) Theorie" (Bieling 2013: 77) des *Intergouvernementalismus.* Sie geht davon aus, dass Staaten ihre eigenen Interessen verfolgen und dass Differenzen zwischen den Mitgliedstaaten ein zentraler Faktor in der europäischen Integration sind. Einen Automatismus der fortschreitenden Integration wie im Neofunktionalismus gebe es somit nicht. Der „Streit" zwischen diesen beiden Ansätzen ist ein zentrales Element der Forschung zum europäischen Integrationsprozess. Allerdings kann keine Theorie alle Aspekte dieses Prozesses erklären, sodass es letztlich eher um die Frage geht, unter welchen Bedingungen *spill-over*-Effekte eintreten und wann Staaten stärker auf intergouvernementale Kooperation rekurrieren.

So führte die Vollendung des Binnenmarktes – die ein wichtiges Ziel der Mitgliedstaaten war – dazu, dass sogenannte Sekundärmigration, also die Weiterwanderung von Migrant:innen innerhalb der Union, schwerer kontrolliert werden konnte. Hierbei wurde ein Anreiz zu „unsolidarische[m] Verhalten" (Tomei 2001: 44) geschaffen: der Versuch, durch möglichst unattraktive Aufnahmebedingungen Asylsuchende von einer Ansiedlung im eigenen Staat abzuhalten, kann zu einer Weiterwanderung in angrenzende Staaten führen. Dies belastet einerseits die Beziehungen zwischen den Mitgliedstaaten und kann andererseits zu einem *race to the bottom*, also einer Abwärtsspirale, der Aufnahmebedingungen führen. Daher zielten die Mitgliedstaaten darauf ab, durch eine Koordination ihrer Migrationspolitiken Sekundärmigration zu verringern. Hierfür schlossen sie – zunächst ebenfalls außerhalb des Rahmens der Europäischen Gemeinschaft – das *Dubliner Übereinkommen* (unterzeichnet 1990, in Kraft getreten 1997), in dem Regeln zur Feststellung des für die Prüfung eines Asylantrags zuständigen Staates festgelegt werden.

Parallel dazu wurde mit dem *Vertrag von Maastricht* 1992 die erste große vertragliche Reform der Europäischen Gemeinschaften beschlossen. Mit diesem Vertrag wurde die Europäische Union gegründet. Sie umfasste die drei „Säulen" der Europäischen Gemeinschaften[9], der Gemeinsamen Außen- und Sicherheitspolitik (GASP) sowie der Zusammenarbeit in der Justiz- und Innenpolitik (ZJIP). Die Visapolitik wurde mit Maastricht bereits in Teilen vergemeinschaftet, d. h. im Rahmen der ersten supranationalen Säule durch die Organe der EG (s. u.) reguliert.

9 Die Europäischen Gemeinschaften umfassten zum damaligen Zeitpunkt die EWG, die mit dem Vertrag von Maastricht in Europäische Gemeinschaft umbenannt wurde, die EGKS, deren Vertrag 2002 auslief, sowie Euratom.

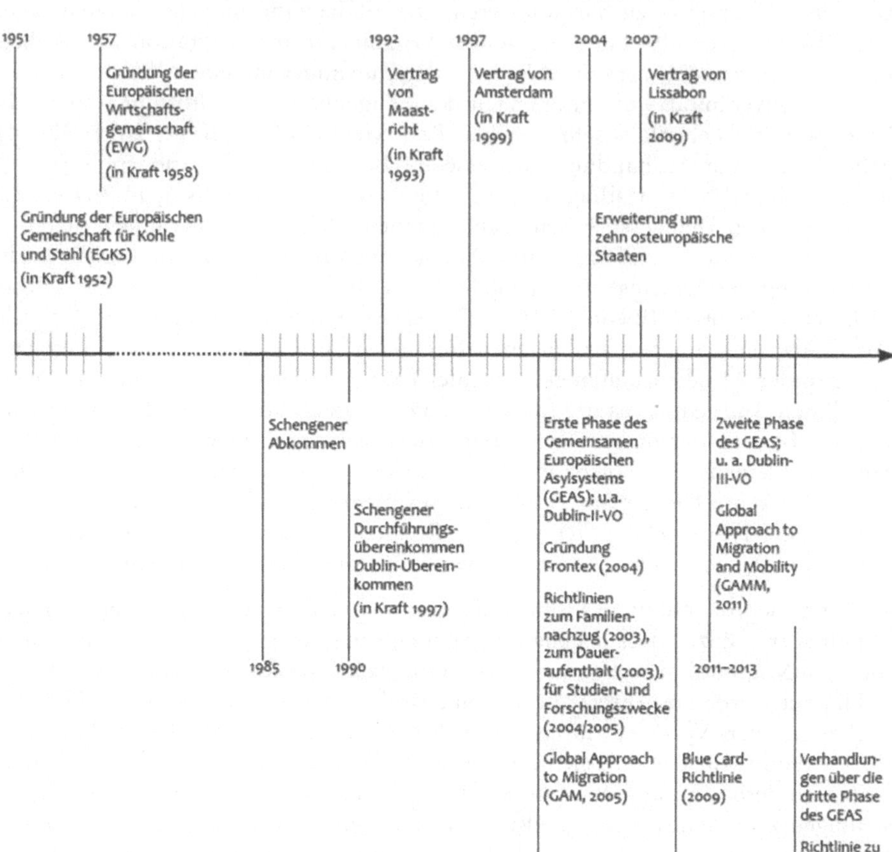

Abb. 1: Ausgewählte Aspekte der europäischen Integration (Gluns/Schammann 2020: 252).

Demgegenüber wurden die Asyl- und Einwanderungspolitik zwar als „Angelegenheiten von gemeinsamem Interesse“ (Art. K.1) zur Verwirklichung der Ziele der EU betrachtet, jedoch im Rahmen der dritten, intergouvernementalen Säule behandelt. Das bedeutet, dass sich die Mitgliedstaaten zunächst nur „koordinierten“ (Art. K.3) sowie die Möglichkeit erhielten, gemeinsame Standpunkte, Empfehlungen und Entschließungen zu erarbeiten, während die Europäische Kommission

„beteiligt" (Art. K.4) und das Europäische Parlament „unterrichtet" bzw. konsultiert (Art. K.6) wurden. Dadurch war die Entscheidungsfindung langwierig und Kompromisse orientierten sich in der Regel am kleinsten gemeinsamen Nenner (Bache et al. 2011: 470 f.).

Mit dem *Vertrag von Amsterdam* wurde wenige Jahre später das Ziel formuliert, einen „Raum der Freiheit, der Sicherheit und des Rechts" zu schaffen. Im Rahmen dieser Zielsetzung wurde die Migrationspolitik in die Gemeinschaftszuständigkeit (also in die erste, supranationale Säule) verschoben.[10] Das bedeutet, dass im Rat grundsätzlich mit qualifizierter Mehrheit – und nicht mehr einstimmig – entschieden wird, sodass einzelne Staaten überstimmt und zur Einhaltung der getroffenen Regelungen verpflichtet werden können. Zudem ist das Parlament in der Regel gleichberechtigt an der Entscheidungsfindung beteiligt. Außerdem wurden durch ein Protokoll die Regelungen des *Schengener Übereinkommens* und des *Durchführungsübereinkommens* in den Rahmen der EU übernommen. Dementsprechend stärkte der Amsterdamer Vertrag die Kompetenzen der Europäischen Union gegenüber den Nationalstaaten. Allerdings muss diese Aussage insofern relativiert werden, als sich die Mitgliedstaaten eine Reihe von Möglichkeiten zur eigenständigen Politikformulierung offenhielten: erstens kann die EU nur in den Bereichen tätig werden, die im Vertrag explizit genannt werden, während beispielsweise die Arbeitsmigration weitgehend in der Zuständigkeit der Mitgliedstaaten verbleibt. Zweitens wurde eine fünfjährige Übergangsfrist vereinbart, während der die Staaten im Rat noch mit Einstimmigkeit entschieden und das Parlament nur konsultiert wurde (Tomei 2001: 57 f.).

Mit der größten Erweiterungsrunde um zehn neue Mitgliedstaaten 2004 wuchs die EU auf 25 Mitglieder, drei Jahre später dann auf 27 Mitglieder an. Mit dieser Erweiterung waren Konflikte um die Ausgestaltung der Freizügigkeitsregelungen verbunden, die schließlich dazu führten, dass den Staaten die Möglichkeit eingeräumt wurde, die Freizügigkeit für einen Zeitraum von maximal sieben Jahren nach dem Beitritt der neuen Mitglieder zu begrenzen (Brasche 2017: 296–298). Darüber hinaus müssen neu beitretende Staaten bestimmte Bedingungen erfüllen, bevor sie Mitglieder des sogenannten Schengen-Raums, also des Raums ohne Personenkontrollen an den Binnengrenzen, werden können.[11]

Die Erweiterung der EU erforderte auch institutionelle Reformen, die mit dem Vertrag von Lissabon 2007 (in Kraft 2009) beschlossen wurden. Hierdurch wurde die Rolle des Europäischen Rates gestärkt, aber auch das Europäische Parlament und der Gerichtshof erhielten weitere Rechte (vgl. Dinan 2010: 134–156). Für die Innenpolitik besonders bedeutsam waren zudem die Aufhebung der Säulenstruktur und die Stärkung des Raums der Freiheit, der Sicherheit und des Rechts als

10 Großbritannien, Irland und Dänemark nahmen an der Vergemeinschaftung der EU-Migrationspolitik grundsätzlich nicht teil, sondern behielten sich Sonderregelungen vor (Tomei 2001: 60–63).

11 Aktuell sind Zypern, Kroatien, Bulgarien und Rumänien nach den Regelungen des Schengen-Raums noch keine vollständigen Mitglieder des Schengen-Raums. Darüber hinaus hatten sich Großbritannien und Irland im Rahmen einer nur für sie geltenden Sonderregelung gegen eine Teilnahme an Schengen entschieden („opt-out"). Dafür haben sich die Nicht-EU-Staaten Island, Norwegen, Schweiz und Liechtenstein dem Schengen-Raum angeschlossen.

zentralem Ziel der EU (Bache et al. 2011: 473 f.). Darüber hinaus erhielt die *Grundrechtecharta* durch Einbezug in Art. 6 des EU-Vertrags (EUV) rechtsverbindlichen Status. Außerdem trat die EU der *Europäischen Menschenrechtskonvention* (EMRK) von 1950 bei. Dementsprechend müssen die Organe der EU sowie die Mitgliedstaaten bei der Durchführung des EU-Rechts die in den beiden Dokumenten verbrieften Grundrechte wahren. Viele der gewährten Rechte gelten explizit für alle Menschen (im Wortlaut oft „jede Person") und damit auch für Drittstaatsangehörige. Ausgenommen hiervon sind vor allem „Bürgerrechte" (Titel V) wie das Wahl- und Petitionsrecht, die nur für Unionsbürger:innen gelten.

4.2 Der institutionelle Rahmen der europäischen Migrationspolitik

Wie oben erläutert hat die EU spätestens seit Inkrafttreten des Amsterdamer Vertrags einige migrationspolitische Regelungen beschlossen, die das Handeln der Mitgliedstaaten leiten und teilweise einschränken. Dabei verfolgt sie einen sektoralen Ansatz, der einzelne Kategorien der Migration in separaten Rechtsakten regelt. Einen gemeinsamen Rahmen für diese Politiken hat die Kommission mit dem *New Pact on Migration and Asylum* vom 23. September 2020 formuliert. Dieses Paket soll einen umfassenden Ansatz für die Migrationspolitik der EU schaffen, der der Komplexität von Migration Rechnung trägt.

Wie eingangs beschrieben, bezogen sich die ersten europäischen migrationspolitischen Regelungen auf die Wanderung von EU-Bürger:innen innerhalb der Union (die in der Regel nicht als „Migration", sondern als „Mobilität" oder „Freizügigkeit" verstanden wird). Darüber hinaus gibt es Richtlinien für die Zuwanderung von Hochqualifizierten, zu Studien- und Forschungszwecken, zur Familienzusammenführung und zum dauerhaften Verbleib. Ein weiteres zentrales Feld besteht aus den Regelungen für Asylsuchende und Geflüchtete. Schließlich befasst sich die EU mit Fragen der Grenzsicherung sowie im Rahmen der „externen" Dimension mit der Einbindung von Drittstaaten. Diese Regelungen werden im Folgenden genauer erläutert.

Für die Unterstützung der gemeinsamen Migrationspolitik stellt die Europäische Union im Rahmen des *Asyl-, Migrations- und Integrationsfonds* (AMIF, Laufzeit 2014–2020)[12] auch finanzielle Mittel bereit. Der Großteil dieser Mittel wird durch mehrjährige nationale Programme durch die Mitgliedstaaten und die Kommission gemeinsam verwaltet. Ein kleinerer Teil wird direkt für Unionsmaßnahmen und Notfallhilfe verwendet. Aus den Mitteln des AMIF wird auch das Europäische Migrationsnetzwerk (EMN) gefördert, das die Mitgliedstaaten durch die Erhebung und Analyse von Daten in der Umsetzung der Migrationspolitik unterstützt.

12 Für die Zeit ab 2021 hatte die Kommission im Jahr 2018 einen Vorschlag für einen Asyl- und Migrationsfonds vorgelegt (2018/0248(COD)). Dieser wurde bereits im Parlament beraten, das im September 2019 beschloss, die Verhandlungen mit dem Rat zu eröffnen. Zum Jahresende 2020 hatte jedoch der Rat noch keine Position in erster Lesung verabschiedet, wodurch das Prozedere verzögert wird (https://www.oeil.secure.europarl.europa.eu/oeil/popups/ficheprocedure.do?lang=en&reference=2018/0248(OLP), 15.12.2020).

4.2.1 Freizügigkeit innerhalb der EU – Binnenmigration

Die Bewegungsfreiheit von EU-Bürger:innen wird in der Regel als Teil des Binnenmarktes, nicht als Teil der europäischen Migrationspolitik begriffen. Dennoch handelt es sich bei der *Freizügigkeit* um Migration, sofern der Begriff, wie allgemein üblich, als (grenzüberschreitende) Verlagerung des Lebensmittelpunktes definiert wird – denn bislang haben die Staaten sich nicht im Verbund der Europäischen Union aufgelöst, sondern stattdessen die Grenzen ihres jeweiligen Staatsgebiets beibehalten. Das hat sich beispielsweise 2015, aber auch während der Corona-Pandemie 2020 gezeigt, als einige Staaten, darunter Deutschland, Österreich und Schweden, zeitweise das „Schengen-System" ausgesetzt und wieder Grenzkontrollen eingeführt hatten.

EU-Bürger:innen können in einem anderen EU-Mitgliedsstaat ohne Genehmigungsverfahren für drei Monate leben (Groß 2018: 227 f.). Wer seinen Lebensunterhalt selbst sichert und eine Krankenversicherung nachweiset, kann dauerhaft bleiben (siehe Art. 7 Richtlinie 2004/38/EG).

Darüber hinaus haben *abhängig Beschäftigte* das Recht, in jedem EU-Mitgliedstaat zu leben und zu arbeiten. Dieses Recht umfasst EU-Bürger:innen sowie ihre direkten Familienangehörigen, selbst wenn diese die Staatsangehörigkeit eines Drittstaats besitzen. Es berechtigt zur Ansiedlung, Arbeitsaufnahme, Inanspruchnahme sozialer und steuerlicher Vergünstigungen (inkl. Kindergeldanspruch) sowie Unterstützung bei der Arbeitsaufnahme im gleichen Maße, wie sie für Inländer:innen gelten. Arbeitgeber:innen müssen sich an das Tarif-, Arbeits- und Sozialrecht des Ziellandes halten. Hierdurch soll „Lohndumping" verhindert werden. Dies gilt auch für Arbeitnehmer:innen, die von ihrem Arbeitgeber für eine bestimmte Zeit in einen anderen Mitgliedstaat entsandt werden. Nach Verlust einer Arbeitsstelle haben Arbeitnehmer:innen das Recht, für mindestens weitere sechs Monate zur Arbeitssuche im Zielland zu verbleiben. Nach fünfjähriger Beschäftigung in einem anderen Mitgliedstaat können Arbeitnehmer:innen das Recht auf einen Daueraufenthalt im Zielland erhalten (Brasche 2017).

Neben der Freizügigkeit für Arbeitnehmer:innen besteht in Europa auch die *Niederlassungsfreiheit* für selbständig Tätige. Dies ist besonders bedeutsam für Vertreter:innen der sogenannten freien Berufe wie Ärzt:innen, Architekt:innen und Ingenieur:innen. Gemäß EU-Recht dürfen Zulassungsregelungen für diese Berufe nicht mehr in einer Weise angewendet werden, die die grenzüberschreitende Tätigkeit von EU-Bürger:innen einschränkt. Dies hat vielfach zum Abbau von Regulierungen geführt. Kritiker:innen dieser Liberalisierung führen an, dass Zulassungsregeln die Qualität von Dienstleistungen sichern sollen, die von den Konsument:innen oft kaum eingeschätzt werden kann (Brasche 2017: 134–136). Darüber hinaus bestimmt die Dienstleistungsfreiheit, dass die grenzüberschreitende Erbringung von Dienstleistungen innerhalb der EU keinen Beschränkungen unterliegen darf. Dies kann einen vorübergehenden Aufenthalt von Dienstleistungserbringer:innen oder Kund:innen im europäischen Ausland erfordern – ggf. auch in Form von Pendelmigration.

Eine Beschränkung der Grundfreiheiten des Binnenmarktes ist nur aus Gründen der öffentlichen Sicherheit und Ordnung möglich (Art. 45 Abs. 3 AEUV). Das allgemeine Diskriminierungsverbot, das von der EU-Kommission sowie dem Europäischen Gerichtshof stark verteidigt wird, hat zum Abbau vieler Beschränkungen für grenzüberschreitende Mobilität geführt. Teilweise wird sogar von einer *Inländerdiskriminierung* gesprochen, wenn grenzüberschreitende Sachverhalte aufgrund der europäischen Regelungen beschränkungsfrei sind, während für reine Inlandssachverhalte national festgelegte Einschränkungen gelten (Streinz 2008: 313–315). Trotz dieser Liberalisierung und ungeachtet der existenten Lohndifferenzen ist die EU-Binnenmigration in ihrem Volumen geringer als beispielsweise die Binnenmigration in den USA. Laut einer Befragung der Kommission liegt dies an sprachlichen Hürden, der Angst vor dem Verlust von Insiderwissen sowie familiären Bindungen im Herkunftsland (Brasche 2017: 124–126).

4.2.2 Freiwillige Migration aus Drittstaaten

Auch für die Zuwanderung aus Drittstaaten hat die EU Richtlinien erlassen. Sie übernimmt dabei die Trennung des internationalen Regimes in freiwillige (dieser Abschnitt) und erzwungene Migration (siehe 4.2.4). Die freiwillige Migration ist nochmals in verschiedene Aufenthaltszwecke unterteilt. Im Bereich der Arbeitsmigration ist bislang der Versuch eines Punktesystems nach dem Vorbild traditioneller Einwanderungsländer am Widerstand einiger Staaten im Rat gescheitert (Groß 2018: 233 f.). Damit liegt die Zuständigkeit für nicht hochqualifizierte Arbeitskräfte weiterhin bei den Nationalstaaten. Leichter zu erreichen waren gemeinsame Regelungen für die Zuwanderung von hochqualifizierten Arbeitnehmer:innen, Studierenden und Wissenschaftler:innen sowie Familienangehörigen.

Blue Card:

Im Jahr 2009 wurde analog zur US-amerikanischen Green Card eine europäische *Blue Card* (in Anlehnung an die Farbe der EU-Flagge) geschaffen, um hochqualifizierte Arbeitskräfte aus Drittstaaten anzuwerben und den europäischen Fachkräftemangel abzumildern. Allerdings behalten sich die Mitgliedstaaten vor, die Anzahl der jährlich zu vergebenden Blue Cards zu bestimmen und somit den Zugang zu ihren Arbeitsmärkten zu regulieren (Bache et al. 2011: 479).

Um eine Blaue Karte EU zu erhalten, müssen Drittstaatsangehörige einen Antrag stellen, in dem sie einen Arbeitsvertrag oder ein Arbeitsangebot sowie die erforderlichen Kompetenzen nachweisen. Darüber hinaus müssen sie ein vom jeweiligen Mitgliedstaat festgelegtes Mindesteinkommen erzielen (Art. 5 der Richtlinie 2009/50/EG). Für Deutschland ist dies aktuell ein Bruttojahreseinkommen von 55.200 Euro (Stand: 2020). Für bestimmte Mangelberufe wie z. B. Ingenieur:innen, akademische und vergleichbare Fachkräfte der Informations- und Kommunikationstechnologie sowie Ärzt:innen reicht ein Einkommen von 43.056 Euro aus.

Ein Wechsel der Arbeitsstelle bedarf in den ersten zwei Jahren des Aufenthalts der schriftlichen Bestätigung durch die Behörden des aufnehmenden Staates. Inhaber:innen einer Blauen Karte können sich aber ansonsten in der EU frei bewegen und nach 18 Monaten für eine hochqualifizierte Beschäftigung in einen anderen Mitgliedstaat umziehen. Darüber hinaus genießen sie Erleichterungen beim Familiennachzug (Art. 15 der Richtlinie 2009/50/EG) sowie bei der Beantragung des Daueraufenthaltsstatus (Art. 16). Allerdings überlässt die Richtlinie den Mitgliedstaaten weite Anwendungsspielräume. Daher unterscheidet sich die Praxis und Bedeutung der Blauen Karte innerhalb der EU stark. Am stärksten genutzt wird sie in Deutschland, wo 78% aller Blauen Karten ausgegeben wurden, während die Anzahl der erteilten Aufenthaltserlaubnisse in den anderen Staaten deutlich geringer oder marginal ist.[13]

Studien- und Forschungszwecke

Im Jahr 2016 wurde eine Richtlinie über die Bedingungen für die Einreise und den Aufenthalt von Drittstaatsangehörigen zu *Forschungs- oder Studienzwecken*, zur Absolvierung eines Praktikums, zur Teilnahme an einem Freiwilligendienst, Schüleraustauschprogrammen und zur Ausübung einer Au-pair-Tätigkeit erlassen. Sie reformiert u. a. zwei Richtlinien aus den Jahren 2004 und 2005 für den Zuzug von Studierenden und Forschenden, um einen kohärenten und transparenten Rechtsrahmen aufzubauen.

Die Richtlinie legt fest, dass die genannten Personengruppen in die Mitgliedstaaten der EU einreisen und sich dort zu den aufgezählten Aufenthaltszwecken aufhalten dürfen, sofern sie über die erforderlichen finanziellen Mittel und einen ausreichenden Krankenversicherungsschutz verfügen. Für Familienangehörige von Wissenschaftler:innen gilt die Richtlinie zur Familienzusammenführung (siehe unten). Forschende und Studierende haben darüber hinaus das Recht, nach Abschluss der Forschungstätigkeit oder des Studiums für mindestens neun Monate im Mitgliedstaat zu verbleiben, um eine Beschäftigung zu suchen. Hierin zeigt sich das Interesse, gut ausgebildete Migrant:innen als Arbeitskräfte in der EU zu halten.

Familienzusammenführung

Drittstaatsangehörige, die sich seit mindestens einem Jahr legal in einem Mitgliedstaat aufhalten, haben gemäß der Richtlinie 2003/86/EG das *Recht auf Familiennachzug*, sofern sie eine „begründete Aussicht darauf [haben], ein dauerhaftes Aufenthaltsrecht zu erlangen“ (Art. 3 Abs. 1). Gemäß Art. 9–12 finden die Regelungen im Großen und Ganzen auch Anwendung für anerkannte Flüchtlinge. Zu den nachzugsberechtigten Familienangehörigen zählen Ehegatten sowie deren minderjährige Kinder (einschließlich adoptierter Kinder). Außerdem können die Mitgliedstaaten entscheiden, auch anderen Verwandten in gerader Linie sowie eingetragenen Lebenspartner:innen den Familiennachzug zu erlauben (Art. 4).

Die Mitgliedstaaten können die Gewährung des Familiennachzugs jedoch davon abhängig machen, dass die Zusammenzuführenden über ein ausreichendes Einkommen, ausreichenden Wohnraum sowie Krankenversicherungsschutz für alle

13 Daten für 2019, abgerufen von https://www.appsso.eurostat.ec.europa.eu/nui/show.do?dataset=migr_resbc1&lang=en (15.12.2020).

Familienangehörigen verfügen. Darüber hinaus können sie von den zuziehenden Familienmitgliedern weitere Integrationsleistungen, wie z. B. die Teilnahme an einem Integrationskurs, verlangen.

4.2.3 Langfristiger Aufenthalt

Unabhängig von der ursprünglichen Motivation für die Einwanderung in die EU kann sich der Aufenthalt verfestigen. Daher wurde 2003 mit der Richtlinie 2003/109/EG die Möglichkeit einer *Erlaubnis zum Daueraufenthalt* für die Drittstaatsangehörigen geschaffen, die sich seit fünf Jahren legal im Hoheitsgebiet eines Mitgliedstaates aufhalten. Diese Regelung wurde mit der Richtlinie 2011/51/EU auch auf anerkannte Flüchtlinge und subsidiär Schutzberechtigte ausgeweitet. Um die Erlaubnis zu erhalten, müssen sie ausreichende Einkünfte zur Sicherung des Lebensunterhalts für sich und ihre Familienangehörigen sowie einen ausreichenden Krankenversicherungsschutz nachweisen. Darüber hinaus können die Mitgliedstaaten weitere Integrationserfordernisse zur Voraussetzung für den Daueraufenthalt erklären (Art. 5). Langfristig Aufenthaltsberechtigte haben ebenso wie die eigenen Staatsangehörigen Zugang zu Beschäftigung, Bildung, sozialer Sicherheit, steuerlichen Vergünstigungen usw. Darüber hinaus können sie auch in anderen Mitgliedstaaten der Europäischen Union eine Beschäftigung aufnehmen.

4.2.4 Zwangsmigration (forced migration) – Das Gemeinsame Europäische Asylsystem

Besondere Regeln gelten auch in der Europäischen Union für Menschen, die z. B. aufgrund einer Furcht vor Verfolgung oder eines Bürgerkriegs in ihrem Herkunftsland Schutz in einem Mitgliedstaat der EU suchen. Diese Formen der Migration können als Zwangsmigration (*forced migration*) bezeichnet werden. Mit der Zielsetzung eines *Raums der Freiheit, der Sicherheit und des Rechts* war auch das Ziel verbunden, gemeinsame Regelungen für die Aufnahme dieser Menschen und die entsprechenden Verwaltungsverfahren zu beschließen. Dieses Ziel wurde durch den Europäischen Rat in *Tampere* unterstrichen, der festlegte, dass die Union ein gemeinsames Asylsystem beschließen solle. Zur Umsetzung dieses Ziels erarbeitete die Kommission eine Reihe von Vorschlägen für Rechtsakte, mit denen die asylpolitischen Regelungen der Mitgliedstaaten einander angeglichen werden sollten. Die jeweils erste Fassung der Richtlinien und Verordnungen, die sich auf gemeinsame Mindeststandards verständigten, wurde im Zeitraum bis 2004 erlassen.

Mit dem Erlass von Mindeststandards war jedoch das Ziel einer gemeinsamen Asylpolitik noch nicht erreicht, da die Regelungen der Mitgliedstaaten in der Praxis noch stark voneinander abwichen. Daher wurden die Rechtsakte in der Zeit von 2011 bis 2013 reformiert, um klarere gemeinsame Regelungen zu formulieren. Aktuell wird wieder über eine Reform der Richtlinien und Verordnungen verhandelt (Repasi 2018). Obwohl die Kommission von seit 2016 erzielten Fortschritten spricht, ist dieser Prozess noch nicht abgeschlossen, da zu einigen Themen noch deutliche Uneinigkeit besteht (Stand: Frühjahr 2021).

Zum Gemeinsamen Europäischen Asylsystem (GEAS) gehört u. a. die oben bereits angesprochene Dublin-Regelung, die zunächst als völkerrechtliches Abkommen geschlossen worden war. Mit der Verordnung (EG) Nr. 343/2003 wurden diese Regelungen im Großen und Ganzen in das EU-Recht übernommen (*Dublin-II*). Danach ist grundsätzlich der Staat für die Durchführung eines Asylverfahrens zuständig, in dem die antragstellende Person zuerst europäischen Boden betreten hat. Diese Regelung wurde auch mit der reformierten Verordnung (EU) Nr. 604/2013 (*Dublin-III*) beibehalten. Allerdings wurde ein Notfallmechanismus eingeführt, der die Aussetzung der Überstellungen nach den Zuständigkeitsregelungen ermöglicht, falls das Asylsystem des Ersteinreisestaates „systemische Mängel" aufweist (Bendel 2013: 27f.; Lehnert 2015: 9–13). Darüber hinaus wurden die Rechtsgarantien für betroffene Asylantragsteller:innen erhöht.

Name der Regelung (Kurzfassung)	**Nummer des Rechtsakts**	**Inhalte**
Asylverfahrensrichtlinie	2013/32/EU (2005/85/EG)	Bestimmungen über die Durchführung von Asylverfahren durch die mitgliedstaatlichen Behörden, inkl. Rechtsgarantien
Aufnahmerichtlinie	2013/33/EU (2003/9/EG)	Bedingungen für die Aufnahme von Asylsuchenden während des Verfahrens (z. B. Unterbringung, Zugang zu Bildung und Beschäftigung, soziale Sicherheit, Gesundheit, Inhaftnahme)
Qualifikations-/ Anerkennungsrichtlinie	2011/95/EU (2003/109/EG)	Kriterien für die Zuerkennung der Flüchtlingseigenschaft (GFK) und Gewährung subsidiären Schutzes sowie Rechte derjenigen, denen dieser Schutz gewährt wird
Dublin-Verordnung	EU Nr. 604/2013 (EG Nr. 343/2003)	Kriterien für die Bestimmung des Staates, der für die Prüfung eines Asylantrags zuständig ist, sowie Regelungen für die Überstellung von Asylsuchenden in den entsprechenden Staat
Eurodac-Verordnung	EU Nr. 603/2013 (EG Nr. 2725/2000)	Einrichtung einer Fingerabdruckdatenbank zur Umsetzung der Dublin-Verordnung

Tab. 1 Kernelemente des GEAS.

Zur Umsetzung der Dublin-Regelungen ist es notwendig, Daten der Asylantragstellenden zu erfassen und zwischen den Mitgliedstaaten auszutauschen. Hierfür wurde die *Eurodac-Verordnung* (EU Nr. 603/2013) erlassen. Sie sieht die Einrichtung einer Datenbank vor, in der die Fingerabdrücke der Menschen gespeichert werden, die in einem Mitgliedstaat der EU einen Asylantrag stellen. Hierdurch kann nachvollzogen werden, ob bereits in einem anderen Staat ein Antrag gestellt wurde, sodass dieser Staat dann für die Prüfung des Antrags zuständig wäre. In der Verordnung wird auch geregelt, welche Behörden unter welchen Bedingungen auf die Daten zugreifen dürfen.

Darüber hinaus gehören zum GEAS Richtlinien über die Asylverfahren (2013/32/EU), über die Aufnahmebedingungen (2013/33/EU) sowie über die Anerkennung als international Schutzberechtigte:r (2011/95/EU). Während die Dublin-Verordnung unmittelbar in allen Mitgliedstaaten gilt, müssen Richtlinien grundsätzlich in nationales Recht überführt werden. Das heißt, dass die Regelungen beispielsweise in das deutsche Asylgesetz oder Asylbewerberleistungsgesetz übernommen werden müssen (→ Kap. 5).

Die *Aufnahmerichtlinie* bestimmt, wie die Bedingungen der Aufnahme von Schutzsuchenden während des Verfahrens zu gestalten sind. Dazu gehören beispielsweise Regelungen über den Zugang zum Arbeitsmarkt, zur Bildung, über die gesundheitliche Versorgung, Unterbringung, und finanzielle Unterstützung, aber auch zu den Bedingungen, unter denen Antragstellende inhaftiert werden können. Besondere Regelungen gelten für die Aufnahme schutzbedürftiger Personen, zu denen nach Art. 21 der Richtlinie (unbegleitete) Minderjährige, Behinderte, ältere Menschen, Schwangere, Alleinerziehende, Opfer von Menschenhandel, Personen mit psychischen Störungen und Personen, die Folter, Vergewaltigung oder sonstige schwere Formen psychischer, physischer oder sexueller Gewalt erlitten haben, gehören.

Die *Asylverfahrensrichtlinie* legt fest, welchen Anforderungen Asylverfahren in den Mitgliedstaaten genügen müssen. Es gibt dementsprechend keine europäische Instanz, die diese Verfahren zentralisiert durchführt. Stattdessen bleiben die Behörden der Mitgliedstaaten für die Durchführung der Asylverfahren zuständig, müssen sich dabei aber z. B. an Pflichten wie die Information der Antragstellenden, die Durchführung einer Anhörung und die Gewährung von Rechtschutz (inkl. der Gewährung von Rechtsberatung und -vertretung) halten. Gleichzeitig definiert die Richtlinie das Konzept des sicheren Herkunftsstaats bzw. sicheren Drittstaats, auch wenn die Festlegung eines Staats als „sicher" weiterhin von den Mitgliedstaaten getroffen wird. Die Richtlinie sieht auch die Möglichkeit beschleunigter Verfahren, beispielsweise für Antragsteller:innen aus „sicheren" Herkunftsstaaten, vor (Bendel 2013: 36–38).

Während die Asylverfahrensrichtlinie Garantien für das Verfahren an sich festlegt, bestimmt die *Anerkennungsrichtlinie* (auch *Qualifikationsrichtlinie*) inhaltliche Kriterien für die Zuerkennung des Flüchtlingsstatus nach der Genfer Flüchtlingskonvention. Sie konkretisiert die darin angesprochenen möglichen Verfolgungshandlungen, verfolgende Akteur:innen etc. Diese Festlegungen sind zentral für die einheitliche Anwendung, da die Genfer Flüchtlingskonvention selbst eher vage Formulierungen enthält, die einen weiten Interpretationsspielraum belassen. Darüber hinaus führt die Qualifikationsrichtlinie den sogenannten subsidiären Schutz als zusätzliche europäische Schutzform ein. Sie gilt für Personen, die zwar nicht gemäß der Flüchtlingskonvention einen Schutzanspruch haben, aber in ihren

Herkunftsländern einen ernsthaften Schaden befürchten müssen. Hierzu gehören beispielsweise Bürgerkriegsflüchtlinge, denen bei einer Rückkehr Gefahr für Leben oder körperliche Unversehrtheit droht (Art. 15). Neben den Kriterien für die Anerkennung als Flüchtling sowie die Zuerkennung subsidiären Schutzes legt die Richtlinie auch fest, welche Rechte Flüchtlinge und subsidiär Geschützte nach Abschluss ihres Verfahrens haben. Dazu gehört auch die Regelung bezüglich der Bewegungsfreiheit im Aufnahmestaat, die grundsätzlich den Regelungen für andere Drittstaatsangehörige entsprechen muss.

Allerdings sind die Asylverfahren, die Standards für die Aufnahme sowie für die Zuerkennung des internationalen Schutzes bislang nicht einheitlich. Dies zeigt sich beispielsweise in den sehr unterschiedlichen Anerkennungsquoten von Asylanträgen in den einzelnen Mitgliedstaaten. Dies ist ein Beispiel für sogenannte *implementation gaps* (→ Kap. 6): Zwar sind die Staaten verpflichtet, die Regelungen aus den Richtlinien in nationales Recht umzusetzen und anzuwenden, doch haben sie dabei weiterhin Gestaltungsspielräume. Zudem entspricht die faktische Umsetzung durch die mitgliedstaatlichen Behörden nicht immer der Intention des Gesetzgebers.

Neben diesen zentralen Rechtsakten gehört auch die *Richtlinie zum vorübergehenden Schutz im Falle eines „Massenzustroms" von Vertriebenen* (2001/55/EG) zum GEAS. Diese Richtlinie wurde jedoch bislang noch nie angewendet, auch wenn sie theoretisch im Fall der Fluchtzuwanderung 2015 anwendbar gewesen wäre (Gluns/Wessels 2017).

Das Jahr 2015 führte die Schwachstellen des GEAS deutlich vor Augen. Die Zunahme der Fluchtzuwanderung offenbarte die Überforderung der Staaten an den südlichen Außengrenzen der EU. Insbesondere Italien und Griechenland waren nicht in der Lage, die einreisenden Migrant:innen aufzunehmen, unterzubringen, zu registrieren und ggf. ihre Asylanträge zu bearbeiten. Daher entwickelte die Europäische Kommission 2015 den *Hotspot*-Ansatz, bei dem die Agenturen der EU die Mitgliedstaaten an den Außengrenzen bei der Registrierung und Antragsbearbeitung unterstützen sollten (siehe KOM/2015/240). Kurz darauf wurde das System um einen *Relocation*[14]*-Mechanismus* ergänzt, mit dessen Hilfe 160.000 Asylsuchende aus den besonders betroffenen Staaten in andere Mitgliedstaaten umgesiedelt werden sollten (Beschlüsse 2015/1523 und 2015/1601 des Rates). Hierbei zeigten sich jedoch die Grenzen der Solidarität zwischen den Mitgliedstaaten. Einige Staaten weigerten sich, sich an der Umverteilung zu beteiligen und Asylsuchende aufzunehmen, nachdem der Beschluss als Mehrheitsentscheidung gegen die Voten Tschechiens, der Slowakei, Ungarns und Rumäniens gefasst worden war (KOM/2018/301).

Diese Herausforderungen benennt die Europäische Kommission in ihrem Migrations- und Asylpaket von 2020 sehr deutlich:

14 Im Gegensatz zum *Resettlement*, das sich auf die Umsiedlung anerkannter Flüchtlinge aus Anrainerstaaten von Konflikten bezieht, geht es bei der *Relocation* um eine Umverteilung von Asylsuchenden innerhalb der Mitgliedstaaten der EU.

> „Das derzeitige System funktioniert nicht mehr, und in den letzten fünf Jahren hat die EU es nicht geschafft, dieses Problem zu lösen. [...] Die EU muss von Ad-hoc-Lösungen abrücken und ein berechenbares und zuverlässiges Migrationsmanagementsystem einrichten." (Europäische Kommission 2020)

Mit dem Paket sollen daher die Solidarität zwischen den Mitgliedstaaten sowie das Vertrauen der Bevölkerung in das System wiederhergestellt werden. Hierfür sollen Verfahren beschleunigt, Rückführungen verstärkt und gleichzeitig legale Zugangswege eröffnet werden.

4.2.5 Irreguläre Migration, Grenzsicherung und die „externe Dimension"

Die vorangegangenen Regelungen beziehen sich auf die „legale" Migration, die sich nach festgelegten Aufenthaltszwecken richtet und in der Regel (mit Ausnahme der Asylzuwanderung und der Erlaubnis zum Daueraufenthalt) eine Antragstellung aus dem Ausland vorsehen. Dadurch können Staaten bereits vor der Einreise der betreffenden Person Kontrolle ausüben (*pre-entry-regulation*; Birsl 2005: 109). Allerdings reisen immer wieder auch Menschen ohne gültiges Visum in die EU ein oder halten sich nach Ablauf ihrer Aufenthaltserlaubnis weiterhin dort auf (*overstayers*). Damit unterlaufen Migrant:innen den Steuerungsanspruch der Staaten bzw. der EU. Dementsprechend versucht die Europäische Union, diese Formen der Migration zu unterbinden. Zu diesen Bemühungen gehören die Rückführung aufgegriffener irregulär aufhältiger Personen, Grenzschutz bzw. Grenzsicherung sowie die Zusammenarbeit mit Drittstaaten.

Ersteres wird in der EU durch die *Rückführungsrichtlinie* (2008/115/EG) geregelt. Sie bestimmt, dass den entsprechenden Personen eine Rückkehrentscheidung mit einer Frist zur freiwilligen Ausreise ausgestellt werden muss. Nach Ablauf dieser Frist können die Betreffenden abgeschoben werden. Die Richtlinie legt auch fest, unter welchen Bedingungen die Personen inhaftiert werden können, welche Rechtsbehelfe ihnen offenstehen und unter welchen Umständen ein Einreiseverbot verhängt werden kann. Bei der Umsetzung der Richtlinie sollen die Mitgliedstaaten gemäß Art. 5 „in gebührender Weise" das Wohl des Kindes, die familiären Bindungen und den Gesundheitszustand der betreffenden Drittstaatsangehörigen berücksichtigen und den Grundsatz der Nichtzurückweisung einhalten.

Allerdings kann die Rückführung natürlich erst erfolgen, nachdem die Menschen sich bereits irregulär in der EU aufgehalten haben. Das zentrale Ziel, das sich in nahezu allen migrationspolitischen EU-Dokumenten und Stellungnahmen findet, ist jedoch, irreguläre Migration zu unterbinden, also präventiv tätig zu werden. Die wichtigsten Elemente hierbei sind einerseits die Sicherung der EU-Außengrenzen und andererseits zunehmend die Zusammenarbeit mit Drittstaaten. Zur Grenzsicherung wurde das *Schengener Informationssystem* (SIS) als Datenbank für den Informationsaustausch zwischen den Mitgliedstaaten geschaffen (Bache et al. 2011: 474 f.). Dieses wurde 2018 durch ein *elektronisches Ein- und Ausreisesystem* (EES) und ein *Europäisches Reiseinformations- und Genehmigungssystem* (ETIAS) für visumsbefreite Drittstaatsangehörige ergänzt. Damit setzt sich der

Trend fort, Sicherheit durch umfassende Datenerhebung und -speicherung erreichen zu wollen (Repasi 2018: 180).

Trotz dieser Grenzkontrollen an den Außengrenzen der EU hält die irreguläre Migration an, da Migrant:innen immer wieder Wege finden, die Kontrollen zu umgehen. Daher hat in den vergangenen Jahren die Zusammenarbeit mit Drittstaaten an Bedeutung gewonnen. Von dieser „externen Dimension" der Migrationspolitik erhofft sich die EU eine Verringerung der irregulären Migration durch eine verbesserte Kontrolle der Grenzen sowie durch eine Verringerung der Migrations- oder Fluchtursachen (*root causes*).

Die Zusammenarbeit mit Herkunfts- und Transitstaaten der Migrant:innen ist keine neue Erfindung, fand jedoch bis Anfang der 2000er Jahre vor allem auf bilateraler Ebene, d. h. durch Abkommen einzelner EU-Mitgliedstaaten mit Staaten außerhalb der EU statt. Auf diese Beziehungen baut die EU seit 2005 auf, schließt aber auch Abkommen mit weiteren Staaten. Anfangs hatte sich die Zusammenarbeit der EU mit Drittstaaten vor allem auf die östliche Nachbarschaft und Beitrittskandidaten konzentriert. Im Jahr 2005 stellte dann die Europäische Kommission den „Gesamtansatz zur Migrationsfrage" (seit 2011 „*Gesamtansatz für Migration und Mobilität*", GAMM) als Rahmen für die externe Dimension der Europäischen Migrationspolitik auf. Diese befasst sich mit der Zusammenarbeit mit nicht-EU-Staaten und schließt zunehmend auch weiter entfernte Herkunfts- und Transitstaaten von Migration ein.

Beispiel

Die Ziele des Gesamtansatzes für Migration und Mobilität – GAMM (KOM/ 2011/0743 endg.)

„Der GAMM sollte einen umfassenden Rahmen bilden, der es ermöglicht, Migration und Mobilität durch einen Politikdialog und eine enge praktische Zusammenarbeit mit den Partnerländern in kohärenter Weise und zum gegenseitigen Nutzen zu steuern. [...] Der GAMM sollte sich auf vier gleichermaßen wichtige Säulen stützen:

(1) Organisation und Erleichterung der legalen Migration und Mobilität
(2) Verhinderung und Eindämmung der irregulären Migration und des Menschenhandels
(3) Förderung des internationalen Schutzes und der externen Dimension der Asylpolitik
(4) Maximierung der Auswirkungen von Migration und Mobilität auf die Entwicklung.

Hierbei zeigt sich die Unterteilung in erwünschte und unerwünschte Formen der Migration: während „legale" Migration erleichtert werden soll, verfolgt die Kommission das Ziel, irreguläre Migration in Zusammenarbeit mit Drittstaaten zu verhindern. Dabei liegt der Fokus der Umsetzung klar auf dem letztgenannten Aspekt, der oft in einem Atemzug mit „Menschenhandel" genannt wird. Demgegenüber spielt die Ermöglichung legaler Migration eine geringere Rolle, zumal die Kompetenzen der EU in diesem Bereich beschränkt sind.

Die Bedeutung der externen Dimension für die europäische Migrationspolitik hat in den letzten Jahren stetig zugenommen. Nicht nur die Herkunftsstaaten der Migrant:innen werden zunehmend in das Migrationsmanagement (→ Kap. 6) einbezogen, auch Transitstaaten sollen an der Steuerung und Kontrolle der Zuwanderung mitwirken. Die Bandbreite möglicher Instrumente in der Zusammenarbeit mit Herkunfts- und Transitstaaten reicht von weichen Maßnahmen wie politischen Dialogen, Aktionsplänen und der Bereitstellung von Informationen, über die Stärkung der Grenzsicherung des Drittstaats hin zu formalen Abkommen, z. B. im Rahmen sogenannter Mobilitätspartnerschaften (KOM/2008/611 endg.; KOM/2011/0743 endg.). Diese umfassen in der Regel Abkommen für Visaerleichterungen und die Rücknahme irregulär eingereister Personen.

In der Kooperation mit Partnerstaaten setzt die EU auf finanzielle Anreize wie eine Erhöhung der Mittel für die Entwicklungszusammenarbeit. Dies ist eingebettet in das „Narrativ der Fluchtursachenminderung" (Kipp/Koch 2018: 17 f.; → Kap. 10). Dabei zeigt sich, dass die Staaten sehr unterschiedlich auf die Anreize und Angebote der EU reagieren. Die Spanne reicht von der Verweigerung der Zusammenarbeit, über *implementation gaps* bis zu einer strategischen Nutzung der Verhandlungen für die Verfolgung eigener Interessen (→ Beispiel; s. a. Dünnwald 2015).

Beispiel

Die Zusammenarbeit mit Drittstaaten am Beispiel Marokkos

Ein Beispiel für die Zusammenarbeit mit Drittstaaten durch formale Verträge ist Marokko. Marokko ist nicht nur aufgrund seiner geographischen Nähe zu Europa, sondern auch aufgrund der hohen Emigration und Transmigration in die EU von zentraler Bedeutung.

Spanien hatte bereits seit 1992 Abkommen mit Marokko geschlossen, um irreguläre Einwanderung zu begrenzen. Im Gegenzug für die Unterstützung bei der Verhinderung der Einreise über die Enklaven Ceuta und Melilla erhalten Marokkaner:innen beispielsweise Visa als Saisonarbeitnehmer:innen in Spanien. Darüber hinaus kooperierten Spanien und Marokko bei der Grenzsicherung.

Die EU hat diese Zusammenarbeit 2013 durch eine Mobilitätspartnerschaft ergänzt. Sie umfasst die erleichterte Visavergabe und die Unterstützung des marokkanischen Grenzschutzes im Gegenzug für die Unterzeichnung eines Rückübernahmeabkommens auch für Drittstaatsangehörige, die über Marokko in die EU gelangt sind. Einem solchen Abkommen hatte sich Marokko lange widersetzt. Allerdings bietet die Zusammenarbeit mit der EU der marokkanischen Regierung die Möglichkeit, sich international als modernes und anerkanntes Land zu positionieren und seine eigene Reformagenda durchzusetzen, während sich der externe Transformationsdruck in Hinblick auf politische Reformen verringert. Derartige Anreize sind den Partnerstaaten der externen Migrationspolitik teilweise wichtiger als finanzielle Mittel.

Quelle: Werenfels 2018.

Die verschiedenen Interessen in dieser Zusammenarbeit zeigen sich beispielsweise im *Abkommen mit der Türkei*, die sich 2016 verpflichtete, irregulär von der Türkei nach Griechenland eingereiste Migrant:innen zurückzunehmen, wenn im Gegenzug syrische Flüchtlinge von der EU aufgenommen würden. Gleichzeitig wird die Aufnahme und Versorgung von Geflüchteten in der Türkei mit drei Milliarden Euro unterstützt. Womöglich noch wichtiger als diese finanzielle Unterstützung ist jedoch die Aussicht auf Visaliberalisierungen, die die Türkei seit Jahren fordert, die ihr jedoch mit Verweis auf notwendige Reformen immer wieder verweigert werden (Tekin 2017). Kritisch an dem Abkommen ist anzumerken, dass die Türkei die Genfer Flüchtlingskonvention nur im ursprünglichen Wortlaut ratifiziert hat, dieses also nur auf Geflüchtete aus Europa anwendet (zur GFK → Kap. 3).

Ein weiteres Instrument der externen Migrationspolitik ist das *Resettlement* von Geflüchteten. Hiermit ist die Neuansiedlung von Flüchtlingen aus den Erstaufnahmestaaten – die in der Regel in der unmittelbaren Nachbarschaft der Herkunftsstaaten liegen – in z. B. europäische oder nordamerikanische Staaten gemeint. Dabei legen die aufnehmenden Staaten Kontingente für die Anzahl der anzusiedelnden Flüchtlinge fest, die dann mit Hilfe eines regulären Visums einreisen können. Die Kommission hat im Jahr 2016 ein dauerhaftes Wiederansiedlungsprogramm vorgeschlagen (KOM(2016) 468 endg.), über das aber aktuell noch keine Einigung erzielt wurde (Stand: Frühjahr 2021). Im Migrations- und Asylpaket der Europäischen Kommission wird ebenfalls die Bedeutung der Neuansiedlung hervorgehoben. Sie soll gleichzeitig Personen den Zugang zu Schutz ermöglichen und irreguläre Migration eindämmen (C(2020) 6467 final).

4.3 Die zentralen migrationspolitischen Akteur:innen der EU

Das Institutionengefüge der Europäischen Union ist dem eines Nationalstaates ähnlich, weist aber einige Besonderheiten auf, die sich aus dem Status der Union als einzigartiges politisches System, bzw. als politisches System *sui generis*, ergeben. Die Struktur der beschlussfassenden und ausführenden Organe sowie die grundlegenden Prozesse der Entscheidungsfindung im Bereich der Migrationspolitik werden im Folgenden erläutert.

4.3.1 Das Europäische Parlament

Das *Europäische Parlament* ist wie ein nationales Parlament die Vertretung des Volkes. Seit 1979 wird es in direkter Wahl für jeweils fünf Jahre durch die EU-Bürger:innen gewählt. Die Anzahl der Sitze, die jedem Staat zustehen, ist abhängig von dessen Bevölkerungszahl. Allerdings sitzen die Vertreter:innen im Parlament nicht nach Staatsangehörigkeit, sondern nach transnationalen Fraktionen zusammen, deren Angehörige bei aller Heterogenität ähnliche Positionen vertreten. Das Parlament verhandelt und beschließt gemeinsam mit dem Rat Richtlinien und Verordnungen sowie den Haushalt der EU. Im Laufe der Zeit wurden die Befugnisse des Parlaments im Rechtsetzungsprozess ausgeweitet. Heute entscheidet es in den meisten Fragen gleichberechtigt mit dem Rat im Rahmen des *ordentlichen Gesetzgebungsverfahrens*. Wenn keine Einigung erzielt werden kann, wird ein Vermittlungsausschuss eingesetzt. Rechtsakte werden häufig auch in informellen *Trialo-*

gen zwischen Parlament, Rat und Kommission besprochen, bevor sie in den einzelnen Gremien abgestimmt werden. Dadurch können einerseits Entscheidungen beschleunigt werden, andererseits werden diese Verfahren aber als intransparent kritisiert (Bendel 2013: 20–22).

Die Vorschläge für europäische Rechtsakte werden erst in den thematischen *Ausschüssen* des Parlaments besprochen, bevor in den Plenarsitzungen darüber abgestimmt wird (Dinan 2010: 258–263). Migrationspolitische Beschlüsse werden in der Regel im Ausschuss für bürgerliche Freiheiten, Justiz und Inneres (*Civil Liberties, Justice and Home Affairs*; „LIBE") vorbereitet. Neben der Rechtsetzung ist das Parlament zuständig für die Kontrolle der anderen EU-Organe (Bache et al. 2011: 299–302).

Trotz der parteipolitischen Divergenzen hat das Parlament als Organ ein konkretes „Ethos" und ein gemeinsames Interesse daran, möglichst viel Einfluss gegenüber den anderen europäischen Organen zu gewinnen (Dinan 2010: 235). In der Migrationspolitik vertritt es traditionell eher menschenrechtlich orientierte und liberale Positionen, auch wenn seit der Einführung der Mitentscheidung sein Handeln restriktiver wurde (Bendel 2013: 16–18) und in den letzten Legislaturperioden das Gewicht euroskeptischer und rechter Parteien zugenommen hat (Boswell/Geddes 2011: 66 f.).

4.3.2 Der Rat der Europäischen Union (Ministerrat)

Der *Rat der Europäischen Union* ist das Vertretungsorgan der Mitgliedstaaten. Er tagt in unterschiedlicher Zusammensetzung, da sich die jeweils zuständigen Fachminister:innen der nationalen Regierungen treffen. Aufgrund dieser Zusammensetzung wird der Rat auch *Ministerrat* genannt. Für die Migrationspolitik sind in der Regel die Innen- und Justizminister:innen zuständig (Boswell/Geddes 2011: 51). Der Rat ist gemeinsam mit dem Parlament eines der gesetzgebenden Organe der EU. Der Ministerrat entscheidet in der Regel mit *qualifizierter Mehrheit*, sodass ein Vorschlag angenommen wird, wenn 55% der Mitgliedstaaten zustimmen, die mindestens 65% der EU-Bevölkerung repräsentieren. Der Vorsitz im Rat rotiert alle sechs Monate zwischen den Mitgliedstaaten. Allerdings wird ein Großteil der Entscheidungen nicht auf der Ebene der Minister:innen, sondern im untergeordneten Ausschuss der Ständigen Vertreter (*AStV* oder *COREPER*, nach der französischen Bezeichnung *Comité des représentants permanents*) entschieden (Bache et al. 2011: 283–285).

Die Positionen im Rat sind stark durch die jeweilige nationalstaatliche Zugehörigkeit geprägt. Beispielsweise unterscheiden sich die migrationspolitischen Interessen je nach der geographischen Lage des Staates (Staaten mit und ohne Außengrenzen), nach dessen Vorerfahrungen mit Migration, inkl. einer etwaigen kolonialen Vergangenheit, sowie seiner aktuellen wirtschaftlichen Situation und allgemeinen Beziehungen zwischen Staat und Gesellschaft (Bendel 2013: 12 f.; Buonanno/Nugent 2013: 239 f.). Es gibt jedoch auch Gemeinsamkeiten zwischen den Staaten – beispielsweise das Bestreben, Migration zu steuern (Boswell/Geddes 2011: 64 f.).

Beispiel

Der Ablauf der europäischen Rechtsetzung am Beispiel der Dublin-III-Verordnung

Seit dem Vertrag von Lissabon wird das ordentliche Gesetzgebungsverfahren für die meisten vergemeinschafteten Politikbereiche angewendet. Im Fall der Neufassung der Dublin-Verordnung erarbeitete die Kommission zunächst einen Vorschlag (KOM/2008/820), der dem Parlament und dem Rat zugeleitet wurde, nachdem der Europäische Datenschutzbeauftragte Stellung genommen hatte. Das Parlament nahm Änderungen vor und billigte den Entwurf in erster Lesung im Mai 2009. Nachdem die Kommission die Änderungen tw. übernommen hatte, beriet der Rat über den geänderten Entwurf. Anschließend nahmen der Ausschuss der Regionen und der Wirtschafts- und Sozialausschuss zum Entwurf Stellung. Der Rat beriet in mehreren Sitzungen erneut über den Entwurf, kam im Dezember 2012 zu einer Einigung und beschloss seinen Standpunkt ein halbes Jahr später. Das Parlament billigte diesen ohne Änderungen in zweiter Lesung am 12. Juni 2013, woraufhin die Verordnung von den Präsidenten des Rates und des Parlaments – viereinhalb Jahre nach dem Vorschlag der Kommission – unterzeichnet wurde.

	2008	2009	2010	2011	2012	2013
Europäische Kommission	● ● ●	● ● ● ●				●
Europäischer Datenschutzbeauftragter		■				
Europäisches Parlament		●				● ● ●
Rat		● ●	● ●		●	● ●
Wirtschafts- und Sozialausschuss		●				
Europäischer Ausschuss der Regionen		●				

Tab. 2 Chronologie zur Dublin III-Verordnung (eigene Darstellung nach https://eur-lex.europa.eu/legal-content/DE/HIS/?uri=CELEX:32013R0604&qid=1552897611093, 15.3.2021)

Im Gegensatz zu einer Richtlinie, die noch in nationales Recht übersetzt werden muss, ist eine Verordnung direkt in allen Mitgliedstaaten anwendbar. Allerdings sind die Regelungen nicht immer eindeutig, sodass nach Inkrafttreten oft die Gerichtshöfe die Inhalte durch ihre Urteile präzisieren (Beispiel „Hirsi Jamaa vs Italien“ → Kap. 6).

4.3.3 Der Europäische Rat

Der *Europäische Rat* darf nicht mit dem Rat der Europäischen Union verwechselt werden.[15] Der Europäische Rat hatte als informelles Treffen der Staats- und Regierungschef:innen der Mitgliedstaaten begonnen. Seine Bedeutung nahm im Lauf der Zeit jedoch schrittweise zu. Der Europäische Rat „gibt der Union die für ihre

15 Darüber hinaus muss er vom Europarat (siehe https://www.coe.int/de, 15.12.2020) unterschieden werden, der kein Organ der Europäischen Union darstellt.

Entwicklung erforderlichen Impulse und legt die allgemeinen politischen Zielvorstellungen und Prioritäten hierfür fest." (Art. 15 Vertrag über die Europäische Union) Er befasst sich darüber hinaus mit politisch besonders sensiblen Themen und dient dabei auch als „Berufungsinstanz" für Fragen, zu denen im Ministerrat keine Einigung erzielt wurde (Dinan 2010: 207 f.). Insbesondere in der Zeit der hohen Fluchtzuwanderung (ca. 2015/16) stand das Thema Migration im Fokus der Beratungen der Staats- und Regierungschef:innen. Der Einfluss der einzelnen Staaten unterscheidet sich in der Praxis stark: „The leaders of France and Germany always dominate." (Dinan 2010: 207)

Im Europäischen Rat werden globale Entwicklungen diskutiert, Strategien für die weitere Entwicklung der Union ausgearbeitet, der mehrjährige Finanzrahmen vereinbart und Vertragsreformen ausgehandelt. Aufgrund dieser außenpolitischen Dimension ist der oder die *Hohe Vertreter:in für die Außen- und Sicherheitspolitik* der EU in die Arbeit des Europäischen Rates eingebunden, auch wenn er bzw. sie nicht stimmberechtigt ist (Bache et al. 2011: 276). Zur Umsetzung des Raums der Freiheit, der Sicherheit und des Rechts hatte der Europäische Rat seit 1999 *Fünfjahresprogramme*[16] erlassen, die die weitere Entwicklung des Politikfelds – inklusive der Migrationspolitik – umreißen. Seit 2014 wurden diese durch mehrjährige „strategische Leitlinien" abgelöst. Inhaltlich hat sich der Fokus dabei zunehmend hin zur inneren Sicherheit verschoben, die die Bekämpfung von Terrorismus, grenzüberschreitender Kriminalität sowie verstärkte Grenzsicherung umfasst (→ Kap. 8).

4.3.4 Die Europäische Kommission

Die *Europäische Kommission* stellt das Exekutivorgan der EU dar, unterscheidet sich jedoch in ihren Strukturen und Kompetenzen von nationalen Regierungen. Sie besteht aus einem bzw. einer Kommissar:in pro Mitgliedstaat[17], der/die jeweils ein Politikfeld thematisch verantwortet. Die Kommissar:innen werden durch Generaldirektionen unterstützt. Für den Bereich Migration ist das die Generaldirektion Migration und Inneres (*DG HOME*), die auch für Grenzschutz und Sicherheit zuständig ist. Die Generaldirektion erarbeitet und verwaltet die europäischen Rechtsakte für diese Bereiche.

Die Kommission wird auch als „Motor" der Europäischen Integration bezeichnet, da sie das *Initiativrecht*[18] hat und die Umsetzung des Europarechts überwacht. Durch die Erarbeitung von Strategiepapieren sowie Vorschlägen für europäische Rechtsakte wie Richtlinien und Verordnungen hat die Kommission in der Vergangenheit immer wieder neue Anstöße für die weitere Vergemeinschaftung von Mi-

16 Dies waren das Programm von Tampere (1999–2004), das Haager Programm (2004–2009) sowie das Stockholmer Programm (2009–2014). Mit dem aktuellen „Post Stockholm Programm" sollen insbesondere die bestehenden Regelungen konsolidiert und implementiert werden.

17 Seit 2014 sollte es nur noch eine Anzahl von Kommissar:innen geben, die zwei Dritteln der Mitgliedstaaten entspricht (Art. 17 Abs. 5 EUV). Der Europäische Rat kann dies jedoch einstimmig ändern und hat davon auch für die aktuelle Amtszeit Gebrauch gemacht, sodass die Kommission weiterhin aus 27 Kommissar:innen besteht.

18 Als Initiativrecht wird das Recht zum Vorschlag von Rechtsakten bezeichnet. Im Bereich der Migrationspolitik kann zudem ein Viertel der Mitgliedstaaten gemeinsam einen Rechtsakt vorschlagen.

grationspolitik gesetzt (Bache et al. 2011: 267; Boswell/Geddes 2011: 61–63). Darüber hinaus ist die Kommission für die Implementation des EU-Rechts zuständig. Hierfür ist sie jedoch in den meisten Fällen auf die nationalen Verwaltungsapparate angewiesen, da sie selbst nur über einen geringen Stab an Mitarbeiter:innen verfügt, der kleiner ist als die Verwaltung der meisten mittelgroßen europäischen Städte (Boswell/Geddes 2011: 56).

4.3.5 Der Europäische Gerichtshof (EuGH)

Der *Europäische Gerichtshof* (EuGH) überwacht die Einhaltung des EU-Rechts durch die EU-Organe und die Mitgliedstaaten. Damit übernimmt er eine wichtige Funktion in der Vereinheitlichung europäischer Politikbereiche und hat in der Vergangenheit immer wieder die Befugnisse der Europäischen Union durch seine Rechtsprechung ausgeweitet. Beispielsweise hat er die Bürgerrechte für EU-Bürger:innen über die ursprünglichen Absichten der Mitgliedstaaten hinaus ausgeweitet – sehr zum Leidwesen der Mitgliedsstaaten (Joppke 2010: 165). Diese Ausweitung besteht vor allem in der zunehmenden Anerkennung sozialer Rechte für EU-Bürger:innen, die sich im Staatsgebiet eines anderen Mitgliedstaates aufhalten. Ein weiteres Beispiel ist der Fall des Umsiedlungsbeschlusses: der Rat hatte 2015 mit qualifizierter Mehrheit – gegen die Stimmen Tschechiens, Rumäniens, Ungarns und der Slowakei – beschlossen, 120.000 Asylsuchende aus Italien und Griechenland auf die anderen Mitgliedstaaten zu verteilen. Die Slowakei und Ungarn klagten gegen den Beschluss vor dem EuGH, der die Klage jedoch 2017 zurückwies. Im Gegenzug strengte die Europäische Kommission ein Vertragsverletzungsverfahren vor dem EuGH gegen Tschechien, Ungarn und Polen an, da sie ihren Verpflichtungen zur Umsiedlung von Geflüchteten nicht nachkamen.

Vom EuGH mit Sitz in Luxemburg muss der *Europäische Gerichtshof für Menschenrechte* (EGMR) mit Sitz in Straßburg unterschieden werden. Letzterer überwacht die Einhaltung der *Europäischen Menschenrechtskonvention* (EMRK) und ist *kein* Organ der Europäischen Union, sondern des Europarats. Dennoch ist seine Rechtsprechung für die Europäische Migrationspolitik von Bedeutung, da die EU, wie oben bereits erwähnt, in ihren Verträgen auf die EMRK verweist und sich zur Wahrung der darin verbrieften Menschenrechte verpflichtet.

4.3.6 Das Europäische Unterstützungsbüro in Asylfragen (EASO)

Bereits mit dem Haager Programm war die Einrichtung eines *Europäischen Unterstützungsbüros in Asylfragen* (EASO) vorgeschlagen worden. Eingerichtet wurde es schließlich im Jahr 2010 mit der Verordnung (EU) Nr. 439/2010. Das EASO entwickelt Schulungs- und Informationsmaterialien und bündelt Informationen über Herkunftsländer, leistet operative Unterstützung in Mitgliedstaaten unter besonderem „Migrationsdruck“ und arbeitet mit Drittstaaten zusammen, beispielsweise durch *capacity building* oder Koordination europäischer Aufnahmeprogramme (*Resettlement*).

Der Sitz des EASO ist in Malta; seine ca. 200 Bediensteten werden jedoch z. T. dorthin entsandt, wo Mitglieds- oder Drittstaaten Unterstützung benötigen. Beispielsweise haben sie im Rahmen des *Hotspot*-Konzepts in Italien und Griechenland an der Aufnahme und Bearbeitung von Asylanträgen mitgewirkt. Hierbei arbeiten sie mit den Behörden der Mitgliedstaaten sowie weiteren EU-Agenturen wie Frontex zusammen. Die operative Unterstützung macht einen Großteil der Ausgaben aus: 2018 knapp zwei Drittel der ca. 100 Millionen Euro Gesamtbudget des EASO.

Im Jahr 2016 veröffentlichte die Kommission einen Vorschlag für eine Verordnung zur Stärkung des EASO. Der überarbeitete Vorschlag vom September 2018 sieht vor, EASO in eine Europäische Asylagentur umzuwandeln, die die weitere Vereinheitlichung der Asylverfahren in Europa vorantreiben und überlastete Mitgliedstaaten unterstützen soll. Bis Ende 2020 wurde jedoch noch keine Einigung über die Asylagentur erzielt.

4.3.7 Die Europäische Agentur für die Grenz- und Küstenwache (Frontex)

Die *Europäische Agentur für die Grenz- und Küstenwache* (Frontex) mit Sitz in Warschau, Polen, wurde 2016 geschaffen. Sie ersetzt die vorherige *Europäische Agentur für die operative Zusammenarbeit an den Außengrenzen der Europäischen Union* und behält deren Sitz und Kurznamen bei.[19] Frontex ist eine eigenständige Rechtsagentur, die gegenüber dem Parlament und dem Rat rechenschaftspflichtig ist und von einem Verwaltungsrat überwacht wird, der aus Vertreter:innen der Mitgliedstaaten und der Europäischen Kommission besteht.

Die vorherige Agentur war 2004 eingerichtet worden, um die Zusammenarbeit der Mitgliedstaaten bei der Sicherung der Außengrenzen der Union zu unterstützen. Seitdem hatte die Agentur einen stetigen Ausbau der Kompetenzen sowie eine fast kontinuierliche Erhöhung des Budgets erfahren (2019: 333 Millionen Euro). Dennoch sah die Kommission 2015 das Problem, dass der Grenzschutz der Mitgliedstaaten noch sehr unterschiedlich sei und dass Frontex aufgrund fehlender Ressourcen und eines fehlenden Mandats nicht dazu in der Lage war, diese Fragmentierung zu kompensieren (KOM/2015/673 endg.). Diese Probleme soll die neu zugeschnittene Agentur beheben.

Frontex erfüllt heute verschiedene Aufgaben. Am sichtbarsten sind die *operativen Einsätze*, die auch den größten Teil der Ausgaben ausmachen. Bei diesen Einsätzen werden Beamt:innen der Mitgliedstaaten und Transportmittel wie Schiffe und Flugzeuge gemeinsam genutzt, um die Staaten an den Außengrenzen beim Grenzschutz und der Grenzüberwachung zu unterstützen. Ein Beispiel ist die Operation *Themis*, die im Februar 2018 die vorherige Operation *Triton* ersetzte und Italien bei der Grenzkontrolle auf See sowie bei der Registrierung ankommender Migrant:innen unterstützt. Zusätzlich zu den langfristigen Operationen hat Frontex die Möglichkeit, Soforteinsätze durchzuführen, um kurzfristige Notsituationen an den Außengrenzen zu beheben. Hierfür müssen die Mitgliedstaaten auf Ersuchen der Agentur bis zu 1.500 Beamt:innen aus dem Soforteinsatzpool bereitstellen.

19 Die Abkürzung leitet sich aus dem französischen Begriff für Außengrenzen, *frontières extérieures*, ab.

Darüber hinaus überwacht Frontex die Lage an den Außengrenzen und kooperiert hierfür mit den Behörden der Mitgliedstaaten im Rahmen des Europäischen Grenzüberwachungssystems *Eurosur* (→ Kap. 6). Zudem führt Frontex Risikoanalysen zu grenzüberschreitender Kriminalität und irregulärer Migration durch. Für die Stärkung der Grenzsicherung arbeitet Frontex auch mit den Grenzschutzbehörden nicht-europäischer Staaten zusammen und baut hierfür ein Netz aus Partnerschaften, insbesondere mit Herkunfts- und Transitländern der Migration, auf. Inzwischen ist Frontex zunehmend auch in die Rückführung irregulär eingereister Migrant:innen eingebunden, indem es z. B. die Mitgliedstaaten bei der Beschaffung von Ausweisdokumenten unterstützt oder selbst Rückführungen organisiert. Diese Rolle soll laut dem Migrations- und Asylpaket der Europäischen Kommission von 2020, in dem Rückführung eine zentrale Rolle spielt, noch ausgebaut werden.

Da die Tätigkeiten von Frontex eine Vielfalt von Grundrechten berühren, verfügt die Agentur seit 2012 über eine:n Beauftragte:n für Grundrechte. Diese Person ist unabhängig und untersteht direkt dem Verwaltungsrat. Sie arbeitet zusammen mit einem Konsultationsforum für Grundrechte, in dem Vertreter:innen verschiedener internationaler Organisationen und Organisationen der Zivilgesellschaft vertreten sind. Zudem wurde die Agentur expliziter an die menschenrechtlichen Verpflichtungen der EU gebunden (Kasparek/Tsianos 2014). Diese Stärkung des Grundrechtsbezugs ist auch eine Reaktion auf die harsche Kritik an einem fehlenden Schutz der Menschenrechte durch die Agentur in den ersten zehn Jahren ihres Bestehens, deren Praktiken auch „Push-Backs“[20] im Mittelmeer einschlossen. Dennoch werden Frontex häufig Verstöße gegen Grundrechte vorgeworfen.

4.4 Perspektiven für die zukünftige Entwicklung

Die bisherige Entwicklung der Europäischen Migrationspolitik hat gezeigt, dass die fortschreitende Vergemeinschaftung kein Selbstläufer ist. Zwar sorgt der Binnenmarkt für Verflechtungen zwischen seinen Mitgliedern, die Druck zur Schaffung gemeinsamer Regelungen ausüben. Dennoch führt die Sensibilität des Politikfelds dazu, dass sich die Mitgliedstaaten immer wieder gegen die Abgabe von Kompetenzen wehren oder diese – wie im Fall des Amsterdamer Vertrags – zumindest hinauszögern. Darüber hinaus zeigt sich, dass *implementation gaps* entstehen, wenn die europäischen Regelungen nationalen Interessen zuwiderlaufen. So wurden bestehende Regelungen wie z. B. die offenen Grenzen des Schengen-Raums oder Überstellungen nach der Dublin-Verordnung zeitweise ausgesetzt und einige Mitgliedstaaten verweigerten sich der Umverteilung von Asylsuchenden aus besonders betroffenen Staaten an den Außengrenzen.

Aktuell stehen die Regelungen des GEAS erneut in einem Reformprozess, der sich bereits über mehrere Jahre erstreckt. Besonders schwierig ist der Umgang mit der Frage nach der Verteilung von Zuständigkeiten bzw. der Solidarität zwischen den

20 Damit werden das Aufgreifen von Menschen auf See oder in grenznahen Gebieten und ihre unmittelbare Zurückschiebung in die Länder verstanden, aus denen sie gerade ausgereist waren. Push-Backs sind seit 2014 durch die Seeaußengrenzenverordnung verboten.

Mitgliedstaaten. Zwar spricht der Vertrag über die Arbeitsweise der Europäischen Union von einer gemeinsamen Migrationspolitik, „die sich auf die Solidarität der Mitgliedstaaten gründet“ (Art. 67), in der Praxis scheint dieses Ziel aber in weite Ferne gerückt. Verbindliche Regelungen, welche die Staaten beispielsweise zur Aufnahme von Asylsuchenden verpflichten, sind besonders umstritten. Denkbar wäre in Zukunft eine Abkehr von einem notwendigerweise gemeinsamen Ansatz, der alle Mitgliedstaaten auf eine Linie verpflichtet. Stattdessen könnten gemeinsame, aber flexible Regelungen stehen, die den Staaten ein gewisses Steuerungspotenzial belassen.

Demgegenüber ist die Kooperation bei der Zusammenarbeit mit Herkunfts- und Transitstaaten leichter zu erreichen und die Staaten sind zunehmend gewillt, dies auch mit finanziellen Mitteln zu unterstützen, wie sich z. B. in der Zusammenarbeit mit der Türkei gezeigt hat. Derartige Zusammenarbeit auch mit autoritären oder instabilen Staaten wie Libyen steht in einem Spannungsverhältnis mit menschen- und völkerrechtlichen Verpflichtungen der EU, deren Einhaltung durch die entsprechenden europäischen Gerichte (EuGH und EGMR) überwacht werden muss. Dennoch spielt die Kooperation mit Drittstaaten wohl auch künftig eine wichtige Rolle.

Übungs- und Reflexionsaufgaben

1. Wie lässt sich die Vergemeinschaftung der Migrationspolitik erklären?
2. Warum ist der Vertrag von Amsterdam besonders bedeutsam für die Migrationspolitik der EU?
3. Welches sind die Kernelemente des Gemeinsamen Europäischen Asylsystems?
4. Welche Bereiche der Arbeitsmigration sind auf europäischer Ebene geregelt?
5. Wie wird sich die europäische Migrationspolitik, auch in Hinblick auf den Klimawandel, weiterentwickeln?

Zur Vertiefung

- i Bendel, Petra (2018): Contemporary Politics of International Protection in Europe: From Protection to Prevention. In: Weinar, Agnieszka/Bonjour, Saskia/Zhyznomirska, Lyubov (Hrsg.) The Routledge handbook of the politics of migration in Europe, London et al.: Taylor & Francis, Chapter 23.
- # Bigo, Didier/Guild, Elspeth (Hrsg.) (2017): Controlling frontiers. Free movement into and within Europe. New York: Routledge.
- # Crawley, Heaven/Düvell, Franck/Jones, Katharine/McMahon, Simon/Sigona, Nando (2018): Unravelling Europe's 'migration crisis': Journeys over land and sea, Bristol, UK: Bristol University Press.
- i Geddes, Andrew/Scholten, Peter (2016) The politics of migration and immigration in Europe. 2. Aufl., Los Angeles: SAGE.
- * Hollifield, James F. (1992): Migration and International Relations: Cooperation and Control in the European Community. In: International Migration Review, 26, H. 2, S. 568–595. https://doi.org/10.1177/019791839202600220
- i Roos, Christof (2015): EU politics on labour migration: inclusion versus admission. In: Cambridge Review of International Affairs, 28/4: S. 536–53. https://doi.org/10.1080/09557571.2015.1023697
- # Thielemann, Eiko (2018): Why Refugee Burden-Sharing Initiatives Fail: Public Goods, Free-Riding and Symbolic Solidarity in the EU. In: Journal of Common Market Studies, 56, H. 1, S. 63–82. https://doi.org/10.1111/jcms.12662
- i Zaun, Natascha (2017): EU Asylum Policies: The Power of Strong Regulating States. Transformations of the State, Cham: Springer International Publishing.

5 Spannung ohne Ende? Migrationspolitik in Deutschland

Die Migrationspolitik Deutschlands nimmt in diesem Buch einen vergleichsweise großen Raum ein – viele Kapitel nutzen Beispiele aus dem deutschen Kontext. Dieses Kapitel erfüllt daher zwei Funktionen: Es bietet eine Hintergrundfolie für diese Beispiele und zeigt exemplarisch, welche Dimensionen innerhalb eines Nationalstaates für die Orientierung in migrationspolitischen Debatten zu betrachten sind, nämlich: (1) die Geschichte des Umgangs mit Migration und migrationsbedingter Vielfalt, (2) der jeweils aktuelle rechtliche Rahmen sowie (3) die vom politischen System geprägte Organisation und – teils dadurch bedingte – Konstellationen von Akteur:innen.

5.1 Überblick zur deutschen Migrationspolitik seit 1945

Grundkenntnisse der Migrationspolitikgeschichte(n) eines Nationalstaates sind für das Verständnis aktueller Migrationspolitik unerlässlich. Eine ausführliche historisch-informierte Betrachtung der politischen Beschäftigung mit Migration in Deutschland kann und soll hier jedoch nicht geleistet werden. Dies sei zwar ausdrücklich für eine vertiefende Lektüre empfohlen, würde den Rahmen einer politikwissenschaftlichen Einführung aber sprengen.[21] Stattdessen konzentrieren sich die folgenden Abschnitte auf einige ausgewählte Meilensteine und Entwicklungen nach 1945. Doch auch bei der geradezu lächerlich kurzen Zeitspanne von etwas mehr als 70 Jahren stellt sich unweigerlich die Frage, ab wann überhaupt von „Deutschland“ gesprochen werden kann – und wie viele Geschichten erzählt werden müssen. Im Folgenden werden vier Perspektiven eingenommen: zunächst die Jahre der Nachkriegswirren von 1945 bis 1949; dann von 1949 bis 1990 die parallel verlaufenden Geschichten der Deutschen Demokratischen Republik (DDR) und der „alten“ Bundesrepublik Deutschland (BRD); und schließlich die Migrationsgeschichte des wiedervereinigten Deutschlands.

5.1.1 Ein Land in Bewegung: 1945–1949

Die Zeit zwischen Kriegsende und Gründung von BRD und DDR war geprägt von Grenzverschiebungen und massenhaften Migrationsbewegungen. Mehr als 20 Millionen Menschen waren auf der Suche nach einem neuen Lebensmittelpunkt (hier und im Folgenden Bade/Oltmer 2010; Franzen 2016): Rund zehn bis zwölf Millionen „Displaced Persons“ (DP) verschiedener Staatsangehörigkeit suchten nach einem neuen Lebensmittelpunkt. Darunter waren insbesondere Zwangsarbeiter:innen und Überlebende der Konzentrations- und Vernichtungslager, die in vielen Fällen Deutschland verließen. Zu den DP zählten aber auch aufgrund der Kriegsschäden Wohnungslose oder Kriegsgefangene. Hinzu kamen rund zwölf Millionen deutsche Reichsbürger:innen und Angehörige deutscher Minderheiten, die von ihren Wohnorten aus verschiedenen ostmittel- und südeuropäischen Ländern vertrieben wurden oder geflohen waren. Ihre Ansiedlung lief insbesondere in

21 Hier sei insbesondere auf einen von Jochen Oltmer herausgegebenen Sammelband verwiesen, der eine umfassende, historische Perspektive auf den Umgang mit Migration in Deutschland seit dem 17. Jahrhundert bietet und dabei den Staat in den Mittelpunkt rückt (Oltmer 2016 a). Weitere Werke u. a. Oltmer 2016 b; Herbert 2001.

der ersten Zeit nahezu ungeregelt, bevor die Alliierten sie zumindest teilweise zu steuern und die Eingliederung der Flüchtlinge und Vertriebenen in die aufnehmende Bevölkerung durch eine strikte Assimilationspolitik voranzutreiben suchten (rechtliche Gleichstellung bei Verhinderung von „Flüchtlingsparteien").

Diesen außerordentlichen migrationspolitischen Herausforderungen, insbesondere die Unterbringung der Menschen in privatem Wohnraum, wurden durch viel Improvisation von staatlicher und zivilgesellschaftlicher Seite begegnet. Sie führten aber auch zu einigen Regelungen und Phänomenen, die bis heute Bestand haben. Beispielsweise muss die Verabschiedung der Genfer Flüchtlingskonvention als Versuch gelesen werden, die unmittelbaren Migrationsfolgen des Krieges in den Griff zu bekommen. Erst 1967 wurde ihre territoriale Begrenzung auf Europa und die temporale auf die Zeit vor 1949 aufgehoben (→ Kap. 3). Ein anderes Beispiel ist, dass in der BRD versucht wurde, der Gruppe der Flüchtlinge und Vertriebenen mit dem Bundesvertriebenengesetz (BVFG) von 1953 eine Art Kompensation für erlittenes Unrecht durch die sowjetische Vertreibung zu gewähren. Es gehört zur Natur des Kalten Krieges, dass diese Interpretation in der BRD durch die westlichen Alliierten zugelassen wurde, in der DDR aber keine entsprechenden Vorhaben existierten. Das BVFG ist bis heute in Kraft, Vertriebenenverbände sind weiterhin in der deutschen Politik präsent und stehen klassischerweise konservativen Parteien nahe.

Es ist vor dem Hintergrund der hohen Zahl der Migrant:innen durchaus bemerkenswert, dass es in der deutschen Migrationspolitik eine gewisse Tendenz gibt, die Kriegsfolgenmigration bei der politischen Bewertung der deutschen Migrationsgeschichte zu bagatellisieren. Bestes Beispiel ist der Begriff des Migrationshintergrundes, der in seiner ersten Definition durch das Statistische Bundesamt im Jahr 2005 „alle nach 1949 auf das heutige Gebiet der Bundesrepublik Deutschland Zugewanderten, sowie alle in Deutschland geborenen Ausländer und alle in Deutschland als Deutsche Geborenen mit zumindest einem nach 1949 zugewanderten oder als Ausländer in Deutschland geborenen Elternteil" umfasste. Hätte man die Jahre seit 1945 hinzugenommen, wäre der Anteil der Menschen mit Migrationshintergrund an derselben Bevölkerung auf deutlich über die damals festgestellten, knapp 20% angestiegen. Die familiäre Migrationsgeschichte wäre geradezu als Normalfall erschienen. Dies wurde durch die statistische Aussparung der unmittelbaren Kriegsfolgenmigration vermieden (zum Migrationshintergrund → Kap. 12).

5.1.2 Migrationspolitik der Deutschen Demokratischen Republik (1949–1990)

Blickt man auf das aktuelle deutsche Migrationsrecht sowie auf migrationspolitische Debatten, so finden sich bei historischen Verweisen nahezu ausschließlich Bezüge zur bundesrepublikanischen Migrationsgeschichte. Die durchaus vielfältige Migrationspolitik der DDR wird dagegen regelmäßig ausgeblendet. Am intensivsten erinnert wird sicherlich noch die deutsch-deutsche Migration von der DDR in die BRD – und die Strategien der DDR, diese „Republikflucht" zu verhindern. In der DDR gab es kein Recht auf Ausreise, wie es in der Allgemeinen Erklärung der Menschenrechte festgehalten ist (→ Kap. 3). Ein besonderer Unterschied zwischen der DDR-Migrationspolitik und der Migrationspolitik der meisten anderen Staaten besteht daher darin, dass auch Grenzschließungen für eigene Staatsangehörige dazugehörten.

Arbeitsmigration und Asyl gab es auch in der DDR – allerdings mit wesentlichen rechtlichen und praktischen Unterschieden zur Ausgestaltung in der BRD. So beschäftigte die DDR mehrere zehntausend sogenannte *Vertragsarbeiter:innen* aus anderen sozialistischen Staaten, beispielsweise aus Angola, Polen, Mosambik, Kuba oder Vietnam. Sie wurden explizit nicht als Gastarbeiter:innen bezeichnet, da diese Begrifflichkeit mit kapitalistischen „Nützlichkeitserwartungen" (Poutrus 2016: 967) assoziiert wurde. Stattdessen sprach man von „Arbeitskräftekooperation" mit den entsendenden Staaten. Bei genauerer Betrachtung wurden die Menschen jedoch noch stärker als in der BRD auf ihren Beitrag zur Wirtschaft reduziert. Sie wurden zudem nicht individuell, sondern nur im Kollektiv angeworben und hatten fixierte Rückkehr- und Aufenthaltsmodalitäten. Dazu gehörte es beispielsweise, dass üblicherweise ein Teil ihres Lohns durch die entsendenden Staaten einbehalten wurde. Besonders eindrücklich sind auch die Konsequenzen einer Schwangerschaft: Die betroffene ausländische Arbeitnehmerin konnte bis kurz vor der Wiedervereinigung mit wenigen Ausnahmen nur „zwischen Abtreibung und Abschiebung" (Bade/Oltmer 2010: 162) wählen. Die Vertragsarbeiter:innen lebten und arbeiteten zudem weitgehend segregiert von Deutschen. Immer wieder kam es dennoch zu Konflikten, die aber nicht offiziell anerkannt wurden. Zudem existierte ein weitgehendes Verbot von bi-nationalen Ehen.

Während die DDR-Regierungen ausländische Arbeitskräfte also tabuisierten und marginalisierten, wurden ausländische Studierende gerne gesehen. Sie sollten die internationale sozialistische Solidarität der DDR ebenso illustrieren wie die Qualität des tertiären Bildungssystems. Der Historiker Patrice Poutrus weist zudem darauf hin, dass die Auswahl der ausländischen Studierenden an außenpolitische Interessen gekoppelt war (Poutrus 2016: 982).

Auch die Asylpolitik der DDR unterschied sich wesentlich von der BRD. Zwar hatte das Asylrecht ebenfalls Verfassungsrang, allerdings nur als Recht des Staates und nicht des betroffenen Individuums (Bade/Oltmer 2004: 95). In der Folge wurden vor allem Schutzsuchende aufgenommen, in deren Land eine Verfolgung durch pro-westliche und/oder anti-sozialistische Regime existierte. Dies betraf insbesondere Griechenland (nach dem bis 1949 dauernden Bürgerkrieg), Spanien (während der Herrschaft von General Franco) und Chile (nach dem Militärputsch durch General Pinochet 1973). Gerade im Falle Chiles handelte es sich bei den Geflüchteten um eine politisch-intellektuelle Elite. Ein prominentes Beispiel ist die spätere, mehrmalige Präsidentin Chiles, Michelle Bachelet (2006–2010 und 2014–2018), die mit ihrer Familie in der DDR Schutz fand und dort Medizin studierte. Ziel blieb es in den meisten Fällen, die Rückkehr zu befördern, um das Herkunftsland im sozialistischen Sinne zu beeinflussen.

Vor dem Hintergrund der überwiegend restriktiven Migrationspolitik der DDR verwundert die Einführung des aktiven und passiven Wahlrechts auf kommunaler Ebene (→ Kap. 12) im Jahr 1989 für alle Ausländer:innen über 18 Jahren, die länger als sechs Monate in der DDR lebten. Die Migrationshistoriker Klaus Bade und Jochen Oltmer (2004: 96) weisen allerdings darauf hin, dass diese Entscheidung im Kontext einer weiterhin bestehenden Systemkonkurrenz zu verstehen ist. Die BRD tat und tut sich mit dem Thema schwer, da konnte die DDR relativ leicht Progressivität für sich in Anspruch nehmen.

Insgesamt müssen migrationspolitische Entscheidungen beider deutscher Staaten zwischen 1949 und 1990 immer auch als symbolische Maßnahmen im Kalten Krieg gelesen werden (dazu allgemeiner auch Castles 2003). Dies betrifft insbesondere die Frage, wer wem Schutz gewährt – und damit die Verfolgung durch welchen Staat verurteilt.

5.1.3 Migrationspolitik der Bundesrepublik Deutschland (1949–1990)

Als erste und weitreichende migrationspolitische Entscheidungen der jungen Bundesrepublik können sicherlich die Verabschiedung des Asylgrundrechts (Art. 16 GG, s. u.) im Jahr 1949 und unwesentlich später die Unterzeichnung der Genfer Flüchtlingskonvention am 19. November 1951 (→ Kap. 3) gelten. Vor dem Hintergrund der Verfolgung und Vertreibung durch das NS-Regime war das „weltweit offenste Asylrecht" (Bade/Oltmer 2004: 86) vor allem ein politisches Symbol des Neuanfangs. Wohl kaum jemand konnte sich ernsthaft vorstellen, dass Menschen ausgerechnet in Deutschland Zuflucht vor politischer Verfolgung suchen würden. Entsprechend niedrig blieben die Asylantragszahlen auch in den 1950er und 1960er Jahren. Hier standen vor allem Asylgesuche von politisch Verfolgten aus sozialistischen Staaten im Fokus. Trotz des offenen Charakters des Art. 16 GG markierte die Gründung der Bundesrepublik keinen grundsätzlichen migrationspolitischen Neuanfang. Beispielsweise galt bis 1965 die *Ausländerpolizeiverordnung*, die 1938 während des Dritten Reichs eingeführt worden war und aufenthaltsrechtliche Aufgaben bei der Polizei verortete.

Erst ab Mitte der 1970er Jahre stiegen die Asylantragszahlen deutlich an; im Jahr 1980 suchten erstmals über 100.000 Menschen Zuflucht in Deutschland. Da der „Eiserne Vorhang" weiterhin recht undurchdringlich war, ließ sich der Anstieg der Zahlen v. a. auf Menschen aus wirtschaftlich schwächeren Teilen der Welt zurückführen. Dies führte dazu, dass die vermeintliche Großzügigkeit des bundesdeutschen Asylrechts spätestens ab den 1980er Jahren intensiv debattiert wurde. Begriffe wie „Scheinasylanten" und „Wirtschaftsflüchtlinge" begleiteten die politischen Debatten; die rechtliche Definition politischer Verfolgung wurde in der Auslegungspraxis zusehends enger geführt. Daneben sollte rigorose Bevorzugung von Inländer:innen auf dem Arbeitsmarkt Neiddebatten vorbeugen (Bade/Oltmer 2004: 87). Gleichzeitig gab es seit Mitte der 1980er Jahre eine zunehmende Organisation von lokalen „Freundeskreisen" und Flüchtlingsräten; die Organisation Pro Asyl wurde beispielsweise 1986 gegründet. Im Jahr 1987 wurde das Asylrecht in verschiedener Hinsicht verschärft. Unter anderem erhielten Menschen aus einigen asiatischen und afrikanischen Staaten weniger leicht Visa zur Einreise in die BRD (ebd.). Um einen Asylantrag zu stellen, blieb daher für immer mehr Schutzsuchende nur die irreguläre Einreise. Doch Ende der 1980er Jahre wurde deutlich, dass auch diese Maßnahmen nicht verhindern konnten, dass die Antragszahlen weiter stiegen. Dies lag insbesondere an einer wachsenden Zahl von Krisenherden weltweit im Zuge der Destabilisierung des sowjetischen Einflussbereichs.

Der zweite Pfeiler der BRD-Migrationspolitik bestand in der Aufnahme von sogenannten *Aussiedler:innen* (ab 1993 *Spätaussiedler:innen* genannt) aus dem Einflussbereich der Sowjetunion. Diese wurden aus einem primordialen Zugehörigkeitsverständnis (→ Kap. 12) heraus als Menschen begriffen, die deutscher Abstammung seien und daher am besten unter Deutschen lebten. Die Migrant:innen, die auf diesem Weg nach Deutschland kamen, wurden den Kriegsflüchtlingen und Vertriebenen gleichgestellt, darüber hinaus aber direkt als deutsche Staatsbürger:innen anerkannt und bei ihrer Eingliederung unterstützt (Bade/Oltmer 2004: 88).

Ein dritter wesentlicher Strang der bundesrepublikanischen Migrationspolitik ab Mitte der 1950er Jahre war die Anwerbung sogenannter Gastarbeiter:innen und die daraus resultierenden Folgen. Als in den 1950er Jahren klar wurde, dass sich die westdeutsche Wirtschaft deutlich schneller und besser entwickelte als gedacht, führte dieses „Wirtschaftswunder" dazu, dass auch die Nachfrage nach Arbeitskräften erheblich stieg. Selbst wenn das inländische Erwerbspersonenpotenzial mit rund einer Million Erwerbslosen im Jahr 1955 möglicherweise noch nicht ausgeschöpft war, schloss die Bundesregierung auf Druck der Arbeitgebenden den ersten Vertrag mit Italien. 1960 folgten Spanien und Griechenland, 1961 dann die Türkei und wenig später Portugal (1964) und das damalige Jugoslawien (1968). Im Gegensatz zu diesen bekannten Beispielen werden die Verträge mit Tunesien (1965) und Marokko (1963) selten erwähnt. Sie blieben aber auch ohne wesentlichen Effekt (Bade/Oltmer 2004: 72). Die Anwerbestrategie fand einen breiten Rückhalt in nahezu allen politischen Lagern, auch die Gewerkschaften stimmten dem Kurs grundsätzlich zu (zur generellen Rolle von Gewerkschaften → Kap. 9). Die „Gastarbeiter:innen" fungierten in der Zeit des starken Wirtschaftswachstums als „Flexibilitätsreserve" (Herbert 2001: 206) oder – in einer neo-marxistischen Diktion – als industrielle Reservearmee des Kapitalismus (Castles/Kosack 1972; → Kap. 9). Es entsprach auch durchaus den Vorstellungen vieler Migrant:innen, dass keine besonderen Integrationsanstrengungen verlangt oder staatlicherseits unternommen wurden. Allerdings gab es durchaus bereits seit den 1960er Jahren eine sogenannte Ausländersozialberatung, die von den Wohlfahrtsverbänden übernommen wurde. Als zunächst die Rezession von 1966/67 und dann der „Ölpreisschock" von 1973 die Wirtschaft etwas ins Stottern brachte, wurde im Jahr 1973 der *Anwerbestopp* beschlossen. Der Wanderungssaldo, also die Differenz zwischen Zu- und Abwanderungen, blieb in der Folge jedoch positiv und stieg sogar leicht an. Grund dafür war, dass viele Gastarbeiter:innen nicht in die Heimat zurückkehrten, da sie befürchteten, künftig nicht mehr einreisen zu dürfen. Stattdessen holten sie ihre Familien nach. Kurz gesagt: Der Versuch, die nicht länger gebrauchten „Gäste" loszuwerden, führte dazu, dass sie dauerhaft blieben (Hollifield 1992 a).

Die allgemeine Lesart ist, dass die Bundesregierung – im Gegensatz zu den Kommunen (s. u.) – weitgehend passiv gegenüber den dadurch auftauchenden Herausforderungen in Fragen sozialer Teilhabe blieb. Nicht vergessen werden sollte dabei jedoch auch, dass die Bundesregierung bereits ab 1978 das Amt des Ausländerbeauftragten einrichtete. Der erste Beauftragte, der frühere NRW-Ministerpräsident Heinz Kühn, legte im Jahr 1979 das sogenannte *Kühn-Memorandum* vor, in dem er zentrale Herausforderungen skizzierte und ein düsteres Bild malte, sollte ihnen nicht begegnet werden. Es gehört zu den häufig beklagten Aspekten der deutschen Migrationspolitikgeschichte, dass dieses Memorandum zwar durchaus registriert wurde, aber mit Blick auf konkrete *policies* kaum eine Rolle spielte.

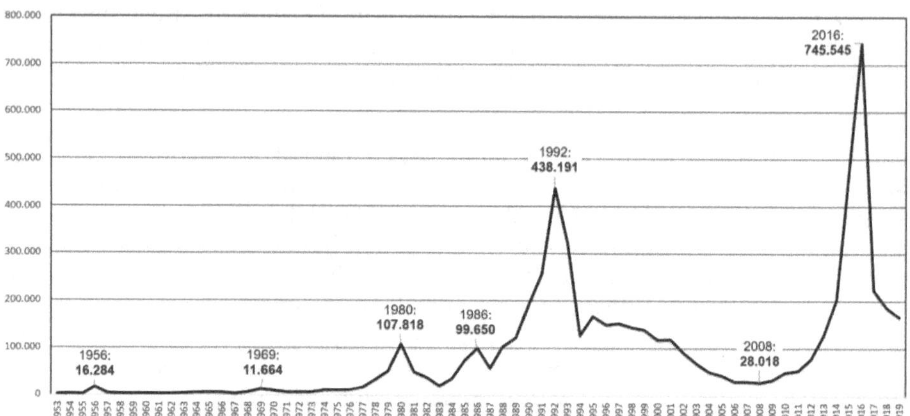

Abb. 2: Entwicklung der Asylantragszahlen (Erst- und Folgeanträge, ohne DDR) 1953–2020; eigene Darstellung; Datenquelle: https://www.bamf.de.

5.1.4 Migrationspolitik im wiedervereinten Deutschland (seit 1990)

Das Jahr 1990 markierte in der innerdeutschen Geschichte einmal mehr einen Moment, in dem nicht Menschen über Grenzen, sondern Grenzen über Menschen wanderten. Die Wiedervereinigung wurde und wird üblicherweise nicht als Migrationsereignis begriffen. Gleichwohl gibt es in der jüngeren Auseinandersetzung mit dem Thema auch erste mehr oder weniger vorsichtige Vergleiche der Migrations- und Diskriminierungserfahrung Ostdeutscher mit der von Migrant:innen (Foroutan/Hensel 2020). Abgesehen von den Herausforderungen der Wiedervereinigung sorgten die Destabilisierung der Sowjetunion und in der Folge u. a. der „Jugoslawien-Krieg“ ab 1991 für einen erheblichen Anstieg der Asylantragszahlen. Im Zuge dessen wandelte sich auch die Stimmung in der Bundespolitik: „Flüchtlinge – zumal in Massen – waren nicht mehr Erfolgsnachweis in der globalen Systemkonkurrenz, sondern Zusatzbelastung in der Krise des nationalen Sozialstaats“ (Bade/Oltmer 2004: 106).

Der Anstieg der Asylantragszahlen auf über 400.000 im Jahr 1992 wurde von einer nationalistisch geführten Diskussion begleitet, in der die Metapher vom „vollen Boot“ selbst in führenden Medien aufgegriffen wurde. Gewalttaten gegenüber Geflüchteten nahmen deutlich zu. Dies bildete die Kulisse für einige zentrale politische Wegmarken in der deutschen Migrationspolitikgeschichte. Insbesondere wurde das Grundrecht auf Asyl ganz wesentlich ausgehöhlt. Anstelle des Artikels

16 GG wurde ein neuer Artikel 16a eingeführt. Dem ebenso knappen wie klaren Satz „Politisch Verfolgte genießen Asylrecht." wurden mehrere Absätze hinzugefügt, die das Asylgrundrecht stark einschränkten. Verwiesen wird dabei auch auf Staaten der Europäischen Union und Drittstaaten, welche die Genfer Flüchtlingskonvention unterzeichnet haben. Wer aus „sicheren Herkunftsstaaten" und „sicheren Drittstaaten" einreist, hat kein Anrecht auf ein Verfahren in Deutschland. In seiner heutigen Form als Artikel 16a GG kommt das grundgesetzliche Asylrecht in der Praxis nur selten zum Tragen. Zwischen 2010 und 2020 wurden nur rund ein Prozent der Asylanträge im Sinne des Art 16a positiv entschieden, während im selben Zeitraum durchschnittlich rund 35% entweder die Eigenschaft als Flüchtling nach Genfer Flüchtlingskonvention oder einen subsidiären Schutz (→ Kap. 4) zugesprochen bekamen.

Zur Diskussion

Niedrige Sozialleistungen als Instrument der Migrationssteuerung?

Im Zuge des Asylkompromisses wurde auch das *Asylbewerberleistungsgesetz* (AsylbLG) ausgehandelt (Schammann 2015b). Es definiert Standards für die Gewährung von Sozialleistungen für Asylsuchende unterhalb der Leistungen für deutsche Staatsbürger:innen und gleichgestellte Personen. Eine derartige Schlechterstellung gab es zwar bereits seit 1982 innerhalb des Bundessozialhilfegesetzes. Mit dem neuen Gesetz schaffte man jedoch eine sichtbare Sonderregelung für Asylsuchende. Damit war die Hoffnung verbunden, die Attraktivität Deutschlands für politisch nicht verfolgte Zuwandernde zu verringern. Das AsylbLG wurde ganz explizit als Instrument zur Steuerung von Migration begriffen. Ob es in dieser Funktion effektiv ist, darüber gab es von Beginn an intensive Diskussionen: Einerseits führten Medien, Politik und später auch Historiker:innen den Rückgang der Asylbewerberzahlen nach 1993 auf den Asylkompromiss und die damit verbundenen Regelungen des AsylbLG zurück (u. a. Herbert 2001: 320). Demgegenüber vermutete Röseler (1994: 291), dass der Rückgang der Zahlen andere Ursachen habe – insbesondere den Rückgang der Flüchtlingszahlen weltweit. Unabhängig von den Zweifeln an der Effektivität des Gesetzes betonten zivilgesellschaftliche Organisationen und der UNHCR, dass Leistungen unterhalb des Existenzminimums verfassungsrechtlich bedenklich seien. Doch erst im Jahr 2012 urteilte das Bundesverfassungsgericht, dass die gesonderte Behandlung nur zu rechtfertigen sei, wenn die Bedarfe der Betroffenen signifikant und nachweisbar von denjenigen sonstiger Leistungsbezieher abwichen. Zum Ziel der Steuerung machte das Gericht ebenfalls eine klare Aussage: „Die in Art. 1 Abs. 1 GG garantierte Menschenwürde ist migrationspolitisch nicht zu relativieren." (Zur lokal unterschiedlichen Implementation des AsylbLG entlang der Konfliktlinie „Migrationssteuerung vs. Existenzsicherung" → Beispiel in Kap. 6.2.2)

Die Asylrechtsverschärfung ging einher mit einer stärkeren Europäisierung der Asylpolitik, wobei insbesondere die Dublin-Verordnung dazu beitrug, dass sich Deutschland mehr und mehr in einen flüchtlingspolitischen Kokon zurückziehen konnte (→ Kap. 3 und 4).

Flüchtlingsschutz verschwand in den folgenden Jahren zunehmend aus den öffentlichen Debatten, auch sonstige Zuwanderungszahlen waren rückläufig. In den Jahren 2008 und 2009 wiesen die offiziellen Statistiken sogar einen negativen Wanderungssaldo aus, es gab also mehr Fort- als Zuzüge. Hierbei werden alle Wanderungsbewegungen gezählt: von ausländischen Fachkräften und Flüchtlingen ebenso wie von rückkehrenden oder ausreisenden deutschen Staatsbürger:innen. Auch wenn der negative Saldo teilweise auf statistische Besonderheiten zurückzuführen war, ist doch unstrittig, dass die Zuwanderung bis Mitte der 2000er Jahre deutlich absank.

Seit Ende der 1990er Jahre begann Deutschland, sich stärker als Einwanderungsland zu begreifen, obwohl oder gerade, weil es der rein formalen Definition eines Einwanderungslands – mehr Menschen wandern zu als ab – faktisch weniger entsprach als in den Jahren zuvor und danach. Einen migrationspolitischen Meilenstein stellt die Arbeit der sogenannten Süßmuth-Kommission dar, die unter Leitung der ehemaligen Bundestagspräsidentin Rita Süßmuth im Jahr 2001 einen Entwurf für ein Zuwanderungsgesetz vorlegte, das dem neuen Selbstverständnis entsprach (Schneider 2010). In den kommenden Jahren rückten Fragen der *nachholenden Integrationspolitik* in den Vordergrund (Bade 2005). Darunter wurde ein Ausbessern der Versäumnisse in der Teilhabe der „Gastarbeiter:innen" verstanden, die sich auch in der zweiten und dritten Generation niederschlugen. Dies betraf und betrifft beispielsweise die Frage der politischen Partizipation (→ Kap. 12). Ein anderes Thema in der Debatte waren deutsche Sprachkenntnisse bei Zugewanderten der ersten Generation. Mit dem *Zuwanderungsgesetz* (in Kraft 2005) wurden per Bundesgesetz bundesfinanzierte und -kontrollierte Deutschkurse und Migrationsberatungsstellen eingeführt.

Im einem langen Jahrzehnt der nachholenden Integration, das man in etwa zwischen den Jahren 2000 und 2014 verorten kann, versuchte die deutsche Politik aber nicht nur einseitig, „die Zugewanderten" verspätet an „die Aufnahmegesellschaft" anzupassen. Politik und Gesellschaft unternahmen auch zahlreiche Bemühungen, sich selbst für migrationsbedingte Vielfalt zu öffnen. Beispiele dafür sind die Einführung der *Deutschen Islam Konferenz* als Dialogforum zwischen Staat und islamischen Verbänden im Jahr 2006 oder zahlreiche Projekte zur interkulturellen Öffnung von Wohlfahrtsverbänden und Behörden.

Als gesetzlicher Startschuss einer fortgesetzten Liberalisierung der deutschen Fachkräfteeinwanderungspolitik kann die deutsche Version der „Green Card" für IT-Spezialist:innen im Jahr 2000 gelten. Deren Einführung wurde kontrovers diskutiert. Unter anderem machte die nordrhein-westfälische CDU im Wahlkampf mit dem Slogan „Kinder statt Inder" von sich reden. Der Spitzenkandidat Jürgen Rüttgers mutmaßte, dass zusätzlich zu den Fachkräften Großfamilien mitkommen könnten und so die Zahl der einreisenden Menschen auf das Fünffache ansteigen könnte. Im Kielwasser solcher Debatten wurde die Zahl möglicher Green Cards auf insgesamt 20.000 beschränkt. Faktisch war das Interesse dieser Berufsgruppe an Deutschland jedoch weit geringer als angenommen: Nur rund 13.000 Fachkräfte kamen im Zuge der bis 2004 laufenden Offensive nach Deutschland. Die Lücke in der Fachkräfteversorgung konnte nicht geschlossen werden (Kolb 2004).

Dennoch wurde deutlich, dass sich Deutschland erstmals seit dem Anwerbestopp von 1973 wieder aktiv um die Zuwanderung von Arbeitskräften aus dem Ausland bemühte. Zahlreiche weitere Initiativen auf gesetzlicher und untergesetzlicher Ebene folgten. Dazu gehörte das parteiübergreifende Nachdenken über effiziente Migrationspolitik, beispielsweise in einer „Konsensgruppe" zur Fachkräftezuwanderung im Jahr 2011 oder, im Jahr 2012, die erleichterte Anerkennung ausländischer Berufsabschlüsse und die damals weltweit liberalste Regelung für die Zuwanderung Hochqualifizierter: Hochschulabsolventen gleich welcher Fachrichtung konnten ein sechsmonatiges Visum zur Arbeitssuche in Deutschland beantragen.

Unterhalb gesetzlicher Regelungen stießen sowohl Bundesregierung als auch Landes- und Kommunalverwaltungen ab 2010 zahlreiche Initiativen zur Etablierung einer behördlichen und zivilgesellschaftlichen *Willkommenskultur* an. Auch wenn dieser Begriff ab dem Jahr 2015 zunehmend im Kontext von Flüchtlingsdebatten genutzt wurde, ist es wichtig festzustellen, dass er kurz zuvor in der Fachkräftedebatte verwendet wurde. Auf Bundesebene brachten insbesondere die Unionsminister Thomas de Maizière (Inneres) und Annette Schavan (Bildung) den Begriff in die Diskussion ein, später griff ihn das Bundesamt für Migration und Flüchtlinge auf, versuchte sich an einer Definition, gründete Arbeitsgruppen und förderte Projekte (Schammann et al. 2012). Insgesamt kann man festhalten, dass spätestens seit 2010 verstärkt politische Maßnahmen ergriffen wurden, um Deutschland im weltweiten Wettbewerb um die „besten Köpfe", sprich: die Leistungsträger:innen, attraktiv zu machen.

Im Jahr 2013 überstieg die Zahl der Asylantragszahlen erstmals seit 1997 wieder die Marke von 100.000 und nahm im Vergleich zum Vorjahr um 70% zu. In einigen Kommunen diskutierte man gleichzeitig intensiv über die Herausforderungen durch die Zuwanderung von sozial benachteiligten Menschen aus Südosteuropa, die den prekären Verhältnissen ihrer Herkunftsländer entkommen wollten. 2015 kamen dann rund 890.000 Schutzsuchende nach Deutschland – überwiegend auf dem Landweg über die „Balkan-Route". Vor dem Hintergrund einer besonderen humanitären Notlage und angesichts begründeter Zweifel an der Leistungsfähigkeit der Asylsysteme in Ländern wie Griechenland und Ungarn ließ die Bundesregierung Schutzsuchende, die sich zuvor in anderen europäischen Staaten aufgehalten hatten, nach Deutschland einreisen. Anders als oft behauptet, handelte es sich dabei nicht um eine völlig willkürliche Abkehr von migrationspolitischen Regelungen: Indem Deutschland darauf verzichtete, die Schutzsuchenden in die eigentlich zuständigen Länder zurückzuweisen, machte es vom Selbsteintrittsrecht der Dublin-Verordnung Gebrauch und übernahm die Asylverfahren somit in die eigene Zuständigkeit. Die Zahl der Ankommenden war dabei so hoch, dass die Behörden mit der Registrierung überfordert waren und die meisten Asylanträge erst im Folgejahr gestellt werden konnten (Bogumil et al. 2019).

Doch der vermeintlichen „Verwaltungskrise" stand auch eine hohe Kompetenz von Verwaltung und Zivilgesellschaft bei der Aufnahme und Unterbringung der Menschen gegenüber. Die breite gesellschaftliche Unterstützung stellte den Hintergrund für den später viel zitierten und kritisierten Satz der Bundeskanzlerin Angela Merkel dar: „Wir schaffen das." Eine Zusammenarbeit zwischen Behörden und Helfer:innenkreisen, wie sie seit 2015 stattgefunden hat, wäre in den Jahren 1992/93 kaum denkbar gewesen. Zahlreiche Menschen, die bereits in den 1980er und 90er Jahren in der ehrenamtlichen Flüchtlingshilfe engagiert waren, wurden nun wieder aktiv. Manche hatten mittlerweile entscheidende Stellen in Politik und Verwaltung inne. Zu den schon früher ehrenamtlich Engagierten kamen viele neue Unterstützer:innen, quer durch alle Altersgruppen (Karakayali/Kleist 2016).

Häufig wird in der aktuellen Debatte der Eindruck erweckt, dass das Aufkommen rechtspopulistischer Strömungen unmittelbar mit dem Jahr 2015 zusammenhänge. Zwar gewannen sie unbestreitbar seit diesem Jahr an Momentum, allerdings erschienen die ersten populären rechtspopulistischen Werke, allen voran das Buch *Deutschland schafft sich ab* des SPD-Politikers und Ökonomen Thilo Sarrazin, bereits im Jahr 2010 – und damit in einer Zeit, in der Deutschland weniger als 50.000 Asylanträge zu verzeichnen hatte. Ab dem Herbst 2014 fanden in Dresden wöchentlich die islamfeindlichen Demonstrationen der *Pegida*-Bewegung („Patriotische Europäer gegen eine Islamisierung des Abendlandes") statt. Und mit der *Alternative für Deutschland* (AfD) betonte eine Partei, deren Fokus zunächst auf der Euro-Kritik lag, zunehmend identitäre und menschenfeindliche Aspekte. Nicht leugnen lässt sich zudem ein Anstieg rechtsextremistischer Umtriebe und Gewalttaten. Den Morden des *Nationalsozialistischen Untergrundes* (NSU), die ab 2011 aufgedeckt wurden, folgten insbesondere seit 2015/16 zahlreiche rechte Gewaltdelikte: Flüchtlingsunterkünfte wurden in Brand gesetzt, politisch motivierte Mordanschläge verübt. Der Rechtsextremismus profitiert offenbar vom Aufstieg rechtspopulistischer Bewegungen und der sich verändernden Debattenkultur.

Politisch führten die kontroversen Debatten um die Asylzuwanderung bereits im Jahr 2015 dazu, dass in einem als zweiten Asylkompromiss oder *Asylpaket I* bezeichneten Gesetzespaket einige Öffnungstendenzen im Flüchtlingsrecht rückgängig und einige Verschärfungen beschlossen wurden. Allerdings waren die Änderungen weit weniger umfassend als bei seinem historischen Vorgänger: einige Einschränkungen bei der Leistungsgewährung und die Ausweitung der Liste sicherer Herkunftsländer standen einer Ausweitung des Teilnehmer:innenkreises an Integrationskursen sowie einer Liberalisierung des Arbeitsmarktzugangs für Asylsuchende gegenüber. Entscheidend war dabei die Einführung einer *guten Bleibeperspektive*. Diese wird seitdem Asylsuchenden attestiert, die aus einem Herkunftsland kommen, bei dem die Anerkennungswahrscheinlichkeit bei mehr als 50% liegt (Anfang 2021 galt dies für Eritrea, Syrien, Somalia). Damit wurde versucht, schon vor Abschluss des Verfahrens eine Aussage darüber zu treffen, ob sich Integrationsanstrengungen lohnen würden. Für Asylsuchende aus „sicheren Herkunftsländern" wurde der Zugang zum Arbeitsmarkt erschwert. Doch gleichzeitig wurden legale Zugangswege für arbeitsmarktfähige Personen aus einigen Staaten durch eine Änderung der Beschäftigungsverordnung ermöglicht.

Dem Asylpaket I folgte etwa drei Monate später das *Asylpaket II* mit wenigen, überwiegend restriktiven Neuerungen. Im September 2016 trat dann das dritte große Gesetzespaket in Kraft. Es wurde etwas vollmundig als *Integrationsgesetz* bezeichnet, Schwerpunkt ist jedoch keineswegs die Integration insgesamt, sondern weiterhin Flucht und Asyl. Über die Ausrichtung und den Geist des Gesetzes gibt die Gesetzesbegründung Aufschluss:

> „[Der] Schwerpunkt [liegt] auf dem Erwerb der deutschen Sprache sowie einer dem deutschen Arbeitsmarkt gerecht werdenden Qualifizierung der betroffenen Menschen. Je früher damit begonnen wird, umso höher sind die Erfolgsaussichten. Der deutsche Arbeitsmarkt benötigt eine Vielzahl von Fachkräften. Dieser Bedarf kann auch durch die nach Deutschland kommenden schutzsuchenden Menschen teilweise abgedeckt werden." (BT Drucksache 18/ 8829, S. 1)

Interessant an dieser Formulierung sind zwei Dinge: Erstens definiert das Gesetz Integration als Teilhabe am ersten Arbeitsmarkt sowie als Erlernen der deutschen Sprache. Weitere Integrationsdimensionen spielen keine oder zumindest eine untergeordnete Rolle. Zweitens werden Flüchtlingsschutz und Fachkräftemangel direkt in einen Zusammenhang gebracht. Hier zeigt sich eine deutliche Akzentverschiebung – weg von humanitären, aber auch weg von sicherheitsorientierten Argumenten hin zu utilitaristischen Begründungsmustern (Schammann 2017).

Nachdem die Flüchtlingsdebatte wieder etwas an Schärfe verloren hatte, wurden die seit der Süßmuth-Kommission existenten Überlegungen für ein kohärentes und fachkräfteorientiertes Einwanderungsgesetz wieder aufgegriffen. Diese resultierten in der Verabschiedung des *Fachkräfteeinwanderungsgesetzes*, das 2020 in Kraft trat und ein eindeutiges Bekenntnis zur Öffnung des deutschen Arbeitsmarktes für qualifizierte Migrant:innen enthält.

5.2 Rechtliche Grundlagen

Die migrationspolitische Gesetzgebung des Bundes sowie die Aufgabenverteilung zwischen Bund und Land bauen auf verfassungsrechtlichen Grundlagen auf. Hinzu kommen internationale Vereinbarungen, wie die Europäische Menschenrechtskonvention und die Genfer Flüchtlingskonvention (→ Kap. 3), sowie europäische Verordnungen und Richtlinien (→ Kap. 4). Trotz der Engführung auf Ausländer:innen umfassen die auf Bundesebene relevanten Migrationsgesetze und -verordnungen derzeit rund 50 verschiedene Rechtsquellen. Hinzu kommen landesgesetzliche Präzisierungen und Anwendungsvorschriften. Dies erklärt, weshalb das deutsche Migrationsrecht als besonders komplex und anfällig für Inkohärenz und Widersprüchlichkeit gilt. Immer wieder gibt es daher die Forderung nach einem einheitlichen „Einwanderungsgesetz", das die verstreuten Regelungen bündelt. Bisherige Gesetzesvorhaben, die ähnlich tituliert waren – beispielsweise das Zuwanderungsgesetz aus dem Jahr 2005 oder das Integrationsgesetz von 2016 – entsprechen dieser Forderung nicht, da sie sogenannte Artikelgesetze sind: Mit jedem Artikel eines solchen Gesetzes wird ein anderes, bereits existierendes Gesetz erweitert bzw. geändert. Um die Komplexität des deutschen Migrationsrechts für den Einstieg auf ein erträgliches Maß zu reduzieren, werden im Folgenden einige zentrale Rechtsgrundlagen benannt, aus denen sich auch die horizontale und vertikale Organisation des Politikfeldes ableiten lässt. Dies kann für politisch und politikwissenschaftlich interessierte Leser:innen eine grobe Orientierung geben, eine im engeren Sinne juristische Einführung kann es nicht ersetzen (dazu ausführlich u. a. Dietz 2020; Marx 2019).

5.2.1 Migrationspolitik im Grundgesetz

Bereits während des historischen Überblicks wurde mehrfach auf Artikel 16 des Grundgesetzes (GG) verwiesen, der das Asylrecht regelt. Relevant sind allerdings auch weitere Grundrechte, insbesondere Artikel 6 GG, der Ehe und Familie schützt. Damit lässt sich das Recht auf Familienzusammenführung begründen. Auch mit Blick auf die freie Ausübung ihrer Religion in Deutschland können sich Migrant:innen auf das Grundgesetz berufen. Artikel 4 Absatz 2 GG gewährleistet „ungestörte Religionsausübung". Relevant für die Frage von Zugehörigkeit und politischer Partizipation (→ Kap. 12) ist auch Artikel 20 GG in Verbindung mit Artikel 116 GG. Hier wird erstens geregelt: „Alle Staatsgewalt geht vom Volke aus. [...]" (Art. 20 Abs. 2 GG). Zweitens wird definiert, wer als Deutsche:r im Sinne des Grundgesetzes gilt: „ [...] wer die deutsche Staatsangehörigkeit besitzt oder als Flüchtling oder Vertriebener deutscher Volkszugehörigkeit oder als dessen Ehegatte oder Abkömmling in dem Gebiete des Deutschen Reiches nach dem Stande vom 31. Dezember 1937 Aufnahme gefunden hat." (Art 116 Abs. 1 GG).

Neben diesen inhaltlichen Leitplanken regelt das Grundgesetz die grundsätzliche Kompetenzverteilung in migrationspolitischen Fragen. In Deutschland als föderalem Bundesstaat gilt für Migrationspolitik überwiegend die konkurrierende Gesetzgebung (Art. 74 Abs. 1 Nr. 4 und 6 GG). Das bedeutet, dass die Bundesländer das Recht zur Gesetzgebung haben, sofern der Bund keine eigenen Regelungen erlässt. Dies darf der Bund insbesondere tun, wenn eine bundeseinheitliche Regelung notwendig zur „Herstellung gleichwertiger Lebensverhältnisse im Bundesgebiet" oder zur „Wahrung der Rechts- und Wirtschaftseinheit" ist (Art. 72 Abs. 2 GG). Dies entspricht dem Gedanken eines kooperativen Föderalismus', bei dem die verschiedenen Ebenen und Einheiten des Staates zusammenarbeiten, um bestmögliche Lösungen zu erzielen.

Neben der konkurrierenden Gesetzgebung existieren aber auch Aspekte, bei denen eine ausschließliche Gesetzgebung des Bundes gilt. Dies bedeutet, dass Bundesländer nur eigenständig tätig werden dürfen, wenn es ihnen der Bund explizit per Gesetz erlaubt (Art. 71 GG). Dies trifft in der Migrationspolitik insbesondere auf Fragen der Staatsangehörigkeit, des Pass- und Meldewesens sowie auf Sicherheitsfragen und die Gestaltung der Bundesstatistik zu (Art. 73 Abs. 1 Nr. 2, 3, 9 a, 10, 11 GG). Fragen der Einreise, aber auch der Zugehörigkeit – Wer darf Deutsche:r werden? (→ Kap. 12) – werden somit wesentlich durch ausschließliche Gesetzgebung des Bundes bestimmt.

Infobox

Relevante Gegenstände der konkurrierenden Gesetzgebung (Art. 74 Abs. 1 Nr. 4 und 6 GG)

„Die konkurrierende Gesetzgebung erstreckt sich auf folgende Gebiete: [...]

4. das Aufenthalts- und Niederlassungsrecht der Ausländer [...]
6. die Angelegenheiten der Flüchtlinge und Vertriebenen“

Relevante Gegenstände der ausschließlichen Gesetzgebung (Art 73 Abs. 1 Nr. 2, 3, 9 a, 10, 11 GG)

„Der Bund hat die ausschließliche Gesetzgebung über: [...]

2. die Staatsangehörigkeit im Bunde [...]
3. die Freizügigkeit, das Paßwesen, das Melde- und Ausweiswesen, die Ein- und Auswanderung und die Auslieferung [...]

9a. die Abwehr von Gefahren des internationalen Terrorismus[...]

10. die Zusammenarbeit des Bundes und der Länder [...] zum Schutze der freiheitlichen demokratischen Grundordnung, des Bestandes und der Sicherheit des Bundes oder eines Landes (Verfassungsschutz) [...]
11. die Statistik für Bundeszwecke.“

5.2.2 Bundesgesetze

Im Rahmen konkurrierender Gesetzgebung hat der Bund das *Aufenthaltsgesetz* (AufenthG) erlassen, das als wichtigster Teil des Zuwanderungsgesetzes von 2005 gelten kann. Das AufenthG regelt die Einreise und den Aufenthalt von Drittstaatsangehörigen, d. h. Staatsangehörigen aus Nicht-EU-Ländern, in Deutschland. Die wichtigsten Aufenthaltspapiere, die sich aus dem Aufenthaltsgesetz ableiten, sind in der → Infobox aufgeführt. Grundsätzlich benötigt man für die Einreise nach Deutschland ein Visum. Allerdings existiert kein Visum zur Asylantragsstellung. Dies bedeutet, dass Menschen, die einen Asylantrag in Deutschland stellen wollen, mit einem anderen Zweck einreisen (z. B. im Rahmen einer Dienstreise) und dann den Aufenthaltszweck durch das Stellen eines Asylantrags wechseln oder das Visum überziehen (*overstayer*). Alternativ dazu übertreten sie die Grenze unerlaubt. Dies ist eine Straftat, die jedoch nicht verfolgt wird, wenn ein Asylantrag gestellt und anerkannt wird. Immer wenn der Aufenthaltszweck nicht durch die Aufenthaltspapiere abgedeckt ist, spricht man von *irregulärem Aufenthalt.* Im Gegensatz zum polemisierenden Begriff der „Illegalität“ verweist „Irregularität“ darauf, dass meist nicht der gesamte Migrationsvorgang, sondern nur eine Facette den geltenden Regeln nicht entspricht.

Infobox

Die wichtigsten Aufenthaltspapiere in Deutschland

Aufenthaltserlaubnis: ermöglicht einen befristeten Aufenthalt und ist an einen Zweck (z. B. Ausbildung oder humanitäre Gründe) gebunden.

Niederlassungserlaubnis: ermöglicht den unbefristeten Aufenthalt und ist nicht zweckgebunden; kann in der Regel nach fünf Jahren im Besitz einer Aufenthaltserlaubnis, unter Nachweis von Deutschkenntnissen und einem gesicherten Lebensunterhalt erworben werden.

Aufenthaltsgestattung: wird für die Durchführung eines Asylverfahrens ausgestellt.

Duldung: kein Aufenthaltstitel, sondern eine Bescheinigung über die Aussetzung der Abschiebung; ist nur wenige Wochen oder Monate gültig, wird aber häufig verlängert (Kettenduldung).

Jedes Aufenthaltspapier enthält einen Hinweis auf den Arbeitsmarktzugang, der durch die Ausländerbehörden im Rahmen der gesetzlichen Spielräume festgelegt wird. In der Praxis existieren zahlreiche weitere Aufenthaltstitel und -papiere. Ein Überblick findet sich u. a. auf den Seiten des Bundesamts für Migration und Flüchtlinge: https://www.bamf.de

Das AufenthG wird relativ häufig geändert und ergänzt, sowohl mit Blick auf humanitäre Zuwanderung als auch auf Arbeitsmigration. Seit dem *Fachkräfteeinwanderungsgesetz* von 2020 werden erstmals Fachkräfte gesetzlich definiert (→ Infobox). Diese Personen dürfen nach Deutschland zur Arbeitsplatzsuche einreisen und erhalten, sofern sie einen festen Arbeitsplatz haben, bereits nach vier Jahren eine dauerhafte Niederlassungserlaubnis. Für die Fachkräfteeinwanderung, aber auch für bereits im Inland lebende „Bildungsausländer:innen" ist auch das *Berufsqualifikationenfeststellungsgesetz* (BQFG) relevant. Es regelt den Zugang und den Ablauf der sogenannten Gleichwertigkeitsprüfung ausländischer Berufsabschlüsse. Diese Prüfung kann bereits aus dem Ausland beantragt werden, sodass sowohl potenzielle Arbeitgebende als auch Einwanderungswillige die Chancen auf dem Arbeitsmarkt einschätzen können.

Infobox

Gesetzliche Definition einer „Fachkraft" (§ 18 Abs. 2 AufenthG)

„Fachkraft im Sinne dieses Gesetzes ist ein Ausländer, der

1. eine inländische qualifizierte Berufsausbildung oder eine mit einer inländischen qualifizierten Berufsausbildung gleichwertige ausländische Berufsqualifikation besitzt (Fachkraft mit Berufsausbildung) oder
2. einen deutschen, einen anerkannten ausländischen oder einen einem deutschen Hochschulabschluss vergleichbaren ausländischen Hochschulabschluss besitzt (Fachkraft mit akademischer Ausbildung)."

Das AufenthG beinhaltet zudem einige wenige bundesgeförderte Integrationsmaßnahmen, allen voran den Integrationskurs (→ Infobox). Dessen späte Einführung lässt sich als Bekenntnis zur Realität einer Migrationsgesellschaft lesen. Das Integrationsverständnis des AufenthG bleibt jedoch überwiegend einem assimilationistischen Modell verhaftet (→ Kap. 1). Wegen seiner Bedeutung für die Integrationspolitik des Bundes fehlt der Integrationskurs in kaum einer Darstellung der Migrationspolitik Deutschlands. Auch in Arbeiten der vergleichenden Migrationspolitikforschung wird er seit der Phase seiner Konzeptionierung ähnlichen Angeboten aus anderen Ländern gegenübergestellt (u. a. Hentges 2013; Michalowski 2007). In größer angelegten Vergleichen dient er als ein Indikator zur Bewertung staatlicher Migrationspolitik. Daneben beschäftigen sich politikwissenschaftlich arbeitende Autoren vor allem mit den Inhalten des Orientierungskurses. Dabei spielen neben grundsätzlichen Debatten um zugehörigkeitsrelevante Inhalte (→ Kap. 12) insbesondere didaktische Fragestellungen sowie Aspekte der politischen Bildung eine Rolle.

Infobox

Der „Integrationskurs" (§ 43 AufenthG)

Der Integrationskurs hat das Ziel, „die Ausländer an die Sprache, die Rechtsordnung, die Kultur und die Geschichte in Deutschland heran[zu]führen" (§ 43 Abs. 2 AufenthG). Er besteht aus einem Sprachkurs in deutscher Sprache von in der Regel 600 Unterrichtseinheiten sowie einem sich anschließenden Kurs zu politisch-gesellschaftlichen Grundfragen, dem Orientierungskurs von 100 Einheiten. Der Sprachkurs wird für einige Zielgruppen modifiziert, beispielsweise für Schnelllernende, Personen mit Alphabetisierungsbedarf oder Jugendliche.

Für Einreise und Aufenthalt von EU-Bürger:innen existiert zudem das *Freizügigkeitsgesetz* (FreizügigkeitsG/EU), das auf Grundlage einer EU-Richtlinie zeitgleich mit dem AufenthG erlassen wurde. Den Erwerb der Staatsangehörigkeit regelt das *Staatsangehörigkeitsgesetz* (StAG). Speziell für Asylsuchende gelten zudem weitere Gesetze, von denen das *Asylgesetz* (AsylG) und das *Asylbewerberleistungsgesetz* (AsylbLG) in der Praxis besonders wichtig sind. Das AsylG regelt, vereinfacht gesagt, wie ein Asylverfahren abzulaufen hat und welche Behörden involviert sind. Das AsylbLG regelt, welche Leistungen Asylsuchenden in den ersten 15 Monaten für „Ernährung, Unterkunft, Heizung, Kleidung, Gesundheitspflege und Gebrauchs- und Verbrauchsgütern des Haushalts" (§ 3) oder für die „Behandlung akuter Erkrankungen und Schmerzzustände" (§ 4) zustehen. Zudem trifft es Aussagen über den Zugang zu Arbeitsgelegenheiten (§ 5; zur Implementation des AsylbLG s. u.)

Neben solchen dezidiert migrationspolitischen Gesetzen enthalten zahlreiche weitere Bundesgesetze migrationsspezifische Paragraphen oder Absätze. Ein Beispiel ist die „vorläufige Inobhutnahme von ausländischen Kindern und Jugendlichen nach unbegleiteter Einreise" (§ 2 Abs. 3 Nr. 2 SGB VIII), die in mehreren Paragraphen des *Sozialgesetzbuchs VIII* als Aufgabe der Jugendhilfe definiert und geregelt wird.

5.2.3 Weitere Rechtsquellen: Landesgesetze, Verordnungen und Erlasse

Neben der Implementation von Bundesrecht haben die Bundesländer auch zahlreiche eigene Regelungskompetenzen (Bogumil et al. 2018: 49). Dazu gehören beispielsweise *Landesaufnahmegesetze*, in denen die Verteilung und Unterbringung von Geflüchteten im jeweiligen Bundesland geregelt wird. Einige Länder haben zudem *Integrations- bzw. Partizipationsgesetze* verabschiedet (u. a. Berlin, Nordrhein-Westfalen, Bayern). Diese werden immer wieder für einen relativ hohen Grad an Symbolpolitik kritisiert, schreiben aber auch integrationspolitische Ziele fest – etwa zur Organisation und Förderung lokaler Integrationsarbeit über „Kommunale Integrationszentren" in Nordrhein-Westfalen. Sogenannte *Staatsverträge* mit islamischen Organisationen (u. a. Hamburg, Bremen) stellen zwar keine Gesetze dar, enthalten jedoch bindende Vereinbarungen, beispielsweise zu islamischem Religionsunterricht oder Feiertagen.

Verordnungen sind Rechtsnormen, die nicht durch die Legislative (Parlamente), sondern durch die Exekutive (Regierungen, Verwaltung) erlassen wurden. Grundlage ist ein Gesetz, dass dies zulässt. Auch diese können hier nur exemplarisch genannt und nicht besprochen werden. Für die politische Debatte sind v. a. die *Aufenthaltsverordnung* zur Durchführung des AufenthG, die *Beschäftigungsverordnung* (Regelungen zum Arbeitsmarktzugang) und die *Integrationskursverordnung* (Organisation und Ausgestaltung des Integrationskurses) relevant.

Im Verwaltungsalltag spielt zudem der *Erlass* eine nicht unerhebliche Rolle. Erlasse sind ganz konkrete Weisungen, die staatliche Stellen von ihrer jeweiligen Aufsichtsbehörde (z. B. ein Landesministerium) erhalten. Mit Erlassen können übergeordnete Regierungen bzw. Verwaltungseinheiten die Interpretation bei der Auslegung eines Gesetzes oder einer Verordnung erheblich einschränken (s. u.). Erlasse können allerdings nur dann gewählt werden, wenn tatsächlich ein Hierarchieverhältnis der Behörden bezüglich der betreffenden Aufgabe vorliegt – also beispielsweise die Fachaufsicht eines Landesinnenministeriums über eine lokale Ausländerbehörde. Ein Erlass bedarf keiner vorgegebenen Form und kann beispielsweise als E-Mail erfolgen. Wenn Ministerien auf aktuelle Situationen reagieren und alle nachgeordneten Behörden auf eine einheitliche Regelung verpflichten wollen – beispielsweise zur Gültigkeit bestimmter Duldungspapiere während der Corona-Pandemie –, dann spricht man von einem *Runderlass.*

5.3 Föderale Organisation, Spannungsfelder und Akteur:innen

5.3.1 Bundesebene

Die zentrale Stellung unter den migrationspolitisch relevantesten Ressorts nimmt – wie in vielen anderen europäischen Ländern – das *Bundesministerium des Innern* (BMI) ein. Das BMI hat auf Bundesebene die Federführung für asyl- und aufenthaltsrechtliche Fragen und ist zudem für Fragen des gesellschaftlichen Zusammenhalts, religiöser Vielfalt und des Verfassungsschutzes zuständig. Seit 2018 wurde das BMI durch den CSU-Innenminister Horst Seehofer nach bayerischem Vorbild zusätzlich zum „Heimatministerium". Traditionell sind Innenministerien durch eine umfassende Sicherheitsorientierung geprägt. Migrationspolitik in Deutschland ist insofern durch ein erhebliches Maß an „Versicherheitlichung" gekennzeichnet (→ Kap. 8). Diese hat in Deutschland eine lange Tradition und ist institutionell tief verankert. So hatten in den ersten 20 Jahren nach Ende des Zweiten Weltkriegs in der BRD im Wesentlichen die örtlichen Polizeibehörden die Zuständigkeit für Fragen zum Aufenthalt von Ausländern in Deutschland inne. In der DDR galt diese Zuordnung sogar bis 1990. Die organisatorische Verknüpfung von Migration und Kriminalität wurde 1965 in eine allgemeinere Verschränkung von Migration und Sicherheit umgewandelt: Die Zuständigkeit auf lokaler Ebene wurde den Ausländerbehörden übertragen, die ihrerseits häufig den lokalen Ordnungsämtern zugeordnet sind. Auf Bundesebene wurde Migrationspolitik unter die Federführung des BMI gestellt. Auch die Deutsche Islam Konferenz als zentrales Dialogforum zwischen Staat und organisierten Muslimen in Deutschland liegt seit 2006 in Zuständigkeit des BMI.

Neben Migrations- und Islamfragen ist das BMI u. a. für politische Bildung, öffentliche Sicherheit, Terrorismusbekämpfung, Katastrophenschutz oder allgemeine Verwaltungsangelegenheiten zuständig. Diese Aufgabenverknüpfung hat auf nachgeordneter Ebene zur Folge, dass sich migrations- und sicherheitsrelevante Behörden im selben Ressort wiederfinden. Dies sind vor allem die Bundespolizei, das Bundeskriminalamt, das Bundesamt für Verfassungsschutz, die Bundeszentrale für politische Bildung und nicht zuletzt das *Bundesamt für Migration und Flüchtlinge* (BAMF). Diese Behörden können durch die Verankerung im selben Geschäftsbereich unkomplizierter kooperieren, als dies bei Zuordnung zu verschiedenen Ministerien der Fall wäre. Nicht zu unterschätzen ist auch, dass ein Arbeitsplatzwechsel von Mitarbeitenden zwischen Behörden eines Geschäftsbereichs leichter möglich ist als zwischen verschiedenen Ressorts. Damit dehnt sich die Verschränkung von Sicherheits- und Migrationspolitik auf die individuelle Ebene der Verwaltungsmitarbeitenden aus und wird zur Selbstverständlichkeit im Arbeitsalltag.

Die Federführung für arbeitsmarktrechtliche Fragen und Sozialleistungen für Migrant:innen auf Bundesebene, u. a. für das AsylbLG und die Beschäftigungsverordnung, hat das *Bundesministerium für Arbeit und Soziales* (BMAS). Das BMAS übt zudem die Rechtsaufsicht über die Bundesagentur für Arbeit (BA) aus und fördert das IQ-Netzwerk. Dieses soll die Arbeitsmarktintegration von Migrant:innen vorantreiben und besteht aus verschiedenen nicht-staatlichen Organisationen. Die BA spielte während der Zuwanderung der Jahre 2015/16 eine wichtige Rolle, da der damalige Chef der BA, Frank-Jürgen Weise, eine Zeit lang auch als Präsident des BAMF agierte. In der Folge wurden einige zentrale Posten im BAMF durch ehemalige BA-Beschäftigte besetzt, was von einigen BAMF-Mitarbeitenden als eine Art feindliche Übernahme gedeutet wurde. Durch die Besetzung der BAMF-Leitung mit Spitzenbeamt:innen aus dem Bereich des Innern wurde dieser Einfluss jedoch ab 2018 wieder zurückgedrängt.

Infobox

Das Bundesamt für Migration und Flüchtlinge (BAMF)

Das BAMF ist eine Bundesoberbehörde im Geschäftsbereich des BMI. Rund 7.000 Mitarbeitende verteilen sich auf die Zentrale in Nürnberg und zahlreiche Außenstellen. Das BAMF ist v.a. zuständig für die operative Durchführung des Asylverfahrens sowie dessen konzeptionelle und fachliche Begleitung (ausführlich dazu u. a. Bogumil et al. 2019; Bogumil et al. 2018). Darüber hinaus übernimmt das BAMF Aufgaben im Bereich der Migrationsstatistik, verantwortet das Ausländerzentralregister und begleitet sowohl humanitäre Aufnahmeverfahren als auch Programme zur freiwilligen Rückkehr. Seit 2005 ist das BAMF auch für die Umsetzung der Integrationsmaßnahmen des Bundes zuständig, insbesondere die Organisation, administrative und fachliche Begleitung der Integrationskurse, die Migrationsberatung für Erwachsene sowie die Förderung gemeinwesenorientierter Projekte. Am BAMF sind die Geschäftsstelle der Deutschen Islam Konferenz und ein eigenes Forschungszentrum angesiedelt. In den Bundesländern und Kommunen sollen Regionalkoordinator:innen des BAMF Integrationsnetzwerke aufbauen und die Qualität der Integrationskurse sicherstellen. Das Amt arbeitet mit den Sicherheitsbehörden zur Bekämpfung von Terrorismus zusammen, fungiert als Kontaktstelle für EU-finanzierte Programme und steht im Austausch mit anderen Asylbehörden weltweit. IOM und UNHCR (→ Kap. 3) haben sogar eigene Büros in der Zentrale des BAMF. Die vielfältigen Aufgaben des BAMF sorgen zwar immer wieder für Kritik – sei es wegen Bearbeitungsstaus im Asylverfahren (u. a. Thränhardt 2016) oder wegen grundsätzlicher Bedenken gegen die Zuständigkeit für manche Integrationsaufgaben (u. a. Schammann 2018 b). Doch ungeachtet dessen ist festzuhalten, dass die Bedeutung des BAMF für die bundesdeutsche Migrationspolitik nicht unterschätzt werden darf. In der Behörde arbeiten zahlreiche Migrationsexpert:innen, deren Handeln die Migrationspolitik des Bundes auf der untergesetzlichen Ebene wesentlich prägen kann.

Die *Beauftragte der Bundesregierung für Flüchtlinge, Migration und Integration* (IntB) ist demgegenüber nur mit einem personell recht überschaubaren Stab ausgestattet und verfügt über keine entscheidenden Kompetenzen in der Vorbereitung von Gesetzen. Zudem hat sie kaum eigene Haushaltsmittel zur Verfügung. Dies führt dazu, dass die Beauftragte von Fachleuten als eher schwache Stimme im Konzert der Ressorts wahrgenommen wird. Sie versucht jedoch, über symbolische und koordinierende Aktivitäten Wirkung zu entfalten und dabei auch für die Anerkennung migrationsbedingter Vielfalt zu werben. Beispiele für typische Aktivitäten der Beauftragten sind das Einsetzen von Fachkommissionen, das Veranstalten des „Integrationsgipfels" der Bundeskanzlerin oder die Koordination des „Nationalen Aktionsplans Integration" (NAP-I). In letzterem sollen Integrationsmaßnahmen von staatlichen und nicht-staatlichen Akteur:innen aller föderalen Ebenen diskutiert und strategisch gebündelt werden. Sowohl die vorherigen Auflagen (2007 als Nationaler Integrationsplan und 2011 als NAP-I) als auch der im Jahr 2018 gestartete Prozess zum zweiten NAP-I sehen sich mit der Herausforderung konfrontiert, dass die beteiligten Akteur:innen üblicherweise nur Maßnahmen einbringen, die sie bereits durchführen oder ohnehin planen. Eine echte Abstimmung und Anpassung von Maßnahmen erfolgen kaum. Der NAP-I kann aber – wie die Beauftragte generell – durchaus Themen auf die Agenda setzen, etwa Antidiskriminierungs- und Antirassismusarbeit. Wie stark die Beauftragte sich dabei als Sprachrohr der Migrant:innen versteht, ist abhängig von der Person im Amt.

In innenpolitischen Debatten geht häufig unter, dass auch das *Auswärtige Amt* (AA) und das von ihm finanzierte Goethe-Institut wichtige Akteure der Migrationspolitik sind. Das AA ist nicht nur für die Visumsvergabe und die Informationsvermittlung vor Ausreise in den Botschaften und Konsulaten zuständig, sondern vertritt Deutschland auch bei internationalen Verhandlungen zu migrationspolitischen Fragen. Diese „Migrationsaußenpolitik" spielt zunehmend eine große Rolle. Einerseits zeigt die deutsche Regierung seit 2015 nochmals verstärkt Interesse daran, Partnerschaften mit Herkunfts- und Transitstaaten, insbesondere in Afrika, zu schließen, um die Flüchtlingszahlen zu reduzieren. Dies geschieht teilweise im Verbund mit der EU (→ Kap. 4), teils aber auch auf eigene Faust. Einige Staaten sehen Deutschland „als vertrauenswürdigen Makler und wünschen eine größere Rolle Deutschlands bei globalen Verhandlungen" (Angenendt/Bendel 2017).

Das *Goethe-Institut* (GI) ist vor allem relevant bei der sprachlichen Vorbereitung von Migrant:innen – insbesondere, wenn sprachliche Mindestanforderungen vorliegen müssen (etwa im Ehegattennachzug). Außerdem ist das GI auch im Inland zu einem wichtigen Akteur im Bereich der Deutschkurse geworden. Hinzu kommen einige eher gemeinwesenorientierte Projekte im Bereich Integration, etwa zur Einbindung muslimischer Gemeinden in lokale Zusammenhänge.

Weitere relevante Ressorts auf Bundesebene umfassen das *Bundesministerium für Familien, Senioren, Frauen und Jugend* (zuständig u. a. für die Jugendmigrationsdienste) und das *Bundesministerium für Bildung und Forschung* (zuständig u. a. für die Umsetzung des Anerkennungsgesetzes). Darüber hinaus haben nahezu alle Ressorts Berührungspunkte mit Migration. Beispielsweise interessiert sich das Bundeslandwirtschaftsministerium seit 2015 für die Frage, wie sich ländliche Entwicklung mit der Integration Geflüchteter verknüpfen lassen könnte.

Infobox

Institutionell angelegtes Spannungsverhältnis in der deutschen Migrationspolitik

Das Spannungsverhältnis zwischen einer ordnungsrechtlichen (BMI), einer wohlfahrtsstaatlichen (BMAS) und einer zugehörigkeitsorientierten (IntB) Perspektive prägt die Flüchtlingspolitik auf Bundesebene und setzt sich, da es dort institutionell nicht gelöst wird, als ständiges Ringen um Kohärenz auf Ebene der Länder und Kommunen fort. Auch hier finden sich entsprechende Verteilungen der Zuständigkeiten.

5.3.2 Bundesländer

Die Rolle der Bundesländer in der deutschen Migrationspolitik wird selbst in Fachdebatten häufig unterschätzt. Meist steht entweder die Bundespolitik als großer Rahmen oder die Kommune als Anwendungsfall im Mittelpunkt. Doch zahlreiche Autor:innen weisen darauf hin, dass den Bundesländern eine erhebliche Bedeutung zukommt, und zwar sowohl in Fragen der gesellschaftlichen Teilhabe als auch im primär aufenthaltsrechtlichen Bereich (Blätte 2017, 2010; Bogumil et al. 2018; Gesemann/Roth 2015). Dies gilt nicht nur für die Mitwirkung an Gesetzen im Bundesrat, sondern auch für die Implementation von Bundesgesetzen und die Gestaltung von Politikfeldern in ihrer unmittelbaren Regelungskompetenz (u. a. Bildung).

Eine wichtige aufenthaltsrechtliche Kompetenz ist, dass die obersten Landesbehörden humanitäre Aufenthaltstitel vergeben können. Dies erfolgt für Gruppen in Abstimmung mit dem BMI und kann *Landesaufnahmeprogramme* nach sich ziehen. Lange war es üblich, dass das BMI dem Wunsch eines Bundeslandes, ein solches Programm durchzuführen, zustimmte. Diese eingeübte Praxis wurde jedoch im Jahr 2020 durchbrochen, als der Bundesinnenminister das Ansinnen einiger Bundesländer abwies, Schutzsuchende aus überfüllten Lagern an der EU-Außengrenze aufzunehmen (→ Beispiel).

Beispiel

Föderaler Streit um Landesaufnahmeprogramme im Herbst 2020

„Der Berliner Senat will das Bundesinnenministerium (BMI) im Streit um ein Landesaufnahmeprogramm für Flüchtlinge von den griechischen Inseln verklagen. [...] Dabei geht es um die grundsätzliche Klärung, unter welchen Voraussetzungen das BMI das Einvernehmen zu Landesaufnahmeprogrammen der Länder verweigern darf. Das Land Berlin hatte im Juli seinen Plan aufgeben müssen, bis zu 300 Migranten aus überfüllten griechischen Lagern aufzunehmen. Bundesinnenminister Horst Seehofer (CSU) verweigerte die dafür notwendige Zustimmung – unter Hinweis auf die Dublin-III-Verordnung und zur Wahrung der Bundeseinheitlichkeit. Thüringen wollte 500 Flüchtlinge aufnehmen und war ebenso gescheitert. Ebenso Bremen. Die Hilfsorganisationen Seebrücke-Bewegung, Sea-Watch und Equal Rights Beyond Borders begrüßten den Schritt des Berliner Senats. ‘Es ist konsequent und notwendig, dass Berlin für die humanitäre Aufnahme von Schutz suchenden Menschen vor Gericht zieht‘, sagte Seebrücke-Bundessprecher Johannes Gaevert. ‘200 Kommunen und drei Bundesländer wollen konkret aufnehmen [...]‘ “

Quelle: ZEIT ONLINE; 17.11.2020, https://www.zeit.de/politik/deutschland/2020-11/fluechtlinge-griechenland-lesbos-berlin-aufnahme-klage-horst-seehofer-bundesinnenministerium (5.2.2021)

Für konkrete Einzelfälle können die Bundesländer auch ohne Zustimmung des Bundes Aufenthaltstitel für eigentlich ausreisepflichte Menschen vergeben. Dies geschieht über *Härtefallkommissionen*. Dieser „Gnadenakt“ ist jeweils an den individuellen Fall und die spezifische Entscheidung der jeweiligen Kommission gebunden. Die im Rahmen des Zuwanderungsgesetzes im Jahr 2005 in Kraft getretene Bundesregelung zur Härtefallkommission (§ 23 a AufenthG) empfiehlt jedoch, dass die Sicherung des eigenen Lebensunterhaltes ein Kriterium für eine positive Entscheidung sein könne. In der Praxis der Härtefallkommissionen haben Anträge zudem insbesondere dann Aussicht auf Erfolg, wenn Integrationsleistungen wie Sprachkenntnisse, Bildungserfolg oder ehrenamtliches Engagement vorgewiesen werden können. Gerade bei jungen Erwachsenen können auch Gutachten von Lehrkräften entscheidend sein. Individuelle Leistungen rechtfertigen somit im Gesetz, aber vor allem in der Verfahrenspraxis, die Einstufung von Schutzsuchenden als „Härtefall".

Zur Diskussion

Leistung gegen Aufenthalt?

Ob in Härtefallkommissionen, beim Spurwechsel (→ Kap. 9) oder bei der Erteilung einer Niederlassungserlaubnis: Individueller Erfolg (z. B. Sprachkurs-/Schulerfolg oder ein Arbeits-/Ausbildungsplatz) spielt eine Rolle bei der Erteilung von Aufenthaltstiteln. Doch diese Orientierung an Leistung ist in der flüchtlingspolitischen Debatte durchaus umstritten. Während einige den Einzug nutzenmaximierender Selektionsmechanismen in ein grundsätzlich rein nach humanitären Gesichtspunkten zu führendes Verfahren sehen (Schammann 2017), sorgen sich andere um die fehlende Konsequenz bei Abschiebungen. Für viel Diskussionen sorgte beispielsweise der CSU-Politiker Andreas Scheuer im Jahr 2016 mit dem Satz: „ [Das] Schlimmste ist ein fußballspielender, ministrierender Senegalese, der über drei Jahre da ist – weil den wirst Du nie wieder abschieben. Aber für den ist das Asylrecht nicht gemacht, sondern der ist Wirtschaftsflüchtling."

Quelle Zitat Scheuer: https://www.spiegel.de/politik/deutschland/andreas-scheuer-csu-generalsekretaer-unrichtig-zitiert-a-1113129.html (5.2.2021)

Ferner führen die Bundesländer die Fachaufsicht über die Ausländerbehörden der Kommunen, die für die Umsetzung des Aufenthaltsgesetzes zuständig sind. Deren Entscheidungsspielraum können die Bundesländer über Landesaufnahmegesetze und Erlasse einschränken. Auch die Ausgestaltung der Einbürgerungspraxis ist weitgehend den Ländern (und in der Folge den Kommunen) überlassen. Daneben hat der Bund die Zuständigkeit für Aufnahme, Unterbringung und Gewährung existenzsichernder Leistungen, und damit vor allem für die Umsetzung des AsylbLG, an die Bundesländer delegiert. Die Bundesländer erhalten für diese Aufgaben Finanzhilfen vom Bund. Dies wird mit dem *Konnexitätsprinzip* (Art. 104 a GG) begründet, nach dem eine Aufgabenübertragung vom Bund auf die Länder finanziell kompensiert werden muss („Ausgabenlast folgt Aufgabenlast"). In der Praxis reichen die Länder ihre Aufgaben häufig ganz oder teilweise an die kommunale Ebene weiter und stellen ihr dafür ihrerseits wieder finanzielle Mittel zur Verfügung. Teilweise geben sie den Kommunen auch eine Interpretation zur Auslegung des jeweiligen Gesetzes vor.

Über mitstimmungspflichtige Bundesgesetze, aber auch über die länderspezifische Auslegung von Regelungen beraten sowohl die *Innenminister:innenkonferenz* (IMK) als auch die *Integrationsminister:innenkonferenz* (IntMK) der Länder. Gerade hinsichtlich strittiger Fragen zur Implementation des Aufenthaltsrechts wird hier um eine Harmonisierung und/oder eine gemeinsame Position gegenüber dem Bund gerungen. Dies gelingt nicht immer, weshalb eine sehr heterogene Umsetzungspraxis bestehen bleibt.

Auf der Ebene der Bundesländer führte die gestiegene Aufmerksamkeit für Migrationspolitik u. a. dazu, dass verschiedene Ressortzuschnitte getestet wurden (Bogumil/Kuhlmann 2020). Beispielsweise wurden ausländerrechtliche Aufgaben aus dem Innenressort in das Sozial- oder Familienressort überführt – so etwa in Nordrhein-Westfalen. In inhaltlicher Hinsicht hatten die Bundesländer nach 2015/16 insbesondere Bildungsfragen zu klären. Dies ging von der Frage, wie schulpflichtige Geflüchtete beschult werden sollten über die Öffnung von Hochschulen bis hin zu der Etablierung von Maßnahmen zur Deutschsprachförderung. So machte sich beispielsweise das Land Hessen daran, alltagsorientierte und berufsqualifizierende Formen des Deutschspracherwerbs zu entwickeln, um Alternativen zu den vielfach als ungenügend empfundenen Integrationskursen des Bundes zu testen. Bewegung kam auch in die Schulpolitik. Es ist davon auszugehen, dass die Jahre 2015/16 dafür gesorgt haben, dass flächendeckend viel intensiver über den Einbezug von Schüler:innen mit Migrationserfahrung nachgedacht wurde als in den Jahrzehnten zuvor. Ähnliches gilt für den Hochschulbereich, wo lange vernachlässigte Fragen der Hochschulzugangsberechtigung für Bildungsausländer:innen sowie der Finanzierung des Studiums diskutiert wurden.

Beispiel

Föderale Zuständigkeiten im Asylverfahren

Nach Maßgabe des Asylgesetzes (§ 5 Abs. 1 AsylG) ist das BAMF für das Asylverfahren zuständig. Kommen Asylsuchende nach Deutschland, wird ihr Antrag also auf Bundesebene bearbeitet. Allerdings findet diese Bearbeitung nicht an einer zentralen Stelle statt, sondern in den rund 50 Außenstellen des BAMF. Die Asylsuchenden werden auf die Bundesländer nach dem Königsteiner Schlüssel (Quotierung nach Bevölkerungsgröße und Wirtschaftskraft) verteilt. Sie werden einer vom jeweiligen Bundesland betriebenen Erstaufnahmestelle in räumlicher Nähe zur jeweiligen Außenstelle des BAMF zugewiesen und, sofern sie nicht aus „sicheren Herkunftsstaaten“ kommen, nach einigen Tagen oder Wochen auf die Kommunen verteilt. An den ihnen zugewiesenen Orten müssen sie grundsätzlich mindestens für die Dauer des Verfahrens wohnen. Auch nach erfolgreich beendetem Verfahren müssen Flüchtlinge grundsätzlich drei Jahre in dem ihnen zugewiesenen Bundesland oder sogar in einer bestimmten Kommune leben. Ob und wie diese „Wohnsitzauflage“ (§ 12a AufenthG) angewendet und ausgelegt wird, ist jedoch von Bundesland zu Bundesland sehr unterschiedlich.

5.3.3 Kommunen

Zahlreiche Kommunen waren bereits lange in der Gestaltung migrationsbedingter Vielfalt aktiv, bevor sich Ende des 20. Jahrhunderts die meisten europäischen Staaten offiziell als Einwanderungsländer begriffen und eine nationale Integrationspolitik entwickelten (Bommes 2003; Gesemann/Roth 2018). Dies liegt in Deutschland zunächst schlicht daran, dass Kommunen im Sinne des Art. 28 Abs. 2 GG und des Subsidiaritätsprinzips grundsätzlich für alle lokalen Angelegenheiten zuständig sind und die Aufgabe der „Daseinsvorsorge“ für die Bevölkerung übernehmen. Dazu gehören beispielsweise das Betreiben von Krankenhäusern oder die Einrichtung von Kindertagesstätten. Kommunen müssen die meisten dieser Aufgaben für alle in ihrem Ort lebenden Menschen übernehmen, unabhängig von der Staatsangehörigkeit oder Migrationsgeschichte. Selbst Menschen, die sich nicht legal im Land aufhalten, sind durch (Menschen-)Rechte geschützt und haben daher in den meisten Kommunen zumindest Anspruch auf grundlegende Gesundheitsleistungen oder (bei Kindern) auch Bildungsteilhabe. Neben Großstädten wie Frankfurt, Köln oder Stuttgart verfügen auch zahlreiche mittelgroße Städte wie Solingen oder Jena und einige Landkreise wie Osnabrück bereits seit Jahrzehnten über Integrationsangebote. Bei der Entwicklung und Umsetzung der Maßnahmen kooperieren sie bis heute eng mit Wohlfahrtsverbänden und zivilgesellschaftlichen Initiativen. Auch in anderen europäischen Ländern waren Kommunen Vorreiterinnen in der Integrationspolitik, wie beispielsweise Birmingham in Großbritannien, Wien in Österreich oder Zürich in der Schweiz. Mit dem Einstieg des Bundes in die deutsche Integrationsarbeit ab 2005 wurde die Situation komplexer. Gewachsene lokale Ansätze trafen auf neue nationale Vorgaben.

Infobox

Was sind Kommunen?

Der Begriff der Kommune ist alles andere als eindeutig. Aus einer politik- und verwaltungswissenschaftlich geprägten Perspektive wird eine Kommune weniger als die an einem geografischen Ort befindliche Gesellschaft verstanden, sondern als eine Gebietskörperschaft und damit eine politisch-administrative Einheit. Als Kommune gelten sowohl Landkreise und kreisfreie Städte als auch kreisangehörige Städte, Gemeinden und Gemeindeverbände unterhalb der Kreisebene. In der Konsequenz existiert auf der vermeintlich einheitlichen Ebene der Kommune eine große Bandbreite unterschiedlicher Kompetenzen und Hierarchien. Verstärkt wird diese Divergenz durch unterschiedliche Kommunalverfassungen in den Bundesländern. Kommunen sind nämlich staatsrechtlich gesehen keine eigene föderale Ebene, sondern Teil des jeweiligen Bundeslandes.
Mit Blick auf sozialkonstruktivistische Diskussionen um Raumkonzepte, wie sie vor allem in der Geografie und Soziologie geführt werden, lässt sich zudem ergänzen: Auch politisch-administrativ verstandene Kommunen sind keine Container-Räume, die völlig autark von ihrer Umgebung existieren. Vielfältige Beziehungen existieren sowohl horizontal als auch vertikal und konstituieren – je nach konkretem Handlungsfeld – neue Räume politischen Handelns. Für die Ausdehnung des kommunalen Handlungsraums in die Horizontale, d. h. die Kooperation mit anderen Kommunen oder mit nichtkommunalen Akteur:innen vor Ort, lässt sich der Begriff des *scaling out* verwenden. Für die vertikale Dimension, d. h. das Ausdehnen kommunalen Handelns auf andere politische Ebenen, greift der Begriff des *scaling up*. (Schammann et al. 2020)

Ungeachtet bundeslandtypischer Besonderheiten lassen sich die Aufgaben der Kommunen grundsätzlich in drei Typen unterscheiden: weisungsgebundene Pflichtaufgaben sowie pflichtige und freiwillige Selbstverwaltungsaufgaben.

Bei den *weisungsgebundenen Pflichtaufgaben* werden Aufgabeninhalt und -durchführung detailliert durch das Land vorgegeben. Ein Ermessensspielraum ist eigentlich nicht vorgesehen, da die Ministerien des Landes das „Ob“ und „Wie“ der Aufgabenerfüllung grundsätzlich im Detail steuern können. Ein Beispiel ist der

Vollzug des Aufenthaltsrechts. Beispielsweise stellen kommunale Ausländerbehörden nach Ablehnung eines Asylantrags fest, ob Abschiebungshindernisse vorliegen und für wie lange ggf. eine Duldung, also die Aussetzung einer Abschiebung, ausgestellt werden kann. Sie entscheiden auch darüber, ob Asylsuchende ihrer Mitwirkungspflicht, beispielsweise bei der Passbeschaffung, nachgekommen sind. Erkennen sie hier Versäumnisse, kann etwa der Zugang zu Arbeit, Ausbildung oder Studium versagt werden. Forschung verweist hier regelmäßig in der Tradition des Politikwissenschaftlers Michael Lipsky (2010) auf eine enorme Bedeutung von „street-level bureaucracy", d. h. die Entscheidungspraxis der Sachbearbeitenden. Dies hat zur Folge, dass das Aufenthaltsrecht teilweise, überspitzt ausgedrückt, vor Ort neu geschrieben wird (Eule 2014). Forschung zur Abschiebungspraxis in deutschen Kommunen zeigt, dass zivilgesellschaftliches Engagement und das lokale Klima die Entscheidungen der Ausländerbehörde stark beeinflussen (Ellermann 2006). In offiziellen Integrationskonzepten der Kommunen wird die Ausländerbehörde jedoch bislang kaum mitgedacht, selten sitzen ihre Vertreter:innen in Integrationskommissionen. Im Einbezug der Ausländerbehörden liegt jedoch ein enormer Spielraum (Schammann et al. 2020). Wird dies von Kommunalverwaltungen nicht erkannt, kann Zivilgesellschaft diese Frage durchaus auf die Tagesordnung der Lokalpolitik bringen.

Ein zweiter Komplex an Pflichtaufgaben umfasst die Bereitstellung von Wohnraum und die Sozialleistungen für Asylsuchende. Hier ergeben sich erhebliche Gestaltungsmöglichkeiten in der Praxis. Auch wenn beispielsweise die Standards einer Sammelunterkunft landesseitig vorgegeben werden, liegt es im Ermessen der Kommune, ob sie weitere Standards setzt und noch während der Such- und Bauphase zivilgesellschaftliche Akteur:innen einbezieht und/oder informiert. Auch bei der Gewährung sozialer Leistungen, zu denen auch die Gesundheitsversorgung zählt, haben Kommunen erheblichen Spielraum (→ Beispiel Kap. 6).

Bei den *pflichtigen Selbstverwaltungsaufgaben* besteht eine Verpflichtung zum kommunalen Handeln. Zusätzlich sind Zielrichtung und Umsetzung der Maßnahmen durch Landesgesetze oder Verordnungen vorgegeben. Allerdings sind Eingriffe in die Umsetzung durch Ministerien eher selten. In diesem Rahmen sind Kommunen Trägerinnen von Schulen, übernehmen Aufgaben der Jugendhilfe oder betreiben Kindertageseinrichtungen. Wie die staatlichen Schulämter des Landes gemeinsam mit kommunalen Stellen beispielsweise die Schulpflicht durch- und umsetzen, kann sehr unterschiedlich sein: Werden Schüler:innen mit Fluchterfahrung beispielsweise in einem inklusiven Ansatz auf bestehende Klassen verteilt, oder werden gesonderte „Willkommensklassen" eingerichtet? Werden spezielle begleitende Angebote für Asylsuchende geschaffen oder werden bestehende Einrichtungen für Flüchtlinge geöffnet? In solchen Fragen spiegelt sich die Diskussion um eine interkulturelle Öffnung kommunaler Einrichtungen. Diese Debatte ist für kommunale Migrationspolitik geradezu paradigmatisch und wird je nach Standort bereits unterschiedlich lange, unterschiedlich intensiv und mit unterschiedlichem Ausgang geführt. Besonders große Unterschiede zwischen Kommunen gibt es auch mit Blick auf den Besuch von Kitas: Für Geflüchtete gilt der allgemeine Rechtsanspruch auf einen Kita-Platz. Die Verwirklichung des Rechtsanspruchs ist jedoch erstens davon abhängig, ob vor Ort genügend Plätze vorhanden sind. Zweitens müssen Geflüchtete ihren Rechtsanspruch kennen. Einige Kommunen scheinen die Hoffnung zu haben, dass der Kita-Besuch aus kulturellen Gründen wenig nachgefragt wird und daher auch nicht gesondert beworben werden muss (Schammann 2016).

Den größten Gestaltungsspielraum haben Kommunen im Bereich der *freiwilligen Selbstverwaltungsaufgaben*. Hier kann lokale Politik entscheiden, ob sie überhaupt tätig wird und wie sie dabei vorgeht. Die Landesministerien wachen lediglich über die Einhaltung bestehender Gesetze. Darunter kann beispielsweise die Frage fallen, ob Migrationsberatungsstellen auch für Asylsuchende mit schlechter oder unklarer Bleibeperspektive bereitgestellt werden. Auch zusätzliches arbeitsmarktpolitisches Engagement der Kommune jenseits der üblichen Angebote der JobCenter und Arbeitsagenturen fällt in diese Kategorie. Dies gilt auch für Projekte zur Herstellung des gesellschaftlichen Zusammenhalts vor Ort, also beispielsweise Begegnungsprojekte, oder die Förderung des freiwilligen Engagements. Natürlich hängen die Spielräume bei den freiwilligen Leistungen teilweise von der kommunalen Finanzlage ab. Doch mindestens ebenso entscheidend ist der kommunalpolitische Wille. Dies betrifft nicht nur die Finanzen, sondern beispielsweise auch die Einbindung von Wirtschaft und Zivilgesellschaft in die flüchtlingspolitische Strategie der Kommune. Zur Finanzierung entsprechender Maßnahmen und Projekte gibt es außerdem zahlreiche Fördertöpfe auf Landes-, Bundes- und EU-Ebene, die jedoch nicht immer ohne Hürden erreichbar sind.

Die migrationsbezogenen Aufgaben sind in den Kommunen bis heute häufig auf verschiedene Ämter verteilt und werden selten strategisch zusammen mit anderen migrationsrelevanten Aufgaben gedacht. Daraus ergibt sich ein nicht unübersichtliches Geflecht an Kompetenzen und Maßnahmen, in dem sich häufig sogar die Verwaltungsspitze verläuft. Bereits vor 2015 war vielen Kommunen bewusst, dass es einer strategischen Zusammenführung der migrationsbezogenen Aufgaben bedurfte. Ein entscheidender Schritt in der kohärenten Ausrichtung kommunaler Migrationspolitik ist die Entwicklung eines Integrationskonzepts. Dieses legt die strategischen Linien des kommunalen Umgangs mit Migration und migrationsbedingter Vielfalt schriftlich fest. Mitte der 2000er Jahre lässt sich eine erste Blütezeit kommunaler Integrationskonzepte ausmachen. Die Jahre 2015/16 sorgten in zweifacher Hinsicht für einen Innovationsschub. Erstens sorgte die Ankunft so vieler Schutzsuchender für die Notwendigkeit, bestehende Konzepte mit Blick auf Aufnahmefragen anzupassen und um die Gruppe der Geflüchteten zu erweitern. Zweitens sorgte die Verteilung der Asylsuchenden dafür, dass auch bislang kaum migrantisch geprägte Regionen integrationspolitische Aufgaben übernahmen. Daraus entstand der Wunsch, dies konzeptionell aufzuarbeiten (Schammann et al. 2020). Zu einem kohärenten Politikansatz gehören auch organisatorische Anpassungen – und hier vor allem die Einbindung der ausländerbehördlichen Aufgaben in die Integrationsarbeit. Einige Beispiele für Kommunen, in denen solche Veränderungen stattgefunden haben, sind die Städte Wuppertal (Nordrhein-Westfalen), der Landkreis Böblingen (Baden-Württemberg) oder der Burgendlandkreis (Sachsen-Anhalt).

Seit einiger Zeit melden sich Kommunen auch in einem Feld zu Wort, in dem sie eigentlich gar keine Kompetenzen haben: die direkte Aufnahme von Flüchtlingen aus Dritt- oder anderen EU-Staaten. Das gestiegene Selbstbewusstsein und eine aktivere Rolle der Kommunen im Mehrebenensystem der Migrationspolitik wird in der Forschung unter dem Begriff des *local turn* diskutiert (Schiller 2017; Zapata-Barrero et al. 2017). Eine zunehmend aktive Rolle bedeutet jedoch nicht, dass alle Kommunen ihre Handlungsspielräume im Sinne einer „migrationsfreundlichen" Politik auslegen. Stattdessen nutzen einige Kommunen ihre Handlungsspielräume auch, um die Aufnahme von Geflüchteten einzuschränken. Wie aktiv eine Kommune ist, hängt nicht so sehr von ihrer finanziellen Ausstattung ab. Wichtiger scheinen lokale Diskurse und das Handeln von Schlüsselpersonen (Schammann et al. 2020).

5.3.4 Intermediäre Akteur:innen in der Migrationspolitik

Die Darstellung in diesem Buch fokussiert insgesamt auf staatliche Akteur:innen, so auch in diesem Kapitel. Dies soll keinesfalls dazu verleiten, nicht-staatliche Akteur:innen für unwichtig zu erklären – ganz im Gegenteil. An dieser Stelle kann nur ein knapper Überblick über einige *intermediäre* Akteur:innengruppen versucht werden, d. h. diejenigen Akteur:innen, die zwischen Bevölkerung und politischem Entscheidungssystem vermitteln. Einige weitere werden im weiteren Verlauf des Buchs eine Rolle spielen.

Politische Parteien sind in der Migrationspolitik nicht eindeutig zu klassifizieren. Die Parteiendifferenztheorie (→ Kap. 2), nach der politische Ideologien bestimmte *policy*-Präferenzen zur Folge haben müssten, kann für die Migrationspolitik in Deutschland nur sehr eingeschränkt gelten. Während auf Bundesebene noch einige Unterschiede, vor allem im Bereich von Zugehörigkeits- und Identitätsfragen zu finden sind, ist die Kommunalebene der Parteien kaum einzuordnen. Eine Ausnahme spielen selbstverständlich dezidiert migrationsfeindliche Parteien.

Die großen *Wohlfahrtsverbände* (Diakonie, Caritas, Deutsches Rotes Kreuz, Parität, Arbeiterwohlfahrt) sind nicht nur als Träger eines großen Teils der Migrationsberatungen und zahlreicher Projekte seit Jahrzehnten wichtige Pfeiler der Integrationsarbeit. Darüber hinaus koordinieren sie sich in der Bundesarbeitsgemeinschaft der Freien Wohlfahrtspflege auch für politische Lobbyarbeit. Die Spitzen der Wohlfahrtsverbände sind an wichtigen Gipfeln zur Migrationspolitik üblicherweise beteiligt und werden auch durch die politischen Parteien gehört.

Die *christlichen Kirchen* sind wichtige politische Stimmen in Migrations- und hier insbesondere in Asyldebatten. Zu ihren Großveranstaltungen, wie dem Kirchentag, kommen nicht nur zehntausende Gläubige, sondern auch hochrangige Politiker:innen. Die Kirchen sind zudem gut in die Parteien und Ministerien hinein vernetzt. Gerade die katholische Kirche bringt zudem ein hohes Maß an internationaler, vom Vatikan koordinierter Organisation mit. Kirchen sind auf allen politischen Ebenen präsent und wirksam. *Islamische Dachverbände* (u. a. Türkisch-Islamische Union der Anstalt für Religion, Verband islamischer Kulturzentren, Zentralrat der Muslime) werden zwar ebenfalls gehört, sie haben aber durch ihre Mitgliederstruktur und überwiegend ehrenamtliche Organisation längst nicht das politische Gewicht von Kirchen.

Arbeitgebendenverbände stehen grundsätzlich für ein liberales Zuwanderungsrecht und treiben u. a. die Öffnung des Arbeitsmarktes für Geflüchtete voran. Die *Gewerkschaften* tun sich demgegenüber mit ihrer Rolle schwer (→ Kap. 9). *Bürger:inneninitiativen* spielen vor allem lokal eine Rolle. Dies gilt grundsätzlich auch für migrantische Organisationen, die jedoch nochmals in Kapitel 12 eine Rolle spielen. Im Bereich von Flucht und Asyl sind schließlich die *Flüchtlingsräte in den Bundesländern* und *Pro Asyl* zu nennen. Sie vertreten die Position Geflüchteter und werden auch von Politik und Verwaltung als Expert:innen geschätzt und immer wieder in politischen Prozessen konsultiert. *Migrant:innenorganisationen* fehlt es weiterhin an struktureller Stärke (insb. hauptamtliches Personal), auch wenn sie zunehmend in (lokale) politische Prozesse einbezogen werden (→ Kap. 12)

Übungs- und Reflexionsaufgaben

1. Nennen Sie fünf Meilensteine der deutschen Migrationspolitikgeschichte(n) nach 1945.
2. Welche zentralen Aufenthaltstitel kennen Sie?
3. Was sind Aufgaben von Bund, Ländern und Kommunen?
4. Welche politischen Ressorts sind auf Bundesebene besonders bedeutend für die Ausrichtung der deutschen Migrationspolitik? Welche Spannungsverhältnisse gibt es?
5. Welche Möglichkeiten haben Kommunen, eigenständig Migrationspolitik zu betreiben?
6. Sollten Kommunen die Möglichkeit erhalten, eigenständig Asylsuchende aus dem Ausland aufzunehmen? Worin liegen Chancen und Risiken?

Zur Vertiefung

i/# Bogumil, Jörg/Burgi, Martin/Kuhlmann, Sabine/Hafner, Jonas/Heuberger, Moritz/Krönke, Christoph (2018): Bessere Verwaltung in der Migrations- und Integrationspolitik, Baden-Baden: Nomos.

i Dietz, Andreas (2020): Ausländer- und Asylrecht, Baden-Baden: Nomos

i Gesemann, Frank/Roth, Roland (Hrsg.) (2018): Handbuch Lokale Integrationspolitik, Wiesbaden: Springer VS.

i Oltmer, Jochen (Hrsg.) (2016): Handbuch Staat und Migration in Deutschland seit dem 17. Jahrhundert, Berlin, Boston: De Gruyter Oldenbourg.

Pioch, Roswitha/Toens, Katrin (Hrsg.) (2020): Innovation und Legitimation in der Migrationspolitik: Politikwissenschaft, politische Praxis und Soziale Arbeit im Dialog, Wiesbaden: Springer VS.

i SVR, Sachverständigenrat deutscher Stiftungen für Migration und Integration, Bewegte Zeiten: Rückblick auf die Integrations- und Migrationspolitik der letzten Jahre. Jahresgutachten 2019, https://www.svr-migration.de/wp-content/uploads/2019/05/SVR_Jahresgutachten_2019.pdf (5.2.2021).

III. Ausgewählte Themen politikwissenschaftlicher Migrationsforschung

6 Eine Politik des Scheiterns? Control gaps in der Migrationspolitik

Dieses Kapitel diskutiert die Frage, ob Migrationspolitik überhaupt erfolgreich sein kann. Die Diagnose eines umfassenden „Politikversagens" bei der Steuerung von Migration durchzieht Arbeiten politikwissenschaftlicher Migrationsforschung genauso wie politische Debatten. Das Kapitel geht daher der Frage nach, warum und auf welchen Ebenen es zu Widersprüchen und Brüchen in der Migrationspolitik kommen kann, und wie sich diese analysieren lassen. Dabei werden sowohl Erklärungsansätze herangezogen, die im Phänomen der Migration selbst liegen, als auch politikwissenschaftliche Perspektiven auf politische Prozesse. Schließlich wird die Idee des Migrationsmanagements thematisiert.

Bereits in frühen Werken der Migrationspolitikforschung in den 1990er Jahren waren sich die meisten Autor:innen einig, dass Widersprüche im politischen Prozess oder ausbleibende oder nicht-beabsichtigte Effekte in diesem Politikfeld besonders stark ausgeprägt seien (Cornelius et al. 1994). Das Klagen über vermeintliches „Politikversagen" kennzeichnet auch politische Debatten über Migration. In der Tat lassen sich möglicherweise mehr Fälle finden, in denen politische Maßnahmen die gewünschte oder proklamierte Wirkung verfehlen, als dass diese erreicht würde. Die Ausführungen in diesem Kapitel werden allerdings deutlich machen, dass Migrationspolitik wesentlich facettenreicher „scheitern" kann als einfach nur durch eine Diskrepanz zwischen Ziel und Wirkung. Manchmal wird eine ausbleibende Wirkung einkalkuliert, manchmal werden Zielvorgaben bewusst vage gelassen. Aus diesem Grund bietet es sich an, anstelle von Politikversagen von *control gaps* zu sprechen. Sie verweisen auf die Widersprüche und Zielkonflikte zwischen verschiedenen Phasen und/oder Arenen des politischen Prozesses.

6.1 Ursachen für control gaps

In zwei Aufsätzen aus dem Jahr 2004 geht der australische Migrationsforscher Stephen Castles der Frage nach, von welchen Faktoren die Ausprägung von Migrationspolitik abhängt (Castles 2004 a, 2004 b). Er trägt dafür Erkenntnisse aus der soziologischen, historischen, wirtschaftswissenschaftlichen und politikwissenschaftlichen Migrationsforschung zusammen. Daraus ergibt sich eine sehr anschauliche Liste mit Faktoren „that make and unmake migration policies". Die folgende Übersicht orientiert sich an Castles' Ausführungen, erweitert und regruppiert sie jedoch an einigen Stellen. Im Ergebnis lassen sich die Faktoren in drei „Risikogruppen" einteilen: erstens eine Gruppe, in der soziale Dynamiken von Migrationsprozessen zusammengefasst werden, zweitens eine Gruppe makrostruktureller Faktoren, die übergreifende Entwicklungen und globale Machtverhältnisse abbilden und, drittens, eine Gruppe von Faktoren, die sich aus den politischen Systemen der betroffenen Staaten ableitet.

6.1.1 Soziale Dynamiken in Migrationsprozessen

Der Entschluss zur Migration ist nur selten eine individuelle Entscheidung, sondern wird innerhalb des Haushalts und/oder der Familie getroffen. Hinzu kommt die Bedeutung von sozialen Bindungen und Netzwerken. Diese führen dazu, dass politische Maßnahmen kaum in die Migrationsentscheidung einbezogen werden (→ Kap. 1). Verändern sich die Einwanderungsgesetze, passen sich zudem die Akteur:innen der „Migrationsindustrie" der neuen Lage an. Dies resultiert keineswegs immer in illegalen Praktiken, kann aber dafür sorgen, dass die politischen Maßnahmen ihr Ziel ganz oder teilweise verfehlen.

Migrant:innen werden also auch durch besonders restriktive politische Maßnahmen nicht zwingend von der Wanderung abgehalten. Castles (2004 a: 860) verweist darauf, dass es in vielen Herkunftsländern der Süd-Nord-Migration üblich sei, das Leben trotz und nicht wegen des Staates zu meistern. *Policies* stellen aus dieser Perspektive daher *Opportunitäten* dar. Dies bedeutet, dass beispielsweise eine strenge Grenzsicherung als ein Aspekt unter vielen in das individuelle Kalkül einbezogen wird. Dadurch kann eine stark kontrollierte Migrationsroute weniger attraktiv werden und eine vormals als zu gefährlich eingestufte Route höheren Zulauf bekommen. Dies geschah beispielsweise, als im Jahr 2016 die „Balkanroute" nach Europa großteils geschlossen wurde. In der Folge stiegen die Zahlen derjenigen wieder an, die Europa über das Mittelmeer erreichen wollten. In politischen Debatten wird dieses Phänomen häufig mit einem (Luft-)Druck verglichen, der sich eben ein Ventil suchen müsse. Auch wenn dieser Vergleich sicher menschlichem Handeln kaum angemessen ist, beschreibt er doch recht pointiert, dass Migrationskontrollpolitiken immer ein Aushandlungsprozess zwischen Staaten und Migrant:innen sind (→ Infobox).

Infobox

Autonomie der Migration

Seit den 1990er Jahren wird von kritischen Migrationsforscher:innen die These der *Autonomie der Migration* vertreten – teilweise auch mit dem etwas anders theoretisierten Begriff der *Eigensinnigkeit* (Schwenken 2018: 106–114). Fälschlicherweise wird darunter häufig verstanden, dass Migration völlig unabhängig von Kontrollversuchen sei. Tatsächlich gemeint ist jedoch, dass Migrant:innen durch die Praxis der Migration an Aushandlungsprozessen um ihre Rahmenbedingungen und um gesellschaftliche Transformation im Allgemeinen teilnehmen (Scheel 2015). Es geht dem Konzept der Autonomie der Migration also vereinfacht gesprochen darum, Migrant:innen aus der Objektrolle zu befreien und ihnen eine aktive Rolle bei der Konstruktion migrationspolitischer Realität zuzugestehen.

Besonders schwierig wird politische Steuerung, wenn sich mehrere Faktoren zu einem *Migrationssystem* verbinden (→ Kap. 1). So bevorzugten die von der deutschen Green Card-Initiative anvisierten indischen IT-Spezialist:innen überwiegend anglophone Länder, zu denen vielfältige infrastrukturelle, wirtschaftliche, kulturelle und emotionale Verbindungen bestehen.

Für migrationspolitische Maßnahmen, die vor allem Integrationsprozesse im Blick haben, stellt sich zudem die Frage, wer eigentlich Zielgruppe der Maßnahmen sein soll. Häufig sagen die Definitionen von Zielgruppen mehr über die politische Diskussion im Aufnahmeland aus als über die „gruppierten" Menschen. Brauchen beispielsweise alle Menschen mit „Migrationshintergrund" (→ Kap. 12) Sprachkurse? Wenn eine derart „migrantisierte" Zielgruppe durch politische Maßnahmen nicht erreicht wird, kann dies kaum verwundern (u. a. Dahinden 2016; Scholten 2020).

6.1.2 Makrostrukturelle Faktoren

Castles (2004 a: 860) weist darauf hin, dass einige Länder *strukturell von Auswanderung abhängig* sind. Dies betrifft insbesondere wirtschaftlich schlechter aufgestellte Länder, bei denen ein größerer Teil des Bruttoinlandsprodukts aus Rücküberweisungen von Emigrant:innen besteht. In der Republik Moldau beispielsweise machten nach Angaben der Weltbank Rücküberweisungen im Jahr 2019 rund 16% des Bruttoinlandsproduktes aus, im Senegal 10,7% und in den Philippinen immerhin noch 9,3%. Andere Länder, wie Mexiko mit rund 3% oder Indien mit rund 1% sind hier zwar in der Breite vermeintlich weniger stark betroffen. Auch hier hängen jedoch manche Regionen entscheidend von den Rücküberweisungen der Migrant:innen ab. Dies kann auch dazu führen, dass sich eine Art „Kultur der Emigration" einstellt. Junge Menschen glauben nicht mehr daran, im eigenen Land Wohlstand erreichen zu können, Auswanderung wird zur vermeintlich einzigen Aufstiegschance (zum Zusammenhang von Migration und Entwicklung → Kap. 10). Ein bilateraler Vertrag, der Auswanderung minimieren soll, ist – sofern kein plötzlicher wirtschaftlicher Aufschwung stattfindet – sehr wahrscheinlich zum Scheitern verurteilt. Aus diesem Grund sehen jüngere Abkommen zwischen Aus- und Einwanderungsländern vor, Migration in politisch und ökonomisch opportune Kanäle zu leiten, d. h. in die Formen von Arbeitsmigration, die dem Einwanderungsland nützen. Ein Beispiel ist die Regelung Deutschlands für den Kosovo: Hier wird die Migration von Pflegekräften legalisiert, andere Arbeitsmigration aber weitgehend ausgeschlossen.

Auch reichere Länder können strukturell von Migration, genauer: *von der Einwanderung von Arbeitskräften abhängig* sein. Dies betrifft beispielsweise den Obst- und Gemüseanbau in den USA und Teilen Südeuropas, wie Portugal, Spanien oder Italien. Hier wären ganze Wirtschaftszweige auf dem Weltmarkt kaum mehr konkurrenzfähig, gäbe es nicht die billige Arbeitskraft von Migrant:innen, die sich teils in prekären oder irregulären Beschäftigungsverhältnissen befinden.

Die technischen Grundlagen der *Globalisierung* sorgen für eine Verbreitung des Wissens über Lebensbedingungen an anderen Orten. Sie führen auch zu verbesserten Verkehrswegen, die keinesfalls nur von Waren, sondern eben auch von Menschen genutzt werden können. Will man aus ökonomischen Gründen ein Mehr an

Globalisierung unterstützen, wird man auch ein Mehr an Migration und migrationsbedingter Vielfalt in Kauf nehmen müssen (Castles 2004a: 864). Nationalstaatliche Grenzen sind jedoch keineswegs obsolet. Der Migrationsforscher Aristide Zolberg vertrat seit den 1980er Jahren prominent die These, dass nationalstaatliche Grenzen und restriktive migrationspolitische Maßnahmen eine Aufrechterhaltung der *globalen sozialen Ungleichheit* bewirken (Zolberg 1989). Dabei geht es vor allem um die Süd-Nord-Migration, d. h. also die Wanderung aus Ländern des globalen Südens in die reichen Länder des Westens bzw. in dieser Lesart: des Nordens. Ist die restriktive Migrationspolitik erfolgreich, bedeutet das wiederum nicht, dass Migration nicht stattfindet. Sind die Lebensbedingungen beispielsweise aufgrund von Hungersnöten oder Kriegen so prekär, dass sich Menschen zur Migration gezwungen sehen, so migrieren sie innerhalb des eigenen Landes, in andere Länder des Südens oder kommen als Asylsuchende mit einem Bündel an Wanderungsmotiven in den Norden (*mixed migration*, → Kap. 1). Westliche Migrationspolitik erreicht ihr Ziel aus dieser Perspektive insoweit, als dass globale Machtverhältnisse aufrechterhalten werden und die Wanderungen zumindest größtenteils „an der eigenen Haustür“ vorbeigehen. Würde man eine Reduzierung des „Migrationsdrucks“ im Allgemeinen anstreben, würde dies die wesentliche Reduzierung globaler sozialer Ungleichheit verlangen (→ Kap. 10).

6.1.3 Konflikte innerhalb politischer Systeme

Sowohl in Herkunftsländern als auch in Einwanderungsländern sind politische Entscheidungsprozesse mit *unterschiedlichen Interessen* und Konflikten verbunden. Dies gilt zwar für demokratische Systeme stärker als für autokratische, aber selbst dort bilden *policies* keinen vermeintlich *a priori* vorhandenen Konsens oder den puren Willen einer Führungsperson ab, sondern sind als Ergebnis von Aushandlungsprozessen zu begreifen. Einen Schwerpunkt auf die Rolle von Interessengruppen in der Migrationspolitik legt u. a. der US-amerikanische Politikwissenschaftler Gary Freeman in einigen einflussreichen Publikationen vor allem ab Mitte der 1990er Jahre. Er argumentiert in der Tradition von Mancur Olsons Theorie des kollektiven Handelns (Olson 1965), dass der Nutzen von Immigration für bestimmte Akteur:innen spezifisch bezifferbar sei, die Kosten dagegen keiner konkreten (und organisierten) Gruppe zuzuordnen und zudem nur diffus beschreibbar seien (Freeman 1995). Während beispielsweise Arbeitgeber:innen von Immigration dahingehend profitieren, dass sich das Arbeitskräftepotenzial erhöht und die Löhne tendenziell sinken, liegen mögliche Nachteile nicht so klar auf der Hand. Eine kaum genauer fassbare Gruppe von Arbeitnehmer:innen könnte möglicherweise eintretende Lohneinbußen befürchten und zudem – noch diffuser – um kulturelle Charakteristika fürchten. Arbeitgeber:innen haben daher einen höheren Anreiz sich zu organisieren und können dies auch praktisch leichter tun. Zwar äußern sich hin und wieder Gewerkschaften mit migrationskritischen Standpunkten, sehen sich aber u. a. damit konfrontiert, dass sie auch Arbeitnehmer:innen mit eigener Migrationsgeschichte vertreten. Freeman schließt aus der Organisierbarkeit von Interessen um Migration, dass eine expansive Einwanderungspolitik zwar nur durch wenige, dafür aber gut organisierte Interessengruppen gefordert wird. Demgegenüber steht eine zwar tendenziell restriktiv eingestellte, aber nicht gut organisierte Öffentlichkeit. In der Folge nimmt Migrationspolitik die Form von Klientelpolitik (*client politics*) an.

Das von Freeman skizzierte Phänomen gilt häufig als unerwünschte Ausformung demokratischer Systeme. Castles (2004 a: 868) wendet sich jedoch gegen eine solche, aus seiner Sicht vorschnelle normative Kritik. Er verweist darauf, dass eine Aushandlung von Interessen eben der Modus sei, nach dem liberale Demokratien funktionierten. Auch im Inland lebende Migrant:innen könnten an diesen Prozessen teilnehmen. Dem wiederum lässt sich entgegenhalten, dass die Zugänge zu den Orten solcher Aushandlungsprozesse keineswegs inklusiv sind und häufig eng begrenzten *policy communities* vorbehalten bleiben (Lahav/Guiraudon 2006). Es kann somit gerade für Migrant:innenorganisationen trotz eines hohen Organisationsgrades sehr schwierig werden, die eigenen Interessen wirkungsvoll in Gesetzgebungsprozesse einzubringen.

Die Betrachtung von Herrschaftsverhältnissen zwischen widerstreitenden Interessen ist in besonderem Maße Gegenstand derjenigen migrationspolitischen Literatur, die sich eher einer kritischen, und hier besonders historisch-materialistischen Tradition zuordnen lässt. „Politikversagen“ kommt hier als Konzept allerdings nicht mehr vor, da auch eine vermeintlich gescheiterte *policy* letztlich nur den aktuellen Stand im Kampf widerstreitender Hegemonieprojekte darstellt (Forschungsgruppe Staatsprojekt Europa 2014).

Eng verbunden mit der Artikulation und dem Kampf konträrer Interessen ist das Problem der „hidden agendas“ (Castles 2004 a: 866). Beim Versuch, sowohl den artikulierten Interessen gut organisierter kleiner Gruppen als auch den medial vermittelten oder auch nur vermuteten Interessen breiterer Gesellschaftsschichten entgegenzukommen, tendieren migrationspolitische Entscheidungsträger:innen dazu, politische Maßnahmen so zu formulieren, dass sich darin die konkreten Forderungen nach offenen Grenzen genauso wiederfinden wie die diffusen Ängste genau vor einem solchen Zustand (Boswell 2007 b; Freeman 2004; Hollifield 2004). Daraus folgen Maßnahmen, die zumindest ein teilweises Scheitern von Beginn an einkalkulieren. Castles führt als Beispiel den Kampf gegen irreguläre Immigration an, von dessen Scheitern bestimmte Wirtschaftszweige profitieren.

Das bedeutet jedoch nicht, dass jegliche symbolische Gesetzgebung oder arbiträre Regelung auf einer bewusst eingebauten *hidden agenda* beruht und im Sinne klientelistischer Politik die schweigende Mehrheit zugunsten einer kleinen Elite benachteiligt. Sie können auch ein Versuch sein, einen offenen Konflikt, der die Gesellschaft zu spalten droht, vorübergehend zu befrieden. Zudem herrscht häufig tatsächlich der Glaube vor, mit derselben Maßnahme widersprüchliche Ziele erreichen zu können.

Waren die bisher genannten Faktoren innerhalb des politischen Systems stark auf das Handeln der Akteur:innen bezogen, so existieren auch einige eher institutionelle und sogar systemimmanente Widersprüche, die Migrationspolitik scheitern lassen können – und in einigen Fällen sogar zwangsläufig scheitern lassen müssen. In der Literatur sehr präsent ist die *Rolle rechtlicher Normen*, angefangen bei den Menschenrechten über europäische Richtlinien bis hin zu nationalstaatlichen Verfassungen (→ Kap. 2). Gerade die Einbindung von Nationalstaaten in internationale Rechtsregime (→ Kap. 3) oder, wie im Falle der Europäischen Union (→ Kap. 4), sogar in teilweise supranationale Strukturen schränkt den migrationspolitischen Spielraum nationalstaatlicher Politik ein. Es herrscht weitgehend Einigkeit darüber, dass inter- und supranationale Institutionen eine liberale, expansive Migrationspolitik begünstigen und auf lange Sicht die Gleichstellung von Migrant:innen und „Bestandsbevölkerung" durch die Verleihung weitgehendenr Rechte befördern (Bauböck 2012; Hammar 1990; Soysal 1994). Dies gilt auch für die Auslegung dieser Normen durch die internationale und nationale Gerichtsbarkeit. Allzu restriktive politische Maßnahmen scheitern daher an rechtlichen Grenzen oder müssen nach einer Überschreitung dieser Grenzen regelmäßig zurückgenommen werden (→ Beispiel).

Beispiel

Der Fall „Hirsi Jamaa u. a. vs. Italien"

„Der Europäische Gerichtshof für Menschenrechte (EGMR) hat in einer am 23.2.2012 veröffentlichten Entscheidung festgestellt, dass die Zurückweisung von Flüchtlingen auf hoher See mehrere der in der Europäischen Menschenrechtskonvention (EMRK) garantierten Rechte verletzt. Dem Fall [...] lag folgender Sachverhalt zugrunde: Die Antragsteller, elf Somalis und dreizehn Eritreer, gehörten zu einer Gruppe von etwa 200 Menschen, die in drei Booten von Libyen nach Italien übersetzen wollten. Am 6.5.2009 wurden die Boote 35 Seemeilen südlich von Lampedusa vom italienischen Zoll und der Küstenwache aufgebracht. Die Insassen wurden auf Kriegsschiffe gebracht, die sie zurück nach Tripolis brachten. Nach Angaben der Antragsteller wurde ihnen das Fahrtziel verschwiegen, auch wurden ihre persönlichen Daten nicht aufgenommen. In Tripolis wurden die Antragsteller entgegen ihrer Weigerung gezwungen, die Schiffe zu verlassen. Der italienische Außenminister berief sich bei einer Pressekonferenz am 7.5.2009 auf ein bilaterales Abkommen mit Libyen vom Februar des gleichen Jahres als Rechtsgrundlage für das Handeln der italienischen Behörden. Der Gerichtshof stellte zunächst fest, die Antragsteller könnten sich auf die EMRK berufen, obwohl ihre Boote in internationalen Gewässern außerhalb des italienischen Staatsterritoriums aufgebracht worden waren. Zwar sei die rechtliche Hoheit eines Staats grundsätzlich an dessen Staatsgebiet gebunden. Ausnahmen könnten aber im Einzelfall gelten, wenn der Staat die volle und exklusive Kontrolle über ein Gebiet außerhalb seines Territoriums ausübe, etwa über ein Schiff, das unter seiner Flagge fahre. In diesen Fällen sei der Staat durch Art. 1 EMRK gebunden, den Personen in diesem extraterritorialen Herrschaftsbereich die Geltung der für sie einschlägigen Menschenrechte der EMRK zu gewährleisten. Die Argumente Italiens, es habe sich um eine Rettungsaktion auf hoher See gehandelt, bei der allenfalls minimale Kontrolle über die Geretteten ausgeübt worden sei, wies der Gerichtshof zurück. Die Schiffe seien ausschließlich von italienischem Marinepersonal besetzt gewesen, so dass sowohl de jure als auch de facto eine vollständige Kontrolle der italienischen Behörden über die Antragsteller bestanden habe." (Dienelt o. J.)

Die rechtlichen Restriktionen und internationalen Verpflichtungen, denen Migrationspolitik in westlichen Demokratien unterliegt, sind auch Thema in den Texten des Politikwissenschaftlers James Hollifield. Er konzipiert rechtliche Faktoren jedoch nur als Teil eines grundlegenden Widerspruchs innerhalb der *polity* liberaler Demokratien. Seine Überlegungen kulminieren in der bekannten Denkfigur des *liberalen Paradox* (Hollifield 2003, 1992 a). Dieses bezeichnet einen systemimmanenten Zielkonflikt zwischen expansiver und restriktiver Migrationspolitik:

Auf der einen Seite identifiziert Hollifield strukturell angelegte Dynamiken, die auf eine Öffnung der Grenzen drängen. So erfordern die Mechanismen eines zunehmend globalisierten Marktes ein gewisses Maß an Personenfreizügigkeit: Wo Waren und Dienstleistungen ausgetauscht werden, folgen früher oder später auch Menschen. Außerdem bewirkt ein „eingebetteter Liberalismus" in der Verfassung liberaler Demokratien, dass auch Migrant:innen individuelle Rechte garantiert werden. Ein Beispiel ist neben dem oben genannten Recht auf Familienzusammenführung auch das Recht auf Flüchtlingsschutz, das als individuelles Recht aller Menschen rein rechtlich gesehen keine Obergrenzen kennen darf. Praktisch bedeutet das bis hierher: Wenn Regierungen für weltweiten Handel und für die Achtung der Menschenrechte eintreten, müssten sie eigentlich die Öffnung von Grenzen befürworten.

Aber Hollifields Paradox hat naturgemäß eine zweite Seite: Die Legitimität einer Regierung und eines politischen Systems ist auch davon abhängig, ob eine Besserstellung der eigenen Bürger:innen gegenüber Außenstehenden erreicht oder zumindest glaubhaft demonstriert wird (Boswell 2007 b). Solche Rechte fußen darauf, dass relativ geschlossene Grenzen existieren – und implizieren, dass Menschen außerhalb dieser Grenzen von bestimmten Privilegien ausgeschlossen bleiben. Das kann beispielsweise den Zugang zu Systemen sozialer Sicherung betreffen, aber auch das aktive und passive Wahlrecht (→ Kap. 12). Gerade letzteres stellt aus politischer Sicht den höchsten Grad an Zugehörigkeit zu einer demokratischen Gesellschaft dar. Gewährt man Ausländer:innen das volle Wahlrecht, ist eine Besserstellung der eigenen Staatsangehörigen kaum mehr möglich. Gleichzeitig dürfen für ein ausreichendes Maß an Legitimität eines demokratischen Systems Wahlvolk und Gesamtbevölkerung quantitativ nicht zu weit auseinanderklaffen. Eine voraussetzungsarme Einbürgerung wiederum wirft in politischen Debatten die Frage nach dem Wert der Staatsangehörigkeit auf. Somit lässt sich festhalten, dass ur-demokratische Prinzipien wie das Wahlrecht, aber auch sozialliberale Institutionen wie die Renten- oder Arbeitslosenversicherung die Tendenz zu einer Schließung der Grenzen beinhalten (kritisch dazu u.a. Bauböck 2020).

In der Konsequenz befinden sich liberale Demokratien in der paradoxen Situation, dass sie sowohl auf Offenheit als auch auf Schließung setzen, um ihren Grundwerten treu zu bleiben und ihre Legitimität zu garantieren. Für die politische Debatte bedeutet dies, dass man mit der Forderung nach weitgehender Schließung oder nahezu vollständiger Öffnung der Grenzen auch das existierende politische System grundlegend in Frage stellt. Doch auch wenn solche schrillen Töne gerade in Zeiten starker Zuwanderung durchaus vernehmbar sind, zeigt sich in der Praxis, dass die faktische Migrationspolitik westlicher Einwanderungsländer weiterhin zwischen den Polen des Paradoxes pendelt und meist einen Mittelweg zwischen rigider Abwehr und vorbehaltloser Aufnahme einschlägt. Anders ausgedrückt geht das liberale Paradox davon aus, dass Migrationspolitik mit Widersprüchen leben muss, weil sie den Zielkonflikt nicht auflösen kann, ohne das gesamte politische System zu verändern. Inkohärenzen erscheinen aus dieser Perspektive unvermeidlich.

Zur Diskussion

Die anarchokapitalistische Utopie offener Grenzen

Der libertäre Ökonom Jesus Huerta de Soto (1998) sieht das Problem von Migrationspolitik in der Existenz staatlicher Grenzen und Wohlfahrtsstaaten. Er zeigt Sympathie für das „anarchokapitalistische" Modell einer Welt ohne staatliche Grenzen und ohne öffentlichen Raum. Jeder Quadratmeter wäre in dieser Welt privatisiert. Jegliche Mobilität würde sich als Kette privatwirtschaftlicher Verträge ergeben: Auf dem Weg zur Universität müssten Studierende beispielsweise mit den Eigentümer:innen der benutzten Straßen einen Wegezoll aushandeln. Der Markt würde den Preis regeln. Wer nicht zahlen könnte, bliebe immobil. Da Jesus Huerta de Soto eingesteht, dass diese Vision nicht so schnell wahr werden wird, plädiert er u. a. dafür, dass Migrant:innen alle Kosten für die Migration selbst tragen sollen. Sie sollen beweisen, dass sie der aufnehmenden Gesellschaft nützlich sein können.

6.2 Systematisierung von control gaps

Drei Kategorien von *control gaps* lassen sich differenzieren: So kann eine Lücke zwischen der öffentlichen Debatte und der ausverhandelten *policy* klaffen (*policy gap*), aber auch zwischen formuliertem Ziel und der Umsetzung (*implementation gap*), oder zwischen der Umsetzung und der faktischen Wirkung (*outcome gap*).

6.2.1 Widersprüche bei der Politikformulierung: opinion-policy gap und discursive gap

Widersprüche bei der Politikformulierung werden in der Literatur manchmal unter dem Begriff des *policy gap* oder des *output gap* (Scholz 2012) gefasst. Bei genauerer Betrachtung fällt jedoch auf, dass sich dahinter zwei einander überlappende, aber nicht deckungsgleiche Phänomene verbergen. Erstens lässt sich eine Situation identifizieren, in der die *policy* nicht dem entspricht, was in der begleitenden oder vorlaufenden politischen und medialen Diskussion als Inhalt behauptet wurde. Ein Beispiel für einen solchen *discursive gap* (Czaika/Haas 2013) ist die in Deutschland viel zitierte „Obergrenze" für Flüchtlinge, die insbesondere die Christlich Soziale Union (CSU) in den Koalitionsvertrag des Jahres 2018 einbringen wollte. In politischen Debatten wurde durch die Union suggeriert, dass man sich auf eine maximale Aufnahme von 180.000 bis 220.000 Migrant:innen jährlich geeinigt hätte. Tatsächlich spricht der verabschiedete Text davon, dass die politischen Maßnahmen sich an einer Zuwanderungsprognose in dieser Höhe orientieren würden. Sofern mehr Schutzsuchende kämen, würde Deutschland natürlich seinen internationalen Verpflichtungen nachkommen. Hier handelt es sich geradezu um das Paradebeispiel eines sogenannten *discursive gap*, bei dem öffentlich proklamierte Ziele von der tatsächlichen *policy* abweichen. Der Grund für ein solches Verhalten kann u. a. darin gesucht werden, dass Politiker:innen einem wahrgenommenen Wunsch ihrer Wähler:innenschaft entsprechen wollen, gleichzeitig aber wissen, dass sie diesen aus rechtlichen oder politischen Gründen nicht durchsetzen können. Anstatt die Grenzen der eigenen Handlungsfähigkeit einzugestehen, erfolgt eine Art rhetorischer Bluff. Dieser läuft natürlich stets Gefahr, als solcher entlarvt zu werden. Entsprechend warb die Alternative für Deutschland bereits im Bundestagswahlkampf 2017 mit dem Slogan „Wir halten, was die CSU verspricht".

Als zweites Phänomen, das migrationspolitische Maßnahmen bereits bei der Politikformulierung mit einer gewissen Hypothek ausstatten kann, lässt sich der *opinion-policy gap* identifizieren. Dieser beschreibt den Gegensatz zwischen vermeintlich restriktiver öffentlicher Meinung und liberalerer Politik. Diese Kluft wird in Kapitel 11 differenzierter betrachtet.

Discursive gap und *opinion-policy gap* sind also analytisch zu unterscheiden, da ersterer einen Widerspruch innerhalb der Gruppe der verantwortlichen Akteur:innen aufdeckt, zweiterer dagegen einen Widerspruch zwischen verschiedenen Gruppen („Politik" und „Öffentlichkeit"). Sie überlappen sich insofern, als ein *discursive gap*, wie in dem Beispiel der Obergrenze, in Kauf genommen werden kann, um einen scheinbar unvermeidlichen *opinion-policy gap* zumindest rhetorisch und symbolisch zu überbrücken.

6.2.2 Abweichungen im Umsetzungsprozess: implementation gap

Abweichungen zwischen formulierter *policy* und der Umsetzungspraxis sind kein exklusives Charakteristikum der Migrationspolitik, denn solche *implementation gaps* (Czaika/Haas 2013) sind im Grunde jedem Politikfeld inhärent. Entsprechend hat die Implementationsforschung sowohl in der Politik- als auch in der Verwaltungswissenschaft einen eigenen umfassenden Literaturkanon mit verschiedenen theoretischen und methodischen Strängen entwickelt (für einen Überblick: Hill/Hupe 2014). Dabei wird vor allem den Fragen nachgegangen, wie es zu *implementation gaps* kommen kann und wie sich die Varianz erklären oder zumindest systematisieren lässt. Häufig werden *principal-agent*-Modelle angewandt, die den Gesetzgeber gewissermaßen als Auftraggeber (*principal*) der umsetzenden Behörden (*agents*) konzipieren. Zudem wird auch mit Ansätzen gearbeitet, die danach fragen, ob beispielsweise der Typus der *policy* die Ausprägungen der Umsetzungspraxis vorstrukturiert (Blätte 2015). Anstelle eines nationalstaatlichen Gesetzgebers kann auch eine internationale oder teilweise supranationale Institution treten. Kapitel 4 zeigt, dass eine gemeinsame europäische Migrations- und vor allem Asylpolitik vor allem an *implementation gaps* krankt. Im Falle der EU beispielsweise wäre diese der Prinzipal und die Mitgliedsstaaten die Agenten.

Die Anzahl potenzieller *implementation gaps* vergrößert sich, wenn man föderale Systeme und mehrstufige Behördenstrukturen berücksichtigt. Kapitel 5 zeigt dies am Beispiel der deutschen Kommunen. Forschung zur Implementationspraxis legt nahe, dass Migrationspolitik im Vergleich zu anderen Politikfeldern eine gewisse Sonderstellung einnimmt. Migrationsgesetze sind aufgrund der oben genannten systemimmanenten Widersprüche und Interessenskonflikte häufig besonders vage formuliert und zeichnen sich durch eine besonders große Zahl unbestimmter Rechtsbegriffe aus. Damit kommt der Auslegung dieser Regelungen im Zuge der Umsetzungspraxis eine besonders große Rolle zu. Wenn das Ziel der Regelung arbiträr formuliert ist, bezieht sich der Ermessensspielraum der umsetzenden Stelle sogar auf den Zweck des Gesetzes. Verwaltungsmitarbeitende werden auf diese Weise zu politischen Entscheidungsträger:innen (→ Beispiel).

Beispiel

Vergleichende Studie zu Gesundheitsleistungen für Asylsuchende in „Nord" und „Süd"

„Grundsätzlich sind zur Behandlung akuter Erkrankungen und Schmerzzustände nach § 4 AsylbLG die erforderlichen ärztlichen und zahnärztlichen Behandlungen, einschließlich der Versorgung mit Arznei- und Verbandsmitteln sowie sonstiger zur Genesung erforderlicher Leistungen, zu gewähren [...] Chronische Krankheiten werden nicht oder nur bei akuten Schmerzzuständen behandelt. [...]

In der *Kommune Süd* ist Voraussetzung für eine ärztliche Behandlung, dass zunächst ein Behandlungsberechtigtenschein vorliegt. Dieser wird von den Asylsuchenden bei Erstauftreten einer akuten Krankheit von der leistungsgewährenden Behörde abgeholt, ist drei Monate gültig und berechtigt zur Terminvereinbarung bei einem Arzt eigener Wahl. Bevor der Arzt jedoch tatsächlich tätig wird, muss ihm zusätzlich zum Behandlungsberechtigtenschein auch ein Behandlungsschein vorliegen. Im Regelfall fordert der Arzt diesen telefonisch bei der leistungsgewährenden Behörde an, faktisch häufig während der Patient im Wartezimmer Platz nimmt. Nun obliegt es der leistungsgewährenden Behörde zu entscheiden, ob zur Ausstellung des Behandlungsscheins die Voraussetzungen nach § 4 AsylbLG gegeben sind. Bei eindeutigen Fällen, etwa akuten Grippesymptomen, sendet die Behörde den Behandlungsschein per Fax an die Arztpraxis. Anschließend kann die Behandlung erfolgen. Werden in der Folge Rezepte für Medikamente ausgestellt, so bedürfen diese wiederum einer Genehmigung durch die Behörde. Da die Mitarbeitenden der Sozialämter im Normalfall nicht über genügend medizinisches Wissen verfügen, wird im Zweifel bei speziellen Medikamenten oder außergewöhnlichen Diagnosen und weitergehenden Behandlungen externer und verwaltungsinterner Sachverstand herangezogen. In diesem Fall leiten die Sachbearbeitenden Behandlungsvorschläge des Arztes mit einem entsprechenden Vermerk zur Prüfung an das Gesundheitsamt weiter. Die Mitarbeitenden dort kontrollieren die Einschätzung des Arztes, untersuchen den Patienten teilweise selbst noch einmal, holen ggf. weiteren Sachverstand ein und nehmen in einem Vermerk an die leistungsgewährende Behörde Stellung. Diese genehmigt die Behandlung oder lehnt sie ab. Generell erfolgt die Prüfung der Notwendigkeit der Leistung für jeden einzelnen Behandlungsfall. [...]
In der *Kommune Nord* wird den Asylsuchenden bei der Erstannahme ein Behandlungsschein mit einer dreimonatigen Gültigkeitsdauer ausgehändigt. Danach wird ihnen alle drei Monate postalisch ein neuer zugesandt. Treten akute Schmerzen oder eine Krankheit auf, können sich die Asylsuchenden bei einem Arzt unter Vorlage des Behandlungsscheins behandeln lassen. Sollten nach einer Erstbehandlung Medikamente verschrieben werden, ist eine Genehmigung

durch die leistungsgewährende Behörde wie in der Fallstudie Süd erforderlich. Dies erfolgt im Normalfall aber durch ein vereinfachtes Verfahren mittels Positivlisten („Rezept stempeln lassen"). [...]

[Fazit:] Bei Annahme einer migrationssteuernden Zielsetzung [des AsylbLG] ist eine eher ordnungspolitisch-restriktive Auslegung festzustellen (Süd). Bei Priorisierung des existenzsichernden Zwecks ist eine eher wohlfahrtsstaatlich-liberale Praxis nachzuweisen (Nord)." (Schammann 2015 b)

6.2.3 Verfehlte Wirkung: outcome gap

Die dritte Dimension migrationspolitischer *control gaps* entspricht am ehestem dem, was üblicherweise unter „Politikversagen" verstanden wird: Die politische Maßnahme verfehlt die angestrebte Wirkung. Dies kann zur Folge haben, dass die Wirkung ganz ausbleibt oder nur sehr schwach ist, also dass beispielsweise trotz Anwerbeanstrengungen eines Landes keine Fachkräfte einwandern. Es kann aber auch sein, dass anstelle oder zusätzlich zu der eigentlich beabsichtigten Wirkung ein anderer Effekt erzielt wird. Ein Beispiel ist die verstärkte Überwachung des Mittelmeers durch die Grenzschutzagentur Frontex, die eigentlich die Eindämmung irregulärer Migration zum Ziel hat. Gleichzeitig aber wurden die Daten von Frontex zu einem der wichtigsten Instrumente zur Rettung schiffbrüchiger Migrant:innen.

In der Migrationsliteratur finden sich dafür mehrere Begrifflichkeiten für diese Form des *gap*, am häufigsten der des *outcome gap* (Boswell 2007 b; Scholz 2012). Gründe für einen *outcome gap* können in vorangehenden *implementation gaps* liegen. Eine entscheidende Rolle spielen aber auch die oben mit Bezug auf Castles dargelegten Gründe für das Scheitern von Migrationspolitik, also soziale Dynamiken von Migrationsprozessen, makrostrukturelle Faktoren oder systemimmanente Interessengegensätze und institutionelle Zwänge. *Outcome gaps* kommen für politische Entscheidungsträger:innen keineswegs immer überraschend. Sie können bewusst in Kauf genommen werden, wenn *hidden agendas* oder *discursive gaps* im Spiel sind.

6.3 Steuern, was zu steuern ist? Der Ansatz des Migrationsmanagements

Die bisherigen Ausführungen haben gezeigt, dass Migrationspolitik aus zahlreichen Gründen und in verschiedenen Dimensionen *control gaps* aufweist. Die Suche nach einer kohärenten Migrationspolitik gestaltet sich daher für Nationalstaaten und internationale Organisationen als überaus anspruchsvolle Aufgabe: Sie müssen sowohl soziale Dynamiken der Migration als auch globale Strukturen und Entwicklungen sowie explizit politische Herausforderungen innerhalb ihrer politischen Systeme berücksichtigen – und hier Konflikte zwischen Politikfeldern genauso wie Interessen und Institutionen innerhalb des politischen Prozesses und nicht zuletzt eingebettete Widersprüche in der *polity* des politischen Systems selbst. Hoffnung auf gangbare Lösungen weckt dabei das *Migrationsmanagement* (Geiger/Pécoud 2012).

Das Migrationsmanagement wurde als Idee aus der Praxis internationaler Organisationen aus dem Umfeld der Vereinten Nationen seit den 1990er Jahren entwickelt und fand etwa ab dem Jahr 2000 Eingang in die wissenschaftliche Literatur (Ghosh 2000). Es basiert auf der Auseinandersetzung mit wissenschaftlichen Erkenntnissen aus der Migrationsforschung und auf praktischen Erfahrungen der jeweils eigenen Arbeit. Der Ansatz wurde sowohl von der Forschung als auch von der politischen Praxis breit rezipiert und macht auch vor der Steuerung von Integrationsprozessen nicht halt.

Zwei grundlegende Prämissen liegen der Idee des Migrationsmanagements zugrunde. Erstens wird Migration grundsätzlich als Chance für mehr Wohlstand für Entsendeland, Aufnahmeland und Migrant:innen gesehen. Zweitens geht das Migrationsmanagement davon aus, dass man zwischen denjenigen Aspekten der Migration unterscheiden müsse und könne, die durch staatliche oder andere Akteur:innen beeinflusst werden können, und jenen, die durch übergeordnete Faktoren bestimmt werden. Ziel und pragmatisches Heilsversprechen des Migrationsmanagements ist es somit, im Sinne einer Optimierung von Migrationsprozessen alles zu steuern, was gesteuert werden kann, und Frühwarnsysteme und Reaktionsmuster für nicht Steuerbares zu etablieren. Auf diese Weise soll ein kohärenter Politikansatz entstehen, der frei von ideologischen Grabenkämpfen sein soll. Damit schließt das Migrationsmanagement an Ideen des *New Public Management* an (Geiger/Pécoud 2014), bei dem betriebswirtschaftliche Instrumente in Politik und Verwaltung eingeführt werden (Bogumil/Jann 2020). In der Folge sollen politische Entscheidungen auf Basis möglichst objektiver, detaillierter und quantifizierbarer Kennzahlen und Vergleichsparameter getroffen werden. Die fortschreitende technische Entwicklung und die damit möglichen neuen Wege der Datengewinnung spielen dieser Vorstellung in die Hände.

In der Praxis lassen sich besonders hinsichtlich des „Monitorings" von Migrationsprozessen zahlreiche Beispiele finden. Besonders stark ausgebaut wurde in den letzten Jahren die Überwachung der EU-Außengrenzen. Das dazu eingeführte System Eurosur vereint militärische und zivile Datenquellen zu einem dichten Überwachungsnetz (→ Beispiel).

Ein Beispiel für weichere Instrumente zur Kontrolle von Wanderungsbewegungen sind Aufklärungskampagnen, mit denen potenzielle Migrant:innen über die Risiken einer irregulären Migration oder die Gefahren des Menschenhandels informiert werden sollen. Durch diese Information sollen sie vor einer „falschen" bzw. „irrationalen" Migrationsentscheidung bewahrt werden (Pécoud 2012). Migrant:innen werden folglich in der Sichtweise des Migrationsmanagements als rationale Nutzenmaximierer:innen verstanden, die durch die Informationen und Anreize zum „richtigen" Handeln angeregt werden können. Der Begriff des „Migrationsmanagements" gibt dem Diskurs somit den apolitisch-technischen Charakter eines Themas, das durch Expert:innen optimiert werden kann. Damit werden normativ-politische Fragestellungen weitgehend ausgeblendet (Geiger/Pécoud 2012; Kalm 2012: 21 f.). Kritiker:innen wenden ein, dass die Instrumente des Migrationsmanagements den Zugang zu den in der Genfer Flüchtlingskonvention ver-

Beispiel

Migrationsmanagement an den EU-Außengrenzen: das Überwachsungssystem Eurosur

„Blauweiß leuchten die großflächigen Wandbildschirme, niemand spricht. [...] Grüne, gelbe und rote Punkte erscheinen auf den angezeigten Europakarten. Jeder Punkt ist ein „incident", ein Vorkommnis, erklärt der Schichtleiter mit spanischem Akzent. Doch wofür genau sie stehen, sagt er nur in ausgewählten Fällen. Das meiste muss geheim bleiben, wie auch sein Name. [...] Rund um die Uhr gehen über ein militärisches gesichertes Datennetz Meldungen von 30 nationalen Grenzschutzbehörden ein. Das reicht vom Schmuggler zwischen Russland und Finnland bis zum Flüchtlingsboot vor den Kanaren. Dazu kommen Satelliten-Bilder, Schiffsbewegungen, sogar Wetterprognosen. Das so gewonnene Lagebild ist für alle beteiligten Behörden abrufbar. „Wir liefern Informationen über die Lage an den Grenzen für ganz Europa, nahezu in Echtzeit", versichert der spanische EU-Beamte." (Schumann/Simantke 2016) Ergänzt werden die Eurosur-Informationen durch diverse personenbezogene Datenbanken.

brieften Rechten wesentlich erschweren (Gammeltoft-Hansen 2014; Geiger/Pécoud 2012: 4 f.).

Im Bereich von Integration wurden im Stile des Migrationsmanagements in vielen deutschen Kommunen, Bundesländern und schließlich auch im Bund vor allem im Kontext des Zuwanderungsgesetzes von 2005 verschiedene Formen eines Integrationsmonitorings aufgebaut. Dieses erfasst beispielsweise Daten zu Bildungsteilhabe, Wohnsegregation, Kriminalität oder zum Engagement von Menschen mit Migrationshintergrund (Filsinger 2008; Siegert 2006).

Migrationsmanagement ist grundsätzlich ein Phänomen der Praxis. Allerdings verschränken sich gerade mit Blick auf die Suche nach verlässlichen Daten praktische und wissenschaftliche Aspekte. Dies hat zur Folge, dass ein Teil der (angewandten) Migrationsforschung mittlerweile ein wichtiger Eckpfeiler des Migrationsmanagements geworden ist (→ Kap. 2).

Übungs- und Reflexionsaufgaben

1. Nennen Sie fünf Gründe für *control gaps*. Inwiefern sind diese (nicht) als „Politikversagen" zu charakterisieren?
2. Was beschreibt James Hollifield mit dem liberalen Paradox?
3. Welche Konsequenzen hat die Praxis des Migrationsmanagements für das Verhältnis von Wissenschaft und politischer Praxis?

Zur Vertiefung

- Boswell, Christina (2007): Theorizing Migration Policy: Is There a Third Way? In: International Migration Review, 41, H. 1, S. 75–100. https://doi.org/10.1111/j.1747-7379.2007.00057.x
- Castles, Stephen (2004): The Factors That Make and Unmake Migration Policies. In: International Migration Review 38, H. 3, S. 852–884. https://doi.org/10.1111/j.1747-7379.2004.tb00222.x
- Czaika, Mathias/Haas, Hein d. (2013): The Effectiveness of Immigration Policies. In: Population and Development Review 39, H. 3, S. 487–508. https://doi.org/10.1111/j.1728-4457.2013.00613.x
- Freeman, Gary P. (1995): Modes of Immigration Politics in Liberal Democratic States. In: International Migration Review, 29, H. 4, S. 881. https://doi.org/10.2307/2547729
- Ghosh, Bimal (2000): Managing Migration, New York: Oxford University Press
- Hollifield, James F. (2003): Offene Weltwirtschaft und nationales Bürgerrecht: das liberale Paradox. In: Thränhardt, Dietrich/Hunger, Uwe (Hrsg.): Migration im Spannungsfeld von Globalisierung und Nationalstaat, Wiesbaden: Westdeutscher Verlag, S. 35–57.

7 Immer ähnlicher und liberaler? Migrationspolitiken im Vergleich

Das Kapitel befasst sich mit Forschung zum Vergleich von staatlichen Migrationspolitiken. Im ersten Teilkapitel steht der Vergleich verschiedener Nationalstaaten im Vordergrund, im zweiten Teilkapitel die Entwicklung von Migrationspolitiken verschiedener Staaten im Zeitverlauf. Manche Wissenschaftler:innen gehen davon aus, dass sich die Migrationspolitik über die Zeit angleicht, beispielsweise aufgrund ähnlicher Herausforderungen in den Staaten oder weil die Staaten sich aneinander anpassen (Konvergenzhypothese). Einige postulieren auch eine Tendenz zu einer immer liberaler werdenden Migrationspolitik, beispielsweise aufgrund der Mobilitätserfordernisse der globalen Wirtschaft (Liberalisierungsthese). Das Kapitel beleuchtet diese beiden Annahmen kritisch und ordnet aktuelle politische Trends in diese wissenschaftlichen Debatten ein.

Das Beispiel Deutschland (→ Kap. 5) hat gezeigt: Es gibt nicht *die* Migrationspolitik eines Staates. Dafür ist Migrationspolitik zu vielschichtig und zu dynamisch im Zeitverlauf. Eine Systematisierung verschiedener staatlicher Migrationspolitiken und ihr Vergleich helfen jedoch, übergreifende Trends zu identifizieren, Besonderheiten zu erkennen und zu hinterfragen. Wie alle *policies*, so lassen sich auch Migrationspolitiken einerseits *synchron* vergleichen, d. h. durch die Betrachtung verschiedener Staaten bzw. *policies* zu einem vordefinierten Zeitpunkt. Um Entwicklungen abzubilden bietet sich zudem der *diachrone* Vergleich an, bei dem mehrere Zeitpunkte in der Historie eines Staates oder eines migrationspolitischen Teilgebietes betrachtet werden. Beide Ansätze können selbstverständlich auch miteinander kombiniert werden (ausführlich z. B. Jahn 2013; Lauth et al. 2016). Das erste Teilkapitel widmet sich dem internationalen Vergleich von Migrationspolitiken und setzt sich dazu mit der gerne gewählten Unterscheidung „klassischer" gegenüber „neuen" Einwanderungsländern auseinander. Das zweite Teilkapitel widmet sich der Veränderung von Migrationspolitik im Zeitverlauf. Dabei wird auf zwei bekannte Hypothesen der vergleichenden Migrationspolitikforschung eingegangen: die *Konvergenzhypothese* und die *Liberalisierungsthese.*

7.1 Migrationspolitik im internationalen Vergleich

Um Migrationspolitiken international vergleichen zu können, müssen sie notwendigerweise in ihrer Komplexität reduziert und/oder in Teilbereiche aufgeteilt werden. Eine entsprechende Operationalisierung geschieht üblicherweise in vier Kernbereichen und mit Fokus auf migrationspolitische *policies*: (1) Zugangsregeln, die regulieren, wer die Erlaubnis zur Einreise ins Staatsgebiet erhält (z. B. über die Vergabe von Visa); (2) Regeln über die Bedingungen des Zugangs, d. h. über die Dauer und Voraussetzungen des Aufenthalts oder der Einbürgerung; (3) integrationspolitische Regelungen, die das integrationspolitische Leitbild sowie die Förderung der Integration durch den Staat umfassen; und (4) Regeln zur Migrationskontrolle, die die Einhaltung der oben beschriebenen Regelungen sicherstellen sollen. Dazu gehören beispielsweise Grenzkontrollen, die irreguläre Migration verhindern sollen, oder auch Ausweisungs- und Abschiebungsregeln. Quer zu diesen vier Bereichen liegen Legalisierungsregeln sowie die Zusammenarbeit mit Herkunfts- und Transitstaaten, beispielsweise zur Arbeitskräfteanwerbung (Rosenblum/Cornelius 2012).

Bevor ein Vergleich verschiedener Politiken, Strukturen und/oder Diskurse vorgenommen werden kann, muss eine Entscheidung über die zu vergleichenden Staaten bzw. Systeme getroffen werden. Die meisten Studien fokussieren dabei auf westliche liberale Demokratien (siehe auch Hunger/Rother 2021: Kap. 11). Dies beruht einerseits auf der Wahrnehmung, dass diese Staaten das Ziel vieler Migrant:innen sind und oft eine aktive Migrationspolitik verfolgen. Aufgrund des hohen Anteils an Süd-Süd-Migration (→ Infobox) wäre eine Berücksichtigung nicht-westlicher Staaten jedoch wünschenswert.

Infobox

Migration und Migrationspolitik im Globalen Süden

Migration ist in den Ländern des sogenannten Globalen Südens (Lateinamerika, Afrika, Asien und Ozeanien) ein weit verbreitetes und zum Teil historisch tief verankertes Phänomen. Gleichzeitig sind die Formen der Migration sowie Politiken zu ihrer Gestaltung so heterogen, dass ein vollständiger Überblick darüber den Rahmen dieses Lehrbuches sprengen würde. Daher werden hier nur einige Beispiele genannt, die einen Einblick in dieses Forschungsfeld geben und Anregungen zur weiteren Beschäftigung mit der Thematik bieten sollen (für Fallbeispiele siehe auch Bahl/Becker 2020).

Im Bereich Flucht und Vertreibung beispielsweise übersieht ein Fokus auf Süd-Nord-Migration einen Großteil des Phänomens: im Jahr 2019 wurden von den weltweit 79,5 Millionen Flüchtlingen und Binnenvertriebenen (also Menschen, die innerhalb ihres eigenen Landes in andere Regionen fliehen), 85% in Ländern des Globalen Südens aufgenommen, darunter 27% in den am wenigsten entwickelten Staaten (UNHCR 2020). Viele dieser Regierungen entwickeln eigene Antworten auf Flucht und Vertreibung, die aber in der Wissenschaft nicht immer Berücksichtigung finden (Fiddian-Qasmiyeh 2018).

Zudem wird in den letzten Jahren die eurozentrische und angloamerikanisch geprägte Grundlage vieler migrationspolitischer Theorien zunehmend kritisiert. Diese Theorien lassen oft außer Acht, dass Bedingungen wie die jeweilige Staatsform oder die Kapazitäten des staatlichen Apparats für Politikformulierung und -implementation einen Einfluss auf Migrationspolitik haben (können). Daher versuchen derzeit einige Wissenschaftler:innen verstärkt, bestehende Theorien zu erweitern oder neue zu entwickeln, um den Bedingungen in Ländern des globalen Südens besser zu entsprechen (siehe z. B. Adamson/Tsourapas 2020; Natter 2018; Nawyn 2016).

Dazu zählt einerseits, neben der *Immigrations*politik auch die *Emigrations*politik in den Blick zu nehmen. Während Auswanderung in den meisten liberalen, demokratischen Staaten kaum reguliert ist, wurde sie in der Geschichte unterschiedlich gehandhabt. So beschränkten sozialistische Staaten in der Zeit von 1945–1990 die Auswanderung in den Westen weitgehend, während zirkuläre Migration zwischen Staaten des „Ostblocks“ gefördert wurde. Im Gegensatz dazu fördern heutzutage einige Staaten des globalen Südens die Auswanderung ihrer Staatsbürger:innen, beispielsweise um Arbeitskräfteüberschüsse zu senken

(z. B. die Philippinen, Mexiko und Indien). Andere, wie manche Golfstaaten sowie einige Staaten in Zentralasien, fördern die Ausreise zu Zwecken des Studiums und verpflichten gleichzeitig zu einer Rückkehr nach dessen Abschluss (Adamson/Tsourapas 2020: 861). Wieder andere Staaten versuchen, die Folgen von Auswanderung für sich nutzbar zu machen, indem sie beispielsweise Politiken zur Steuerung der Aktivitäten der Diaspora einführt oder versuchen, Rücküberweisungen zu fördern und zu lenken (→ Kap. 10).
Aber auch im Bereich der Einwanderung gibt es eine große Vielfalt nationaler und regionaler Politiken jenseits Europas und Nordamerikas. Die wirtschaftliche Entwicklung macht einige Regionen zu Zielländern der Arbeitsmigration, darunter ölreiche arabische Staaten, in denen internationale Migrant:innen inzwischen teilweise mehr als die Hälfte der Bevölkerung ausmachen (Castles et al. 2013: 104–140; Winckler 2012). Auch in Asien gibt es seit den 1990er Jahren starke Migrationsbewegungen, sowohl innerhalb als auch zwischen Staaten. Hierbei ziehen v. a. Arbeitskräfte aus weniger entwickelten Staaten in die Schwellenländer (Castles et al. 2013: 141–161). Diese Zielländer gehen unterschiedlich mit Migration um, sowohl was die Regeln für den Zugang zum Staatsgebiet als auch den Verbleib und die Teilhabe (z. B. in Bezug auf Arbeitsaufnahme, soziale Sicherung etc.) angeht.

Andere Staaten nutzen Einwanderungspolitik explizit dazu, Einkommen zu generieren, indem sie unterschiedliche Modelle des *citizenship by investment* anbieten. Bei diesen Programmen können Ausländer:innen die Staatsangehörigkeit des Staates erhalten, indem sie beispielsweise für einen bestimmten Betrag Investitionen im Land tätigen oder Immobilien erwerben. Derartige Programme sind v. a. für Länder wie Vanuatu lukrativ, deren Staatsangehörigkeit die visafreie Einreise in die EU ermöglicht (Adamson/Tsourapas 2020: 868 f.).

Neben nationalstaatlichen Regelungen sind auch die unterschiedlichen Kooperationen auf regionaler Ebene von Interesse. Beispielsweise wurden im Rahmen von MERCOSUR (*Mercado Común del Sur*, Gemeinsamer Markt Südamerikas) Regelungen zur Personenfreizügigkeit in der Region getroffen (Brumat/Acosta 2019). Auch im Rahmen des westafrikanischen ECOWAS (*Economic Community of West African States*) wurden sehr weit entwickelte Regelungen für die Einreise und den Aufenthalt von Staatsangehörigen der Mitgliedstaaten getroffen (Castillejo 2019; Dick/Schraven 2019). Im Gegensatz dazu gibt es im Rahmen des ASEAN bislang nur wenig regionale Zusammenarbeit im Bereich Migration (Rother 2019).

Andererseits ist diese Auswahl Folge der methodischen Herausforderung des Vergleichs: um zwei Dinge sinnvoll miteinander vergleichen zu können, müssen sie sich in bestimmten Merkmalen ähneln. Da politische Systeme (*polities*) Auswirkungen auf die politischen Inhalte (*policies*) haben können, ist ein Vergleich ähnlicher Systeme eine Möglichkeit, zu tatsächlich relevanten Erkenntnissen zu gelangen. Gleichzeitig resultiert diese Vorgehensweise jedoch in einem *western bias*, der viele Staaten der Erde unberücksichtigt lässt. Verschiedene weitere Ähnlichkeiten wären denkbar, auf deren Grundlage eine Auswahl der Vergleichsstaaten getroffen werden könnte: Beispielsweise könnte eine Analyse ehemaliger Kolonien die Bedeutung kolonialer Grenzziehungen für Migrationsprozesse verdeutlichen; die gezielte Anwerbung von Arbeitskräften durch unterschiedliche Staaten könnte Aufschluss über die Auswirkungen demographischer und ökonomischer Entwicklungen auf Migrationspolitik geben, oder ein Vergleich von Ländern mit hoher Binnen- oder Transitmigration die Bedeutung staatlicher Grenzen hinterfragen. Dies geschieht in Ansätzen bereits; in der Breite ist die (europäische und US-amerikanische) Wissenschaft – und damit auch dieses Lehrbuch – jedoch weiterhin vom *western bias* geprägt.

Ein internationaler Vergleich der Einwanderungspolitik verschiedener Staaten erfordert eine Vereinfachung und Systematisierung des vielfältigen Bildes möglicher politischer Maßnahmen. Eine weit verbreitete Unterscheidung hat Gary Freeman (1995) vorgenommen. Er differenziert zwischen „klassischen" Einwanderungsländern wie den USA, Kanada oder Australien auf der einen und „neuen" Einwanderungsländern wie den europäischen Staaten auf der anderen Seite. Während bei ersteren Migration Teil der Gründung und Entwicklung ihres Staates war, sind letztere erst in jüngerer Zeit mit Zuwanderung als Massenphänomen konfrontiert. Diese Tradition resultierte in den klassischen Einwanderungsländern in einer größeren Offenheit für dauerhafte Zuwanderung, da sie grundsätzlich als wohlfahrtsfördernd gesehen wird. Eine diverse bzw. multikulturelle Gesellschaft sei dementsprechend im Selbstverständnis der klassischen Einwanderungsländer verankert. Im Gegensatz dazu basiert der Gründungsmythos europäischer Staaten stärker auf dem Bild einer national homogenen Gesellschaft, die sich auch durch die Abgrenzung nach außen definiert (Bommes 2011 b).

Diese starke Vereinfachung entspricht der Realität natürlich nur in begrenztem Maße. So erkennt Freeman an, dass auch in den klassischen Einwanderungsländern temporär oder in bestimmten Regionen eine ablehnende Haltung gegenüber Migration entstehen kann. Darüber hinaus haben auch die klassischen Einwanderungsstaaten häufig eine stark rassistisch geprägte Vergangenheit, bei der sich die Offenheit vor allem auf die Zuwanderung weißer Siedler richtete, während Migrant:innen aus anderen Staaten ausgeschlossen wurden oder ihre Zuwanderung zahlenmäßig begrenzt wurde (Schmidtke 2010: 43 f.). Beispiele hierfür sind das US-amerikanische *Chinese Exclusion Law* von 1882, das die chinesische Arbeitszuwanderung für zehn Jahre aussetzte, sowie die anschließende Einführung nationaler Quoten für verschiedene asiatische Staaten (Reimers 2012: 280–283).

Auch heute sind die Migrationsregime der klassischen Einwanderungsländer nicht mit offenen Grenzen gleichzusetzen. Stattdessen bestehen auch dort Zugangsregeln, die nur bestimmten Personengruppen unter bestimmten Bedingungen die Zuwanderung erlauben. Darüber hinaus ist auch ihre heutige Integrationspolitik, die grundsätzlich (unter teils verschiedenen Begrifflichkeiten und mit unterschiedlichen Ausprägungen) Multikulturalismus und Diversität propagiert, nicht gleichzusetzen mit einer generellen Offenheit gegenüber Migrant:innen in allen gesellschaftlichen Bereichen. Stattdessen bestehen verschiedene Ausschlussmechanismen, z. B. bezogen auf die mögliche Inanspruchnahme von Sozialleistungen (Bommes 2011 b).

Zudem gab es auch in nicht-klassischen Einwanderungsländern immer wieder Phasen einer großen Offenheit gegenüber Migration, beispielsweise aufgrund demographischer Interessen. Ein Beispiel hierfür stellte Frankreich im 19. Jahrhundert dar, als aufgrund sinkender Geburtenraten Einwanderung befürwortet wurde. Auch ökonomische Interessen und ein hoher Arbeitskräftebedarf können zu einer Öffnung für Migration führen, wie im Zuge des Wirtschaftsaufschwungs nach dem Zweiten Weltkrieg deutlich wurde (Light 2013: 350 f.).

Neben politischen Veränderungen im Zeitverlauf können die „neuen" Einwanderungsländer unterteilt werden in diejenigen Staaten mit einer stärkeren kolonialen Geschichte, wie z. B. das Vereinigte Königreich, Frankreich oder die Niederlande, und die Staaten mit einer weniger stark ausgeprägten kolonialen Vergangenheit, wie z. B. Deutschland oder Italien. Erstere haben bereits längere Erfahrungen mit multikulturell und multiethnisch zusammengesetzten Gesellschaften und verfolgen häufig antirassistische Politiken und Maßnahmen gegen Diskriminierung, während diese in anderen Staaten weniger stark ausgeprägt sind (Hoesch 2018: 150 f.).

Darüber hinaus hat auch das politische System Einfluss auf die Migrationspolitik. So führt die republikanische Tradition in Frankreich dazu, dass Gruppenidentitäten – z. B. auf Basis der ethnischen oder religiösen Zugehörigkeit – vom Staat nicht berücksichtigt werden und stattdessen die Gleichheit der Menschen in ihrer Eigenschaft als Staatsbürger:innen das Verhältnis der Individuen zum Staat bedingen soll. Im Gegensatz dazu führt die Tradition der Konkordanzdemokratie (bzw. *consociational democracy*) in den Niederlanden dazu, dass sich parallele Teilsysteme für verschiedene gesellschaftliche Gruppen herausbildeten (Borkert et al. 2007: 21 f.).

Da sich auch im Zeitverlauf die Migrationspolitik von Staaten verändert, werden im Folgenden kurz die migrationspolitischen Entwicklungen einiger Staaten skizziert, die sich idealtypisch als „klassische" und „neue" Einwanderungsländer einordnen lassen.

7.1.1 Entwicklung der Migrationspolitik „klassischer" Einwanderungsländer

Auch wenn die *USA* als Prototyp eines „klassischen" Einwanderungslandes gelten, zeigen sich auch hier über die Zeit Brüche und Veränderungen der Migrationspolitiken sowie der gesellschaftlichen Diskurse um Migration: „At different points in history, the legislation towards immigration has been incredibly restrictive and at other times, more humane and liberal." (Obinna 2018: 238) Meist wurde dabei zwischen verschiedenen Gruppen auf Basis ihrer nationalen Zugehörigkeit, ihrer politischen Einstellung, ihres sozio-ökonomischen Hintergrunds oder ihrer „Rasse"/Ethnie differenziert (→ Kap. 12).

Beispielsweise ermöglichte der 1790 verabschiedete *Naturalization Act* den Erwerb der amerikanischen Staatsangehörigkeit bereits nach zwei Jahren, bezog sich dabei aber nur auf „freie weiße Personen" und folgte somit dem damals vorherrschenden Rassismus. Dennoch waren auch diese Regelungen stark umstritten, da viele eine massenhafte Einwanderung von irischen Staatsangehörigen befürchteten und dadurch die politische Kultur des Landes bedroht sahen (Reimers 2012: 274 f.). Ende des 19. und Anfang des 20. Jahrhunderts wurden zunehmend Migrationspolitiken auf der nationalen Ebene beschlossen, die die Einwanderung von verschiedenen Bevölkerungsgruppen auf Basis ihrer nationalen Zugehörigkeit, Konfession oder „Rasse" beschränkten (Reinecke 2010: 259 f.).[1] Sie wurden zwar häufig mit ökonomischen Argumenten legitimiert, vermischten sich jedoch mit bereits lange bestehenden rassistischen Vorurteilen, beispielsweise gegen Chines:innen oder Mexikaner:innen. Auch gegenüber Einwander:innen aus Südosteuropa bestanden große Vorbehalte. Sie wurden einerseits als Konkurrenz auf dem Arbeitsmarkt wahrgenommen und andererseits aufgrund oft fehlender Alphabetisierung als Bedrohung amerikanischer Werte gesehen. Um ein Absinken des Bildungsniveaus zu verhindern, führten die USA Anfang des 20. Jahrhunderts Lesetests ein, die Einwander:innen bestehen mussten, um Zugang zu erhalten (Obinna 2018). Diese wurden ab 1921 ergänzt durch nationale Quoten für Zuwandernde v. a. aus Asien (Reimers 2012: 281–286).

Mit dem Hart-Cellar-Act wurden 1968 dann die als „unamerikanisch" deklarierten Quoten abgeschafft und eine Einwanderungspolitik etabliert, die sich an der Qualifikation der Migrant:innen und ihren (familiären) Beziehungen in die USA ausrichtete. Gleichzeitig wurden Geflüchtete aus Kuba und Indochina bevorzugt aufgenommen, da ihre Flucht als Überlegenheit des kapitalistischen Systems interpretiert wurde (Zolberg 1983: 242).

Diese liberalere Haltung hielt jedoch nicht lange an, da in den 1980er Jahren ein erneuter Wechsel hin zu restriktiveren Politiken vollzogen wurde. Dieser richtete sich insbesondere gegen irreguläre (Arbeits-)Migration und kriminelle Migrant:innen, deren Einwanderung auch durch eine Verschärfung der Grenzsicherung vor allem an den südlichen Land- und Seegrenzen verhindert werden sollte. Dabei wurden die Kompetenzen und Budgets der Vollzugsbehörden massiv ausgeweitet und das Militär sowie Militärtechnologie zunehmend in die Sicherung der Grenzen einbezogen. Dieser Fokus verschärfte sich durch die Anschläge vom 11. September 2001 noch (Andreas 2003). Der Vollzug des Einwanderungsrechts ähnelt nun zunehmend dem Strafvollzugssystem, bei dem Verstöße gegen Einwanderungsregeln auch nach Jahren noch mit Abschiebung und anderen Strafen geahndet werden können. Diese Angleichung von Einwanderungs- und Strafvollzugssystemen wird mit dem Begriff *crimmigration* bezeichnet (Obinna 2018).

In den letzten Jahren haben die politischen und gesellschaftlichen Konflikte um Migrationspolitik durch die politische Polarisierung des Kongresses und der Wahlerfolge von Kandidat:innen mit extremeren Positionen stark zugenommen (Alamillo et al. 2019). Dabei werden zunehmend auch offen rassistische Positionen eingenommen, wenn Ex-Präsident Trump beispielsweise vier amerikanischen Politikerinnen *of color* die Zugehörigkeit zum Staat abspricht, obwohl sie mehrheitlich in den USA geboren wurden:

> „So interesting to see 'Progressive' Democrat Congresswomen, *who originally came from countries whose governments are a complete and total catastrophe*, the worst, most corrupt and inept anywhere in the world (if they

1 Darüber hinaus hatte es immer schon Regelungen gegeben, die beispielsweise kranken Menschen oder Kriminellen die Einreise verweigerten.

> even have a functioning government at all), now loudly and viciously telling the people of the United States, the greatest and most powerful Nation on earth, how our government is to be run. *Why don't they go back and help fix the totally broken and crime infested places from which they came.* Then come back and show us how it is done." (Donald Trump, Twitter, 14. Juli 2019, Hervorhebungen hinzugefügt)

Rassistische Positionen sowie die Darstellung von Migration als Bedrohung für die nationale Sicherheit oder Identität fügen sich in eine lange Tradition ein, in der Einwander:innen wiederholt als negativ und andersartig dargestellt und ausgegrenzt wurden. Dieser rassistische und diskriminierende Unterton hatte meist auch in Phasen einer größeren Offenheit gegenüber Migration Bestand (Obinna 2018: 248).

Die *kanadische* Einwanderungspolitik unterscheidet sich hiervon in einigen Punkten, obwohl auch die kanadische Staatsgründung auf der Einwanderung weißer europäischer Siedler:innen beruhte. Sie war jedoch bereits von Beginn an stärker bikulturell geprägt, da die französischen Siedlungsgebiete ihre sprachliche und kulturelle Eigenständigkeit bewahren wollten. Dementsprechend etablierte sich hier ein plurales und föderalistisches Staatsmodell, auch wenn die Beziehungen zwischen englisch- und französischsprachigen Bevölkerungsteilen keineswegs konfliktfrei waren. In den 1960er Jahren wurde dann das international viel beachtete Punktesystem für die Einwanderung eingeführt, das die Selektion der Zuwandernden auf Basis ihrer jeweiligen Qualifikationen festschrieb.

Infobox

Angebots- und nachfrageorientierte Migrationspolitik für Arbeitskräfte

In Neuseeland, Kanada und Australien werden Zuwanderungswillige traditionell nach Leistungskriterien bewertet (manchmal noch als *Punktesysteme* bezeichnet). Besonders relevant sind dabei Bildungsabschlüsse, Sprachkenntnisse, Berufserfahrung und ein unterschriebener Arbeitsvertrag. Aber auch das Alter sowie die Sprachkenntnisse und der Bildungsstand von Lebenspartner:innen spielen eine Rolle. Richten sich die Einwanderungssysteme dabei überwiegend an den Leistungspotenzialen der Zuwandernden aus, so werden die entsprechenden Regelungen als *angebotsorientiert* bezeichnet. Wenn die Leistungskriterien auf die nationale oder regionale Bedarfslage, etwa an Fachkräften in einer bestimmten Branche, ausgelegt sind, spricht man von *nachfrageorientierten* Regelungen.

Galten die Punktesysteme klassischer Einwanderungsländer lange als nahezu ausschließlich angebotsorientiert, während die Einwanderungspolitik Deutschlands als nahezu ausschließlich nachfrageorientiert angesehen wurde, lassen sich längst kaum mehr Extremtypen finden. Einerseits hat beispielsweise Kanada die Bevorzugung nachgefragter Branchen eingeführt (Kolb 2014). Andererseits hat Deutschland seit 2012 und besonders mit dem Fachkräfteeinwanderungsgesetz von 2020 (→ Kap. 5) derart stark angebotsorientierte Komponenten eingeführt, dass es mittlerweile als das Land mit der liberalsten Migrationspolitik für Fachkräfte gilt.

Gleichzeitig fand unter dem damaligen Premierminister Pierre Trudeau ein *multiculturalist turn* statt, der sowohl die Politikinhalte als auch den Diskurs veränderte. Kulturelle Vielfalt wurde zunehmend als positives Merkmal kanadischer Identität wahrgenommen und staatlich gefördert. Dazu gehörten beispielsweise die Verabschiedung von Antidiskriminierungsgesetzen und die Verankerung einer *Bill of Rights* (also einem Grundrechtedokument) in der Verfassung. Darüber hinaus wurde die schnelle Einbürgerung von Immigrant:innen angestrebt und ihre Integration in die gesellschaftlichen Teilsysteme staatlich gefördert. Die Zivilgesellschaft übernahm hierbei eine aktive Rolle, indem sie das Konzept des Multikulturalismus (→ Kap. 1) propagierte und Gruppenrechte – z. B. für Frauen oder bestimmte Migrant:innengruppen – einforderte. Dieses Konzept verfügt heute über einen breiten Rückhalt in der Bevölkerung, auch wenn die konkrete Umsetzung teilweise umstritten ist und eine stärkere Hinwendung zu neoliberalen Politiken die staatliche Unterstützung der Integration seit den 1990er Jahren einschränkte (Schmidtke 2010).

Ähnlich wie die USA und Kanada definierte sich auch *Australien* bis in die 1960er Jahre über seine weißen Siedler:innen, die im 18. und 19. Jahrhundert vor allem aus Großbritannien (insbesondere auch aus Schottland und Irland) kamen (Lunn 2010: 75). Das Selbstverständnis als mehrheitlich britische Siedler:innengesellschaft wurde jedoch durch die zunehmende nicht-europäische Einwanderung in Frage gestellt. Seit Beginn des Zweiten Weltkriegs hatte Großbritannien seine Auswanderungsförderung stark begrenzt, sodass der als erforderlich wahrgenommene Bevölkerungszuwachs Australiens nicht mehr mit britischen Siedler:innen gedeckt werden konnte. Nach dem Krieg wurden daher auch europäische Flüchtlinge aufgenommen. Dabei setzte sich jedoch die Auswahl der Zuwandernden auf Basis ihrer Verwertbarkeit für die heimische Wirtschaft fort und wurde später durch eine gezielte Arbeitskräfteanwerbung ergänzt (Appleyard 1964).

Seit den 1960er Jahren und den damaligen Veränderungen des Commonwealth öffnete sich Australien unter der Leitdevise *populate or perish* („bevölkern oder untergehen"; Bommes 2011 b: 28) zunehmend auch für Migration aus dem asiatischen Raum. Damit verschob sich die nationale Identitätsdefinition hin zur Selbstverortung als Teil Asiens und die Vielfalt der australischen Gesellschaft wurde zunehmend anerkannt. Allerdings schloss der australische Multikulturalismus indigene Gruppen kaum in die nationale Identitätsdefinition ein und wurde zudem durch wechselnde Regierungen unterschiedlich definiert. Zuletzt wurde das Konzept dabei inhaltlich ausgehöhlt bzw. an Paradigmen nationaler Einheit und Harmonie ausgerichtet, wodurch Andersartigkeit wieder stärker negativ konnotiert wird (Baringhorst 2010).

Eine besondere Frage ist der Umgang Australiens mit Asyl- und Fluchtmigration. In den 1970er Jahren stieg die Anzahl der Bootsflüchtlinge aus Vietnam, woraufhin der Vorschlag für ein mehrstufiges System gemacht wurde, das die Bootsflüchtlinge am Zugang zum australischen Staatsgebiet hindern sollte. Der Vorschlag umfasste die zwangsweise Rückführung von Booten ebenso wie die Unterbringung der Flüchtlinge in Staaten außerhalb Australiens und die Verwehrung der Einreise. Er wurde jedoch als undurchführbar abgelehnt (Higgins 2017). Diese

Ablehnung änderte sich Anfang der 2000er Jahre, als Australien begann, Abkommen mit Staaten wie Indonesien zu schließen, um dort Zentren für die Inhaftierung von Bootsflüchtlingen einzurichten. Die Einreise nach Australien bleibt diesen Flüchtlingen meist verwehrt (Nethery/Gordyn 2014). Stattdessen erfolgt die Aufnahme von Geflüchteten überwiegend über reguläre *Resettlement*-Programme, während Bootsflüchtlinge als *queue jumpers* (Vordrängler) bezeichnet werden, die die reguläre Aufnahme und die damit verbundenen Wartezeiten zu überspringen versuchen (Hartley/Pedersen 2015: 143 f.).

7.1.2 Die Entwicklung der Migrationspolitik „neuer" Einwanderungsländer

Im Gegensatz zu diesen „Siedler:innengesellschaften" sind viele europäische Staaten zumindest dem Selbstverständnis nach zunächst Auswanderungsländer gewesen. Der Zweite Weltkrieg und seine Nachwirkungen führten dann jedoch zu massenhaften Fluchtbewegungen und Vertreibungen in Europa, sodass sich einige der ehemaligen Auswanderungsländer mit starker Einwanderung konfrontiert sahen. In den 1950er und 60er Jahren wurde dies verstärkt durch einen hohen Arbeitskräftebedarf im Zuge des Wirtschaftswachstums, der durch die einheimische Bevölkerung oft nicht gedeckt werden konnte. Daher begannen viele Staaten, wie Deutschland (→ Kap. 5), gezielt ausländische Arbeitskräfte anzuwerben.

Das *Britische Empire* hatte lange Zeit eine Emigrationspolitik verfolgt, um durch die Ansiedlung seiner Staatsbürger:innen seinen Einfluss in der Welt zu sichern und um heimische soziale Probleme zu lösen (Stricker 2019: 473 f.). Dennoch war Großbritannien immer auch von Zuwanderung geprägt, beispielsweise durch Händler:innen, Bergarbeiter:innen, Seeleute oder verfolgte Protestant:innen. Hinzu kamen Migrant:innen vom europäischen Festland, die ihre ursprünglich geplante Weiterreise in die USA aus verschiedenen Gründen nicht antreten konnten und in Großbritannien blieben.[2] Auch wenn viele Migrant:innengruppen zunächst positiv gesehen wurden, beispielsweise auf Basis wirtschaftlicher Erwägungen, wuchs die Sorge der Gewerkschaften vor Lohnkonkurrenz auf dem Arbeitsmarkt. Gleichzeitig stiegen auch antisemitische Haltungen gegenüber jüdischen Zuwandernden. Dies führte schließlich zur Einführung von Zuwanderungsbeschränkungen mit dem *Aliens Act* 1905. Dieser „setzte neue Maßstäbe im britischen Zuwanderungsrecht, die für das 20. Jahrhundert maßgeblich werden sollten." (Lunn 2010: 73) Restriktionen für bestimmte Zuwanderndengruppen wurden im Laufe der Jahre immer wieder eingeführt und verändert. So wurde beispielsweise das ursprüngliche Gesetz bis 1920 durch weitere Beschränkungen sowie eine Ausweitung der Befugnisse zur Kontrolle und gegebenenfalls Ausweisung von Migrant:innen ergänzt.

Spätere Zuwanderung war vor allem durch Migrant:innen aus den (ehemaligen) Kolonien geprägt. Diese Zuwanderung wurde durch die Gewährung der Freizügigkeit im Rahmen des Commonwealth mit dem British Nationality Act 1948 li-

2 Der Zuwanderung nach Großbritannien kann auch die rechtlich als Binnenwanderung gefasste Zuwanderung aus Irland – insbesondere im Zuge der Industrialisierung – zugerechnet werden, da sie die britische Gesellschaft ebenfalls veränderte (Lunn 2010: 68–72).

beralisiert. Sie ermöglichte beispielsweise Zuwandernden aus der Karibik oder aus Indien die dauerhafte Einwanderung nach Großbritannien. Gleichzeitig wurde eine liberale Arbeitsmigrationspolitik und teilweise aktive Anwerbepolitik verfolgt, um die boomende Nachkriegswirtschaft mit Arbeitskräften zu versorgen. Hinzu kamen Kriegsvertriebene („*displaced persons*"), v. a. aus Polen (Lunn 2010: 78–81). Gegen die Zuwanderung regten sich jedoch auch Widerstände, sodass in den 1970er Jahren die Zuwanderung aus dem Commonwealth begrenzt und 1981 das Recht zur Niederlassung abgeschafft wurde (Borkert et al. 2007: 34 f.). In den 1980er Jahren führten die soziale Ungleichheit und steigende Arbeitslosigkeit zu wachsenden gesellschaftlichen Spannungen. Ausschreitungen in migrantisch geprägten Vierteln befeuerten die Debatten um Integrationsprobleme und Zuwanderung (Lunn 2010: 81–83).

Die britische Integrationspolitik ist durch den Ansatz der *Race Relations* geprägt, der vor allem Bürgerrechte und Antidiskriminierungspolitik umfasst. Dabei wurde auch das Recht auf eine Individualklage bei rassistischer Diskriminierung eingeführt (Borkert et al. 2007: 35). Dieser Fokus inklusive seiner dichotomischen Unterscheidung in „schwarze" und „weiße" Menschen setzt sich bis heute fort und blendet dabei andere Dimensionen gesellschaftlicher Vielfalt und Zuwanderung teilweise aus (Schönwälder 2010: 111–114). Dennoch hat die zunehmende Einwanderung aus der erweiterten Europäischen Union seit 2004 einen starken Einfluss auf die gesellschaftlichen Debatten gehabt (→ Zur Diskussion). Neben Antidiskriminierung und Rassismus richtet sich die öffentliche Aufmerksamkeit jetzt verstärkt auf die Frage der Arbeitsmarktintegration und -teilhabe (Bommes 2011 b: 30). Hinzu kommt in den letzten Jahren eine Verschiebung in der Integrationspolitik von der Betrachtung gesellschaftlicher Gruppen hin zu einem stärker individuellen Blick, der nach neuen Modellen für die multikulturelle Gesellschaft sucht (Schönwälder 2010: 117 f.).

Zur Diskussion

Brexit – Eine Folge der Binnenfreizügigkeit?

Im Juni 2016 stimmte eine knappe Mehrheit (52%) der Bevölkerung des Vereinigten Königreichs (UK) für den Austritt ihres Staates aus der Europäischen Union. Als einen Grund für diese Entscheidung sehen viele Beobachter:innen die Zuwanderung aus den restlichen Mitgliedstaaten der EU, die insbesondere seit der Osterweiterung 2004 und 2007 deutlich zugenommen hatte. Andere Staaten, darunter Deutschland, hatten eine Übergangsfrist eingerichtet, während derer die Zuwanderung aus den neuen Mitgliedstaaten Beschränkungen unterlag. Dies führte zusammen mit der guten Arbeitsmarktlage und den guten sprachlichen Voraussetzungen zu einem starken Anstieg der Migration nach UK (Clark et al. 2016). Obwohl diese Migrant:innen einen positiven Beitrag zur Wirtschaft und den öffentlichen Finanzen des Vereinigten Königreichs leisteten (Dustmann et al. 2010) und trotz der bereits ab 2008 deutlichen Rückwanderung löste diese Zuwanderung gesellschaftliche Konflikte sowie die Angst vor einer Konkurrenz auf dem Arbeitsmarkt (insbesondere im gering qualifizierten und Niedriglohn-Segment) aus (Brasche 2017: 299). Die Befürworter des Brexits machten diese Sorgen zu einem Hauptthema ihrer Kampagne.

Mit dem Volksentscheid war der Austritt jedoch noch lange nicht abgeschlossen. Es begannen langwierige Verhandlungen, da der Brexit viele Fragen in Bezug auf den weiteren Umgang mit freiem Waren- und Personenverkehr aufwarf. Erst Ende Dezember 2020 konnte der „Partnerschaftsvertrag" geschlossen werden, der die zukünftigen Beziehungen zwischen der EU und dem Vereinigten Königreich regelt. Es sieht eine Wirtschaftspartnerschaft vor, die ein Freihandelsabkommen sowie Wettbewerbsregelungen umfasst. Darüber hinaus begründet das Abkommen nach Aussage des Auswärtigen Amts eine „Sicherheitspartnerschaft", die die Zusammenarbeit in der Justiz- und Innenpolitik ermöglicht. Eine gemeinsame Migrationspolitik wird dabei aber nicht angestrebt, auch wenn Regelungen für Personen getroffen wurden, die sich bereits im Vereinigten Königreich, respektive der EU, aufhalten. Dennoch müssen ab 2021 EU-Bürger:innen, die in England leben und arbeiten, einen neuen Antrag auf Aufenthalt stellen, sofern sie noch keine Erlaubnis zum Daueraufenthalt haben. Das gleiche gilt für britische Staatsangehörige, die bereits in Deutschland leben.

Im Gegensatz dazu waren die *Niederlande* schon lange durch einen „Multikulturalismus ganz eigener Prägung" (Hoesch 2018: 151) dominiert. Dieser hängt eng mit dem politischen System der Konkordanzdemokratie und dem „Versäulungsmodell" der niederländischen Gesellschaft zusammen. Dieses versucht, die jeweilige Identität verschiedener gesellschaftlicher Gruppen zu wahren und ihre Partizipation durch eigene Institutionen zu ermöglichen. Dazu gehören beispielsweise konfessionell geprägte Schulen oder ideologisch fundierte Einrichtungen. Gleichzeitig wird versucht, einen politischen Konsens zwischen den verschiedenen Gruppen zu erzielen. Die Versäulung wurde zwar formell Ende der 1960er Jahre abgeschafft, prägt aber das gesellschaftliche System sowie den Umgang mit Minderheiten bis heute. Dabei betont das System gleichzeitig Differenzen zwischen und Gemeinsamkeiten verschiedener Gruppen. Ein Problem dabei ist, dass das Versprechen der Teilhabe nicht immer eingelöst wird und eine Marginalisierung mancher Gruppen auf dem Arbeits- oder Wohnungsmarkt anhält. Dies hat zu einem Erstarken rechter Parteien und dem Vorwurf des „Scheiterns" des niederländischen Modells geführt. Seit Ende der 1990er Jahre wird zudem eine stärker fordernde Haltung gegenüber Migrant:innen eingenommen, die sich beispielsweise in der Verpflichtung widerspiegelt, innerhalb von sechs Wochen einen Integrationskurs zu beginnen. Damit sollen Zugewanderte in die Lage versetzt werden, schnell selbständige Bürger:innen zu werden (Borkert et al. 2007: 21 f.; Prins 2010).

Wiederum anders geprägt ist die Migrationspolitik *Frankreichs*. Im Gegensatz zu anderen postkolonialen Staaten verfolgt Frankreich kein multikulturalistisches Gesellschaftsmodell, sondern basiert stattdessen auf der „republikanischen Assimilation" (Hoesch 2018: 152). Dementsprechend werden gesellschaftliche Gruppen als solche vom Staat nicht anerkannt; prägend ist stattdessen der Status als Staatsbürger:in, der eine Gleichbehandlung aller anstrebt und eine wertebasierte Gemeinschaft vorsieht. Dadurch ist dieses Modell jedoch gleichzeitig blind für bestehende Diskriminierungen und Benachteiligungen, da beispielsweise keine nach Ethnie oder Migrationshintergrund differenzierten Daten zur Arbeitsmarktteilhabe oder zu Bildungsabschlüssen erhoben werden.

Bereits in den Jahren vor und kurz nach der Französischen Revolution hatte Frankreich sich als „Hort der Freiheit“ (Page Moch 2010: 124) definiert und ein liberales Einbürgerungsrecht verfolgt. Die Hürden für eine Einbürgerung wurden jedoch bereits wenige Jahre später erhöht. In der zweiten Hälfte des 19. Jahrhunderts nahm die Arbeitskräftezuwanderung nach Frankreich deutlich zu, insbesondere aus Belgien, Italien und Spanien. Fremdenfeindlichkeit und Rassismus wuchsen und nahmen immer wieder auch gewalttätige Formen an. In der Folge wurden in den 1890er Jahren restriktive Regelungen erlassen, die Zugewanderten beispielsweise den Zugang zu medizinischen Leistungen versagten. Gleichzeitig wurde jedoch ein inklusives Staatsangehörigkeitsgesetz entwickelt. Es verfolgte das Ziel, die zunehmende Zahl ausländischer Einwander:innen und ihrer Kinder zu (militärpflichtigen) französischen Staatsangehörigen zu machen. Dementsprechend führte es die Verleihung der Staatsangehörigkeit qua Geburt im Inland ein (Page Moch 2010).

Auch zwischen den beiden Weltkriegen war die Zuwanderung nach Frankreich hoch. Sie bestand vor allem aus italienischen und polnischen Arbeitskräften, die häufig ihre Familien mit nach Frankreich brachten. Diese Zuwanderung wurde auch aufgrund der hohen Bevölkerungsverluste während des Krieges begrüßt und die Integration der neu Zugezogenen gefördert. Dies änderte sich mit der Wirtschaftskrise in den 1930er Jahren, die zu massenhaften Entlassungen ausländischer Arbeitskräfte führte. Zudem wurden massive Verschärfungen der Einreise- und Aufenthaltsbestimmungen für Ausländer:innen eingeführt. Dies änderte sich erst in den *Trentes Glorieuses* (den „dreißig glorreichen Jahren“ von 1945–75), als die Zuwanderung aus Südeuropa von einer offenen Integrationspolitik begleitet wurde. Gleichzeitig wurden Zuwandernde aus dem Maghreb, insbesondere Algerien, deutlich ablehnender behandelt.

Eines der aktuell größten Probleme der Integration von Zugewanderten in Frankreich stellt die Wohnsegregation dar, die sich in den *Banlieues* an den Rändern der großen Städte zeigt, wo hohe Arbeitslosenquoten und soziale Spannungen immer wieder zu Ausschreitungen geführt haben (Page Moch 2010).

Neben diesen Staaten, die bereits spätestens nach dem Ende des Zweiten Weltkriegs zahlenmäßig signifikante Einwanderung erfahren haben, gibt es „noch neuere“ Einwanderungsländer, wie z. B. *Italien.* Hier übersteigt die Einwanderung die Anzahl der Auswandernden erst seit den 1970er Jahren, als die Rückwanderung aus den ehemaligen „Gastarbeitenden“-Staaten zusammenfiel mit einem allgemeinen Anstieg der Immigration (Finotelli 2013; Scotto 2017). Dabei wandelten sich die vorrangigen Motive der Zuwanderung von der Arbeits- zur Familien- und schließlich Fluchtmigration. Anfangs waren Migrationsprozesse weitgehend unreguliert und viele Migrant:innen waren irregulär beschäftigt. Entgegen der sehr restriktiven Rhetorik vieler Politiker:innen wurde dies lange toleriert bzw. durch Legalisierungswellen nachträglich korrigiert (Finotelli/Arango 2011). Trotz der inzwischen mehr als dreißigjährigen Einwanderungsgeschichte haftet migrationspolitischen Diskursen in Italien weiterhin der Eindruck des „Außergewöhnlichen“ an und staatliche Integrationspolitik ist nach wie vor rudimentär. Auch die Politik gegenüber der Fluchtmigration ist nach Jahren hoher Zuwanderungszahlen durch eine Krisenrhetorik und eine fragmentierte Gesetzgebung geprägt (Gluns 2020; Wahnel 2011). Nach wie vor ist irreguläre Beschäftigung, die häufig von Migrant:innen ausgeübt wird, ein wichtiger Wirtschaftsfaktor, beispielsweise in der Landwirtschaft (Open Society Foundations 2018). Allerdings verschärft sich in den letzten Jahren der restriktive Diskurs, auch in Folge der Abschottungsmaßnahmen mancher EU-Mitgliedstaaten, von denen sich Italien mit der Fluchtzuwanderung weitgehend alleingelassen fühlt.

7.1.3 Resümee: international vergleichende Migrationspolitik

In der Zusammenschau zeigt sich, dass die jeweiligen Kategorien „klassischer" und „neuer" Einwanderungsländer zwar auf vielen Gemeinsamkeiten beruhen, aber dennoch signifikante Unterschiede innerhalb der jeweiligen Staatengruppen bestehen. Sie ergeben sich aus politischen, wirtschaftlichen und sozialen Strukturen sowie den jeweiligen Migrationserfahrungen der Staaten. Beispielsweise spielen wirtschaftliche Verflechtungen wie Handelsbeziehungen eine Rolle nicht nur für Wanderungsbewegungen, sondern auch für staatliche Politiken. Darüber hinaus zeigt sich, dass die Migrationspolitiken der Staaten im Zeitverlauf immer wieder restriktive und liberale Phasen durchlaufen haben, die u. a. von geopolitischen Vorkommnissen wie Kriegen oder von wirtschaftlichen Zyklen beeinflusst wurden. Eine Typenbildung der Migrationspolitik darf dementsprechend nicht so interpretiert werden, dass es sich bei den Typen jeweils um homogene Gruppen handelt, die deckungsgleiche Politiken verfolgen. Dennoch hilft die Vergleichsperspektive, gemeinsame Trends zu identifizieren und Einflussfaktoren in ihrer Bedeutung für die Entwicklung der Migrationspolitik zu analysieren. Der internationale Vergleich ist für Wissenschaft und Praxis gleichermaßen interessant und relevant. Insofern verwundert es nicht, dass es mittlerweile einige Indices zur Migrationspolitik gibt, die in aufwändigen Forschungsprojekten entstanden sind (→ Beispiel).

Beispiel

Datenbanken zum Vergleich von Migrationspolitiken

Verschiedene Akteur:innen haben sich das Ziel gesetzt, Migrationspolitik international vergleichbar und ihre Daten online zugänglich zu machen. Dafür haben sie mit teils etwas unterschiedlichen Zielsetzungen Datenbanken und Online-Tools entwickelt. Grundsätzlich bewegen sich derartige Vorhaben im Spannungsfeld zwischen einem hohen Abstraktionsgrad und einer starken Verallgemeinerung (beispielsweise durch Einbezug verschiedener Politikfelder) auf der einen sowie einer hohen Entsprechung der Realität bei schlechterer Vergleichbarkeit (z. B. bei Fokus auf einzelne Politikbereiche und Einbezug verschiedener Kontextvariablen) auf der anderen Seite. Darüber hinaus stellt sich die Frage, wie Politiken quantifiziert werden können, d. h. wie politische Inhalte in Zahlen oder Indizes übersetzt werden. Einige Datenbanken haben sich an diese Herausforderung gewagt:

MIPEX: Der *Migrant Integration Policy Index* der Migration Policy Group ist ein Tool, in das Daten aus 38 Staaten (darunter die EU-Mitgliedstaaten und weitere westliche Zielländer wie die USA, Australien, aber auch die Türkei und

Südkorea) eingespeist werden. Wie der Titel verrät, konzentriert sich MIPEX auf Integrationspolitiken in acht Politikbereichen. Es richtet sich an Vertreter:innen der politischen Praxis und will ihnen Informationen bereitstellen, „not only to understand and compare national integration policies, but also to improve standards for equal treatment" (https://www.mipex.eu/what-is-mipex) Es zielt folglich darauf ab, die Effektivität der Politiken zu analysieren und befragt hierfür Expert:innen in den jeweiligen Ländern nach ihrer Bewertung, inwiefern Gleichbehandlung von Migrant:innen in den 167 entwickelten Indikatoren erreicht wird. Diese werden dann für die acht Politikbereiche jeweils als Durchschnittswerte zusammengefasst. Derartige Quantifizierungen haben den Vorteil, Vergleichbarkeit herzustellen, werden aber für die unklaren Aggregierungsregeln kritisiert (Gest et al. 2014).

IMPALA: Die *International Migration Policy And Law Analysis Database* ist eine internationale Datenbank, die Einwanderungs- und Einbürgerungspolitik, Politiken gegenüber irregulärer Migration sowie bilaterale Abkommen in 20 OECD-Staaten sowie im Zeitverlauf vergleicht (http://www.impaladatabase.org). Damit konzentriert sie sich auf die Zugangsregelungen. Die Datenbank soll sowohl qualitative als auch quantitative Auswertungen des *policy-making*-Prozesses sowie der Wirkungen der jeweiligen *policies* ermöglichen. Hierfür werden auf der nationalen Ebene „Zugangspfade" erfasst, die in sechs verschiedene Politikbereiche unterteilt werden. Ihre jeweilige Ausrichtung wird zwischen restriktiven und liberalen Politiken unterschieden. Diese Ausrichtung wird auf der Ebene der *policy output*, also der Politiken „auf dem Papier" erfasst, die von Mitarbeiter:innen des Projekts codiert werden. Die Frage der Aggregation verschiedener Pfade wird im Verlauf des Projekts auf Basis der dann bereits erhobenen Daten beantwortet (Gest et al. 2014). Das durchführende Konsortium besteht aus Wissenschaftler:innen an verschiedenen Universitäten.

DeMIG Policy: Das *Determinants of International Migration* (DeMIG)-Projekt beinhaltet verschiedene Teilbereiche, die jeweils eigene Datenbanken umfassen, u.a. zu Migrationsbewegungen. Die DeMIG Policy Datenbank enthält 6.500 politische Veränderungen in 45 Staaten weltweit, überwiegend im Zeitraum von 1945 bis 2013. Die Reformen werden jeweils daraufhin codiert, welche Gruppe von Migrant:innen und welchen Politikbereich sie betreffen, sowie ob die Politik dadurch liberaler oder restriktiver wurde (binär codiert in +1/-1). Damit ermöglicht die Datenbank einerseits klare Vergleichbarkeiten der Entwicklung im Zeitverlauf, arbeitet aber andererseits auf einer hohen Ebene der Abstraktion und kann z.B. Abstufungen (wie stark war die jeweilige Restriktion/Liberalisierung?) nicht abbilden. Die Datenbank wurde von den Mitarbeiter:innen des Forschungsprojekts erstellt und von internationalen Expert:innen überprüft ((https://www.imi-n.org/data/demig-data/demig-policy-1).

Migrationsdatenportal: Das Migrationsdatenportal der Internationalen Organisation für Migration (IOM) verspricht, einen Blick auf „Das große Ganze" zu werfen (https://www.migrationdataportal.org). Hierin werden neben weltweiten Statistiken zu Migration, die auch als interaktive Karten verfügbar sind, auch Indikatoren zur Migrationspolitik abgebildet. Diese speisen sich teilweise aus den o. g. Indices und nehmen zudem Indikatoren zur „Migrationsregierungsführung" der IOM und Daten des Projektes *Immigration Policies in Comparision* (**IMPIC**) auf. Die IMPIC-Datenbank wurde u. a. am Wissenschaftszentrum Berlin entwickelt und fokussiert migrationspolitische Entwicklungen in OECD-Staaten (http://www.impic-project.eu/data).

7.2 Liberalisierung und Konvergenz: Migrationspolitik im Zeitverlauf

Im historischen Vergleich der Migrationspolitik können grob drei Phasen unterschieden werden. Im 17. und 18. Jahrhundert verfolgten die meisten Herrschenden eine liberale Migrationspolitik, die vornehmlich ökonomisch motiviert war. So bestand eine grundsätzliche Offenheit für ausländische Handwerker:innen und Gewerbetreibende, die oft auch Angehörige anderer Religionen einschloss. Im 19. Jahrhundert fand zudem eine massive Auswanderung aus Europa vor allem nach Übersee statt, die aufgrund demographischer und ökonomischer Push-Faktoren erfolgte. Erst Ende des 19. Jahrhunderts begannen Herrscher:innen, immer restriktivere Politiken einzuführen. Dieser Trend hielt bis zum Ende des Zweiten Weltkriegs an. Er hing mit politischen Umbrüchen, mit der Nationalstaatsbildung – verstärkt noch einmal nach dem Ende des Ersten Weltkriegs – und der damit einhergehenden Abgrenzung des „Staatsvolks“ nach außen –, mit dem Auf- und Ausbau des Sozialstaats sowie mit technologischen Veränderungen zusammen (Reinecke 2010; Zolberg 1983). Die folgenden Teilkapitel befassen sich vor allem mit der Entwicklung der Migrationspolitik seit dem Ende des Zweiten Weltkrieges sowie mit verschiedenen Erklärungsansätzen für diese Entwicklungen. Dabei wird im ersten Teilkapitel der Forschungsstrang vorgestellt, der sich mit der Frage nach Angleichungsprozessen (*Konvergenz*) im internationalen Vergleich befasst. Das zweite Teilkapitel konzentriert sich auf die Ansätze, die die Entstehungs- und Veränderungsbedingungen von Migrationspolitik innerhalb von Staaten in den Blick nehmen und danach fragen, ob hier im Zeitverlauf eine Öffnung (*Liberalisierung*) zu beobachten ist (zu dieser Unterscheidung der Forschungsstränge siehe auch Scholz 2012). Abschließend werden diese Fragen anhand aktueller politischer Trends diskutiert.

7.2.1 Konvergenzhypothese: Werden sich Politiken immer ähnlicher?

Bei der Betrachtung von Migrationspolitiken im historischen und internationalen Vergleich zeigen sich Ähnlichkeiten zwischen verschiedenen Staaten. Einige Wissenschaftler:innen haben sich mit diesen Parallelen befasst und die These aufgestellt, dass sich Migrationspolitiken im Zeitverlauf immer ähnlicher werden. Diese Annahme wird – mit leicht unterschiedlicher Schwerpunktsetzung – unter verschiedenen Begrifflichkeiten diskutiert. Ein weit verbreiteter Begriff ist der der *Konvergenz*. Sie kann definiert werden als:

> „any increase in the similarity between one or more characteristics of a certain policy (e.g. policy objectives, policy instruments, policy settings) across a given set of political jurisdictions (supranational institutions, states, regions, local authorities) over a given period of time.” (Knill 2005: 768)

Damit ist Konvergenz als zunehmende Ähnlichkeit von Merkmalen der Politik zu verstehen. Sie wird in Studien meist als die Verringerung der Variation zwischen den Migrationspolitiken verschiedener Staaten gemessen und konzentriert sich somit vorrangig auf die inhaltlichen Effekte der Angleichung. Ein prominentes Beispiel der politikwissenschaftlichen Erforschung von Konvergenz ist die Verbreitung des nationalstaatlichen Ordnungsprinzips, das bestimmte Institutionen und Strukturen umfasst und inzwischen nahezu universelle Verwendung gefunden hat, obwohl noch vor ca. 150 Jahren eine deutlich größere Heterogenität territorialer Ordnungen bestand (Cook-Martín/FitzGerald 2019: 45 f.).

Konvergenz kann abgegrenzt werden von Konzepten wie *policy transfer*, der stärker prozessorientiert ist und beispielsweise die Nutzung von Wissen aus anderen Staaten bei der Gestaltung der eigenen Politik in den Blick nimmt. Ebenso kann Konvergenz unterschieden werden von *policy diffusion*, die sich ebenfalls auf sozial vermittelte Prozesse der Übertragung oder Verbreitung bestimmter Politiken konzentriert (Knill 2005).

Als Ursache von (migrationspolitischer) Konvergenz kommen verschiedene Mechanismen in Frage. Erstens kann Konvergenz das Ergebnis voneinander unabhängiger Reaktionen auf ähnliche Herausforderungen sein. Ein Beispiel hierfür wäre der zunehmende Arbeitskräftebedarf, der in verschiedenen Staaten aus der einheimischen Bevölkerung nicht gedeckt werden kann und – ohne wechselseitige Einflussnahme – jeweils zu einer Liberalisierung der Arbeitsmigration führt. Zweitens kann die Angleichung aus dem Zwang zur Übernahme bestimmter Politiken durch asymmetrische Machtverhältnisse resultieren. Der Zwang kann dabei beispielsweise durch (militärisch, wirtschaftlich oder diplomatisch) einflussreiche Staaten oder internationale Organisationen mit Sanktionspotenzial ausgeübt werden. Die dritte Möglichkeit ist die Harmonisierung durch internationale Organisationen, in deren Rahmen freiwillige multilaterale Verhandlungen zu gemeinsamen Normen und Politiken führen. Hierzu kann teilweise auch die Harmonisierung im Rahmen der Europäischen Union gezählt werden, solange die Verhandlungen intergouvernemental, d. h. zwischen den Regierungen der Mitgliedstaaten, stattfinden und jeder Staat ein Vetorecht hat (Helbling/Kalkum 2018: 1782). Viertens kann auch regulatorischer Wettbewerb im Rahmen der globalisierten Märkte zu einer wechselseitigen Anpassung der Migrationspolitik führen. Ein Beispiel hierfür wären Erleichterungen des Zuzugs von Hochqualifizierten, die von anderen Staaten übernommen werden, um keinen Nachteil im Wettbewerb um die besten Köpfe zu haben. Und schließlich kann auch Kommunikation, z. B. als Wissensaustausch, durch *policy learning* zur Angleichung von Politiken führen (Cook-Martín/FitzGerald 2019; Holzinger/Knill 2005).

Konvergenz der Politiken wird – insbesondere in der IB-Denkschule des Liberalismus (→ Kap. 3) – grundsätzlich erleichtert durch eine bereits bestehende institutionelle, kulturelle oder sozio-ökonomische Ähnlichkeit zwischen den beobachteten Staaten. Auch die Art der Politik spielt hierfür eine Rolle, da Maßnahmen mit geringeren redistributiven Implikationen weniger stark umstritten sind und sich leichter aneinander angleichen als stärker konfliktbehaftete Politiken (Knill 2005: 770 f.). Dementsprechend müsste Migrationspolitik weniger leicht konvergieren, wenn hohe Kosten der Integration befürchtet werden, was häufig bei der Zuwanderung gering qualifizierter Migrant:innen oder bei der Asylmigration vermutet wird.

Die Frage, ob sich Migrationspolitiken in westlichen Staaten über die Zeit immer ähnlicher werden, haben verschiedene Wissenschaftler:innen auf der Basis unterschiedlicher Daten zu beantworten versucht. Je nachdem, welche Datengrundlage und welche Art der Messung von Konvergenz verwendet werden, kommen die Studien zu unterschiedlichen Ergebnissen. So sind Ähnlichkeiten auf der diskursiven Ebene sehr sichtbar, was sich beispielsweise in der weit verbreiteten Rhetorik der „Verhinderung irregulärer Migration", der „Bekämpfung von Menschenschmuggel" oder auch der „Anwerbung hochqualifizierter Arbeitskräfte" zeigt. Diese ähnlichen Begriffe können jedoch teilweise sehr unterschiedliche Ziele und politische Instrumente verdecken, sodass differenziertere Erhebungen nötig sind (Hoesch 2018: 145 f.).

Ein umfassender Vergleich der Migrationspolitiken von OECD-Staaten zeigt, dass im Gesamtzusammenhang der Politiken durchaus eine Konvergenz zu beobachten ist. Allerdings unterscheidet sich das Ausmaß der Angleichung zwischen verschiedenen Politikbereichen und Staaten. Besonders stark fiel die Angleichung der Asylpolitik zwischen den Europäischen Staaten aus (Helbling/Kalkum 2018). Dies verwundert angesichts der Vergemeinschaftung der Asylpolitik im Rahmen der EU nicht: seit den 1990er Jahren wurde die Europäische Union mit der Kompetenz ausgestattet, mit Mehrheitsentscheiden gemeinsame Asylregelungen zu beschließen. Alle Staaten müssen sich unabhängig von ihrem eigenen Abstimmungsverhalten an diese Regelungen halten, was durch die EU überwacht und gegebenenfalls sanktioniert wird (→ Kap. 4).

In anderen Politikbereichen fällt die Konvergenz weniger stark aus. Beispielsweise wird in Bezug auf die Arbeitsmigrationspolitik eher von einer „Hybridisierung" gesprochen. Damit ist gemeint, dass sich die Politik der Staaten nicht insgesamt aneinander angleicht, sondern dass die unterschiedlichen Systeme Teile einer anderen Politik übernehmen. Die konkrete Ausgestaltung der Politiken unterscheidet sich jedoch weiterhin nach den unterschiedlichen Traditionen und Migrationserfahrungen der Staaten (Kolb 2014; Rosenblum/Cornelius 2012: 266–268).

Ein Bereich, der in der Regel von der Politikwissenschaft als Kernbereich nationaler Souveränität gesehen wird, ist das Staatsangehörigkeitsrecht (→ Kap. 12). Hier herrscht die Annahme vor, dass die Staaten in der Ausgestaltung der Regelungen zur Staatsangehörigkeit weitgehend unabhängig bleiben wollen. Nichtsdestotrotz zeigt sich auch in diesem Bereich eine zunehmende Konvergenz (Cook-Martín/FitzGerald 2019).

7.2.2 Liberalisierungshypothese: Wird Migrationspolitik immer liberaler?

Unabhängig davon, ob sich Migrationspolitiken verschiedener Staaten immer ähnlicher werden, stellt sich die Frage, in welche Richtung sie sich bewegen. Lässt sich international im Zeitverlauf eine zunehmend restriktive oder eine immer liberalere Politik beobachten, oder bleibt die Ausrichtung der Politik im Zeitverlauf stabil?

Die sogenannte *Liberalisierungsthese* geht davon aus, dass Migrationspolitiken über die Zeit immer liberaler werden. Hinter dem Begriff verbergen sich unterschiedliche kausale Annahmen, die sich – ebenso wie die These einer Konvergenz der Migrationspolitik – auf unterschiedliche Dimensionen der Politiken beziehen. Beispielsweise ist zu unterscheiden, ob die Ebene der politischen Diskurse, der formellen Politiken auf dem Papier, ihre Implementation oder ihre praktischen Effekte betrachtet werden (Haas et al. 2018 a: 26 f.) Würden z. B. die tatsächlichen Effekte bzw. das *outcome* der Politik in den Blick genommen und aufgrund einer steigenden Anzahl von Migrant:innen auf eine Liberalisierung der Politik geschlossen, könnte dies ebenso Ergebnis einer bewussten Entscheidung wie eines *control gap* sein (→ Kap. 6). Daher sind auch hier differenziertere Analysen erforderlich, um die Liberalisierungsthese bestätigen oder widerlegen zu können. Die folgenden Ausführungen beziehen sich weitgehend auf die Ebene der formellen *policy outputs*.

Haas et al. (2018 a) kommen auf Basis eines Vergleichs der Migrationspolitiken von 45 Staaten (Herkunfts- sowie Zielstaaten der Migration) zu dem Schluss, dass die Politiken seit 1945 immer liberaler geworden sind, auch wenn sich dieser Trend in den letzten Jahren verlangsamt hat. Ihre Ergebnisse unterscheiden sich jedoch nach Weltregionen, Politikfeldern und Migrant:innengruppen. Insbesondere in den Feldern des Grenzschutzes und der irregulären Migration wurden die Regelungen restriktiver, während sie in den Bereichen Arbeitsmigration und Asyl liberaler wurden. Letzteres bezieht sich auf die Rechte, die Asylsuchenden gewährt werden, sofern sie das Zielland erreichen; Maßnahmen zur Grenzsicherung, die sie häufig genau davon abhalten, fallen hingegen in einen anderen Politikbereich und wurden im Zeitverlauf restriktiver.

Die beobachtete Liberalisierung der Migrationspolitik wird mit Hilfe unterschiedlicher Ansätze erklärt. Beispielsweise wird angenommen, dass liberale Demokratien langfristig zu einer expansiven und inklusiven Migrationspolitik tendieren (→ Kap. 2+6). Ein Beispiel hierfür ist die Auswanderungspolitik: eine umfassende Beschränkung der Möglichkeiten zur Auswanderung scheint nur wenigen autoritären Staaten umsetzbar, während alle anderen Staaten das grundsätzliche Recht zur Ausreise anerkennen (Haas et al. 2018 b: 27 f.).

Auch Hollifields (1992 b) *liberales Paradox* (→ Kap. 6) hat eine expansive Dynamik: Obwohl die Legitimation des politischen Systems von einer Privilegierung der eigenen Staatsangehörigen und damit von Restriktionen gegenüber Außenstehenden abhänge, würden die Politiken westlicher Demokratien immer liberaler. Diese Tendenz erklärt er u. a. damit, dass Migrant:innen, darunter auch marginalisierte Arbeitsmigrant:innen, im Lauf der Zeit Rechte erwerben, die die staatlichen Möglichkeiten zur Restriktion eingrenzen.

Während sich ein Großteil der Forschung zur Liberalisierung mit der Migrationspolitik demokratisch-liberaler westlicher Zielländer der Migration befasst, gibt es auch Erkenntnisse zu anderen Staatengruppen. Katharina Natter (2018) stellt für die als „autokratisch" eingestuften Staaten fest, dass ihre Politiken häufig liberaler seien, als dies auf Basis ihres politischen Systems zu erwarten wäre. Dies erklärt sie mit Hilfe eines *illiberal paradox*:

> „illiberal, autocratic regimes can more easily adopt open immigration policies if these fit their priorities, as they are more autonomous from popular

> demands for closure compared to liberal-democratic regimes." (Natter 2018: 2)

Autokratische unterscheiden sich jedoch von demokratischeren Staaten dadurch, dass ihre Diskurse häufig noch liberaler seien als die tatsächlichen Politiken, da sie dies u. a. als ein Instrument nutzen, um sich auf der internationalen Bühne als progressiv zu präsentieren.

Im Gegensatz zur Liberalisierungsthese vermuten andere Wissenschaftler:innen eine zunehmend restriktive Migrationspolitik. Diese Annahme führen sie beispielsweise auf restriktive Haltungen in der Bevölkerung gegenüber gering qualifizierten Zuwandernden, auf Sicherheitsbedenken oder auf die zunehmende Bedeutung rechter Parteien und populistischer Bewegungen zurück (Helbling/Kalkum 2018: 1779 f.). Allerdings folgt die Politik, wie oben bereits erläutert, der ablehnenden Haltung der Bevölkerung oder auch populistischen Strömungen oft nicht. Stattdessen ist ein *discursive gap* zu beobachten (→ Kap. 6), d. h. hier klaffen die restriktive Rhetorik und die tatsächlich liberaleren Politiken rechter Parteien auseinander (Haas et al. 2018 b: 27).

Während eine zunehmende Restriktion der Migrationspolitik im Allgemeinen empirisch sowie theoretisch weitgehend widerlegt wurde, können in Bezug auf einzelne Politikfelder durchaus restriktive Tendenzen ausgemacht werden. Eine insbesondere in Bezug auf das Asylrecht häufig vertretene These vermutet ein *race to the bottom* durch wechselseitige Anpassung. Die These konzipiert Flüchtlingsschutz theoretisch als „öffentliches Gut“: Aufgrund ihrer humanitären Verpflichtungen haben Staaten ein grundsätzliches Interesse daran, dass Flüchtlingen Schutz gewährt wird. Gleichzeitig haben rational agierende Staaten kein Interesse an der eigenen Bereitstellung von Flüchtlingsschutz, da sie finanzielle oder sicherheitsbezogene Kosten der Aufnahme befürchten. Dadurch entsteht ein „Trittbrettfahrer“- Phänomen: alle Staaten profitieren von der Sicherheit, die die Aufnahme durch einzelne Staaten bringt, ohne hierzu selbst etwas beitragen zu müssen (Suhrke 1998). Daher müssten sie dazu tendieren, die Regelungen für die Flüchtlingsaufnahme restriktiv zu gestalten, um im Vergleich zu anderen Staaten weniger attraktiv zu erscheinen. Wenn sich alle Staaten immer wieder aneinander anpassen, müsste demnach eine Abwärtsspirale entstehen.

Diese Annahme ist jedoch empirisch nicht haltbar, da sich auch im Bereich der Asylpolitik Tendenzen einer Liberalisierung zeigen, indem beispielsweise liberal eingestellte Staaten ihre Präferenzen auf die EU-Ebene „hochladen“ (Zaun 2017). Daher gehen Wissenschaftler:innen inzwischen von Flüchtlingsschutz als einem „gemischten Gut“ (*joint product*) aus, bei dessen Bereitstellung auch privater bzw. ausschließbarer (*excludable*) Nutzen entsteht. So können sich Staaten, die einen höheren Flüchtlingsschutz gewährleisten, z. B. durch die Einhaltung bestimmter Werte und Normen in der internationalen Arena als moralischer Akteur positionieren oder individuelle Sicherheitsgewinne verzeichnen (Betts 2003). Diese Sichtweise verdeutlicht einerseits, dass Flüchtlinge nicht zwangsläufig als „Last“ oder Kostenfaktor wahrgenommen werden müssen. Andererseits weist sie auf die prägende Rolle internationaler Normen und Rechte für die nationale Migrationspolitik hin, die auch in anderen Ansätzen betont wird (zur Diskussion um Flüchtlingsschutz als *public good* u. a. Betts 2003; Thielemann 2018).

Im Ergebnis lassen sich folglich weder die Annahme einer immer restriktiveren Migrationspolitik noch die These einer immer weiter fortschreitenden Liberalisierung pauschal für alle Migrationspolitiken empirisch nachweisen. Stattdessen deutet die Forschung darauf hin, dass Migrationspolitik zwar in vielen Bereichen immer liberaler, dabei aber auch immer selektiver wird (Haas et al. 2018 b). Migrationspolitiken sind somit nicht wie ein Wasserhahn zu begreifen, den man auf- und zudrehen könnte, sondern wirken eher wie ein Filter (Haas et al. 2018 a: 43). Dabei folgen Regierungen einer utilitaristischen Logik und versuchen dementsprechend, ökonomisch nutzenbringende Migrant:innen anzulocken und sich gegenüber jenen, die als Kostenfaktor – finanziell oder politisch – wahrgenommen werden, abzuschotten. Der Ausbau von Grenzsicherungs- und -kontrollmaßnahmen verdeutlicht diese selektive Zielsetzung und widerspricht der Annahme eines Kontrollverlusts der Staaten. Auch das Visaregime wird zunehmend als migrationspolitisches Selektionsinstrument angewendet (Helbling/Kalkum 2018). Darüber hinaus stärken Symbolpolitiken und die Rhetorik politischer Äußerungen den Anschein, Staaten übten Kontrolle aus und verfolgten restriktive Zielsetzungen, selbst wenn Migrationspolitik liberaler wird (→ Kap. 11). Selektion und Restriktionen werden durch internationale Normen nur teilweise begrenzt. Während beispielsweise eine Auswahl von Migrant:innen auf Basis der ihnen zugeschriebenen „Rasse“ oder Religion heute weitgehend durch allgemeine Menschenrechte und Antidiskriminierungsregeln verboten oder zumindest delegitimiert ist, bedeutet das nicht, dass die Einführung derartiger Regelungen ausgeschlossen wäre. Beispielsweise können sie entweder indirekt über scheinbar neutrale Regeln wie die „Assimilierbarkeit“ der Zuwandernden oder über die Bezugnahme auf grundlegende Bedrohungen wie z. B. Terrorismus legitimiert werden (Cook-Martín/FitzGerald 2019).

7.2.3 Aktuelle Trends und Debatten

Bei der Betrachtung aktueller medialer und politischer Debatten stellt sich die Frage, ob die wissenschaftlichen Erkenntnisse zur weitgehenden Liberalisierung der Migrationspolitik – zumindest in vielen Bereichen – auf Dauer Bestand haben werden. Rechtspopulistische Politiker:innen in aller Welt positionieren sich offen gegen Zuwanderung und Flüchtlinge und stellen sich damit gegen stark verankerte internationale Normen. Die prägende Kraft der supranationalen Organisationen wie der EU scheint ebenfalls abzunehmen, wie sich an der Blockade der aktuellen Reformverhandlungen zur Asylpolitik zeigt (→ Kap. 4).

Andererseits ist die kapitalistisch-globale Wirtschaft weiterhin zunehmend auf mobile Arbeitskräfte angewiesen. Der Bedarf nicht nur an hochqualifizierten Fachkräften, sondern auch an gering qualifizierten Arbeitnehmer:innen, die die am wenigsten begehrten Arbeiten übernehmen, kann immer wieder nur durch Zuwandernde gedeckt werden. Während erstere jedoch inzwischen hochmobil sind und zum Teil nahezu grenzenlose Möglichkeiten der Migration, inklusive Rück- und Weiterwanderung haben, sind die Widerstände gegen jene ohne „verwertbare" Fähigkeiten deutlich größer. Dementsprechend scheint sich die Selektivität der Migrationspolitik immer weiter zuzuspitzen.

Übungs- und Reflexionsaufgaben

1. Was kennzeichnet die Migrationspolitik „klassischer" Einwanderungsländer? Nennen und erläutern Sie zwei Beispiele.
2. Welche Rolle spielt der Kolonialismus für die heutige Migrationspolitik? Erläutern Sie dies anhand eines Beispiels.
3. Besuchen Sie die Websites der vorgestellten Datenbanken zum Vergleich von Migrationspolitik. Welche eignet sich für welches Erkenntnisinteresse am besten?
4. Was versteht man unter der Konvergenzhypothese? Nennen Sie ein Beispiel, wie dies analysiert werden kann.
5. Welche Funktion erfüllt die zunehmende Selektivität der Migrationspolitik?
6. Ist in Zukunft von einer weiteren Liberalisierung der Migrationspolitik auszugehen? Begründen Sie Ihre Ansicht.

Zur Vertiefung

i Cook-Martín, David/FitzGerald, David S. (2019): How Their Laws Affect our Laws. Mechanisms of Immigration Policy Diffusion in the Americas, 1790–2010. In: Law & Society Review, 53, H. 1, S. 41–76. https://doi.org/10.1111/lasr.12394

i Haas, Hein de/Natter, Katharina/Vezzoli, Simona (2018): Growing Restrictiveness or Changing Selection? The Nature and Evolution of Migration Policies. In: International Migration Review, 49, H. 3, S. 324–367. https://doi.org/10.1111/imre.12288

Helbling, Marc/Kalkum, Dorina (2018): Migration policy trends in OECD countries. In: Journal of European Public Policy, 25, H. 12, S. 1779–1797. https://doi.org/10.1080/13501763.2017.1361466

i Scholz, Antonia (2012): Migrationspolitik zwischen moralischem Anspruch und strategischem Kalkül, Wiesbaden: VS Verlag für Sozialwissenschaften.

* Thränhardt, Dietrich/Bommes, Michael (Hrsg.) (2010): National paradigms of migration research. Göttingen: V&R Unipress.

8 Wessen Sicherheit? Migrationspolitik zwischen human security und securitization

Seit vielen Jahren wird ein Trend zur „Versicherheitlichung" von Migration beobachtet. Das bedeutet, dass Einwanderung und Asyl in Verbindung mit Fragen von Sicherheit und Unsicherheit diskutiert werden, bzw. dass Politiken mit sicherheitsbezogenen Argumenten legitimiert werden. Inhaltlich ist dies mit einem stärkeren Fokus auf Fragen des Grenzschutzes verknüpft, aber auch Themen wie Menschenschmuggel, Kriminalität und Terrorismus werden in Zusammenhang mit Migration diskutiert. Dieses Kapitel hinterfragt zunächst den Begriff der Sicherheit, beleuchtet die möglichen Zusammenhänge zwischen Migration und Sicherheit und erläutert schließlich den Prozess der Versicherheitlichung am Beispiel der Europäischen Union.

Bis zum Ende des 19. Jahrhunderts unterlagen Wanderungsbewegungen kaum Einschränkungen. Erst dann wurden allmählich restriktivere Regelungen wie die Pass- und Visumspflicht eingeführt, die mit der zunehmenden internationalen Instabilität und der davon ausgehenden Bedrohung für staatliche Sicherheit sowie einer rassenbezogenen Ablehnung bestimmter Personengruppen begründet wurden (Light 2013: 345–347). Nach dem Zweiten Weltkrieg wurden rechte Ideologien delegitimiert und die Hauptbedrohung für die staatliche Sicherheit wurde in der Gefahr eines Atomkriegs gesehen. Im politischen Diskurs waren damit gemäß der realistischen Theorie Staaten die Hauptakteure in Fragen von Krieg und Frieden, während die auf individueller Ebene verortete Migration nicht mit Sicherheit in Verbindung gebracht wurde. Erst in den 1970er und 80er Jahren geriet die Migration stärker auf die politische Agenda, wobei sich zunehmend auch migrationskritische Akteur:innen am Diskurs beteiligten (Castles et al. 2013: 201). Heute ist der Streit um Migration und Sicherheit elementarer Bestandteil jeder Migrationsdebatte (Rosenblum/Cornelius 2012). Dabei geht es um weit mehr als einen einfachen Zusammenhang. Vielmehr lassen sich analytisch verschiedene Zusammenhänge unterscheiden, die jeweils mit spezifischen politischen Positionen und Instrumenten verknüpft sind und auf unterschiedlichen Begriffsverständnissen und Theorien aufbauen. Dies gilt besonders für den Begriff der Sicherheit selbst.

8.1 Sicherheitsbegriffe

Sicherheit ist ein zentrales Konzept der Internationalen Beziehungen. Es bezeichnet grundsätzlich die Angreifbarkeit (*vulnerability*) eines Objekts durch eine Bedrohung (Betts 2009 a: 60). Damit stellt sich einerseits die Frage nach dem Objekt (Um wessen Sicherheit geht es?) und andererseits nach der Bedrohung (Wer oder was sind potenzielle Bedrohungen?). Je nachdem, welche bedrohenden und bedrohten Objekte in den Blick genommen werden und welche Annahmen über die kausalen Zusammenhänge der Bedrohung getroffen werden, ergeben sich unterschiedliche politische Handlungslogiken. Dementsprechend hat die Definition von Sicherheit direkte politische und praktische Auswirkungen und kann nicht als wertneutrales Konzept aufgefasst werden. Das macht Sicherheit zu einem umkämpften Begriff, der durch jeweils spezifische normative Haltungen und Interessen ebenso geprägt ist wie durch subjektive (Un-)Sicherheitsgefühle. Gerade in der

Migrationspolitik werden diese Unsicherheitsgefühle – sowohl diejenigen von Migrant:innen als auch die der „Aufnahmegesellschaften" – zum Teil ganz bewusst instrumentalisiert und zur Durchsetzung politischer Interessen mobilisiert. Huysmans (2006) spricht daher mit Blick auf migrationspolitische Entwicklungen in der EU von „politics of insecurity". Doch bevor die Schnittstelle von Sicherheit und Migration näher in den Blick genommen wird, scheint es geraten, sich einige zentrale Definitionen von Sicherheit und ihre politischen Auswirkungen in Erinnerung zu rufen.

In der realistischen Tradition befasst sich die Politikwissenschaft vorrangig mit der Sicherheit von Staaten (als potenziell bedrohte Objekte) und sieht diese durch (militärische) Angriffe anderer Staaten oder nicht- bzw. quasi-staatlicher Akteure wie den „Islamischen Staat" oder Al Qaida bedroht. Als grundlegende Handlungslogik wird angenommen, dass sich jeder Staat vorrangig um die Ausweitung der eigenen Macht sowie um die eigene Sicherheit kümmert. Dementsprechend stehen in dieser Perspektive traditionell Maßnahmen zur Abwehr von Angriffen beispielsweise durch eigene militärische Aufrüstung im Zentrum der Aufmerksamkeit (Andreas 2003). Gleichzeitig geht die (neo)realistische Theorie davon aus, dass die dabei entstehende Machtbalance zwischen Staaten die internationale Sicherheit gewährleistet. Risiken auf der individuellen Ebene können in dieser theoretischen Perspektive hingegen nicht explizit in den Blick genommen werden und die Sicherheit der Bevölkerung wird meist mit der staatlichen Sicherheit gleichgesetzt. Dem widerspricht jedoch Flucht als Migrationsform, besonders wenn sie direkt aus einer Verfolgung des Individuums durch den eigenen Staat resultiert (Betts 2009 a: 60–65).

Seit Mitte der 1990er Jahre hat sich das Spektrum der betrachteten „Sicherheitsobjekte" und möglichen Bedrohungen erweitert. Insbesondere das aus der Entwicklungspolitik stammende Konzept *menschlicher Sicherheit* (*human security*) spielt hierfür eine große Rolle. Der *Human Development Report* des Entwicklungsprogramms der Vereinten Nationen (United Nations Development Program, UNDP) von 1994 definiert menschliche Sicherheit als „Freiheit von Furcht und Mangel". Damit nimmt das Konzept direkt die Lebenssituation von Individuen in den Blick und umfasst Bedrohungen der sozioökonomischen und politischen Bedingungen, Ernährung, Gesundheit, Umwelt, Gemeinschaft und der persönlichen Sicherheit (*safety*) (Castles et al. 2013: 199; UNDP 1994). Andere Formen der Sicherheit, wie z. B. die staatliche Sicherheit, sind in dieser Perspektive nur von der individuellen Sicherheit ableitbar. Mit dem Konzept rücken politische Maßnahmen in den Fokus, die die Lebensbedingungen von Menschen verbessern bzw. nachhaltige menschliche Entwicklung (→ Kap. 10) erreichen sollen. So definiert die von den Vereinten Nationen beauftragte *Commission on Human Security* (CHS) das Konzept inhaltlich: „to protect the vital core of all human lives in ways that enhance human freedoms and human fulfilment." (CHS 2003: 4) Das Konzept fokussiert dementsprechend auf Risiken für die Handlungsmöglichkeiten der Menschen, die damit zu den zentralen handelnden Akteur:innen werden. Damit ergänzt sie das auf Chancen fokussierte Konzept menschlicher Entwicklung durch einen Fokus auf die „downside risks“ (CHS 2003: 7–10). Es versucht demnach nicht nur, positive Wirkungen zu erzielen, sondern auch negative zu verhindern.

Infobox

Menschliche Sicherheit und Menschenrechte

Menschenrechte sind nicht nur *universell* gültig und *unveräußerlich*, sondern auch *unteilbar*, d. h. eine Person hat immer alle Rechte gleichzeitig. Demgegenüber lässt es die Orientierung am Konzept der menschlichen Sicherheit zu, aufgrund von konkreten Gefahrenlagen Prioritäten zu setzen. Kritiker:innen befürchten daher, dass eine zu starke Orientierung an menschlicher Sicherheit die Prinzipien der Menschenrechte unterminieren könnte. Befürworter:innen sehen in menschlicher Sicherheit dagegen eine Chance, Menschenrechte zu verwirklichen, indem nicht über abstrakte Rechte, sondern konkrete Unsicherheit und Ungleichheit gesprochen wird.

In eine ähnliche Richtung geht das stärker aus der Wissenschaft stammende Konzept der *Kritischen Sicherheitsstudien* (*Critical Security Studies*), das ebenfalls die multidimensionale Sicherheit auf der individuellen Ebene in den Blick nimmt. Dabei lassen sich verschiedene Forschungsrichtungen unterscheiden. Ein historisch-materialistisch orientierter Strang zielt vor allem darauf ab, die herrschenden Machtverhältnisse aufzudecken, die das jeweils dominierende Konzept von Sicherheit bestimmen. Derartige Studien können beispielsweise aufdecken, wie humanitäre Hilfe durch die Zurückhaltung (*containment*) von Flüchtenden eher der Sicherheit der geldgebenden potenziellen Zielstaaten als der Sicherheit der Vertriebenen dient (Betts 2009 a: 70 f.). Demgegenüber fragt die konstruktivistische Perspektive danach, wie intersubjektive Verständigung über Identität, Fremdheit und Bedrohung erfolgt und welchen Themen dadurch besondere politische Relevanz zugesprochen wird. Dabei verfolgen beide Forschungsstränge das emanzipatorische Ziel, die jeweils Unterdrückten bzw. Ausgeschlossenen zu stärken und die Gesellschaft fundamental zu verändern (Mutimer 2017).

Ein Problem mit dem Einbezug verschiedener Bedrohungsfaktoren in die Definition von Sicherheit ist, dass die Konzepte keine Möglichkeit bieten, Konflikte zwischen verschiedenen Dimensionen (z. B. sozialer und ökologischer Sicherheit) und verschiedenen Gruppen (z. B. der Sicherheit der eingesessenen und der zugewanderten Bevölkerung) aufzulösen (Betts 2009 a: 69). Darüber hinaus schließen sich das staatszentrierte und das personenzentrierte Konzept von Sicherheit nicht gegenseitig aus, sondern können auch gleichzeitig angestrebt werden. Dementsprechend stellt sich die Frage nach Prioritätensetzungen ebenso wie die nach den Akteur:innen, deren Interessen und Sichtweisen das gängige Verständnis von Sicherheit prägen (Huysmans 2006). Sicherheit muss also als mehrdimensionales Konzept gefasst werden, dessen Entstehung bzw. Konstruktion ebenso wie mögliche Konflikte zwischen den einzelnen Dimensionen hinterfragt und analysiert werden sollten.

8.2 Unsicherheit als Ursache und Begleiterscheinung von Migration

Armut, Gewalt, schwache staatliche Strukturen und eine fehlende Verwirklichung der Menschenrechte können menschliche Sicherheit beeinträchtigen und Migration als Ausweg erscheinen lassen (→ Kap. 10). Diese Faktoren resultieren teilweise aus staatlichem Handeln (Haas et al. 2018 a: 18). Hierzu gehört indirekt auch der Handel mit Rüstungsgütern, der staatlicher Kontrolle unterliegt und in Deutschland von der Bundesregierung genehmigt werden muss. Darüber hinaus sind klimabedingte Migration sowie Migration aufgrund von Umweltzerstörung in den letzten Jahren immer stärker auf die politische Agenda gerückt. Umweltkatastrophen können entweder direkt zu Abwanderung führen, beispielsweise durch den Verlust der Lebensgrundlage. Sie können aber auch indirekt Migration bzw. Flucht bewirken, wenn eine Verknappung von Ressourcen zu gewaltsamen Konflikten führt, vor denen Menschen schließlich fliehen (Castles et al. 2013: 209–213).

Aufgrund des Souveränitätsprinzips in den internationalen Beziehungen bedürfen Eingriffe im Hoheitsgebiet eines anderen Staates grundsätzlich dessen Zustimmung. Damit sind Interventionen in den Schutz von Individuen vor Gewalt oder Verfolgung durch den Herkunftsstaat kaum möglich. Die Zustimmung des entsprechenden Staates ist hingegen leichter zu erreichen, wenn es um ökonomische, ökologische oder soziale Maßnahmen zur Förderung menschlicher Entwicklung geht. Hierzu gehören Investitionen in Ausbildung und Armutsbekämpfung ebenso wie Maßnahmen zum Schutz von Umwelt und Klima.

Für Migrant:innen kann auch die Migration selbst unmittelbar Unsicherheit bedeuten. Ein drastisches Beispiel sind die gut dokumentierten Menschenrechtsverletzungen an Migrant:innen in Libyen: Binnenvertriebene und internationale Migrant:innen sind dort teilweise Inhaftierung und Folter durch offizielle Behörden, Milizen oder Menschenschmuggler:innen ausgesetzt.[3] Dabei sind einzelne Gruppen von Migrant:innen besonders vulnerabel. Seit den 1990er Jahren wird zunehmend der besonderen Situation flüchtender Frauen Rechnung getragen (beispielsweise mit der Veröffentlichung der *Policy on Refugee Women* durch UNHCR), die zuvor im männlichen Paradigma der Genfer Flüchtlingskonvention weitgehend unsichtbar geblieben waren. Dabei wird beispielsweise das erhöhte Risiko sexueller oder geschlechterbasierter Gewalt vor, während und nach der Flucht thematisiert (Krause 2017).[4] Ähnliches gilt für minderjährige Migrant:innen und Flüchtlinge; insbesondere dann, wenn sie unbegleitet sind. Sie sind in einer Phase der persönlichen Entwicklung oft traumatisierenden Erlebnissen ausgesetzt, indem sie selbst oder ihnen nahestehende Personen Gewalt erleiden oder sie als Kindersoldat:innen gezwungen sind, selbst Gewalt auszuüben (Zito 2017).

3 Vgl. beispielsweise UNHCR 2017; Amnesty International 2018.

4 Auch wenn dies den Schutz der Frauen sicherstellen soll, trägt es potenziell auch zu ihrer Viktimisierung bei, da sie vorrangig als Opfer in den Blick genommen werden. Gleichzeitig kann eine Flucht jedoch auch Empowerment für die Frauen bedeuten, da Geschlechterrollen durch die veränderte Lebenssituation aufgebrochen werden können und neu verhandelt werden müssen (Krause 2017).

Allerdings spielen nicht nur Charakteristika der Migrant:innen selbst eine Rolle für ihre Vulnerabilität. Die individuellen Merkmale interagieren mit rechtlichen Regelungen und der jeweiligen Lebenssituation im Transit- oder Zielland. Diese Faktoren können die Migrant:innen entweder schützen oder ihre Verletzlichkeit noch verstärken. Ein Beispiel ist die Verschärfung restriktiver Migrationspolitiken für bestimmte Gruppen, beispielsweise aus einzelnen Herkunftsländern. Da ihnen kaum legale Möglichkeiten der Wanderung offenstehen, sind sie auf irreguläre Migrationsprozesse angewiesen, die oft mit besonderen Sicherheitsrisiken verbunden sind (Gerard/Pickering 2014: 345).

Teilweise versuchen Politiken auch gezielt die Gefahr von Migrationsrouten zu nutzen, um potenzielle Migrant:innen abzuschrecken (*deterrence policies*, Gammeltoft-Hansen 2014). Darüber hinaus belegen Studien zur sequentiellen Traumatisierung, dass Faktoren wie ein unsicherer Aufenthaltsstatus im Zielland oder die Behandlung von Menschen als passive „Objekte" staatlichen Handelns während des Asylverfahrens zu einer Chronifizierung eines Traumas führen können, während soziale Unterstützung und ein sicheres Lebensumfeld die Verarbeitung der erlittenen Traumata begünstigen (Zito 2017).

Infobox

Uncertainty* vs. *Insecurity

In manchen Situationen steht nicht so sehr eine unmittelbare physische Unsicherheit (*insecurity*) im Raum, sondern eher der Umgang mit Ungewissheit oder Unbestimmtheit (*uncertainty*). Dies kann beispielsweise Migrant:innen mit unsicherem Aufenthaltsstatus betreffen. Mitarbeitende von Ausländerbehörden können diese Ungewissheit bewusst einsetzen, um stärkere Kontrolle ausüben zu können – etwa, wenn sie eine Duldung immer nur für wenige Wochen verlängern. Verwaltung kann aber auch ihrerseits von *uncertainty* betroffen sein, wenn sie sich der Auslegung von Gesetzen mit zahlreichen *unbestimmten Rechtsbegriffen* gegenübersieht. Strategien zum Umgang mit *uncertainty* durch verschiedene Akteur:innen sind Gegenstand der Forschung (z. B. Horst/Grabska 2015; Schader et al. i.E.).

Migration kann auch negative Auswirkungen auf die Sicherheit *im Herkunftsstaat* haben. Zwar spielen diese Aspekte im politischen Diskurs sowie in der Forschung eine geringere Rolle als die Auswirkungen von Migration auf die Sicherheit im Zielstaat. Doch beispielsweise können Migrant:innen durch die Bereitstellung von Ressourcen wie Finanzmitteln (die auch Rücküberweisungen einschließen können, → Kap. 10) gewaltsame Konflikte im Herkunftsland anfachen (Castles et al. 2013: 200 f.). Darüber hinaus kann die Rückkehr von Flüchtlingen nach Ende eines Konflikts die Befriedung behindern, wenn sie beispielsweise Anspruch auf Rückgabe von Grundstücken haben oder sich einer Entwaffnung widersetzen (Betts 2009 a: 77 f.). Andererseits kann Migration aber auch durch Rücküberweisungen oder den Transfer von Wissen und Werten zur Stabilisierung der Herkunftsländer beitragen.

Bei der sicherheitsbezogenen Diskussion um Fluchtmigration bzw. Migration aus Kriegs- und Konfliktregionen wird zudem die Übertragung von Konflikten aus den Herkunfts- in die Zielländer befürchtet. Im Falle einer großen Anzahl Geflüchteter, die in Staaten des globalen Südens ankommen und bleiben, spielen darüber hinaus oft Konflikte um knappe Ressourcen wie Land, Nahrungsmittel oder Wasser eine Rolle. Die vorherrschende Meinung zu größeren Flüchtlingscamps befürchtet darüber hinaus Konflikte, die sich aus sozioökonomischen Faktoren ergeben. So wird davon ausgegangen, dass das Zusammenleben vieler junger, gelangweilter Männer in abgelegenen Flüchtlingscamps mit schlechten Lebensbedingungen Konflikte provoziert. Dies könne auch zu Radikalisierung führen, wenn beispielsweise Milizen oder terroristische Gruppierungen versuchten, die Flüchtlinge in den Camps anzuwerben (Betts 2009 a: 63 f.). Ähnliche Debatten werden auch für größere „Camps“ oder Aufnahmezentren in westlichen Staaten geführt, zu denen beispielsweise die „Hotspots“ der EU in Griechenland und Italien (→ Kap. 4), Lager an den Außengrenzen der USA oder auch die „Ankerzentren“ in Deutschland gezählt werden (Schader et al. 2018).

8.3 Migration als Bedrohung? Das Konzept der Versicherheitlichung

Seit den 1990er Jahren wird von der Migrationsforschung ein Trend zur Verknüpfung von Migration und Sicherheit konstatiert. Dabei wird Migration zunehmend als Gefahr für die öffentliche Ordnung, nationale Identität und/oder Wohlfahrt wahrgenommen. Diese Beobachtung wird mit dem Konzept der *Versicherheitlichung* (*securitization*) erklärt (Huysmans 2000). Es basiert auf der konstruktivistischen Theorietradition und lenkt den Blick darauf, dass Sicherheit bzw. Unsicherheit durch Akteur:innen und ihr Handeln hervorgebracht werden, also z. B. Regierungen, Medien, Migrant:innen, die Sicherheitsindustrie sowie die allgemeine Öffentlichkeit. Dabei werden verschiedene (rechtliche) Kategorien von Migration unterschiedlich stark als Bedrohung gerahmt und sind mehr oder weniger von sicherheitsorientierten Politiken betroffen.

In der ursprünglichen Sichtweise wird der Prozess der Versicherheitlichung als absichtsvolles Handeln begriffen. Politische Akteur:innen rahmen ein Thema als Sicherheitsbedrohung, um dadurch Zustimmung für Maßnahmen zu erreichen, die andernfalls nicht akzeptiert würden (Friese 2017; Lahav 2004; Wæver 1995). Andere Ansätze verstehen Versicherheitlichung als Auswirkung von allgemeineren Machtkämpfen, die auch unbeabsichtigt erfolgen kann. Diese Ansätze weiten den Blick über Diskurse hinaus und beziehen auch Praktiken (z. B. allgemeine Verwaltungspraxis) und Technologien (z. B. Überwachungstechnologien) mit ein (Andersson 2019; Bigo 2014; Léonard 2010; Ratfisch/Scheel 2012: 90–93). Migration muss demnach nicht notwendigerweise explizit als Bedrohung für einen Staat oder eine Personengruppe definiert werden, um Versicherheitlichung auszulösen. Es kann genügen, Migration im Rahmen von sicherheitspolitischen Instrumenten wie Fragen des Grenzschutzes zu thematisieren, um eine Wahrnehmung als sicherheitsrelevantes bzw. potenziell bedrohliches Phänomen zu provozieren (Huysmans 2006).

Unter solchen Rahmungen (*framings / frames*) werden in verschiedenen Forschungstraditionen etwas unterschiedliche Mechanismen und Phänomene verstanden; ihnen ist jedoch in der Regel gemeinsam, dass sie von *frames* als kognitiven oder diskursiven Rahmungen ausgehen, die die Wahrnehmung eines Sachverhalts beeinflussen (Goffman 1974). Differierende Rahmungen durch unterschiedliche Akteur:innen können dementsprechend eine politische Einigung verhindern (Schön/Rein 1994). Das *framing* legt jeweils eine konkrete Interpretation des Phänomens und seiner kausalen Beziehungen nahe. Im Bereich der Migration kann das dazu führen, dass die komplexen Zusammenhänge (Ursachen, Formen und Folgen der Migration) vereinfacht dargestellt werden, wodurch einfache politische Lösungen möglich erscheinen.

Neben mehr oder weniger bewussten *framings* werden auch Übertreibungen genutzt, um Bedrohungssituationen zu konstruieren. Beispielsweise ist die „irreguläre Migration" im politischen Diskurs sehr präsent und wird zur Legitimation verstärkter Grenzsicherung herangezogen. Nach Angaben von Frontex lag die Anzahl der erfassten Versuche einer irregulären Einreise im Jahr 2019 bei 141.856 (Frontex 2020: 22). Im Vergleich zu 15 Millionen vergebenen Visa für kurzfristige Aufenthalte in der Europäischen Union[5] macht dies einen Anteil von unter 1% aus (s. a. Gerard/Pickering 2014). Rechnet man langfristige Aufenthalte sowie visafreie Einreisen hinzu, liegt der Anteil irregulärer Migration noch deutlich darunter. In ähnlicher Weise zeigen Studien, dass die Bevölkerung den Anteil an Muslim:innen in Deutschland zum Teil stark überschätzt und dass diese Überschätzung mit einem erhöhten Bedrohungsgefühl einhergeht (Foroutan et al. 2014: 44–47).

Die Konstruktion von Migration als Bedrohung unterscheidet sich auch zwischen verschiedenen nationalen und historischen Kontexten (Watson 2009). So hatten beispielsweise die Terroranschläge vom 11. September 2001 eine einschneidende Wirkung auf die Versicherheitlichung der Migrationsdiskurse und -politiken in verschiedenen Staaten.[6] In diesem Zusammenhang wird auch von einer „hyper-securitization" gesprochen (Castles et al. 2013: 201; s. a. Chebel d'Appollonia 2012). Beispielsweise wurde das *Department of Homeland Security* (DHS) in den USA (→ Beispiel) in Reaktion auf die Anschläge geschaffen und mit der Hauptaufgabe versehen, terroristische Bedrohungen gegen die USA abzuwehren und ihre Sicherheit zu garantieren. Heute befasst sich das DHS vorrangig mit der Grenzsicherung sowie der Abwehr von irregulärer Migration (Wolf 2019).

Die Konstruktion einer Bedrohung durch Migration kann auch weitere Dimensionen betreffen: Bezogen auf den *gesellschaftlichen Zusammenhalt* wird befürchtet, dass Migrant:innen anders geprägt seien als die Gesellschaft des Zielstaates und dadurch Wertekonflikte auslösten (→ Kap. 11+12). Ein Beispiel hierfür ist die Annahme vermeintlich kulturell geprägter Gender-Rollen. Mit Blick auf *wirtschaftliche Aspekte* wird vielfach angenommen, dass Migrant:innen zu Konkurrent:innen

5 Daten für 2019 auf https://www.ec.europa.eu/home-affairs/news/20200504_visa-statistics-schengen-states-issue-15-million-visas-for-short-stays-in-2019_en (28.2.2021).

6 Andere Autor:innen zeigen jedoch, dass terroristische Anschläge nicht in jedem Fall eine verstärkte „Versicherheitlichung" zur Folge hatten und beispielsweise in Europa verschiedene Interessen einer stärkeren Versicherheitlichung entgegen standen (Boswell 2007 a).

Beispiel

Die Konstruktion einer (terroristischen) Bedrohung durch irreguläre Einwanderung – das Beispiel der USA

Der ehemalige US-Präsident Donald Trump nutzte das Argument einer Bedrohung der Sicherheit der USA durch irreguläre Einwanderung, um Unterstützung für seinen Plan zum Bau einer Mauer an der Landgrenze zu Mexiko zu mobilisieren.

"People are pouring into our country, including terrorists, [...] We have terrorists. We caught 10 terrorists over the last very short period of time. Ten. These are very serious people. Our border agents, all of our law enforcement has been incredible what they've done.... We need the wall." (Donald Trump, zitiert nach Hosenball/Landay 2018).

Die im Zitat genannte Anzahl der aufgegriffenen Terroristen wurde jedoch von Vertreter:innen verschiedener Sicherheitsbehörden widerlegt, die keine Hinweise auf die Einreise terroristischer Gefährder:innen an der Südgrenze der USA fanden. Ähnlich konstatierte Sarah Sanders, die Sprecherin des Weißen Hauses, in der ersten Hälfte des Haushaltsjahres 2018 seien fast 4.000 bekannte Terroristen oder terrorismusverdächtige Personen an der südlichen Grenze aufgegriffen worden. Die Daten der für den Schutz der Grenze zuständigen U.S. Customs and Border Protection (CBP) belegen jedoch nur sechs aufgegriffene Personen (Ainsley 2019).

Unabhängig von einer späteren Richtigstellung derartiger Zahlen können solche Aussagen dazu führen, dass Migrationsphänomene, Terrorismus und eine Bedrohung der Sicherheit im Diskurs stärker miteinander verknüpft werden und die Wahrnehmung einer (terroristischen) Bedrohung durch Migration steigt.

auf dem Arbeitsmarkt werden. Andere Sichtweisen gehen davon aus, dass vor allem Menschen mit geringem Bildungsniveau zuwandern und dadurch eine Bedrohung für den nationalen Wohlstand bedeuteten. Dies wird häufig mit dem Begriff der „Armutsmigration" oder der „Einwanderung in die Sozialsysteme" bezeichnet (→ Kap. 9). *Politisch* wird befürchtet, dass Migrant:innen der Regierung des Zielstaates gegenüber nicht ausreichend loyal seien und ggf. destabilisierend auf das politische System wirken könnten (Castles et al. 2013: 200). Diese Annahmen unterscheiden sich nach der jeweils in den Blick genommenen Gruppe von Migrant:innen, den beteiligten Staaten und der dort herrschenden Situation sowie nach der politischen Ausrichtung der Akteur:innen. Zudem wird teilweise davon ausgegangen, dass Zuwanderung die Kriminalität oder die Gefahr terroristischer Angriffe erhöht (→ Beispiel).

Beispiel

Migration und Kriminalitätsstatistik

Die Frage, ob Migration Unsicherheit in den Zielstaaten der Migration fördert, wird oft durch einen Blick in die Kriminalitätsstatistiken zu beantworten versucht. Im Falle einer Überrepräsentanz von Ausländer:innen in den Statistiken wird dann schnell auf eine erhöhte Kriminalität von Zugewanderten geschlossen. Für das Jahr 2019 verzeichnet die deutsche Kriminalitätsstatistik beispielsweise, dass Geflüchtete mit verschiedenen Aufenthaltsstatus für 8% aller Delikte als Tatverdächtige galten. Nun sind Tatverdächtige noch keine verurteilten Täter:innen. *Racial profiling* – also eine erhöhte Kontrolle und Verdächtigung „anders" aussehender Menschen – könnte daher eine Rolle spielen. Manche Studien weisen auch darauf hin, dass die Anzeigebereitschaft der Opfer höher ausfällt, wenn die Täter:innen als ethnisch oder sprachlich fremd wahrgenommen werden (Pfeiffer et al. 2018). Zudem besteht diese Personengruppe überproportional aus jungen Männern, die grundsätzlich häufiger kriminell werden als die durchschnittliche Bevölkerung (SVR 2019: 146–155). Zudem können eine unsichere Bleibeperspektive und eine fehlende Unterstützung das Risiko erhöhen, dass Menschen kriminell werden.
Gleichzeitig muss diskutiert werden, dass rund 5% der *Opfer* in der polizeilichen Kriminalitätsstatistik Flüchtlinge oder Menschen mit prekärem Aufenthalt sind und es Fälle rassistisch motivierter Polizeigewalt gibt. Da davon auszugehen ist, dass Geflüchtete Delikte unterdurchschnittlich oft zur Anzeige bringen, dürfte der tatsächliche Wert höher liegen. Hinzu kommt, dass bei einer stärkeren Normalisierung von Rassismus die gefühlte Sicherheit bei Zugewanderten abnimmt.

In einer anderen Forschungsperspektive fragt das auf Michel Foucault aufbauende Konzept der *Biopower* grundsätzlich danach, mit welchen Techniken der Staat Kontrolle über seine Bevölkerung ausübt. In dieser Sichtweise wird Normalität im Diskurs konstruiert und abweichendes Verhalten zur Legitimation staatlichen Eingreifens herangezogen. Der Staat nutzt Mittel wie die klassische staatliche Hoheitsgewalt, Überwachung oder Wissen, um abweichendes Verhalten zu sanktionieren und Kontrolle aufrechtzuerhalten. Flüchtlinge werden dabei durch ihren Rechtsstatus als Abweichung von der Norm definiert, wodurch die selektive Exklusion von z. B. staatlichen Leistungen oder Zugangsrechten legitimiert wird. Gleichzeitig wird dadurch ihr Ausschluss von der restlichen Gesellschaft verfestigt und ihr „Anderssein" diskursiv festgeschrieben (Betts 2009a: 74f.). Dies kann wiederum die Konstruktion als potenzielle Bedrohung für die aufnehmende Gesellschaft erleichtern bzw. fördern.

Kritische und konstruktivistische Migrations- und Sicherheitsstudien zeigen auf, welche Auswirkungen Migrationspolitiken, aber auch die Handlungen und Diskurse der aufnehmenden Gesellschaften auf die Wahrnehmung von (Un-)Sicherheit haben. Der Migrationsforscher Bastian Vollmer zeigt beispielsweise am Beispiel von Großbritannien, dass Grenzpolitiken zwar auf Sicherheit abzielen, jedoch Unsicherheitsgefühle befördern (Vollmer 2019). Kritische Perspektiven arbeiten zudem häufig mit Rassismuskritik und/oder postkolonialen Theorien. Sie zeigen auf, dass Diskussionen um Migration und Sicherheit oft mit kulturalisierenden und/oder ethnisierenden Mustern arbeiten, z. B. wenn in Bezug auf die organisierte Kriminalität von der „albanischen Mafia" gesprochen wird (Hofmann 2017: 203–205). Sie zeichnen zudem Kontinuitäten und Brüche in der Konstruktion von Fremdheit und Bedrohung nach. Diese spiegeln sich beispielsweise in Bildern von „Massen" an schwarzen Männern wider, die „uns" überfluten, unterwerfen und „unseren" Wohlstand bedrohen. Damit nutzen die Konstruktionen traditionelle Feindbilder und blenden gleichzeitig die Ausbeutungsstrukturen aus, die den Wohlstand der Zielstaaten erst möglich gemacht haben (Friese 2017).

In ähnlicher Weise baut die Konstruktion muslimischer Migrant:innen als Bedrohung für „christliche" Länder auf historische Entwicklungslinien und Erfahrungen auf. Gleichzeitig ist sie auch durch generelle Exklusionsmuster in einem spezifischen gesellschaftlichen Kontext geprägt (Kalny 2016). In diesen Konstruktionen wird die hohe Heterogenität der Muslim:innen bzw. des Islam ausgeblendet und oft implizit unterstellt, dass eine Zugehörigkeit zum Islam gleichzeitig auch eine Nähe zum Terrorismus oder zu radikalen politischen Positionen bedinge: „Greatly exaggerated perceptions of the threat posed by Muslim immigrants in the West became commonplace." (Castles et al. 2013: 205) Untersuchungen, die wiederholt zeigen, dass die weit überwiegende Mehrheit der Muslim:innen in Europa demokratische Werte schätzt und Terrorismus ablehnt, werden im Diskurs hingegen seltener aufgegriffen.

Neben der Konstruktion der Muslim:innen als „das (bedrohliche) Fremde" beschäftigt sich die Forschung auch mit der Konstruktion der Gesellschaft als „das (bedrohte) Wir". Diese Konstruktion gesellschaftlicher Identität ist seit Ende des 19. Jahrhunderts national geprägt, während zuvor regionale und lokale Zugehörigkeiten dominiert hatten. Dieser Wandel hängt mit der zunehmenden Bedeutung nationalstaatlicher Grenzen für Mobilität und Migration zusammen (Hoerder et al. 2010: 30 f.; Torpey 2000). Damit spielten Staatsgrenzen auch eine wachsende Rolle für die Konstruktion von Identität. Dies ist von besonderer Bedeutung im Rahmen der EU als Projekt, das nationalstaatliche Grenzen umdeutet und durch europäische überformt. Dadurch wird die Suche nach einer neuen politischen Gemeinschaft erforderlich (s. a. Rumford 2006: 165; Scott 2012: 83 f.). Der gefühlte Verlust der identitätsstiftenden nationalen Grenzen kann Unsicherheitsgefühle hervorrufen und Sicherheitsdiskurse fördern (zu Zugehörigkeitsdebatten → Kap. 12).

Damit wird deutlich, dass auch Grenzen keine „objektive Realität" sind, sondern im Diskurs und durch Handlungen erst erzeugt werden (s. a. Gerst et al. 2021). Die kritische Grenzregimeforschung bezeichnet dieses Phänomen mit Begriffen wie „doing border", „(re)bordering" oder „border work". Grenzen bestehen dabei keinesfalls nur aus einer – gedachten oder physisch vorhandenen – Grenzlinie am äußeren Rand eines Staatsgebiets, sondern umfassen diverse Praktiken und Institutionen. Diese können sich über die Zeit verändern: waren Maßnahmen zur Grenzsicherung zunächst v. a. gegen militärische Bedrohungen gerichtet, so richten sie sich beispielsweise in den USA inzwischen vorrangig auf Migrationskontrolle und Kriminalitätsbekämpfung und ähneln damit dem „policing". Dabei vermischen sich die ursprünglich getrennt voneinander betrachteten Faktoren der inneren und äußeren Sicherheit (Andreas 2003). Gleichzeitig verschiebt sich die

Grenzkontrolle auch von der Grenzlinie ins Landesinnere – beispielsweise durch z. B. Abschiebezentren als „Grenzstützpunkte" im Inland – oder nach außen – durch verschiedene Formen der Externalisierung, die bereits vor den Staatsgrenzen den Zugang zu einem Territorium selektiv zulassen oder verwehren (Spijkerboer 2018).

Darüber hinaus nimmt die Forschung „border struggles" in den Blick, da Grenzen durch die Machtverhältnisse und -kämpfe zwischen Akteur:innen – inklusive der Migrant:innen selbst (→ Kap. 1) – geprägt sind (Hess et al. 2018: 264 f.). Inzwischen sind nicht mehr nur Staaten in die Kontrolle ihrer Grenzen eingebunden. Sie haben die Kontrollbefugnisse bzw. -pflicht zunehmend an private Akteur:innen ausgelagert, indem z. B. Fluggesellschaften verpflichtet werden, die ordnungsgemäßen Einreisedokumente ihrer Passagiere zu prüfen (Rumford 2006: 158). Auch wenn Grenzüberschreitung und Einwanderung oft in einem Atemzug genannt werden, beziehen sich viele Versuche der Migrationskontrolle eher auf Zugang zu den Leistungen des Wohlfahrtsstaates sowie Fragen der Wohnsitznahme. Damit beziehen sie sich eher auf institutionelle denn auf territoriale Grenzen (Crowley 2017).

Die aus diesen Kämpfen und Interaktionen resultierenden Grenzregime haben für verschiedene Personen unterschiedliche Auswirkungen: „Bordering is selective and targeted." (Rumford 2006: 164). Damit produzieren Grenzziehungen auch Kategorien wie Flüchtlinge, Arbeits- oder Familienmigrant:innen. Mit der kritischen Grenzregimeforschung werden diese Kategorien und ihre Entstehungsbedingungen sowie Auswirkungen analysierbar.

8.4 Versicherheitlichung der Migrationspolitik in der Europäischen Union

8.4.1 Offenheit nach innen, Abgrenzung nach außen

Als die „Geburtsstunde" (Castles et al. 2013: 202) der Verknüpfung von Migration und Sicherheit in der Europäischen Union können die Verwirklichung des Binnenmarktes und die Verabschiedung des Schengener Abkommens gesehen werden. Fragen von Migration und Grenzschutz waren zunächst als „letzte Bastionen" der nationalen Souveränität behandelt und nicht vergemeinschaftet worden (Bendel 2011). Als die Verwirklichung des Binnenmarktes und der Personenfreizügigkeit im Innern der Europäischen Union voranschritt, sahen politische Entscheidungsträger:innen die Notwendigkeit, auch gemeinsame Regelungen in Bezug auf Migration von außen sowie in Bezug auf die innere Sicherheit zu schaffen oder zumindest eine Koordination nationaler Politiken zu erreichen (→ Kap. 4) (Huysmans 2000).

Zunächst kamen Mitte der 1970er Jahre die Innenminister:innen der Mitgliedstaaten im Rahmen der intergouvernementalen[7] Trevi-Gruppe zusammen, um in der Justiz- und Innenpolitik zusammenzuarbeiten. Dabei standen sowohl migrati-

7 „Intergouvernemental" heißt, dass die Gruppe kein Organ der damaligen Europäischen Gemeinschaft war und keine eigene Entscheidungsbefugnis besaß. Sie konnte lediglich Vereinbarungen zwischen den Staaten erarbeiten, die dann von den nationalen Parlamenten ratifiziert werden mussten.

ons- als auch sicherheitsbezogene Fragestellungen auf der Agenda, wodurch die beiden Themen auch institutionell miteinander verknüpft wurden. Mit dem Schengener Abkommen wurde dann die Abschaffung der Kontrollen an den Binnengrenzen faktisch beschlossen. Gleichzeitig wurden Maßnahmen zum Schutz der inneren Sicherheit getroffen. Dazu zählten beispielsweise die Überarbeitung der Visabestimmungen oder Instrumente zur Verhinderung der irregulären Migration. Während es in diesem Feld offensichtlich möglich war, sich auf gemeinsame Ziele und Politiken zu einigen, verblieben sozialpolitische Aspekte hingegen weitgehend in der Zuständigkeit der Mitgliedstaaten. Hier wurde eine gemeinsame Politik durch unterschiedliche politische Traditionen, Vorstellungen von Integration und unterschiedliche Migrationsmuster erschwert (Bendel 2011: 190–192).

In Zusammenhang mit dem Schengener Abkommen wird häufig von einer „Abschaffung der Grenzen“ gesprochen. Dies ist jedoch missverständlich, da keineswegs alle Grenzen der Europäischen Union aufgehoben wurden. Stattdessen wäre der Begriff einer „Differenzierung“ des Grenzregimes zutreffender, da die Aufhebung der Grenzen im Innern der EU von vielfältigen Maßnahmen begleitet wurde, die bestehende Grenzen stärken und neue schaffen sollten: Dazu gehören der verstärkte Schutz der Außengrenzen, die Auslagerung des (Außen-)Grenzschutzes an private Akteur:innen, die Verschiebung der Grenz- bzw. Zugangskontrollen in andere Politikbereiche wie z. B. den Zugang zu Sozialleistungen, ebenso wie ein abgestuftes System an Visa-Erfordernissen für unterschiedliche Personengruppen (Crowley 2017; Koslowski 2006). Zudem wurde während der Covid-19-Pandemie 2020 und 2021 deutlich, dass auch Grenzkontrollen an den EU-Binnengrenzen im Falle einer als „ausländisch“ wahrgenommenen Bedrohung – in diesem Fall einer Bedrohung der Gesundheit durch (mutierte) Viren – schnell wiedereingeführt werden können.

Die Terroranschläge in New York (2001), Madrid (2004) und London (2005) verstärkten die Verbindung zwischen Migration und Sicherheit in der EU noch. Obwohl beispielsweise im Fall der Anschläge vom 11. September 2001 die Täter mit einem Touristenvisum in die USA eingereist waren und somit nicht als Migranten in den USA lebten, verschob sich durch die Angriffe der Fokus der Migrationspolitik von rechtsbasierten, humanitären sowie ökonomischen zu sicherheitspolitischen Maßnahmen (Chebel d'Appollonia 2012). Der Fokus auf innere Sicherheit spiegelt sich beispielsweise im „Haager Programm“, das vom Europäischen Rat im November 2004 angenommen wurde. Im Vergleich zum vorherigen Programm von Tampere legt das Haager Programm einen größeren Fokus auf die Bekämpfung des Terrorismus, den Kampf gegen irreguläre Migration und Menschenhandel sowie (organisierte) Kriminalität und Grenzschutz (Hofmann 2017: 206–208). Ein ähnlicher Schwerpunkt zeigt sich in der Migrationsagenda, die 2015 von der Europäischen Kommission vorgelegt wurde (Hofmann 2017: 225–228). Mit dem von der Europäischen Kommission 2020 vorgeschlagenen Migrationspaket verschiebt sich der Fokus hin zu Fragen der Verteilung innerhalb Europas und der Rückführung abgelehnter Asylsuchender. Gleichzeitig spielen aber auch das Vorgehen gegen Schleuser und digitale Systeme der Datenerfassung (und damit Sicherheit) weiterhin eine wichtige Rolle.

Die innere Sicherheit soll durch verschiedene politische Maßnahmen gestärkt werden. Ein wichtiges Instrument zur Stärkung staatlicher Kontrolle, die als Voraussetzung zur Gewährleistung innerer Sicherheit gesehen wird, ist die Sammlung von Daten und der Austausch von Informationen. Hierzu dienen Maßnahmen wie die Dublin-Verordnung und das dazugehörige Fingerabdrucksystem *Eurodac* (*European Dactyloscopy*), sowie das *Visa-Informationssystem* (VIS) und das *Schengener Informationssystem* (SIS-II). Sie sollen die Kontrolle der Staaten über die Menschen sicherstellen, die sich in der EU aufhalten (Repasi 2018). Gleichzeitig sollen sie einen möglichen Missbrauch des Systems, beispielsweise durch Mehrfachanträge auf Asyl in unterschiedlichen Staaten, verhindern (→ Kap. 4).

Damit geraten jedoch die betroffenen Personen unter den Generalverdacht, das Migrationssystem „missbrauchen" zu wollen. Außerdem legen die Instrumente teilweise eine erhöhte Neigung zur Kriminalität nahe. Beispielsweise können auf die in Eurodac gespeicherten Daten – die vorrangig zur Umsetzung der Migrationspolitik erhoben werden – auch Behörden zugreifen, die für die Verfolgung schwerer Straftaten zuständig sind, ebenso wie das Europäische Polizeiamt EUROPOL. Die Verknüpfung von Asyl bzw. Migration mit einer (potenziellen) Kriminalität zeigt sich darüber hinaus auch in der Möglichkeit zur Inhaftierung von Migrant:innen, die durch verschiedene europäische Rechtsakte (z. B. die Dublin-Verordnung, die Rückführungsrichtlinie oder die Aufnahmerichtlinie) eingeräumt wird. Sie dient beispielsweise der Durchsetzung einer Ausreiseverpflichtung, kann aber auch zur Sammlung von Informationen über die Identität der betroffenen Person eingesetzt werden und in bestimmten Fällen in normalen Strafvollzugsanstalten erfolgen (Hofmann 2017: 213–217). Darüber hinaus wurden Maßnahmen wie die Wiedereinführung von Grenzkontrollen in der EU nach 2015 mit der Abwehr terroristischer Gefahren gerechtfertigt.

8.4.2 Die Externalisierung des Grenzschutzes

Die Verknüpfung der Migrationspolitik mit sicherheitspolitischen Zielen ist eng mit der „externen Dimension" der europäischen Migrationspolitik also dem Einbezug von Herkunfts- und Transitstaaten, verbunden (→ Kap. 4). Sie sollen helfen, die Außengrenzen der EU besser zu kontrollieren und den Zugang von irregulären Migrant:innen und kriminellen Personen zu verhindern. Insbesondere die nordafrikanischen Staaten werden dabei sukzessive in die europäische Sicherheitspolitik sowie die Migrationspolitik einbezogen.

Das Ziel des Ansatzes ist es, einen „Ring aus Freunden" zu schaffen, der u. a. durch finanzielle, personelle und technologische Unterstützung sowie durch den Aufbau von Kapazitäten der Grenzüberwachung gestärkt werden soll (Gerard/Pickering 2014: 340 f.; Rumford 2006: 161). Diese Kooperation erfuhr ab 2011 durch den „Arabischen Frühling" und die damit einhergehenden politischen Veränderungen einen Dämpfer. Kurz darauf wurden aber bereits weitere Abkommen mit den neuen Machthabenden geschlossen (Kasparek/Tsianos 2014: 42). Ein Beispiel hierfür ist die zivile Mission EU Integrated Border Assistance Mission in Libya (EUBAM Libyen), die seit 2013 die libyschen Behörden in der Grenzsicherung schult. Darüber hinaus sollten mit der EUNAVFOR MED (European Union Naval

Force – Mediterranean) Operation Sophia[8] Schleusernetzwerke bekämpft werden, die von Libyen aus operieren (Hofmann 2017: 232 f.).

Wer und was als Bedrohung konstruiert wird, bleibt dabei im öffentlichen und politischen Diskurs teilweise diffus. Häufig spielt die irreguläre Migration als wahrgenommenes Sicherheitsrisiko eine große Rolle, die oft gleichgesetzt wird mit Zuwanderung mit Hilfe von kriminell motivierten „Schleuserbanden". Die mediale Debatte konzentriert sich zudem häufig auf kriminelle geschmuggelte Migrant:innen und verstärkt dadurch das Gefühl einer Bedrohung der inneren Sicherheit. Die Frage der Menschenrechte der Migrant:innen – und erst recht die der Fluchthelfer:innen oder Schleuser:innen – rückt hingegen in den Hintergrund (Koslowski 2006). Dementsprechend findet die Vielfalt der Migrationsmuster keine Berücksichtigung. Beispielsweise handelt es sich bei den Helfer:innen nicht immer um organisierte Gruppen, die Menschenschmuggel aus einer kriminellen Motivation heraus betreiben. Aufgrund des Mangels an legalen Zugangswegen für Geflüchtete reisen zudem auch Menschen irregulär ein, die aufgrund von Furcht vor Verfolgung gemäß der Genfer Flüchtlingskonvention schutzberechtigt sind (Hofmann 2017: 225–241).

In Reaktion auf die konstruierte Bedrohung, die von irregulären Migrant:innen ausgehe, soll Sicherheit vor allem durch eine Erhöhung staatlicher Kontrolle über Zuwanderungsprozesse erreicht werden. In diesem Sinne wird versucht, die spontane bzw. unkontrollierte Ankunft von Asylsuchenden und irregulär Einreisenden zu verringern und Zuwanderung allgemein stärker zu steuern. Mögliche politische Maßnahmen umfassen die Durchführung von Asylverfahren außerhalb der EU (Engler 2019 a), die Suche nach Verbleibsmöglichkeiten in der Herkunftsregion sowie stärkere Überwachung der Grenzen (Betts 2009 a: 75). Diese Vorhaben werden von Kritiker:innen mit dem Begriff der „Festung Europa" bezeichnet. Hiermit wollen sie deutlich machen, dass Europa sich zunehmend abschottet und damit auch Menschen mit tatsächlichen Fluchtgründen der Zugang zum Asylverfahren in Europa verwehrt wird. Dies wird in den letzten Jahren zunehmend durch Hochtechnologien gestärkt: „Die Festung Europa ist eine wehrhafte Festung, die sich auf sattelitengestützte Grenzüberwachung, auf Flugdrohnen und Sensoren, Hightech-Boote und auf Roboter mit Überwachungskameras stützt." (Hofmann 2017: 181)

Ein immer wichtiger werdender Akteur ist dabei Frontex, bzw. die „Europäische Agentur für die Grenz- und Küstenwache", wie sie offiziell seit 2015 heißt. Die von ihr durchgeführten „Risikoanalysen" legen eine Wahrnehmung von Migration als Bedrohung nahe und rücken sie in die Nähe grenzüberschreitender Kriminalität (Kasparek 2012). Mit der Weiterentwicklung 2015 wurde die Agentur mit einem stärkeren Mandat und weiteren Ressourcen ausgestattet, um die Mitglied-

8 Während mit der Operation das Ziel der Erhöhung von Sicherheit in der EU verfolgt wurde, heben politische Akteur:innen auch den Schutz der Menschen hervor, die ansonsten aufgrund seeuntüchtiger Boote ihr Leben bei der Überfahrt riskieren würden. Dies soll sich auch in der Umbenennung der Operation widerspiegeln, die mit „Sophia" den Namen eines Mädchens verwendet, das nach einer Rettung seiner Mutter im Mittelmeer an Bord einer deutschen Fregatte geboren worden war. Operation Sophia wurde am 31.3.2020 beendet (https://www.operationsophia.eu/about-us/, 13.12.2020; s. a. Cuttitta 2012: 34 f.).

staaten im Grenzschutz effektiver unterstützen zu können (→ Kap. 4). In einem Beschluss von Anfang 2019 ist zudem vorgesehen, bis 2027 eine ständige Reserve von 10.000 Grenzschutzbeamt:innen einzurichten sowie die Kompetenzen von Frontex, auch in Drittländern, auszuweiten (Engler 2019 b; Europäisches Parlament 2019).

8.4.3 Die Grenzen der Versicherheitlichung

Trotz der Versuche der Staaten, Sicherheits- und Kontrollaspekte zu stärken, bestehen in Europa Institutionen, die der Versicherheitlichung Grenzen setzen. Dazu zählen vor allem menschenrechtliche Garantien, die die Staaten durch die Ratifizierung z. B. der Europäischen Menschenrechtskonvention (EMRK) eingegangen sind und die durch den Europäischen Gerichtshof für Menschenrechte (EGMR) überwacht werden. So wurden beispielsweise Überstellungen gemäß der Dublin-Regelungen (→ Kap. 4) in manche EU-Mitgliedstaaten zeitweise oder für bestimmte Personengruppen ausgesetzt, da ein Schutz ihrer Rechte dort nicht gewährleistet werden konnte. Staaten sind dementsprechend verpflichtet, der menschlichen Sicherheit eine höhere Priorität einzuräumen als der Umsetzung der europarechtlichen Regelungen zur Zuständigkeit für Asylverfahren. Dabei muss die Wahrung grundlegender Rechte im Einzelfall geprüft werden (Schmalz 2017).

Folglich besteht eine Spannung zwischen menschenrechtlichen Verpflichtungen zum Schutz von Flüchtlingen und Migrant:innen auf der einen und einem Interesse an verstärkter Grenzsicherung und restriktiven Zugangsregelungen auf der anderen Seite. Rhetorisch wird diese Spannung dadurch aufgelöst, dass die Maßnahmen zum Grenzschutz und zur „Bekämpfung von Schleuserbanden“ als Mittel zur Verhinderung von „Tragödien im Mittelmeer“ bzw. als notwendig zur Rettung von Menschenleben beschrieben und dadurch legitimiert werden (Moreno-Lax 2018). Dabei bleibt jedoch außer Acht, dass restriktive Maßnahmen das Geschäft der Schleuser:innen durchaus auch lukrativer machen können, indem sie die Preise für die Schleusung in die Höhe treiben (Hofmann 2017: 225–228). Abgesehen davon wird die Legitimation der restriktiven Maßnahmen im Diskurs durch die Postulierung von „Krisen“ erreicht. Das Vorhandensein einer Krise legt nahe, dass außergewöhnliche Maßnahmen ergriffen werden müssen. Dadurch kann die Verwendung des Krisenbegriffs Regierbarkeit sicherstellen und Zustimmung zu Maßnahmen erreichen, die ansonsten abgelehnt würden (Kasparek/Tsianos 2014). Allerdings weisen manche Wissenschaftler:innen darauf hin, dass die Konstruktion von Migrant:innen als Sicherheitsrisiko ihre Integration und Akzeptanz in der Bevölkerung behindern und dadurch neue Risiken, beispielsweise für den gesellschaftlichen Zusammenhalt, schaffen kann. Sie bezeichnen daher die Versicherheitlichung als gescheitert, da sie das Ziel einer erhöhten inneren Sicherheit verfehle (Chebel d'Appollonia 2012; Neal 2009).

In der Perspektive der Grenzen als soziales Phänomen, das Akteur:innen durch ihr Handeln produzieren, wird außerdem deutlich, dass die Konstruktion von Migration als sicherheitsrelevantes Phänomen ebenso wenig unumstößlich ist wie die restriktiven Politiken, die zu ihrer Kontrolle institutionalisiert werden. Dies wurde besonders deutlich im „langen Sommer der Migration“ 2015, in dem sich Gruppen von Migrant:innen dem herrschenden Grenzregime widersetzten und Einlass in die mitteleuropäischen Staaten verlangten. Dies wurde begleitet von einer Wende im Diskurs hin zu einer stärkeren humanitären Färbung, die die Notwendigkeit der Schutzgewährung in den Vordergrund stellte. Seit 2016 versuchen jedoch wieder gesellschaftliche Kräfte an Einfluss zu gewinnen, die einen stärkeren Fokus auf Kontrolle und Sicherheit legen. Dem stellen sich Migrant:innen und Unterstützer:innen entgegen. „Wie dieses Kräftemessen zwischen Kontrolle und dem Begehren der Migration nach einem anderen Leben ausgehen wird, ist eine tagtägliche Frage der Kräfteverhältnisse.“ (Hess et al. 2018: 277)

Wie die Ausführungen in diesem Kapitel zeigen, wird der Zusammenhang zwischen Migration und Sicherheit politisch immer wieder neu und auf verschiedene Weisen hergestellt. Das daraus resultierende Spannungsfeld wird teilweise durch die Trennung in unterschiedliche Kategorien der Migration gelöst. Dabei werden „irreguläre Migrant:innen“ am stärksten in Zusammenhang mit Sicherheitspolitiken gebracht, während ihnen gleichzeitig die Legitimation zu wandern abgesprochen wird („Wirtschaftsflüchtlinge“). Wissenschaftliche Forschungsprojekte, die sich mit der Konstruktion von Bedrohungsszenarien befassen, können zur Selbstreflektion beitragen. An die Stelle der Frage „Welche Auswirkungen hat Migration auf den Arbeitsmarkt/die Gesellschaft/die nationale Identität etc.?“ treten dann Fragen danach, wie und warum welche Gruppen als Bedrohung wahrgenommen werden und welche Auswirkungen dies auf die Inhalte von Politik hat. Darüber hinaus wird analysierbar, welche Auswirkungen die Politik wiederum auf die Sicherheit der Menschen – inklusive der Migrant:innen – hat. Dabei kann das Verständnis von Sicherheit als multidimensionales Phänomen helfen, die Lebenssituation der Menschen in den Blick zu nehmen, anstatt auf einer abstrakten Ebene staatlicher Sicherheit zu verbleiben.

Übungs- und Reflexionsaufgaben

1. Durch welche Aspekte kann „Sicherheit“ definiert werden? Geben Sie ein Beispiel.
2. Was wird unter „Versicherheitlichung“ verstanden?
3. Inwiefern kann Unsicherheit eine Ursache von Migration sein?
4. Welche Annahmen zur Wirkung von Migration auf (Un-)Sicherheit kennen Sie?
5. Nennen Sie drei Beispiele, anhand derer sich eine Versicherheitlichung der europäischen Migrationspolitik zeigen lässt.
6. Welchen Einfluss haben Staaten auf den Zusammenhang zwischen Migration und Sicherheit?

Zur Vertiefung

i Boswell, Christina (2007): Migration Control in Europe after 9/11: Explaining the Absence of Securitization. In: Journal of Common Market Studies, 45, H. 3, S. 589–610. https://doi.org/10.1111/j.1468-5965.2007.00722.x

Heimeshoff, Lisa-Marie/Hess, Sabine/Kron, Stefanie/Schwenken, Helen/Trzeciak, Miriam (Hrsg.) (2014): Grenzregime II. Migration, Kontrolle, Wissen: Transnationale Perspektiven. Berlin: Assoziation A.

* Huysmans, Jef (2000): The European Union and the Securitization of Migration. In: Journal of Common Market Studies, 38, H. 5, S. 751–777. https://doi.org/10.1111/1468-5965.00263

i Jaskulowski, Krzysztof (2019): The securitisation of migration: Its limits and consequences. In: International Political Science Review, 40, H. 5, S. 710–720. https://doi.org/10.1177/0192512118799755

* Lavenex, Sandra (2006): Shifting up and out: The foreign policy of European immigration control. In: West European Politics, 29, H. 2, S. 329–350. https://doi.org/10.1080/01402380500512684

i Moreno-Lax, Violeta (2018): The EU Humanitarian Border and the Securitization of Human Rights: The ‘Rescue-Through-Interdiction/Rescue-Without-Protection’ Paradigm. In: Journal of Common Market Studies, 56, H. 1, S. 119–140. https://doi.org/10.1111/jcms.12651

9 Gewinner und Verlierer? Migrationspolitik zwischen Wirtschaft und Wohlfahrt

Die Wirkungen von Migration auf (nationale) Volkswirtschaften und Wohlfahrtssysteme sind ein heftig diskutiertes Thema in den migrationspolitischen Debatten westlicher Einwanderungsländer. Zwei Problemkreise verbinden sich damit: Erstens herrscht meist Uneinigkeit darüber, ob Migration dem Aufnahmeland tendenziell Nettogewinne oder -verluste beschert. Zweitens wird debattiert, welche Auswirkungen Migration auf Verteilungsgerechtigkeit innerhalb der aufnehmenden Staaten hat. In Zusammenhang damit wird häufig um Höhe und Art von Sozialleistungen für Zugewanderte und ihre potenziell abschreckende oder anziehende Wirkung gestritten. Das Kapitel stellt die beiden Problemkreise und die jeweiligen Positionen vor. Von der Lektüre kann jedoch keine endgültige Antwort auf die aufgeworfenen Fragen erwartet werden. Stattdessen sollte deutlich werden, welcher Logik unterschiedliche Argumente folgen und wie diese in politische Entscheidungen münden.

9.1 Ökonomische Aspekte der Migration

Wirtschaftswissenschaftliche Modelle und Theorien werden bereits seit langem für die Analyse von Migrationsprozessen, ihren Ursachen und Folgen herangezogen. Sie basieren oft auf neoklassischen Grundannahmen. Dazu gehört der methodologische Individualismus, also die Annahme, dass sich gesellschaftliche (d. h. kollektive) Phänomene auf Basis individueller Faktoren erklären lassen. Ebenso gehört eine utilitaristische Grundhaltung zu den Grundannahmen der neoklassischen Ökonomie, also die Annahme, dass Menschen nutzenmaximierend handeln. Schließlich werden Menschen als grundsätzlich rational handelnde Akteure verstanden, die auf Basis der verfügbaren Informationen und möglicher externer Beschränkungen handeln (Boswell 2008: 552). Die letzten beiden Annahmen werden oft im Begriff des „homo oeconomicus" zusammengefasst. Darüber hinaus werden in der neoklassischen Ökonomik Märkte als grundsätzlich sinnvoller Allokationsmechanismus betrachtet, da sie über das individuell-rationale Handeln von Menschen ohne übergeordnete Steuerungsinstanz zu einer optimalen Produktion und Verteilung führen würden (*unsichtbare Hand*, Smith 1776).

In Bezug auf Migrationsbewegungen heißt das, dass Menschen rational den möglichen Nutzen (z. B. die Steigerung ihrer Lebensqualität) gegen die möglichen Kosten der Migration („Transaktionskosten" in der Sprache ökonomischer Modelle) gegeneinander abwägen und darauf aufbauend die Entscheidung für oder gegen eine Migration treffen. In kapitalistischen Systemen wird dementsprechend erwartet, dass die Menschen dort hinziehen, wo sie ihre Arbeitskraft am gewinnbringendsten verkaufen können. Dies zeigt sich beispielsweise in der hohen Land-Stadt-Migration nach der Freisetzung der Menschen von feudalistischen Abhängigkeiten. Unterschiedliche Entwicklungsdynamiken in verschiedenen Regionen führen nach der neoklassischen Theorie dazu, dass Lohndifferenziale und unterschiedliche Arbeitslosenquoten zwischen verschiedenen Staaten Anreize zur Migration bieten (Todaro 1980). Dementsprechend wird davon ausgegangen, dass Migrant:innen vorwiegend aus Staaten mit niedrigeren Einkommensniveaus in diejenigen mit höheren Einkommen wandern. Durch die Mobilität müssten sich dann langfristig die Einkommen verschiedener Regionen angleichen (Sjaastad 1962; zu einer Einführung in Migrationstheorien siehe Schwenken 2018).

Allerdings gilt diese Annahme nur unter den Voraussetzungen komplett uneingeschränkter Mobilität. Da jedoch Staaten das Migrationsgeschehen zu regulieren versuchen, stimmen die idealtypischen ökonomischen Modelle in der Regel nicht (oder zumindest nicht vollständig) mit der Realität überein. Dementsprechend müssen die Zielsetzungen der Migrationspolitik sowie ihre potenziell steuernden Wirkungen in die Analyse der Ursachen und Folgen von Migration einbezogen werden. Neuere Ansätze wie die *New Economics of Labour Migration* (NELM) lockern daher die neoklassischen Annahmen. Sie berücksichtigen beispielsweise, dass Migrant:innen ihre Entscheidung nicht immer alleine, sondern z. B. im Haushaltsverbund treffen, womit eher eine gemeinschaftliche Risikominimierung als eine individuelle Nutzenmaximierung verfolgt wird (Boswell 2008; → Kap. 10). Entsprechend berücksichtigt die Theorie neben Einkommensdifferenzen zwischen Staaten auch Politiken zur Erklärung von Migrationsentscheidungen (Haas et al. 2018 b: 23 f.).

Häufig verfolgen Migrationspolitiken das Ziel, den Nutzen der Migration für den eigenen Staat zu erhöhen und die Kosten zu senken. Der erwartete Nutzen kann beispielsweise ökonomisch (z. B. durch eine Steigerung der Produktivität), demographisch (z. B. eine Stabilisierung der Bevölkerungszahl) oder politisch (z. B. bei der politisch motivierten Aufnahme von Flüchtlingen aus bestimmten Staaten) definiert werden. In diesem Sinne agieren Staaten ähnlich wie „Clubs", die ihre Mitglieder nach rationalen Kriterien auswählen (Kolb 2008). Dazu gehört der Versuch, Zuwanderung auf Basis der Nachfrage nach Arbeitskräften zu steuern, also beispielsweise in Zeiten wirtschaftlichen Aufschwungs mehr Migrant:innen den Zugang zu ermöglichen als in Abschwungzeiten. Ein Beispiel für die Nutzung ausländischer Arbeitskräfte als „Puffer" für die heimische Wirtschaft zeigt sich beispielsweise im Modell der „Gastarbeiter:innen"-Migration in Deutschland ab 1955 (→ Kap. 5+6). Nach marxistischen Annahmen können Migrant:innen daher als *industrielle Reservearmee* potenzieller Arbeitskräfte begriffen werden, die zwar aktuell nicht benötigt werden, deren Verfügbarkeit aber die Konkurrenz unter Arbeitnehmenden erhöhen, das Lohnniveau senken und Ausbeutbarkeit der Arbeiter:innen erhöhen kann (Castles/Kosack 1972).

Mit dieser Sichtweise wird der Blick auf die wirtschaftlichen Auswirkungen (ökonomisch gesprochen: der Nutzen oder die Kosten) von Migration gelenkt. Dabei stehen die Auswirkungen auf die Arbeitsmärkte der Zielländer im Zentrum der Aufmerksamkeit. Häufig wird auf Basis des neoklassischen Wirtschaftsmodells die These vertreten, dass Zuwanderung die Arbeitsmarktchancen der einheimischen Bevölkerung verringere. Dies resultiere aus dem veränderten Gleichgewicht zwischen Angebot und Nachfrage: Migration erhöhe das Angebot an Arbeitskräften und führe somit automatisch zu einem niedrigeren Gleichgewichtslohn. Der Effekt werde dadurch verstärkt, dass Migrant:innen bereit seien, zu schlechteren Arbeitsbedingungen und/oder für geringere Löhne zu arbeiten. Dadurch hätten sie gegenüber einheimischen Arbeitnehmer:innen einen Wettbewerbsvorteil, was zu Verdrängungseffekten und Lohnsenkungen führen könne.

Empirisch lassen sich diese Annahmen oft jedoch nicht bestätigen: So zeigten sich beispielsweise für die Zuwanderung nach der Osterweiterung der Europäischen Union keine negativen Effekte wie Lohnsenkungen oder Verdrängungseffekte (Kahanec/Zimmermann 2010). Allerdings kommen unterschiedliche Studien zu den Effekten der Migration zu teils widersprüchlichen Ergebnissen. Dies lässt sich einerseits auf unterschiedliche Spezifikationen des grundlegenden Modells zurückführen (Dustmann et al. 2016; Spies/Rinne 2019: 435 f.). Andererseits lässt sich die kontrafaktische Situation, also die Frage, wie sich Löhne und Arbeitsbedingungen ohne Migration entwickelt hätten, nur schwer abschätzen, da die kausalen Zusammenhänge zwischen Wirtschaft, Arbeitsmarkt und Zuwanderung komplex sind. Diese Komplexität wird in dem stark vereinfachten neoklassischen Modell kaum abgebildet. Beispielsweise vernachlässigen wirtschaftliche Modelle häufig längerfristige Effekte und beziehen nur kurze Zeithorizonte in die Analysen ein. So ist zu erwarten, dass sich auf Dauer die Aspirationen der Migrant:innen an die der Inländer:innen anpassen und sie weniger bereit sind, unattraktivere Tätigkeiten auszuüben. Darüber hinaus kann auch die Produktivität der Gesamtwirtschaft aufgrund von Zuwanderung auf längere Sicht steigen (Peri 2014).

Differenziertere Modelle gehen davon aus, dass die Konkurrenz zwischen ausländischen und einheimischen Arbeitskräften insbesondere dann hoch ist, wenn sie über ähnliche Qualifikationen verfügen, während Arbeitnehmer:innen mit komplementären Qualifikationen von der Zuwanderung profitieren können. Dementsprechend ist Migration nicht mit eindeutigen Kosten oder Nutzen verbunden, sondern produziert gewissermaßen „Verlierer:innen" und „Gewinner:innen" (Spies/Rinne 2019: 435 f.). Zu ersteren gehören häufig frühere Kohorten von Migrant:innen, da sie in direkterer Konkurrenz mit neu Zuwandernden stehen (Peri 2014).

Eine einflussreiche Perspektive auf die Differenzierung des Arbeitsmarktes und seiner Zusammenhänge mit Migration wurde von der *Segmentationstheorie* eingenommen. Sie geht von der Beobachtung aus, dass sich in entwickelten Staaten Teilarbeitsmärkte mit unterschiedlichen Qualifikationsvoraussetzungen und Arbeitsbedingungen herausbilden. Die *dual labor market theory* unterscheidet zwischen dem primären Arbeitsmarkt mit guten Arbeitsbedingungen, Aufstiegschancen, hohem sozialen Ansehen und überwiegend gelernten Tätigkeiten, und einem sekundären Segment, in dem die Arbeitsbedingungen schlechter, die Aufstiegschancen und das Ansehen geringer und die Tätigkeiten überwiegend ungelernt sind. Dementsprechend ist der sekundäre Arbeitsmarkt für einheimische Arbeitnehmer:innen unattraktiv. Ausländische Arbeitskräfte, die als Referenzpunkt für die Bewertung der Arbeitsmöglichkeiten ihre oft schlechteren Bedingungen im Herkunftsland sehen, sind hingegen eher bereit, auch Tätigkeiten im sekundären Segment zu akzeptieren (Piore 1979; Pries 2008 a). Hierzu kann auch die Abwertung von Qualifikationen im Migrationsprozess beitragen. Ausländische Hochschul- oder berufliche Abschlüsse werden im Zielland oft nicht anerkannt, sodass Migrant:innen teilweise auf niedrigere Arbeitsmarktsegmente angewiesen sind (Dustmann et al. 2016).

Für eine differenzierte Abschätzung der Folgen von Migration müssen jedoch weitere Aspekte einbezogen werden. Ein wichtiger Einflussfaktor ist die Struktur des jeweiligen Wirtschaftssystems. Eine grundlegende Unterscheidung haben Hall/ Soskice (2001) mit der Literatur zu den *Varieties of Capitalism* eingeführt. Sie differenzieren zwischen Liberalen Marktökonomien (*liberal market economies*, LME) mit einem geringen Niveau staatlicher Regulierung, und Koordinierten Marktökonomien (*coordinated market economies*, CME) mit stärkerer staatlicher Regulierung des wirtschaftlichen Geschehens. Der Grad staatlicher Einflussnahme hat auch Auswirkungen auf die jeweiligen unternehmerischen Strukturen sowie das Angebot an und die Nachfrage nach Arbeitskräften. Daraus ergibt sich auch das Interesse von Unternehmer:innen an Migration. So werden in LMEs vor allem Migrant:innen für gering qualifizierte und gering bezahlte Tätigkeiten benötigt, während CMEs eher gut ausgebildete Kräfte brauchen, die die vorhandenen Qualifikationen von Einheimischen sinnvoll ergänzen (Devitt 2011; Menz 2011). Allerdings sind die Unterschiede zwischen den Regimen nicht deterministisch und verschiedene weitere Faktoren beeinflussen letztlich das Migrationsgeschehen sowie die Migrationspolitik.

Hierfür sind auch gesellschaftliche Kräfteverhältnisse sowie Diskurse zu Migration und Integration von Bedeutung. Neben der Frage, wie sich Arbeitgeber:innen zu Migration positionieren, spielt beispielsweise auch die Position der Gewerkschaften eine Rolle. Ihre Haltung zu Migration ist zwiespältig, da sie einerseits das Ziel verfolgen, die einheimischen Arbeitnehmer:innen zu schützen, woraus sich eine eher abwehrende Haltung gegenüber Zuwanderung ergeben kann. Auf der anderen Seite versuchen sie, Arbeitsstandards und Schutzrechte auch auf ausländische Arbeitnehmer:innen zu übertragen und deren gewerkschaftliche Organisation zu fördern, was eine offenere und solidarische Haltung gegenüber Migrant:innen impliziert. Letztlich ist das Ergebnis dieses Zwiespalts auch abhängig von den jeweiligen Arbeitsmarktstrukturen und ihren Veränderungen, den jeweiligen Wanderungsbewegungen sowie von öffentlichen und politischen Diskursen (Fine/ Tichenor 2012).

Letztere spielen auch direkt eine Rolle für die Gestaltung der Migrationspolitik eines Staates. Beispielsweise kann die Wahrnehmung einer „Krise“ wie der Fachkräftemangel in Deutschland zu einer liberaleren Migrationspolitik führen als die polit-ökonomischen Strukturen erwarten lassen würden. Ebenso kann die Wahrnehmung einer „Migrationskrise“ wie in Großbritannien die Einführung restriktiver Regelungen befördern (Paul 2016).

9.2 Migration und Wohlfahrtsstaaten

Viele der ökonomischen Modelle betrachten vorrangig die Strukturen des Arbeitsmarktes und des wirtschaftlichen Produktionsprozesses. Im Zuge der Industrialisierung und der Etablierung von Nationalstaaten haben Regierungen jedoch soziale Sicherungssysteme aufgebaut, die die Einbindung der Menschen in diese Prozesse in verschiedener Weise beeinflussen. Diese Interventionen erfüllen eine Reihe von Funktionen für das Wirtschaftssystem und sind mit diesem eng verknüpft. Beispielsweise sollen Bildungssysteme dafür sorgen, dass zukünftige Arbeitnehmer:innen mit den Qualifikationen ausgestattet sind, die die Wirtschaft benötigt. Darüber hinaus bietet eine Reihe politischer Programme heute eine Absicherung vielfältiger Risiken wie Krankheit, Arbeitslosigkeit oder für das Ausscheiden aus dem Erwerbsleben aufgrund des Alters. Diese Politiken unterscheiden sich zwischen verschiedenen Staaten, da sie sich jeweils auf der Basis der wirtschaftlichen Strukturen, der politischen Kultur sowie sozialstrukturellen Gegebenheiten entwickelt haben. Im Folgenden werden zunächst die verschiedenen Typen wohlfahrtsstaatlicher Sicherung vorgestellt, bevor im darauffolgenden Teilkapitel auf ihre Zusammenhänge mit Migration eingegangen wird.

9.2.1 Wohlfahrtsstaatliche Systeme

Die vergleichende Wohlfahrtsstaatsforschung versucht, Muster in der Vielfalt sozialpolitischer Herangehensweisen zu identifizieren und diese zu erklären. Unter „*Wohlfahrtsstaat*“ wird dabei „allgemein ein Staat [verstanden], dessen Tätigkeit dem Anspruch nach in großem Umfang auf die Förderung der ökonomischen, sozialen und gesundheitlichen Wohlfahrt seiner Bürger gerichtet ist.“ (Schmidt 1995: 1082) Dementsprechend sind nicht alle Staaten, die sozialpolitische Programme einführen, automatisch als Wohlfahrtsstaaten zu charakterisieren. Stattdessen muss der Staat „in großem Umfang“ Verantwortung für das Wohlergehen seiner Bürger:innen übernehmen. Das Wohlfahrtssystem soll Integration bzw. Kohäsion zwischen Individuen herstellen und Solidaritätsbeziehungen schaffen (Kevins/van Kersbergen 2019: 115). Es umfasst in der Regel ein sicherndes Element, also eine Versorgung für die Fälle, in denen Menschen nicht selbst für ihren Lebensunterhalt sorgen können, und ein steuerndes oder gesellschaftspolitisches Element, das auch allgemeine Maßnahmen umfasst, die die Lebensqualität steigern oder Chancengerechtigkeit sichern sollen (Zimmer 2019: 27f.). Beide beinhalten wiederum eine Vielfalt politischer Einzelmaßnahmen, die in einem Staat gleichzeitig existieren.

Um trotz dieser Vielfalt einen Vergleich wohlfahrtsstaatlicher Systeme zu ermöglichen, kann auf verschiedene Kriterien zurückgegriffen werden. Eine klassische Unterscheidung betrifft die Art der Finanzierung sozialstaatlicher Leistungen: auf der einen Seite stehen Systeme, deren Leistungen vorrangig über allgemeine Steuereinnahmen finanziert werden (das sog. Fürsorge- oder *Beveridge-Modell*). Diese Leistungen stehen in der Regel der gesamten Bevölkerung auf Basis ihrer Bedarfe offen und sind für alle weitgehend gleich. Auf der anderen Seite stehen Systeme, deren Leistungen vorrangig über Beiträge finanziert werden. Sie beziehen üblicherweise einen konkreten Personenkreis als Zahlende und potenzielle Leistungsempfänger:innen ein, z. B. abhängig Beschäftigte. Die Höhe der Leistungen bemisst sich nach den jeweils geleisteten Beiträgen bzw. vorherigen Einkommen (das sog. Versicherungs- oder *Bismarck-Modell*). Allerdings haben sich im Laufe der Zeit die staatlichen Systeme in eine Vielzahl von Programmen ausdifferenziert, sodass diese Zweiteilung der Komplexität wohlfahrtsstaatlicher Sicherung heute nicht mehr gerecht wird (Schmid 2010: 108).

Während diese Unterscheidung zudem weitgehend deskriptiv bleibt, versuchte der dänische Politikwissenschaftler Gøsta Esping-Andersen (1990) mit seiner einflussreichen Unterscheidung von „Drei Welten des Wohlfahrtskapitalismus" gleichzeitig, die Entstehung der jeweiligen Systeme zu erklären. Seine Theorie der Wohlfahrtsregime bezieht sich auf die Machtressourcen unterschiedlicher Akteur:innengruppen sowie auf institutionelle Strukturen als Erklärungsfaktoren für die Herausbildung unterschiedlicher Systeme (Arts/Gelissen 2012). Esping-Andersen zieht zwei Kriterien heran, um wohlfahrtsstaatliche Systeme zu differenzieren: Erstens erfasst er den Grad der Dekommodifizierung, also das Ausmaß, in dem die sozialstaatliche Sicherung die Menschen von der Notwendigkeit befreit, ihr Einkommen über den „Verkauf" ihrer Arbeitskraft am freien Markt zu bestreiten. Zweitens analysiert er die Stratifizierung, also den Umgang des Staates mit sozialer Schichtung. Diese kann durch den Sozialstaat verringert, verfestigt oder verstärkt werden.

Aus dieser Differenzierung ergeben sich drei verschiedene Typen wohlfahrtsstaatlicher Systeme: der liberale, der sozialdemokratische und der konservativ-korporatistische Typus. Als *liberal* werden Systeme bezeichnet, die steuerfinanzierte, universell-egalitäre Leistungen vorsehen, also Leistungen, die prinzipiell jedem Menschen offenstehen und für alle gleich sind. Dabei ist die Höhe der Leistungen verhältnismäßig niedrig, sodass die De-Kommodifizierung gering ausfällt, da der Sozialstaat nur eine notdürftige Absicherung und keine Alternative zur Erwerbsarbeit darstellt. Damit greift das System kaum in die bestehenden sozialen Strukturen ein bzw. verschärft diese noch, zumal sich Besserverdienende eine private Zusatzabsicherung leisten können. Ein Beispiel für ein liberales System ist Großbritannien.

Demgegenüber zeichnet sich der *sozialdemokratische* Typus dadurch aus, dass er zwar ebenfalls universelle Leistungen bereitstellt, aber auf einem deutlich höheren Niveau. Monetäre Leistungen werden durch einen großen staatlich finanzierten Dienstleistungssektor ergänzt. Dadurch ist der Grad der Dekommodifizierung hoch, da die finanziellen Transferleistungen sowie die Beschäftigung im öffentlichen Sektor eine reale Alternative zur Erwerbstätigkeit am freien Markt darstellen. Durch das System werden gleichzeitig bestehende Statusunterschiede verringert, da der Steuersatz sich am Einkommen bemisst, während die wohlfahrtsstaatlichen Leistungen für alle gleich sind. Der sozialdemokratische Typus ist vor allem in Skandinavien zu finden.

Der *konservativ-korporatistische* Typus unterscheidet sich von den beiden erstgenannten Systemen dadurch, dass er vorrangig beitragsfinanziert ist. Die Beiträge werden in Versicherungssysteme eingezahlt, die im Leistungsfall eine Bewahrung des sozialen Status ermöglichen sollen. Beispielsweise bemessen sich das Arbeitslosengeld I und die Rente in Deutschland an den zuvor erzielten Einkommen. Oft existieren dabei unterschiedliche Sicherungssysteme für verschiedene Berufsgruppen, wobei Beamt:innen ein Sonderstatus zukommt. Der Grad der Dekommodifizierung unterscheidet sich demnach auch zwischen verschiedenen Bevölkerungsgruppen. Insgesamt findet die Redistribution von Ressourcen eher innerhalb der jeweiligen Gruppe statt, indem beispielsweise über die Rentenversicherung Einnahmen zwischen verschiedenen Lebensphasen umverteilt werden. Neben

Deutschland werden auch Frankreich und Österreich diesem Typus zugerechnet (Esping-Andersen 1990).

Der „Drei Welten"-Ansatz wurde von anderen Wissenschaftler:innen vielfach aufgegriffen, verwendet und weiterentwickelt. Einer der zentralen Kritikpunkte am ursprünglichen Ansatz war die eingeschränkte Verallgemeinerbarkeit der drei identifizierten Typen. In der Folge wurde die Typologie um (mindestens) einen weiteren Typus sozialstaatlicher Sicherung ergänzt. Dazu gehört einerseits der mediterrane oder rudimentäre Wohlfahrtsstaat, der viele Leistungen (oft unbezahlt) über die Familien erbringen lässt (Lessenich 1994). Ein weiterer Typ wird in den postkommunistischen Staaten gesehen, auch wenn hier eine hohe interne Heterogenität und starke Dynamik die Identifikation eines klaren, einheitlichen Regimes infrage stellen (Cerami/Vanhuysse 2009). Eine zweite Kritik an Esping-Andersens Theorie bezog sich auf die fehlende Berücksichtigung einiger zentraler Politiken, insbesondere der Familienpolitik und der damit einhergehenden Zuschreibung von Geschlechterrollen. Diese Kritik wurde von Esping-Andersen selbst aufgegriffen, der eine hohe Übereinstimmung zwischen den familienpolitischen Systemen und seinen ursprünglichen drei Typen feststellte (Esping-Andersen 2009).

Allerdings bedeutet die Identifikation von Idealtypen, wie sie Esping-Andersen bildet, keine vollständige Übereinstimmung mit tatsächlich verfolgten Politiken. Darüber hinaus ist keines der Systeme im Zeitverlauf statisch, da die Politiken an veränderte Rahmenbedingungen wie z. B. die wirtschaftliche oder demographische Entwicklung angepasst werden. Aufgrund steigender Kosten wurde beispielsweise in den 1980er Jahren eine „Krise" des Wohlfahrtsstaates postuliert, was zu einer Präferenz für neoliberale Ideen führte. Dementsprechend wurden in vielen Staaten wohlfahrtsstaatliche Programme privatisiert und Leistungen eingeschränkt („*retrenchment*"). Seit den 2000er Jahren wandelt sich dies hin zu einem *social investment state*, in dem Sozialleistungen eher als Investition in Humankapital betrachtet werden, die die Arbeitsfähigkeit (*employability*) der Bürger:innen stärken sollen (Abrahamson 2010; Freise/Zimmer 2019). Gleichzeitig werden Eigenverantwortlichkeit betont sowie die Kriterien für den Bezug von Leistungen verschärft und mit dem Gedanken der *deservingness* (Verdienstlichkeit) verknüpft. Dementsprechend werden Leistungen von der Bevölkerung eher unterstützt, wenn der Eindruck besteht, dass die Empfänger:innen die Zuwendungen „verdienen". Dies ist z. B. bei der Rentenpolitik überwiegend der Fall, da die Bezieher:innen durch ihre Arbeit zuvor selbst Leistungen erbracht haben. Sozialleistungen für andere Gruppen wie z. B. Arbeitslose oder Alleinerziehende werden hingegen häufiger infrage gestellt. Auch Migrant:innen werden oft als „unberechtigte" Empfänger:innen sozialstaatlicher Leistungen wahrgenommen (Bloemraad et al. 2019). Die Ursachen dieser Wahrnehmung sowie die Zusammenhänge zwischen Migration und Wohlfahrtsstaat werden im Folgenden näher beleuchtet.

9.2.2 Wohlfahrtsstaaten und Migration

Die häufig ablehnende Haltung von Mitgliedern der aufnehmenden Gesellschaften gegenüber Migrant:innen als potenziellen Leistungsbezieher:innen des Wohlfahrtsstaates hängt mit verschiedenen Faktoren zusammen. Dazu gehört die These, dass

Zuwanderung die Kosten der sozialen Sicherungssysteme erhöht. Sie basiert auf den oben vorgestellten ökomischen Modellen, die auch die staatliche Migrationspolitik als Ergebnis rationaler Kosten-Nutzen-Erwägungen darstellen (Kolb 2008). Die Ablehnung von (bestimmten Formen der) Zuwanderung ist zudem eng verbunden mit der *Welfare Magnet*-Hypothese. Sie geht davon aus, dass „großzügige" Sozialsysteme, also Systeme mit umfassenden Leistungen und hohen Leistungsniveaus, anziehend auf Migrant:innen aus Staaten wirken, die über eine geringere Absicherung verfügen (Borjas 1999). Empirisch ist dieser Zusammenhang jedoch kaum nachweisbar. Stattdessen spielen wirtschaftliche Faktoren wie das Lohnniveau, politische Faktoren wie eine liberale/restriktive Zuwanderungspolitik und soziale Aspekte wie bestehende Netzwerke in die Zielländer eine deutlich größere Rolle für die Migrationsentscheidung (Spies/Rinne 2019: 436 f.). Dessen ungeachtet hält sich die These in politischen Debatten hartnäckig. Sie spiegelt sich in diversen Leistungseinschränkungen für bestimmte Gruppen von Migrant:innen, die eine abschreckende Wirkung auf potenzielle Migrant:innen entfalten bzw. Anreize zur „Einwanderung in die Sozialsysteme" verringern sollen.

Unabhängig von der Frage, ob Migrant:innen ihre Wanderungsentscheidung (auch) auf Basis der sozialstaatlichen Sicherungssysteme fällen, lassen sich statistische Hinweise darauf finden, dass Migrant:innen häufiger als Einheimische Sozialleistungen beziehen. So waren beispielsweise im Jahr 2017 knapp 20% der erwerbsfähigen Ausländer:innen auf den Bezug von Sozialleistungen angewiesen, während diese Quote für deutsche Staatsangehörige bei knapp 6% lag. Dies lässt sich zum Teil durch die Zuwanderung von Flüchtlingen in den beiden vorangegangenen Jahren erklären (Statistische Ämter des Bundes und der Länder 2019: 19). Darüber hinaus lässt sich die Überrepräsentation von Migrant:innen in den sozialen Sicherungssystemen zum großen Teil auf soziodemographische Merkmale wie die Altersstruktur der migrantischen Bevölkerung zurückführen. Insgesamt zahlen Migrant:innen Studien zufolge mehr in die Sicherungssysteme ein, als sie an Leistungen daraus empfangen (Spies/Rinne 2019: 436 f.). Dementsprechend kann Migration als Gesamtphänomen einen finanziellen Nettonutzen für den Wohlfahrtsstaat entfalten. Gleichzeitig verdeutlichen die Ergebnisse aber auch, dass das Qualifikationsniveau der Migrant:innen eine Rolle für die fiskalische Bilanz ihrer Zuwanderung spielt. Ebenso zeigen sie, dass ihre Integration in den Arbeitsmarkt ein relevanter Faktor für die finanzielle Bilanz ist. Daraus lässt sich ableiten, dass politische Maßnahmen zur Förderung der Arbeitsmarktteilhabe die positiven fiskalischen Auswirkungen der Migration verstärken können, während z. B. rechtliche Barrieren für die Arbeitsaufnahme kostentreibend wirken können.

Die teils ablehnende Haltung gegenüber Migrant:innen hängt aber auch damit zusammen, dass sich der Wohlfahrtsstaat wie oben bereits angesprochen auf das Wohlergehen der Bürger:innen eines Staates bezieht. Die Definition der „Bürger:innenschaft" ist somit ausschlaggebend für die Frage, wem Leistungen grundsätzlich zugestanden werden und wer hiervon ausgeschlossen ist. Üblicherweise wird diese Zugehörigkeit über den Begriff der Nation definiert. Mit der Etablierung des Nationalstaatsprinzips als Grundlage territorialer Ordnung wurde die Nation als „Schicksalsgemeinschaft" definiert, deren Mitglieder füreinander einstehen (Bloemraad et al. 2019: 85 f.). Allerdings unterschieden sich dabei die Kriterien für die Mitgliedschaft in der Nation: während z. B. Frankreich die Staatsbürger:innenschaft auf Basis des Territoriums definierte, ging Deutschland lange Zeit von einer ethnischen Zugehörigkeit (also per Abstammung) aus (Brubaker 1992) (→ Kap. 12).

Damit stellt sich die Frage, wie die wohlfahrtsstaatlichen Systeme auf Veränderungen der Zusammensetzung der Bevölkerung reagieren. Werden neue Einwohner:innen in die bestehenden Systeme einbezogen oder von ihnen ausgeschlossen? Verändert sich durch die Zuwanderung auch die Zustimmung zu Leistungen für die ursprünglichen Bürger:innen?

Einen elaborierten Ansatz zur Untersuchung des Zusammenhangs zwischen Migration und den Strukturen des Wohlfahrtsstaates hat der Soziologe Michael Bommes (1999) vorgelegt. Er geht von einer differenzierungs- bzw. systemtheoretischen Perspektive aus und betrachtet demnach die Gesellschaft als Zusammenspiel verschiedener funktionaler Teilsysteme, beispielsweise des Rechts, der Wirtschaft, der Bildung oder der Politik. Jedes dieser Systeme hat seine eigenen Kommunikationsmodi sowie seine spezifischen Kriterien, nach denen über die In- bzw. Exklusion von Individuen und Organisationen entschieden wird. Beispielsweise bewertet das Gesundheitssystem Menschen primär nach der Unterscheidung krank – gesund und entscheidet damit über die Relevanz der Person für den eigenen Zuständigkeitsbereich. In dieser systemtheoretischen Perspektive kann Migration als Reaktion auf die entsprechenden In- bzw. Exklusionsstrukturen der jeweiligen Systeme gesehen werden. Es wird also erwartet, dass Menschen wandern, um verbesserte Inklusionschancen in relevanten Bereichen zu erzielen (Bommes 1999: 72–95). Dies trifft auf innerstaatliche Migration genauso zu wie auf internationale.

Während jedoch grundsätzlich die einzelnen Systeme weitgehend hierarchiefrei und unabhängig nebeneinander existieren, kommt dem Funktionssystem der Politik eine Sonderrolle zu. Es ist derzeit über die Einteilung in Nationalstaaten charakterisiert. Die nationalstaatliche Organisationsform etabliert eine Leistungs- und Loyalitätsbeziehung zwischen Bürger:innen und Staat, die im Wohlfahrtsstaat institutionalisiert ist:

> „Der Status der nationalen Staatsangehörigkeit und ihre Interpretation in der politischen Semantik als Gemeinschaftszugehörigkeit definieren eine in der Regel lebenslange Verpflichtungs- und Leistungsbeziehung zwischen Staat und Individuen, in der diesen im Austausch für politische Leistungen wie Frieden, Sicherheit und Wohlfahrt vom Staat Loyalität und Gehorsamsleistungen wie die Ableistung des Militärdienstes, die Zahlung von Steuern und das Befolgen von Gesetzen abverlangt werden.“ (Bommes 1999: 125)

Erst aufgrund dieser exklusiven, grundsätzlich auf Dauer gerichteten Leistungsbeziehung zwischen dem Staat und seinen Bürger:innen wird internationale Migration zum „Problem“. Dieser Zusammenhang zeigt sich beispielsweise mit der stark steigenden Thematisierung internationaler Migration, die sich aus der Ausdehnung der sozialen Leistungsrechte seit dem Ende des 19. Jahrhunderts ergab. Migrant:innen stellen die Leistungs- und Loyalitätsbeziehung des Staates mit seinen Bürger:innen in Frage, indem sie die „institutionalisierten Ungleichheitsschwellen" des nationalen Wohlfahrtsstaates überschreiten und sich dauerhaft auf dessen Territorium aufhalten. Sie begeben sich durch das Verlassen der strukturellen Einbindung in ihren Herkunftskontext in eine verletzliche Position (Stichweh 1998: 54 f.). Dabei sind sie in unterschiedlichem Maße in verschiedene andere Systeme des Zielstaates inkludiert (z. B. den Arbeitsmarkt, das Bildungssystem oder das Gesundheitswesen), ohne jedoch (sofort) den politischen Mitgliedschaftsstatus der Staatsangehörigkeit zu erlangen.

Allerdings hat die Bedeutung der Staatsangehörigkeit für die Gewährung sozialer Rechte im Zeitverlauf abgenommen. Unter anderem hat der europäische Integrationsprozess ebenso wie die zunehmende Verankerung allgemeiner Menschenrechte im internationalen Recht und deren Durchsetzung durch Gerichte dazu beigetragen, dass die Beschränkung sozialer Leistungsrechte auf die eigenen Staatsangehörigen immer weniger möglich ist. Stattdessen fallen Staatsangehörigkeit und soziale Staatsbürger:innenschaft zunehmend auseinander (Eder 1998) und soziale Rechte bemessen sich zunehmend nach dem Territorialitätsprinzip (Freeman 2004). Sie stehen folglich denjenigen offen, die sich mehr oder weniger dauerhaft auf dem jeweiligen Staatsgebiet aufhalten.

Dadurch werden die Regeln des Zugangs zum Territorium immer relevanter, weshalb alle Staaten ein differenziertes System an Kategorien für Zugewanderte entwickelt haben (Bommes 1999: 127–135). Diesen Kategorien werden jeweils konkrete Möglichkeiten der Inklusion in die Funktionssysteme zugeordnet. Ein Beispiel hierfür sind Einschränkungen des Zugangs für Asylsuchende zum deutschen Gesundheitssystem oder zum Arbeitsmarkt. Diese Zugangsrechte sind in den verschiedenen Staaten unterschiedlich organisiert. Für die Ausgestaltung der Regelungen spielen beispielsweise die historischen Erfahrungen mit Migration eine Rolle. So hatten die klassischen Einwanderungsländer in der Regel weniger Schwellen gegenüber Zugewanderten errichtet als andere Staaten (→ Kap. 6). Auch wenn sich diese Offenheit schrittweise verringert hat, wird dort nach wie vor der Zugang zur Staatsangehörigkeit, die die vollständige Inklusion in alle Systeme ermöglicht, eher zugelassen als in klassischen „Nationalstaaten". Darüber hinaus spielen auch Merkmale der zuwandernden Gruppen eine Rolle für ihren Einbezug in oder ihre Exklusion von wohlfahrtsstaatlichen Leistungen. Beispielsweise werden Gruppen, denen eine größere Nähe zu den Bürger:innen des Staates zugeschrieben wird – wie im Fall der deutschen „Aussiedler:innen", die über ihre ethnische Zugehörigkeit als Deutsche eingestuft wurden – seltener Ungleichheitsschwellen errichtet als gegenüber anderen Gruppen (Bommes 1999: 180–188).

Während dieser Ansatz strukturalistisch über die Logik der Funktionssysteme argumentiert, fokussieren andere Ansätze stärker auf individuelle Prozesse, um die Zusammenhänge zwischen Migration und Wohlfahrtsstaaten zu erklären. Sie fragen beispielsweise nach den persönlichen Haltungen und Einstellungen gegenüber Migrant:innen und ihrem Einbezug in die sozialstaatliche Sicherung. So gehen sozialpsychologische Ansätze davon aus, dass das Zugehörigkeitsgefühl innerhalb einer Gruppe (*In-Group*) dazu führt, dass bei Verteilungsfragen die eigene Gruppe gegenüber einer anderen (*Out-Group*) bevorzugt wird. Diese These wurde mit Hilfe von Experimenten bestätigt (Spies/Rinne 2019: 440–442). Die Zielsetzung, Sozialleistungen für die eigene Gruppe aufrechtzuerhalten, während sie gleichzeitig für neu Hinzukommende begrenzt werden sollen, wird auch mit dem Begriff des Wohlfahrtschauvinismus (*Welfare Chauvinism*) bezeichnet (van der Waal et al. 2013).

Allerdings sind diese Einstellungen von einer Reihe weiterer Faktoren abhängig (Brady/Finnigan 2014; Breznau et al. 2019). Unter anderem beeinflusst der Grad der Segregation der *Out-Group*, also ihre Trennung von der *In-Group*, das Entstehen ablehnender Haltungen, während Integration im Sinne zunehmender Kontakte zwischen beiden Gruppen die Ablehnung verringern kann (Laurence et al. 2019). Ebenso beeinflussen die wirtschaftliche Entwicklung sowie die Polarisierung der *Out-Group* (also das Vorhandensein einer größeren, ethnisch homogenen Gruppe) die Einstellungen der Mehrheitsgesellschaft (Ziller 2015). Darüber hinaus können Politiken und Institutionen den Einfluss migrationsbedingter Diversität auf die öffentliche Meinung verändern, indem beispielsweise sozioökonomische Differenzen verringert und kulturelle Minderheiten als Bestandteil der Gesellschaft anerkannt werden (siehe auch Gundelach/Manatschal 2017; Kesler/Bloemraad 2010).

Einige Ansätze gehen davon aus, dass Zuwanderung das Gemeinschaftsgefühl und die darauf basierende Solidarität aushöhlt. Dementsprechend müsste mit einem steigenden Anteil von Zugewanderten auch die Zustimmung zur sozialpolitischen Umverteilung insgesamt sinken, da das Zusammengehörigkeitsgefühl und der darauf basierende Wille, füreinander einzustehen und Wohlstand zu teilen, abnehmen. Um diesen Zusammenhang zu überprüfen, werden häufig Sozialleistungsquoten in Staaten mit höheren und niedrigeren Anteilen an Migrant:innen verglichen.

Die bisherigen Erkenntnisse zum Zusammenhang zwischen der Anzahl der Zuwandernden und der Höhe der Sozialausgaben sind jedoch uneinheitlich (Soroka et al. 2016). Das liegt auch daran, dass viele der Studien mit unterkomplexen Modellen arbeiten, lineare Zusammenhänge erwarten und die kausalen Zusammenhänge nicht immer klar identifiziert und operationalisiert werden. Beispielsweise spielt der Anteil der Migrant:innen an der Gesamtbevölkerung weniger eine Rolle als die Veränderung dieses Anteils über die Zeit: Ein starker Zuwachs kann, ausgehend von einem geringen Niveau, einen stärkeren Einfluss auf die Sozialausgaben haben als ein hoher, gleichbleibender Anteil an Zugewanderten. Ebenso müssen sich veränderte Präferenzen zuerst in veränderte Politiken übersetzen, bevor sie als Veränderung von Ausgaben oder als Einführung restriktiver Programme sichtbar werden. Dementsprechend können die erwarteten Effekte verzögert auftreten, was sich bei kurzfristigen Betrachtungen möglicherweise nicht zeigen kann. Schließlich müssen auch vermittelnde Effekte und weitere Einflussfaktoren, wie z. B. die parteipolitische Zusammensetzung der Regierung, in Betracht gezogen werden (Soroka et al. 2016).

Bisherige Studien konzentrieren sich zudem stark auf den US-amerikanischen Kontext mit seinem liberalen Wohlfahrtsstaat. Dieser Kontext bedingt jedoch, dass die empirischen Erkenntnisse nicht ohne weiteres auf andere Wohlfahrtsregime übertragen werden können. Es wird häufig angenommen, dass die Widerstände gegen Sozialleistungen für Migrant:innen in steuerfinanzierten Systemen höher ausfallen müssten als in beitragsfinanzierten Systemen, wo der Zusammenhang zwischen eigenen Einzahlungen in das System und gewährten Leistungen direkter ist (Spies/Rinne 2019: 442–444). Andere Ansätze gehen im Gegenteil dazu davon aus, dass das universalistische Leistungsparadigma in sozialdemokratischen Staaten den Einbezug von Migrant:innen eher ermöglichen müsste als selektivere Systeme mit klaren Zielgruppen. Dies basiert auf der Erwartung, dass selektive Systeme stärker redistributiv wirken und dass die Umverteilung hin zu neuen Bevölkerungsgruppen abgelehnt wird. Außerdem wird erwartet, dass die klaren Bezugsbedingungen der Programme den Verdacht eines Missbrauchs bzw. Betrugs eher nahelegen als universelle Programme, die ohnehin (fast) allen offenstehen.

Empirische Studien zeigen jedoch, dass wohlfahrtschauvinistische Einstellungen vor allem in Staaten mit hoher Einkommensungleichheit verbreitet sind, während die Selektivität der Leistungen oder die Höhe der Arbeitslosigkeit einen geringeren Einfluss hat (van der Waal et al. 2013). Kevins/van Kersbergen (2019) weisen zudem darauf hin, dass die Kriterien für die Gruppe der potenziell Leistungsberechtigten (*community scope*) getrennt von den Kriterien für den Leistungsbezug (*community perks*) betrachtet werden sollte. Demzufolge lässt sich die Erweiterung der potenziellen Leistungsempfänger:innen (also der Einbezug von Migrant:innen in die sozialen Sicherungssysteme allgemein) unter Umständen leichter durchsetzen, wenn vor Inanspruchnahme der Leistungen z. B. die Bedürftigkeit der Antragstellenden geprüft wird. Dies spiegelt den von Ruhs/Martin (2008) identifizierten Trade-off zwischen der Anzahl (gering qualifizierter) Migrant:innen und den ihnen gewährten Rechten wider: Die Anzahl derjenigen, die potenziell von Programmen profitieren können, ist leichter auszuweiten, wenn die damit verbundenen Rechte begrenzt sind und umgekehrt.

Neben den Einflussfaktoren, die im Wohlfahrtssystem selbst begründet liegen, können darüber hinaus auch weitere Faktoren wie der geschichtliche Entstehungskontext des Nationalstaats, die Regierungsbeteiligung rechter oder linker Parteien oder das Vorhandensein multikulturalistischer Politiken eine Rolle für die Zustimmung zu bzw. Ablehnung eines umfangreichen Wohlfahrtsstaats spielen. So bestätigt ein Vergleich von 27 reichen Industriestaaten die Hypothese, dass links geführte Regierungen weniger offen für die Inklusion von Migrant:innen in die wohlfahrtsstaatliche Sicherung sind als andere. Dies liegt darin begründet, dass sie die Ansprüche ihrer klassischen Wähler:innenschaft gegen Zugewanderte verteidigen. Darüber hinaus zeigt sich, dass allgemein großzügige wohlfahrtsstaatliche Leistungen und ein hoher Anteil an Migrant:innen mit inklusiveren sozialstaatlichen Programmen einhergehen, was offenbar die These eines „post-nationalen" Wohlfahrtsstaates bestätigt. Das Vorhandensein allgemeiner multikultureller Politiken hingegen geht nicht mit einer inklusiveren Sozialpolitik einher (Schmitt/Teney 2019).

Aus der Zusammenschau dieser verschiedenen Studien und Erkenntnisse lässt sich folglich nicht einfach ein System identifizieren, das sich für den Einbezug von Neuzuwandernden besonders eignet oder in welchem dieser Einbezug keine Widerstände hervorrufen würde. Es lässt sich jedoch die Tendenz ablesen, dass die diskursive Konstruktion von *In-* und *Out-Groups* ausschließende Dynamiken ebenso verschärfen kann wie eine hohe Einkommensungleichheit. Auch sind Programme, die tendenziell allen Mitgliedern einer Bezugsgruppe offenstehen, unter Umständen schwieriger zu öffnen als Programme mit enger gefassten Berechtigungskriterien. Dieser Effekt könnte jedoch abgeschwächt oder umgekehrt werden, wenn die klareren Kriterien für die Inanspruchnahme mit der Unterstellung einhergehen, dass die Leistungen missbräuchlich in Anspruch genommen werden und damit stigmatisierend wirken. Schließlich hat sich auch gezeigt, dass die allgemeingültigen Menschenrechte mögliche Leistungseinschränkungen für bestimmte Bevölkerungsgruppen wie Ausländer:innen oder bestimmte Kategorien von Zuwandernden begrenzen. Wenn diese Tatsache im politischen Diskurs nicht berücksichtigt wird und permanent Forderungen nach der Einschränkung von Leistungen für Migrant:innen erhoben werden, kann dies die gesellschaftliche Spaltung sowie den Vorwurf des Missbrauchs verschärfen.

9.3 Migration und soziale Ungleichheit

Neben den makroökonomischen Auswirkungen, also der Wirkung von Migration auf die Gesamtwirtschaft eines Staates, werden auch sozialstrukturelle Auswirkungen der Migration untersucht. Die Frage nach der „Integration in den Arbeitsmarkt" ist dabei ein zentrales Thema migrationspolitischer Diskurse und Gegenstand zahlreicher migrationspolitischer Maßnahmen. Das Ziel der Arbeitsmarktteilhabe wird oft über ökonomische Nutzenerwägungen legitimiert, wobei die oben angesprochenen Zusammenhänge mit der Wirtschaft und dem Wohlfahrtsstaat kombiniert werden: dieser Argumentation zufolge hilft die Teilhabe der Migrant:innen am Arbeitsmarkt dabei, die wirtschaftliche Leistungsfähigkeit zu erhöhen und die Kosten der sozialen Sicherungssysteme gering zu halten.

Migration geht oft mit einer Marginalisierung im Aufnahmekontext einher, wenn Migrant:innen vor allem in den niedrigeren Arbeitsmarktsegmenten Fuß fassen können. Dies kann zu einer Unterschichtung des Arbeitsmarktes führen, indem den ehemals schlechter gestellten einheimischen Arbeitnehmer:innen ein Aufstieg ermöglicht wird, während die Mehrzahl der Migrant:innen das untere Segment besetzt. Bei denjenigen Autochthonen, die von der Unterschichtung nicht profitieren, könne dies den Wunsch nach zusätzlicher, auch kultureller Abgrenzung wecken und soziale Spannungen hervorrufen oder verstärken (Hoffmann-Nowotny 1973). Nach Ansicht von Marx werden derartige Spannungen von den Kapitaleigner:innen teilweise bewusst hervorgerufen oder geschürt, um eine Vereinigung ausländischer und inländischer Arbeiter:innen und eine daraus resultierende stärkere Handlungsmacht der Arbeitnehmer:innen gegenüber den Inhaber:innen der Produktionsfaktoren zu verhindern.

Die Marginalisierung der Migrant:innen im Aufnahmekontext lässt sich zum Teil mit der Entwertung ausländischer Qualifikationen erklären, die einer qualifizierten Beschäftigung häufig entgegensteht (Dustmann et al. 2016). Migration kann in diesem Zusammenhang verstanden werden als ein Prozess, der eine Neuaushandlung der Bewertung des kulturellen Kapitals der Migrant:innen bedingt. Das kulturelle Kapital umfasst grundsätzlich Fähigkeiten wie z. B. Sprachkenntnisse sowie institutionalisierte Formen wie Schul- oder Berufsabschlüsse (Bourdieu 2015). Zuwandernde haben dieses Kapital in der Regel im Ausland erworben, sodass sich die Frage stellt, inwiefern ihr kulturelles Kapital von der aufnehmenden Gesellschaft anerkannt wird. Empirisch lässt sich zeigen, dass dies oft nicht der Fall ist und dass ausländische Abschlüsse nicht zu einer gleichwertigen Anstellung führen. Daten für Deutschland zeigen beispielsweise, dass das vorhandene Kapital nicht in gleichem Maße in qualifizierte und gut bezahlte Arbeit übersetzt wird wie bei der autochthonen Bevölkerung. Darüber hinaus sind Migrant:innen im Zeitverlauf durch eine schlechtere Arbeitsmobilität benachteiligt (Constant/Massey 2005; Kogan 2011).

Die „Wertigkeit" des kulturellen Kapitals in einem bestimmten Kontext ist jedoch nicht objektiv gegeben, sondern wird durch gesellschaftliche Prozesse und Institutionen festgelegt. Dadurch wird auch die Entwertung des Kapitals im Zuge der Migration politisch gestaltbar – politische Maßnahmen können dementsprechend z. B. durch die Anerkennung von Mehrsprachigkeit als Potenzial dazu beitragen, die Entwertung kulturellen Kapitals zu verringern. Ein konkretes Beispiel solcher Maßnahmen für den deutschen Kontext ist das IQ Netzwerk (Integration durch Qualifizierung), das durch das Bundesministerium für Arbeit und Soziales (BMAS) sowie den Europäischen Sozialfonds (ESF) gefördert wird. Es unterstützt Migrant:innen bei der Anerkennung ausländischer Berufsabschlüsse durch Beratung und ggf. Anpassungsqualifizierungen, fördert die interkulturelle Kompetenz von Arbeitsmarktakteur:innen und versucht, gesellschaftliche Diskriminierung zu verringern.

Ein besonderes Beispiel für die Kontextabhängigkeit kulturellen Kapitals sind hochqualifizierte Migrant:innen, die nicht als solche vom Staat angeworben wurden, sondern über andere Migrationskanäle nach Deutschland migriert sind: Da sie rechtlich als Asylsuchende, Ehepartner:innen oder Spätaussiedler:innen und nicht als potenzielle hochqualifizierte Arbeitnehmer:innen kategorisiert werden, erfährt ihr kulturelles Kapital weniger Anerkennung (Nohl et al. 2010). Demzufolge zeigt sich hier ein Zusammenhang zwischen der Bewertung des kulturellen Kapitals und des jeweiligen Aufenthaltsstatus als rechtliche Kategorie. In diesem Zusammenhang stellt sich auch die Frage nach der Möglichkeit eines Wechsels zwischen verschiedenen rechtlichen Kategorien. So wurde beispielsweise in Deutschland lange Zeit die Möglichkeit eines „Spurwechsels" für Asylsuchende, also ein Wechsel zu einem Aufenthaltsstatus auf Basis der Arbeitsmarktteilhabe, diskutiert (→ zur Diskussion).

Insgesamt zeigt sich bei der Betrachtung der Zusammenhänge zwischen Migration und sozio-ökonomischer Ungleichheit, dass diese Fragen eng mit dem jeweiligen Wirtschaftssystem sowie dem Wohlfahrtsstaat verknüpft sind. Unterschiedliche Systeme beinhalten dabei jeweils spezifische Möglichkeiten und Hindernisse für die Integration, verstanden als die gleichberechtigte Teilhabe an den gesellschaftlichen Teilbereichen. Die oben diskutierten Studien zeigen, dass Integration vor allem durch starre Unterscheidungen zwischen *In-* und *Out-Groups* behindert wird. Wenn beispielsweise die Trennung zwischen alteingesessenen Bürger:innen und Neuzugewanderten betont wird, senkt dies die Zustimmung zu gesellschaftlicher Umverteilung und kann Konflikte hervorrufen oder verstärken. Die Umverteilung durch den Wohlfahrtsstaat hingegen kann soziale Ungleichheiten verringern und damit Integration fördern.

Zur Diskussion

„Spurwechsel" in Deutschland

Das deutsche Aufenthaltsrecht unterscheidet – wie die meisten Staaten – verschiedene Formen der Migration. Eine grundlegende Unterscheidung ist die zwischen der Zuwanderung zum Zweck der Familieneinheit, der Arbeit, (Aus-)Bildung oder des internationalen Schutzes (Asylsuchende und Flüchtlinge). Ohne die Möglichkeit eines Wechsels zwischen diesen Kategorien müssten Menschen bei einer Veränderung ihres Aufenthaltszwecks zunächst ausreisen, ein neues Visum auf Basis des jeweils neuen Zwecks beantragen, und mit diesem wieder neu einreisen. Da dies in vielen Fällen nicht praktikabel erscheint, existieren in Deutschland verschiedene Möglichkeiten des Wechsels zwischen zwei Kategorien, wenn beispielsweise nach dem Abschluss eines Studiums der Aufenthalt zum Zweck der Arbeitsaufnahme erlaubt oder wenn durch die Heirat mit einer bzw. einem deutschen Staatsangehörigen eine Aufenthaltserlaubnis zum Zweck der Familieneinheit erteilt wird (SVR 2017: 2).

Sehr umstritten ist in Deutschland hingegen die Möglichkeit für abgelehnte Asylsuchende, eine Erlaubnis zum Aufenthalt auf Basis der Arbeitsmarktteilhabe zu erhalten und dadurch ihren Aufenthalt als legal anwesende Arbeitnehmer:innen zu verstetigen. Die Schaffung einer solchen Möglichkeit wurde nicht nur von zivilgesellschaftlichen Organisationen wie den Wohlfahrtsverbänden, sondern auch von vielen Arbeitgeber:innen und ihren Verbänden gefordert. Sie kritisieren vor allem den Verlust von bereits eingearbeiteten Arbeitskräften, wenn Asylsuchende während ihres Verfahrens eine Beschäftigung aufnehmen, ihnen nach der Ablehnung ihres Asylgesuchs jedoch die Ausweisung und ggf. Abschiebung droht. Aufgrund der dadurch entstehenden Unsicherheit über die mögliche Dauer der Anstellung schreckten viele Arbeitgeber:innen vor der Beschäftigung von Asylsuchenden zurück, wodurch ihre Integration in Ausbildung und Arbeit verhindert werden kann (Parusel 2018).

Kritiker:innen befürchten hingegen, dass eine Regelung zum Spurwechsel eine „Sogwirkung" entfalten könnte, wodurch Migrant:innen versuchen könnten, über den Weg des Asylsystems nach Deutschland einzureisen, selbst wenn sie keinen Schutzbedarf geltend machen können (SVR 2017: 5 f.). Allerdings kann angenommen werden, dass sich die Anziehungskraft Europas für Migrant:innen vor allem aus seiner Wirtschaftskraft speist, während die konkrete Ausgestaltung von Einwanderungsgesetzen vielen potenziellen Migrant:innen weniger bekannt ist (Parusel 2018). Kritik gibt es auch daran, dass sich abgelehnte Asylsuchende ihren Aufenthalt durch Leistung verdienen können (→Kap. 5, Zur Diskussion).

Ein Spurwechsel für abgelehnte Asylsuchende besteht in Schweden bereits seit 2008 (Parusel 2016: 15). In Deutschland wurde die Möglichkeit dafür hingegen nach kontroversen Debatten erst mit dem Integrationsgesetz 2016 eingeführt. Die sogenannte 3+2-Regelung besagt, dass abgelehnten Asylsuchenden bei der Vorlage eines Ausbildungsvertrags eine Aufenthaltserlaubnis für die Dauer der Ausbildung (in der Regel drei Jahre) erteilt werden kann. Nach Abschluss der Ausbildung können sie für weitere zwei Jahre eine Aufenthaltserlaubnis zur Berufsausübung erhalten (§ 60 a Abs. 2 Sätze 4 und 5 AufenthG). Darüber hinaus wurden bereits bestehende Möglichkeiten des Spurwechsels ausgeweitet, beispielsweise für besonders qualifizierte Geduldete, geduldete Jugendliche, oder bei bestimmten Integrationsleistungen (SVR 2017: 4 f.).
Es wird jedoch kritisiert, dass diese Regelungen Ausnahmen darstellen, die von den Behörden unterschiedlich angewendet und insgesamt eher selten umgesetzt werden (Hungbauer 2019; IHK München und Oberbayern (o.J.); Zacharakis 2018). Eine große Hürde für Geflüchtete stellt zudem das Erfordernis eines Identitätsnachweises dar, der für viele Herkunftsländer nur schwer zu beschaffen ist. Darüber hinaus ist die Wirksamkeit des Instruments von der jeweiligen Konjunktur sowie der Dauer der Asylverfahren abhängig, da die Aufnahme einer Ausbildung wahrscheinlicher ist, wenn sich die betreffenden Personen zuvor bereits länger im Land aufgehalten haben und beispielsweise die Sprache lernen konnten, und wenn die Arbeitskräftenachfrage hoch ist (Parusel 2018).

Zusammenfassend lässt sich festhalten: Die Wechselwirkungen zwischen der Wirtschaft, dem Wohlfahrtsstaat und Migration sind äußerst komplex und verschließen sich einfachen Analysen wie „Migration belastet unsere Sozialsysteme". Dennoch bieten Typologien und Modelle Anhaltspunkte, an denen sich die aufgeworfenen Fragen diskutieren lassen. Sie zeigen, dass die Struktur der Wirtschaft und der Arbeitsmärkte ebenso wie die wohlfahrtsstaatlichen Systeme einen Einfluss auf die Chancen haben, die Migrant:innen im Zielland offenstehen (Engelen 2003). Dementsprechend sind auch die Folgen der Migration politisch gestaltbar.

Internationale Migration wird dabei erst durch die Loyalitäts- und Leistungsbeziehungen zwischen einem Staat und seinen Bürger:innen problematisiert. Die Frage nach dem Einbezug von Migrant:innen in die wohlfahrtsstaatlichen Sicherungssysteme ist somit für viele politische Debatten zentral. Sie sind eng verknüpft mit der Frage nach der Teilhabe von Migrant:innen an den Arbeitsmärkten der Zielstaaten. Je höhere Einkommen die Migrant:innen erzielen, desto „rentabler" sind sie für den Sozialstaat, und je häufiger Migrant:innen selbst für ihren Lebensunterhalt sorgen können, desto geringer sind die für sie anfallenden Leistungen. Demzufolge stellt sich die Förderung der Arbeitsmarktteilhabe von Migrant:innen als lohnende „soziale Investition" dar.

Unabhängig von derartigen Nutzenerwägungen haben jedoch auch Zugewanderte soziale Rechte, die sich aus den allgemeinen Menschenrechten ergeben. Diese muss der Staat berücksichtigen, sodass der Einbezug von Migrant:innen in die sozialen Sicherungssysteme nicht immer zur Disposition steht. Einige Autor:innen sprechen daher bereits von einem „post-nationalen" Wohlfahrtsstaat. Diese Fragen – gesellschaftliche Teilhabe, Inklusion in den Arbeitsmarkt sowie in die sozialen Sicherungssysteme – sind gesellschaftlich hoch umstritten. Ökonomische und soziologische Theorien können helfen, die den Debatten häufig implizit zugrundeliegenden Annahmen offenzulegen.

Übungs- und Reflexionsaufgaben

1. Auf welchen Annahmen fußen neoklassische Modellen zur Erklärung von Migration?
2. Erläutern Sie die Kernmerkmale der *dual labour market theory*.
3. Warum wird Migration im Kontext nationaler Wohlfahrtsstaaten zur Herausforderung?
4. Wie lässt sich die Ablehnung des Einbezugs von Migrant:innen in die sozialstaatliche Sicherung erklären? Nennen Sie zwei Beispiele.
5. Welche Vor- und Nachteile hat der „Spurwechsel" für abgelehnte Asylsuchende?

Zur Vertiefung

- * Bommes, Michael (1999): Migration und nationaler Wohlfahrtsstaat: Ein differenzierungstheoretischer Entwurf, Opladen: Westdeutscher Verlag.
- * Esping-Andersen, Gøsta (1990): The three worlds of welfare capitalism, Princeton, NJ: Princeton Univ. Press.
- i Kolb, Holger/Egbert, Henrik (Hrsg.) (2008): Migrants and Markets: Perspectives from Economics and the Other Social Sciences, Amsterdam: Amsterdam University Press.
- i Koopmans, Ruud (2010): Trade-Offs between Equality and Difference: Immigrant Integration, Multiculturalism and the Welfare State in Cross-National Perspective. In: Journal of Ethnic and Migration Studies, 36, H. 1, S. 1–26. https://doi.org/10.1080/13691830903250881
- * Ruhs, Martin/Martin, Philip (2008): Numbers vs. Rights: Trade-Offs and Guest Worker Programs. In: International Migration Review, 42, H. 1, S. 249–265. https://doi.org/10.1111/j.1747-7379.2007.00120.x
- i Schmitt, Carina/Teney, Céline (2019): Access to general social protection for immigrants in advanced democracies. In: Journal of European Social Policy, 29, H. 1, S. 44–55. https://doi.org/10.1177/0958928718768365

10 Migration für eine bessere Welt? Politik im migration-development nexus

Das Kapitel widmet sich dem Zusammenhang von Migrations- und Entwicklungspolitik. Dabei geht es auch um die Frage, wie Migration und globale soziale Gerechtigkeit zusammenhängen. Nach einer Einführung grundlegender Konzepte werden Beispiele für politische Maßnahmen auf internationaler Ebene sowie zwischen einzelnen Ländern vorgestellt. Dabei wird u.a. die Bedeutung von Rücküberweisungen in die Herkunftsländer thematisiert. Abschließend werden einige verbreitete Annahmen – etwa, dass Entwicklungspolitik die Ursachen für Migration beseitigen könne oder zumindest Anreize vermindere – kritisch diskutiert.

Ein Großteil der Migrationsdebatte wird durch die Perspektive westlicher Industriestaaten dominiert. Die Frage, ob Migration einem Land bzw. einer Gesellschaft nutzt, wird somit meist aus der Sicht von (entwickelten) Einwanderungsländern gestellt und beantwortet. Interessiert man sich aber auch für die Frage, ob neben den Aufnahmeländern auch die meist ärmeren Entsendeländer von Migration profitieren, befindet man sich bereits im Kern des *migration-development nexus*. Diese Schnittstelle von Migration und Entwicklung bzw. von Migrations- und Entwicklungspolitik ist durch zwei zentrale Problemstellungen gekennzeichnet:

(1) Trägt Migration zur Entwicklung von Herkunftsländern bei? Und falls ja: Ist Migrationspolitik dann nicht notwendigerweise Teil von Entwicklungspolitik?

(2) Beeinflusst die Entwicklung eines Landes das Migrationsgeschehen? Und falls ja: Wäre dann Entwicklungspolitik nicht die bessere Migrationspolitik?

Diese Fragen werden von Forschung und politischer Praxis je nach normativer Positionierung, aber auch je nach historischem oder wissenschaftlichem Kontext unterschiedlich beantwortet. Der Migrationsforscher Hein de Haas sieht hier einerseits ein Lager der „Optimisten“, die auf die positiven Wechselwirkungen von Migration und Entwicklung abstellen. Dem gegenüber steht das Lager der Pessimisten, die eher negative Dynamiken betonen (Haas 2012, 2010 a). Während nach dem Zweiten Weltkrieg in Europa vor allem die Optimisten die Oberhand gehabt hätten, dominierten von den 1970er bis in die 1990er Jahre eher die Pessimisten, bevor das Pendel wieder zu den Optimisten zurückgeschwungen sei. Die beiden Lager werden im Folgenden etwas näher betrachtet und ihre jeweiligen Argumentationen aufgezeigt. Zuvor scheint es jedoch nötig, einen kurzen Blick auf den schillernden Begriff der „Entwicklung“ zu werfen.

Begriffsgeschichtlich ist mit „Entwicklung“ die Entfaltung bereits vorhandener Anlagen gemeint, die sich im Sinne eines „Sich-Entwickelns“ als eigenständiger und befreiender Prozess abspielt. Politisch gesehen wurde der Entwicklungsbegriff jedoch zunächst vor allem in einem (post-)kolonialen Kontext verwendet (Stockmann et al. 2016). Dabei wollten die „entwickelten“ Staaten den „unterentwickelten“ helfen, wirtschaftlichen und sozialen Fortschritt zu erzielen, was sich auch im Begriff der „Entwicklungshilfe“ zeigt. Dieser Fortschritt sollte durch die Übertragung von wirtschaftlichen, sozialen und politischen Lebensformen aus westlichen in die „unterentwickelten“ Staaten erreicht werden (Nohlen/Nuscheler 1993: 58 f.). Hierfür wurden Kapital, Personal und Wissen in die „Entwicklungsländer“ transferiert. In dieser Sichtweise hatte der als linear dargestellte Entwicklungsprozess den klaren Endpunkt, dass sich das Hilfe empfangende Land zu einem westlich-kapitalistischen Industriestaat entwickeln würde. Dieser Prozess wurde auch als „Transformation“ bezeichnet.

Kritisiert wurde diese Argumentation durch Wissenschaftler:innen insbesondere aus Lateinamerika. Sie führten die fehlende wirtschaftliche Entwicklung im globalen Süden nicht auf Faktoren zurück, die in den Entwicklungsländern selbst liegen, wie z. B. fehlendes Kapital oder kulturelle Aspekte. Stattdessen sahen sie die Ursache der Unterentwicklung in den weltwirtschaftlichen Strukturen, deren ungleiche Macht- und Tauschverhältnisse die unterentwickelte „Peripherie“ dauerhaft gegenüber den dominanten kapitalistischen Zentren benachteiligen (*Dependenztheorie*). Diese Theorie ist verwandt mit der Weltsystemtheorie, die globale Ungleichheiten in der internationalen Arbeitsteilung sieht, die wiederum zu Tauschsystemen von Waren, Arbeitskräften (also Arbeitsmigration) etc. führt (Wallerstein 1974). In dieser Sichtweise ist Entwicklung unter den Bedingungen des kapitalistischen Weltwirtschaftssystems kaum möglich. Stattdessen blieben periphere Staaten und Regionen aufgrund der ungleichen Voraussetzungen und der daraus resultierenden Abhängigkeiten unterentwickelt. Entwicklungshilfe wiederum befördere Abhängigkeiten und behindere die Entwicklung der Staaten zusätzlich. Die Theorie sah sich darin bestätigt, dass die Entwicklungshilfestrategien selten zu dem gewünschten Erfolg führten.

Allerdings zeigte gleichzeitig der Entwicklungsprozess einiger Schwellenländer, dass auch im Rahmen des weltweiten Wirtschaftssystems und fortschreitender Globalisierungsprozesse (also einer zunehmenden internationalen Arbeitsteilung) Entwicklung möglich ist. Damit wurde die Dependenztheorie von einigen als widerlegt angesehen, während „die von ihnen attackierten Modernisierungstheorien [...] eine Renaissance [erlebten]“ (Nohlen/Nuscheler 1993: 60). Allerdings haben sich diese Länder nicht gleichförmig entwickelt, sodass sich inzwischen empirische Beispiele für sehr unterschiedliche Entwicklungspfade finden (Stockmann et al. 2016)

Diese Unterschiede haben die verschiedenen Voraussetzungen der jeweiligen Länder stärker in den Fokus gerückt. Damit nimmt auch der Entwicklungsbegriff heute stärker die Entfaltung eigener Fähigkeiten in den Blick und es wird von „Entwicklungszusammenarbeit“ statt -hilfe gesprochen. In Zusammenhang damit steht auch das wachsende Bewusstsein, dass der von den klassischen Industriestaaten beschrittene Entwicklungspfad mit massivem Rohstoffverbrauch und Umweltverschmutzung einherging. Der Brundtland-Bericht von 1987 propagierte daher „nachhaltige“ statt „nachholende“ Entwicklung. Dieser Grundsatz wurde 2015 in den *Sustainable Development Goals*, auf die weiter unten näher eingegangen wird, bestärkt. Angestrebt wird nunmehr ein sozial und ökologisch vertretbarer Modernisierungspfad – das kapitalistische und neoliberale Wirtschaftssystem selbst wird jedoch kaum in Frage gestellt (Nohlen/Nuscheler 1993; Preibisch et al. 2016: 2115).

Neben der Makro-Perspektive auf die wirtschaftliche und politische Entwicklung von Staaten gibt es Ansätze, die sich stärker mit menschlicher Entwicklung auf einer individuellen Ebene befassen. Ein zentraler Vertreter eines solchen individuellen Verständnisses von Entwicklung ist der indische Ökonom Amartya Sen. Er stellt die „Verwirklichungschancen" (*capabilities*) von Menschen in den Vordergrund seiner Theorie und fragt nach ihren Möglichkeiten, ihre jeweils erwünschten Zielsetzungen zu erreichen. Entwicklung ist in diesem Zusammenhang die Ausweitung dieser Verwirklichungschancen, die sowohl von individuellen Voraussetzungen als auch strukturellen Gegebenheiten abhängen (Sen 2007).

Dieser Ansatz wird auch in der Entwicklungspolitik aufgegriffen. Insbesondere beruft sich der *Human Development Approach* darauf, an dessen Entwicklung Sen selbst beteiligt war. Allerdings gibt es zwischen dem politischen Ansatz und der Theorie Sens einige bedeutsame Unterschiede. Während die Theorie individuelle Verwirklichungschancen und Handlungsmöglichkeiten ins Zentrum stellt, sind politische Ansätze stärker auf makroökonomische Entwicklung und Armutsbekämpfung fokussiert. Zudem kritisiert Sen den Neoliberalismus, da er menschliche Freiheiten, Rechte und *agency* nicht priorisiert. Der *Human Development Approach* akzeptiert das neoliberale System weitgehend als Voraussetzung des Handelns wird (Preibisch et al. 2016).

Zusammengefasst zeigt sich, dass keine der Theorien die Entwicklung aller Staaten gleichermaßen erklären oder vorhersagen kann. Daher kann man davon ausgehen, dass es keinen allgemeingültigen Entwicklungspfad gibt und dass die Schwierigkeiten der „Entwicklungsländer" nicht eindimensional auf endogene (= Faktoren der Länder selbst) oder exogene (= Faktoren des globalen Systems) zurückzuführen sind. Stattdessen sind sowohl globale Strukturen als auch lokale Gegebenheiten und individuelle Voraussetzungen Bedingungen für Entwicklungsverläufe. Gleichzeitig muss Entwicklung auf verschiedenen Ebenen und in verschiedenen Dimensionen analysiert werden, um den komplexen Zusammenhängen gerecht zu werden. Dies ist auch für die Debatte um den Zusammenhang zwischen Migration und Entwicklung wichtig, der im Folgenden näher beleuchtet wird.

10.1 Migrationspolitik als Entwicklungspolitik?

10.1.1 Die Optimisten: Rücküberweisungen, brain gain und triple win

Bereits in der Zeit bilateraler Gastarbeiter:innenabkommen im Europa der Nachkriegszeit wurden die Anwerbeaktivitäten aufstrebender Industrienationen in den Entsendeländern mit der Hoffnung auf einen ökonomischen Nutzen verbunden. Dieser erwartete Nutzen hatte im Wesentlichen zwei Dimensionen: Erstens erhoffte man sich, dass ein möglichst großer Teil des im Ausland verdienten Lohns durch Rücküberweisungen der heimischen Wirtschaft zugutekommen würde. Zweitens gingen nicht nur die Regierungen der Aufnahmeländer, sondern auch die der Herkunftsländer davon aus, dass die Migration der Gastarbeiter:innen auf Zeit angelegt sein würde. Wenn die arbeitenden Gäste genug verdient hätten oder nicht mehr gebraucht würden, kämen sie, so die Hoffnung, „nach Hause" zurück und brächten neben ökonomischem Kapital auch neu erworbenes Wissen mit. Ein solcher *brain gain* würde der eigenen Wirtschaft perspektivisch einen Aufschwung bescheren. Drittens postulierten Wirtschaftswissenschaftler:innen, dass der Abfluss überschüssiger Arbeitskraft aus Regionen mit hoher Arbeitslosigkeit positive Effekte auf die Lohnstabilität in den Herkunftsländern habe. So könne Arbeitsmigration zu einem *virtuous circle* führen, der die Entwicklung des Herkunftslandes begünstige und gleichzeitig zum wirtschaftlichen Wachstum der Zielregion beitrage. Damit folgen die Ansätze weitgehend neoklassischen Paradigmen der wirtschaftlichen Entwicklung, in denen Migration als optimale Allokation, d. h. Verteilung, von Arbeitskraft verstanden wird (Castles 2009: 4-6; Haas 2010 a: 230 f.). Diese grundsätzlichen Argumente finden sich auch in den Zielen für nachhaltige Entwicklung (*Sustainable Development Goals* – SDG) der Vereinten Nationen, die sich in der 2015 verabschiedeten Agenda 2030 wiederfinden. Migration wird dort als Beitrag zum Erreichen einer gerechteren Welt gesehen (→ Beispiel).

Beispiel

Migration als Beitrag zu einer gerechteren Welt: Auszug aus der UN-Resolution 70/1

„Wir sind uns des positiven Beitrags der Migranten zu inklusivem Wachstum und nachhaltiger Entwicklung bewusst. Wir sind uns außerdem dessen bewusst, dass die internationale Migration eine mehrdimensionale Realität von großer Bedeutung für die Entwicklung der Herkunfts-, Transit- und Zielländer ist, die kohärente und umfassende Antworten erfordert. Wir werden auf internationaler Ebene zusammenarbeiten, um eine sichere, geordnete und reguläre Migration zu gewährleisten, bei der die Menschenrechte uneingeschränkt geachtet werden und Migranten, ungeachtet ihres Migrationsstatus, Flüchtlinge und Binnenvertriebene eine humane Behandlung erfahren. Diese Zusammenarbeit soll außerdem die Resilienz der Gemeinwesen stärken, die Flüchtlinge aufnehmen, insbesondere in den Entwicklungsländern. Wir unterstreichen das Recht der Migranten, in das Land ihrer Staatsangehörigkeit zurückzukehren, und weisen darauf hin, dass die Staaten die ordnungsgemäße Aufnahme ihrer rückkehrenden Staatsangehörigen gewährleisten müssen." (Vereinte Nationen 2015: 9)

Migration wird im Weiteren zwar nicht selbst als eines der 17 Oberziele der SDG formuliert, wohl aber in mehreren mittelbar angesprochen. Besonders einschlägig ist dabei das Ziel 10, das Ungleichheit in und zwischen Ländern verringern will – u. a. durch die Steuerung von Migration. Entsprechend heißt das Unterziel 10.7:

> „Eine geordnete, sichere, reguläre und verantwortungsvolle Migration und Mobilität von Menschen erleichtern, unter anderem durch die Anwendung einer planvollen und gut gesteuerten Migrationspolitik." (Vereinte Nationen 2015: 22)

Mit der positiven Sichtweise auf den Zusammenhang von Migration und Entwicklung steht die Agenda 2030 in der Tradition von UN-Organisationen, aber auch der Weltbank. Beispielsweise formulierte ein Vertreter der Weltbank, Branko

Milanovic, die erwarteten Zusammenhänge wie folgt: „migration is probably the most powerful tool for reducing global poverty and inequality" (zitiert nach Preibisch et al. 2016: 2116).

In der Agenda 2030 lässt sich aber auch eine Erweiterung der frühen optimistischen entwicklungspolitischen Diskussionen feststellen: Es geht nicht mehr nur um den Nutzen der Herkunftsländer (*brain gain*), sondern auch um die Verbesserung des Lebensstandards der Migrant:innen. Damit wird eine zentrale Erkenntnis des Transnationalismus-Ansatzes aufgegriffen, der deutlich machte, dass sich Entwicklung im Herkunfts- und Zielland von Migration nicht gegenseitig ausschließen. Stattdessen nimmt er die vielfältigen und „plurilokalen" Verbindungen von Migrant:innen sowohl in den Aufnahme- als auch in den Herkunftsstaat in den Blick (Faist/Fauser 2011).

Profitieren sollen in den aktuellen Konzepten meist alle – entsendende und aufnehmende Staaten genauso wie das Individuum. In der Literatur sowie in politischen Debatten wird diese Grundhaltung mit dem Schlagwort des *triple win* bezeichnet. So könne eine geordnete Arbeitsmigration in den aufnehmenden Staaten den Bedarf an zusätzlichen Arbeitskräften decken. Gleichzeitig profitierten Herkunftsländer von finanziellen Rücküberweisungen sowie der Übertragung von Wissen und Kompetenzen, entweder durch Rückwanderung oder durch transnationale Wissensnetzwerke, die von Diaspora-Migrant:innen getragen würden. Obendrein erhielten Migrant:innen die Möglichkeit, an Arbeitsmärkten mit höheren Löhnen teilzuhaben (Haas 2010 a: 230; Preibisch et al. 2016: 2117). Darüber hinaus besteht die Hoffnung, dass Migration durch die Übertragung politischer Ideen und Werthaltungen auch Einfluss auf politische Strukturen und auf die soziale Entwicklung in „Entwicklungsländern" haben könne (Kivisto 2011).

Bei näherer Betrachtung stellt der *triple-win*-Ansatz zwar eher eine Systematisierung der Debatte als ihre Lösung dar. Schließlich bedeutet das Benennen der „Stakeholder" im Migrationsprozess noch nicht, dass deren Nutzenerwartungen feststehen oder gar in Einklang miteinander gebracht wären. Dennoch ruft der Begriff in nahezu allen politischen Lagern positive Konnotationen hervor und scheint politisch selbst in migrations- und weltpolitisch unruhigen Zeiten durchaus konsensfähig. Auch wenn er sicherlich inhaltlich durch konkrete *policies* zu füllen ist, liegen dem geradezu inflationären Gebrauch von *triple win* zumindest zwei normative Setzungen zugrunde, die in internationalen politischen Debatten kaum mehr hinterfragt werden: Erstens kann Migration individuelle und gesellschaftliche Entwicklung positiv beeinflussen. Zweitens lässt sich Migration durch entwicklungs- und migrationspolitische Maßnahmen in geordnete Bahnen lenken. Diese zwei Prämissen liegen sowohl den SDG der Vereinten Nationen als auch vielen inter- und binationalen Ansätzen zur Erreichung eines *triple win* zugrunde.

Die erste Zielsetzung ist eng verknüpft mit der Annahme, dass Rücküberweisungen von Migrant:innen die wirtschaftliche Entwicklung im Herkunftsland befördern könnten. Diese Hoffnung speist sich aus der Beobachtung, dass private Rücküberweisungen die offizielle Entwicklungshilfe (*official development assistance*, ODA) inzwischen um mehr als das Dreifache übersteigen (World Bank

2019). Darüber hinaus sind Rücküberweisungen weniger stark konjunkturabhängig bzw. können sogar antizyklisch wirken (d. h. Migrant:innen unterstützen ihre Familien in den Herkunftsländern stärker, wenn die wirtschaftliche Situation sich verschlechtert) und sie werden in der Regel anders als ODA-Gelder direkt vor Ort und in den Familien wirksam (Preibisch et al. 2016: 2116 f.).

Zur ersteren Zielsetzung zählt auch die Hoffnung, dass Migration auch die politische und soziale Situation im Herkunftsland positiv beeinflussen könne. „Positiv" wird hierbei häufig implizit als eine Angleichung an westliche politische Systeme, Werthaltungen und Strukturen verstanden. Beispielsweise wird die Hoffnung formuliert, die politischen Erfahrungen der Migrant:innen könnten über Remigration oder Aktivitäten der Diaspora im Herkunftsland eine Etablierung liberaler Mehrparteiensysteme fördern (Kivisto 2011: 206 f.). Andere Akteur:innen vertreten die Hoffnung, dass eine Übertragung westlicher Werthaltungen die Geschlechtergerechtigkeit in den Herkunftsländern unterstützen könne (Faist/Fauser 2011: 3).

10.1.2 Die Pessimisten: brain drain, brawn drain und Abhängigkeit

Diesen positiven Sichtweisen auf den Einfluss von Migration auf Entwicklung (insbesondere des Herkunftslandes) stehen negative Einschätzungen gegenüber. Sie gehen von einem Teufelskreis (*vicious circle*) aus Unterentwicklung und Migration aus und folgen dabei weitgehend neomarxistischen und historisch-institutionalistischen Annahmen (Delgado Wise/Márquez Covarrubias 2011).

Dementsprechend seien, wie eingangs bereits erläutert, die Länder des globalen Südens durch die koloniale Vergangenheit und die daraus resultierende internationale Arbeitsteilung wirtschaftlich benachteiligt. Aufgrund dessen wanderten Menschen aus diesen Regionen in stärker entwickelte Staaten ab, um dort höhere Einkommen zu erzielen. Da vorrangig die Jungen und gut Ausgebildeten auswandern, führe dies zu einem *brain drain* in den Herkunftsländern. Dadurch werde die wirtschaftliche Entwicklung der Auswanderungsländer zusätzlich behindert. So lebten beispielsweise im Jahr 2005 zwischen einem Drittel und der Hälfte des wissenschaftlichen und technischen Personals der „Entwicklungsländer" in OECD-Staaten (Faist/Fauser 2011: 6). Da ihre Qualifikationen in den Zielländern jedoch nicht immer anerkannt werden und Migrant:innen dann häufig eine deutlich geringer qualifizierte Arbeit annehmen – sodass beispielsweise Chirurg:innen als Kellner:innen arbeiten – kann auch von *brain waste* gesprochen werden (Castles et al. 2013: 71 f.). Daneben spielt auch der *brawn drain* (= Verlust von Muskelkraft) eine Rolle, da auch die Abwanderung junger Menschen aus ländlichen Regionen, unabhängig von ihrer Ausbildung, zu geringerer landwirtschaftlicher Produktivität führe. Dies verstärke wiederum die Abhängigkeit von Importen (Haas 2010 a: 230–232).

Grundsätzlich sind diese Ansätze staatszentriert und blicken eher auf strukturelle Gegebenheiten als auf individuelles Verhalten. Diese Sicht wurde ergänzt durch Ansätze, die die gesellschaftlichen Auswirkungen von Migration auf die Herkunftscommunities untersuchen. Hierzu zählt die Theorie der *culture of migration*, die anhand von Fallstudien zeigt, wie eine Tradition der Auswanderung sich so verfestigen kann, dass Auswanderung in manchen Gemeinschaften zu einem zentralen Bestandteil einer „normalen“ Lebensbiographie wird. Dementsprechend investierten junge Menschen zunehmend in die Perspektive der Auswanderung, anstatt beispielsweise Bildungswege im Herkunftsland zu verfolgen (Kandel/Massey 2002). Dies wird teilweise verbunden mit der Annahme, dass sich in den betroffenen Gemeinschaften eine *culture of dependency* herausbilde, da Rücküberweisungen an die Stelle eigener Entwicklungsschritte und Investitionen träten (Connell 1980).

Gleichzeitig ist die entwicklungsfördernde Wirkung von Rücküberweisungen, die vielen optimistischen Annahmen zugrunde liegt, empirisch nicht bestätigt. Das könnte erstens daran liegen, dass der Anstieg privater Überweisungen aufgrund einer Verbesserung der Datenlage schlicht überschätzt wird. Zweitens werden die erhaltenen Mittel nicht immer investiert, sondern teilweise auch für Konsumgüter o. ä. ausgegeben, wovon die heimische Wirtschaft nicht im gleichen Maße profitiert. Drittens können Rücküberweisungen regionale sowie soziale Ungleichheiten im Herkunftsland verschärfen, da in der Regel nicht die am stärksten Benachteiligten auswandern, und somit auch tendenziell die Familien und Herkunftsregionen der relativ Bessergestellten die Empfänger:innen von Rücküberweisungen sind. Darüber hinaus kann die Auswanderung wiederum negative Effekte auf die makroökonomische Entwicklung haben – z. B. durch *brain* und *brawn drain* –, die die positiven Wirkungen relativiert (Clemens/McKenzie 2018; Haas 2010 a: 248–251).

In dieser Lesart ist Migration folglich negativ für die Entwicklung der Herkunftskontexte und sollte daher begrenzt werden. Dieses Paradigma erfuhr in der Wissenschaft in den 1970er und 1980er Jahren eine deutlich stärkere Verbreitung, während gleichzeitig auf politischer Ebene die Anwerbung von Arbeitskräften gestoppt wurde und der Wunsch nach restriktiveren Politiken stieg. Dies war auch eine Reaktion auf die Wirtschaftskrise in Folge des Ölpreisschocks, die Arbeitslosigkeit zur Folge hatte und damit die Nachfrage nach Arbeitskräften in den Industrieländern deutlich senkte. Hierin zeigt sich folglich, dass die Dominanz theoretischer Ansätze teilweise auch in Zusammenhang mit realpolitischen Entwicklungen steht.

10.1.3 Aktuelle politische Ansätze

Seit den 2000er Jahren nimmt im politischen Diskurs wieder eine positivere Sichtweise auf Migration und Entwicklung zu. Das hängt auch damit zusammen, dass ein „Wettbewerb um die besten Köpfe“ postuliert wird: Die zunehmend wissensintensive Wirtschaft in vielen OECD-Staaten benötigt immer mehr Fachkräfte. Dieser Bedarf kann oft aufgrund des demographischen Wandels nicht aus der eigenen Bevölkerung gedeckt werden. Allerdings wird der Migrationsoptimismus inzwischen nicht mehr uneingeschränkt vertreten, sondern mit der Forderung nach einer Steuerung der Migration verbunden. Dieser Argumentation zufolge können durch das „richtige“ Migrationsmanagement die Vorteile von Migration für Entwicklung maximiert und die negativen Auswirkungen minimiert werden (Ette 2017). Demzufolge ist inzwischen stärker die Frage in den Vordergrund gerückt, wie Politiken gestaltet werden müssen, um Entwicklung zu fördern. Dabei werden unter Entwicklung die Verringerung von Armut und die Steigerung des wirtschaftlichen Wachstums als vorrangige Ziele formuliert. Es wird jedoch die Hoffnung vertreten, dass durch die richtige Steuerung sowohl das Herkunfts- und das Zielland als auch die individuellen Migrant:innen von Migration profitieren können (*triple-win*).

Um den Nutzen von Migration für Entwicklung zu maximieren, werden zunehmend temporäre Modelle der Migration vertreten. An die Stelle des *brain gain* tritt damit teilweise die Hoffnung auf *brain circulation*. Darunter wird einerseits die Rückkehr von Migrant:innen in ihre Herkunftsländer verstanden, wobei sie das im Aufnahmestaat erworbene Wissen mitnehmen und somit den Auf- und Ausbau verschiedener wirtschaftlicher Sektoren fördern können. Ein Paradebeispiel hierfür ist die Remigration indischer IT-Fachleute aus den USA, die zu einem rapiden Wachstum des indischen High-Tech-Sektors geführt hat (Hunger 2008). Hierfür ist allerdings nicht immer die physische Rückkehr in das Herkunftsland nötig. Auch enge Verflechtungen zwischen „*Expats*“ (*Expatriates*, also Emigranten in den jeweiligen Zielländern der Migration) und der heimischen Wirtschaft können den Technologie- und Wissenstransfer fördern und damit zu Entwicklung beitragen.

Gleichzeitig werden Rücküberweisungen trotz der gemischten empirischen Ergebnisse erneut zunehmend als entwicklungspolitisches Instrument begriffen. Aufgrund des ihnen zugesprochenen Potenzials werden Rücküberweisungen teilweise staatlich gefördert. So hat beispielsweise Mexiko das *Tres-por-uno* (3x1)-Programm ins Leben gerufen, mit dem jeder Dollar, der von mexikanischen Diaspora-Organisationen für soziale Projekte und Investitionen nach Mexiko zurückfließt, um jeweils einen Dollar von der lokalen, regionalen und nationalen Regierungsebene ergänzt wird. Auch die Zielländer der Migrant:innen versuchen teilweise durch die Erleichterung von finanziellen Transfers Rücküberweisungen zu fördern.

Gleichzeitig haben viele Staaten jedoch ein Interesse daran, Migration zu begrenzen. Dies führt zu einer paradoxen Situation:

> „the present contradictory positions on migration whereby migrant remittances are defined as a vital resource, and yet those who send remittances are castigated and increasingly denied the right to move across borders" (Glick Schiller 2011: 30)

Demzufolge werden durch die Betonung von Rücküberweisungen Migrant:innen als zentrale Entwicklungsakteur:innen hochstilisiert, während ihnen gleichzeitig durch formelle und informelle Hürden die Migration erschwert wird und die Aufnahme im Zielland mit starken Einschränkungen verbunden ist. Der politische Fokus liegt somit auf der Betonung individueller Handlungsmacht, während strukturelle Bedingungen für dieses Handeln weniger starke Berücksichtigung finden. In der Wissenschaft werden durchaus Bedingungen diskutiert, die letztlich die Fähigkeit der Migrant:innen zur Förderung von Entwicklung in ihren Herkunftsländern beeinflussen. Dazu gehören Fragen danach, welche Arbeitsmarktposition Migrant:innen im Aufnahmestaat einnehmen, welche Rechte ihnen dort gewährt werden und wie ihre Lebensbedingungen sind. In politischen Diskursen werden diese Aspekte jedoch weniger aufgegriffen.

10.2 Entwicklungspolitik als Migrationspolitik?

Während also auf der einen Seite des *migration-development nexus* Migration als möglicher fördernder Faktor für die Entwicklung der Herkunftsländer gesehen wird, befasst sich die andere Seite mit der Frage nach der möglichen Nutzung der Entwicklungszusammenarbeit für migrationspolitische Zielsetzungen. Dies wird politisch insbesondere unter dem Stichwort der „Fluchtursachenbekämpfung" diskutiert. Allerdings ist dieser Begriff missverständlich, da sich politische Programme vor allem auf die Armutsbekämpfung und die Förderung des wirtschaftlichen Wachstums konzentrieren – also auf Phänomene, die gerade nicht als legitime „Fluchtursachen" anerkannt sind. In Deutschland hat dieser Diskurs aber mit den steigenden Asylantragszahlen seit etwa 2014 deutlich an Einfluss gewonnen und u. a. dazu geführt, dass die finanziellen Mittel für die Entwicklungszusammenarbeit (*official development assistance, ODA*) nach Jahren der Stagnation deutlich angestiegen sind (Schraven 2019: 29). Allerdings muss hierbei berücksichtigt werden, dass auch einige Ausgaben für die Aufnahme von Geflüchteten nach den Kriterien der OECD in diese Mittel einberechnet werden können, sodass 2017 mehr als 20% der deutschen Gelder für die Entwicklungszusammenarbeit im eigenen Land ausgegeben wurden.[9]

Grundsätzlich folgt dieser politische Ansatz der Annahme, dass Unterentwicklung, Armut und fehlende Perspektiven im Herkunftsland Migration befördern und Migrant:innen in die Regionen locken, in denen die wirtschaftlichen Bedingungen besser sind. Damit liegt der Argumentation ein lineares Push-Pull-Modell der Ursachen von Migration zugrunde. Im Umkehrschluss heißt das, dass bessere Entwicklung weniger Migration bedeute. Gleichzeitig folgt der Ansatz einem *sedentary bias*, d. h. einer Vorliebe für Sesshaftigkeit: „[...] there remains an underlying assumption that development is about enabling people to stay at 'home'." (Bakewell 2008: 1342) Migration und Mobilität werden demnach als Probleme angesehen, die durch staatliches Handeln kontrolliert bzw. unterbunden werden sollten. Dies ist kombiniert mit einem paternalistischen Verständnis der Entwicklungszusammenarbeit.

Empirische Studien zeigen jedoch, dass diese Annahmen die kausalen Beziehungen zwischen Migration und Entwicklung zu stark vereinfachen. Erstens ist in der Migrationsforschung seit langem bekannt, dass die Motivlagen für eine Migrationsentscheidung in der Regel nicht durch einen einzelnen Faktor – wie die wirtschaftliche Situation – erklärt werden können. Stattdessen spielen weitere Faktoren wie die politische Situation, soziale Strukturen, vorherige Migrationsbewegungen, der Einfluss der Familie sowie rechtliche Wanderungshürden eine Rolle (Angenendt et

9 https://www.oecd.org/berlin/presse/mittel-fuer-entwicklungszusammenarbeit-2017-leicht-gesunken-09042018.htm (14.12.2020).

al. 2017). Weitere Faktoren, deren Bedeutung in den vergangenen Jahren zunehmend anerkannt wurde, sind die Umwelt und klimatische Veränderungen sowie die Sicherheitslage in den Herkunfts- oder Transitländern. Zweitens lassen sich diese Motivationen nicht immer klar trennen und es wird zunehmend von *mixed migration* oder „gemischter Migration" gesprochen. Beispielsweise kann auch der Verlust der Lebensgrundlage durch klimatische Veränderungen zu einer erzwungenen Migration führen, und die darauf folgenden irregulären Migrationswege – notwendig geworden durch formelle Migrationshürden – können ähnliche Risiken für die Betroffenen bedeuten wie die Flucht vor Verfolgung (Angenendt/Koch 2017). Drittens geht der Diskurs um „Fluchtursachenbekämpfung" insbesondere in Bezug auf Entwicklung in (Subsahara-)Afrika von einem „Katastrophenkontinent" aus und beschwört das Bild einer drohenden „Invasion" Europas durch Geflüchtete und/oder (irreguläre) Migrant:innen herauf. Die tatsächlichen Entwicklungsverläufe afrikanischer Staaten sind jedoch deutlich vielfältiger als dieser Diskurs suggeriert (Schraven et al. 2018). Demzufolge können Maßnahmen, die ausschließlich die Reduktion von Armut bzw. die wirtschaftliche Entwicklung der Herkunftsstaaten in den Blick nehmen, kaum wirksame Beiträge zur Verringerung der Migration leisten.

Empirische Studien weisen sogar darauf hin, dass ein beginnender Entwicklungsprozess in unterentwickelten Staaten zunächst mit einer Zunahme der Auswanderung einhergeht. Hierzu gibt es verschiedene Erklärungsansätze. Die wohl bekannteste ist die *migration hump*-Theorie („Migrationsbuckel"), die in den 1990er Jahren entwickelt wurde. Sie geht davon aus, dass Maßnahmen wie die Liberalisierung des Handels zwischen zwei Staaten kurzfristig Migrationsanreize erhöhen können. Beispielsweise könne der Abbau von Hürden für grenzüberschreitenden Waren- und Personenverkehr zwischen zwei Staaten mit unterschiedlichen Einkommens- und Entwicklungsniveaus zunächst zu einem Anstieg der Migration führen. Gleichzeitig verstärke sie die Entwicklung des Herkunftslandes, wodurch mit einem höheren Bildungsstand und steigenden Einkommen auch die Möglichkeiten zur Migration stiegen. Langfristig müsste der Theorie zufolge die Liberalisierung aber zu einer Verlagerung von Produktionsstätten in das geringer entwickelte Land und zu einem Rückgang des Auswanderungsdrucks führen (Martin 1993; Martin/Taylor 1996).

Ähnlich argumentiert die Transitionstheorie, die sich mit dem Übergang zwischen verschiedenen Entwicklungsstadien befasst. Während traditionelle Transitionsansätze Migration als automatische Folge von Entwicklungsunterschieden begreifen, spricht Haas (2010 b) den Migrant:innen eine deutlich stärkere Handlungsmacht zu. Er erklärt Migration als Funktion aus den Fähigkeiten (*capabilities*) und Aspirationen zur Auswanderung. Ersteres umfasst die sozialen, wirtschaftlichen und menschlichen Ressourcen. Je größer die formellen und informellen Hürden für eine Migration, desto mehr Ressourcen werden benötigt, um migrieren zu können. Steigende wirtschaftliche und soziale Entwicklung eines Landes erhöht diese Fähigkeiten z. B. durch ein steigendes Bildungs- oder Lohnniveau. Gleichzeitig kann diese Entwicklung die Neigung zur Auswanderung erhöhen, indem ein steigendes Bildungsniveau beispielsweise die Erwartungen an den eigenen Lebensstandard erhöht und gleichzeitig zunehmendes Wissen über andere Staaten die Wahrnehmung relativer Deprivation – also die Wahrnehmung einer Schlechterstellung im Vergleich zu anderen Staaten – erhöht. Dementsprechend steigt mit zunehmendem Entwicklungsniveau die Mobilität der Menschen. Haas geht davon aus, dass Auswanderung ab einem gewissen Entwicklungsniveau wieder abnimmt, wenn der Unterschied zwischen dem Herkunftsland und anderen Regionen sinkt. Da ein steigendes Entwicklungsniveau die Aspirationen der Menschen aber grundsätzlich erhöht, wird die Migration nie mehr auf das Maß gering entwickelter Staaten zurücksinken.

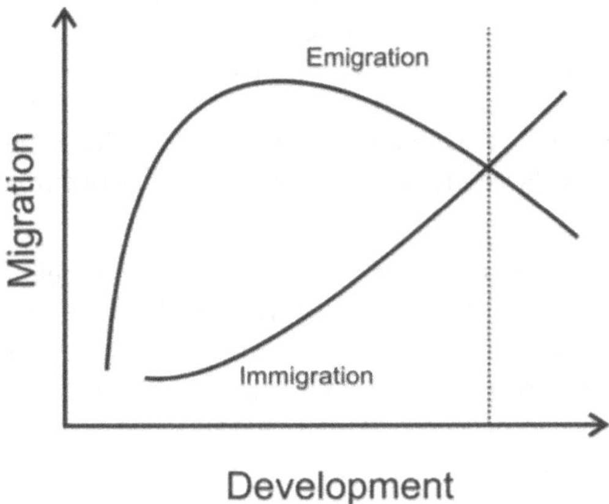

Abb. 3: Grafische Darstellung der Transitionstheorie der Migration (Haas 2010 b: 19).

Die Annahme, dass die Förderung der wirtschaftlichen Entwicklung Auswanderung reduzieren könne, ist dementsprechend empirisch nicht haltbar. Das heißt aber im Umkehrschluss nicht, dass Entwicklungszusammenarbeit eingestellt werden sollte, um Migration zu begrenzen. Stattdessen sprechen die wissenschaftlichen Erkenntnisse für eine kohärentere Politik, die die komplexen Zusammenhänge zwischen Migration und Entwicklung berücksichtigt, anstatt Entwicklungspolitik einseitig als Instrument zur Migrationskontrolle zu verstehen.

Der im vorigen Teilkapitel vorgestellte umfassende Ansatz der *Sustainable Development Goals* verdeutlicht, dass die Vielfalt menschlicher und staatlicher Entwicklung auch im politischen Diskurs anerkannt wird. Diese stärker multidimensionale Perspektive zeigt sich in verschiedenen politischen Programmen. Ein Beispiel hierfür ist der „Marshallplan mit Afrika" des Bundesministeriums für wirtschaftliche Zusammenarbeit und Entwicklung. Er umfasst drei Säulen: Wirtschaft, Handel und Beschäftigung; Frieden, Sicherheit und Stabilität; sowie Demokratie, Rechtsstaatlichkeit und Menschenrechte. Dabei verfolgt er eine partnerschaftliche Perspektive der Entwicklungszusammenarbeit und hebt auch die Notwendigkeit hervor, schädliche Exporte zu stoppen und „vom Freihandel zum fairen Handel" zu kommen (BMZ 2017: 13).

Allerdings spiegelt sich dieser Wandel nicht immer auch in konkreten politischen Instrumenten wider. Beispielsweise wird in der entwicklungspolitischen Debatte auch dem Einfluss der Umwelt und des Klimas auf internationale und Binnenmigration Rechnung getragen. Dies führt jedoch bislang noch nicht dazu, dass Staaten der Reduzierung umwelt- und klimaschädlicher Praktiken gleiche Priorität einräumten wie der Armutsbekämpfung. In eine ähnliche Richtung geht der Diskurs um Sicherheit und Entwicklung (→ Kap. 8): Die Vereinten Nationen hatten bereits 1994 das Konzept der menschlichen Sicherheit entwickelt, das nicht nur die Abwesenheit von bewaffneten Konflikten, sondern auch Fragen der Menschenrechte, ökonomische Sicherheit, saubere Umwelt, Gesundheit etc. umfasst (UNDP 1994). Dennoch werden sicherheitspolitische Interventionen auch heute noch in der Regel mit militärischen Interventionen oder der Terrorismusbekämpfung verknüpft (Jakob/Schlindwein 2017). Migrationstheorien legen hingegen nahe, dass die vielfältigen Dimensionen menschlicher Lebenssituationen Einfluss auf Migrationsentscheidungen nehmen und daher umfassende politische Konzepte notwendig sind, um Mobilität zu beeinflussen.

Verschiedene Ansätze versuchen, diese Vielfalt theoretisch zu fassen. Dazu gehören beispielsweise die *New Economics of Labour Migration* (NELM), die das Handeln von Migrant:innen als Teil ihres weiteren sozialen Umfelds begreifen (→ Kap. 9). Ähnlich geht der *Livelihood*-Ansatz vor, der jedoch stärker die jeweiligen Fähigkeiten (*capabilities*) und verfügbaren Ressourcen in den Blick nimmt und Migration als zentrales strategisches Element begreift (Haas 2010 a: 242–246).

10.3 Politisches Handeln im migration-development nexus

Theoretische und empirische Erkenntnisse verdeutlichen die Komplexität des *migration-development nexus*. Dementsprechend ist politischen Programmen, denen monokausale Annahmen über die Zusammenhänge zwischen Migration und Entwicklung zugrunde liegen, mit Vorsicht zu begegnen. In Bezug auf die Auswirkungen von Migration auf die Entwicklung des Herkunftslandes erwiesen sich daher weder die optimistische noch die pessimistische These als haltbar. So zeigen beispielsweise die Entwicklungsverläufe von Indien und China, dass ein Wandel vom *brain drain* zum *brain gain* möglich ist. Demzufolge sind deterministische Thesen der Abhängigkeit von „Entwicklungsländern“ und einem Teufelskreis aus Migration und Entwicklung empirisch widerlegt. Auf der anderen Seite sind ebenfalls keine Automatismen eines positiven Zusammenhangs zwischen Migration und Entwicklung zu beobachten. Beispielsweise rangieren die Philippinen, deren Regierung die Auswanderung von Arbeitskräften seit Jahrzehnten stark fördert, weiterhin nur auf Rang 113 des *Human Development Index*.[10] Daher wurden differenziertere wissenschaftliche Ansätze entwickelt, die stärker auf die Bedingungen für positive oder negative Auswirkungen von Migration auf Entwicklung eingehen.

10 Der Human Development Index (HDI) ist ein Index, mit dessen Hilfe das Entwicklungsniveau verschiedener Staaten miteinander verglichen werden kann. Er bezieht Indikatoren wie das Bruttoinlandsprodukt, Daten zur Gesundheit und zum durchschnittlichen Bildungsniveau sowie zur Umwelt mit ein. Daten für die Philippinen siehe http://www.hdr.undp.org/en/countries/profiles/PHL (14.12.2020).

Gleichzeitig bleiben vereinfachende optimistische und pessimistische Sichtweisen im politischen Diskurs sichtbar. Sie können als zwei Positionen verstanden werden, die eng mit der ideologischen bzw. theoretischen Fundierung der jeweiligen Akteur:innen verknüpft sind. Auf der einen Seite steht die neoliberale Sichtweise, die den globalen Weltmarkt grundsätzlich begrüßt und davon ausgeht, dass eine freie Zirkulation von Produktionskräften (Arbeit, Kapital, Waren) zu ihrer optimalen Allokation führt. Auf der anderen Seite stehen neomarxistische Positionen, die in strukturellen Gegebenheiten die wichtigste Determinante für Migration sehen. Protektionistischen Argumentationen zufolge müssen nationale Märkte vor der Einwanderung von Arbeitskräften geschützt werden, die bereit sind, für deutlich geringere Löhne und zu schlechteren Konditionen zu arbeiten. Damit würden sie Arbeitsschutzregelungen unterwandern (→ Kap. 9).

Inwiefern Politik in der Lage ist, Migration zu steuern und Entwicklung zu fördern, hängt auch von der Koordination verschiedener Politikfelder ab. Hierbei müssen Prioritäten ausgehandelt werden, beispielsweise zwischen selbst auferlegten völkerrechtlichen Verpflichtungen zur Förderung nachhaltiger Entwicklung und Einhaltung menschenrechtlicher Standards, eigenen wirtschaftlichen Interessen sowie politischen und gesellschaftlichen Strömungen.

Übungs- und Reflexionsaufgaben

1. Was wird unter dem *migration-development nexus* verstanden?
2. Welche positiven Auswirkungen der Migration auf die Entwicklung der Herkunftsländer vermuten „Migrationsoptimisten"? Warum erwarten „Migrationspessimisten" negative Auswirkungen von Migration auf Entwicklung?
3. Kann Entwicklungszusammenarbeit als migrationspolitisches Instrument genutzt werden? Warum (nicht)?
4. Welche Möglichkeiten bestehen zur Koordination von Migrations- und Entwicklungspolitik?

Zur Vertiefung

Angenendt, Stefan/Martin-Shields, Charles/Schraven, Benjamin (2017) Mehr Entwicklung – mehr Migration?: Der „migration hump" und seine Bedeutung für die entwicklungspolitische Zusammenarbeit mit Subsahara-Afrika. SWP-Aktuell, Berlin. https://www.swp-berlin.org/fileadmin/contents/products/aktuell/2017A69_adt_etal.pdf (15.3.2021).

i Faist, Thomas/Fauser, Margit/Kivisto, Peter (Hrsg.) (2011) The migration-development nexus: A transnational perspective. Basingstoke: Palgrave Macmillan.

i Haas, Hein de (2012): The Migration and Development Pendulum: A Critical View on Research and Policy. In: International Migration, 50, H. 3, S. 8–25. https://doi.org/10.1111/j.1468-2435.2012.00755.x

Koch, Anne/Weber, Annette/Werenfels, Isabelle (2018) Migrationsprofiteure? Autoritäre Staaten in Afrika und das europäische Migrationsmanagement. SWP-Studie, Berlin. https://www.swp-berlin.org/fileadmin/contents/products/studien/2018S03_koc_web_wrf.pdf (15.3.2021).

i Preibisch, Kerry/Dodd, Warren/Su, Yvonne (2016): Pursuing the capabilities approach within the migration–development nexus. In: Journal of Ethnic and Migration Studies, 42, H. 13, S. 2111–2127. https://doi.org/10.1080/1369183X.2016.1176523

11 Auf der Flucht vor der Mehrheit? Migrationspolitik und öffentliche Meinung

Das Kapitel betrachtet im ersten Teil die Annahme einer tiefen Kluft zwischen staatlicher Migrationspolitik und öffentlicher Meinung. Es geht auf grundlegende theoretische Modelle und notwendige Differenzierungen ein. Dabei wird auch die Frage thematisiert, weshalb Migrationspolitik besonders häufig von Symbolpolitik durchsetzt ist. Der zweite Teil des Kapitels widmet sich der Frage, wie sich individuelle Einstellungen zu Migration und migrationsbedingter Vielfalt erklären lassen. Dabei werden persönliche Charakteristika und eher relationale Kontextfaktoren besprochen. Den Abschluss bildet ein kurzes Teilkapitel zu Rechtspopulismus.

Die vermeintliche Kluft zwischen restriktiver öffentlicher Meinung und immer liberalerer Migrationspolitik wurde in der Politikwissenschaft seit Gary Freeman (1995) immer wieder betont. Es lohnt sich jedoch, dieses Verhältnis etwas genauer zu betrachten. Zwei wesentliche Fragenkomplexe werden dieses Kapitel strukturieren und sich an zentralen Theoremen und Befunden der Migrationsforschung orientieren (Freeman et al. 2013 a). Erstens: Worin besteht aus politikwissenschaftlicher Sicht die Relevanz der Hypothese eines opinion-policy gap? Wie lassen sich die öffentliche Meinung zu Migration und die bei Freeman etwas pauschal formulierte Kluft zwischen der öffentlichen Meinung und Migrationspolitik differenzierter betrachten? Welche Rolle spielt in diesem Zusammenhang symbolische Politik? Zweitens: Wie lassen sich subjektive Einstellungen zu Migration erklären? Welche Rolle spielen individuelle Charakteristika, welche Kontextfaktoren?

Damit bietet das Kapitel einen ersten Einstieg in die Debatte zu Migration, Migrationspolitik und öffentlicher Meinung, es weist aber auch einige blinde Flecken auf. Insbesondere beschäftigt es sich ausschließlich mit Einstellungen zur Einwanderung in westlichen „Aufnahmegesellschaften". Einstellungen zu Migration in Auswanderungs- oder Transitländern – etwa die in Kapitel 10 angesprochene „Kultur der Migration" (Haas 2010 b) – werden nicht berücksichtigt. Dies trägt einerseits der Fokussierung dieses Buchs auf den deutschen und europäischen Kontext Rechnung, andererseits aber auch der Tatsache, dass vergleichsweise wenig Forschung zu diesem Thema existiert. Dies korreliert mit der generellen Fokussierung der politischen Kulturforschung auf westliche Demokratien. Gründe dafür sind sowohl normativ – politische Kulturforschung ist häufig Bestandteil einer Demokratieforschung, die letztlich aufzeigen will, wie sich demokratische Systeme stabilisieren lassen – als auch forschungspragmatisch: In vielen autokratisch regierten Auswanderungsländern lassen sich unabhängige Bevölkerungsumfragen nur sehr eingeschränkt realisieren. Der in diesem Kapitel angesprochene Themenkomplex ist daher nicht nur in diesem Buch, sondern in der Forschung generell besonders stark durch einen „westlichen" Blick geprägt.

11.1 Öffentliche Meinung und Migrationspolitik

11.1.1 Opinion-policy gap – eine Hypothese mit Sprengkraft für das politische System

In der Migrationspolitikforschung existiert seit den 1990er Jahren die breit rezipierte Hypothese Gary Freemans, dass Migrationspolitik in liberalen Demokratien durch einen persistenten Gegensatz zwischen tendenziell liberalen *policies* und deutlich restriktiveren Einstellungen der Bevölkerung gekennzeichnet sei (Freeman 1995). Dies hat nach Freeman zwei Gründe: Erstens sorgt ein „constraint discourse over immigration“ (Freeman 1995: 883) dafür, dass Positionen, die zu weit von den Grundwerten liberaler Demokratien entfernt sind, vom politischen Diskurs ausgeschlossen werden. Beispielsweise werden Forderungen nach vollständiger und dauerhafter Verweigerung von Flüchtlingsschutz weiterhin mehrheitlich als radikal oder gar extremistisch gebrandmarkt und können sich im politischen Prozess nicht durchsetzen. Zweitens geht Freeman im Anschluss an Mancur Olsons Theorie des kollektiven Handelns davon aus, dass der Nutzen von Zuwanderung für einige Gruppen klar nachweisbar ist, die Nachteile dagegen diffus und schwer einer bestimmten Gruppe zuzuordnen. Beispielsweise haben Arbeitgeber:innen sehr klar vor Augen, welche Vorteile ihnen die Zuwanderung von qualifizierten Fachkräften bringt. Personen mit „Überfremdungsängsten“ können dagegen nur äußerst vage darüber spekulieren, wie sich beispielsweise das Zusammenleben in der Nachbarschaft durch Zuwanderung verändern könnte. Aus diesen unterschiedlichen Voraussetzungen schließt Freeman, dass eine expansive Einwanderungspolitik zwar nur durch wenige, dafür aber gut organisierte Interessengruppen gefordert wird. Demgegenüber steht eine zwar restriktiv eingestellte, aber nicht gut organisierte Öffentlichkeit. In der Folge nimmt Migrationspolitik die Form von „client politics“ (Freeman 1995: 886) an, bei der die Bevölkerung kaum Einfluss auf die Formulierung der *policies* hat.

Auch wenn die etwas pauschale Annahme eines *opinion-policy gap* seit einiger Zeit wieder in Frage gestellt wird (Böhmelt 2019; Schammann 2015 a), dominiert sie die Migrationspolitikforschung doch immer noch derart, dass sie schon ironisch als „Iron Law“ (Bonjour 2011: 111) der Migrationspolitik bezeichnet wurde. Doch weshalb ist die Diagnose einer strukturellen Kluft zwischen restriktiver Bevölkerung und liberaler Politik für die Politikwissenschaft ebenso interessant wie alarmierend? Weshalb regt Freemans Hypothese weiterhin so viel Forschung an? Die Antwort darauf hängt mit der disziplinären Verortung des Befunds zusammen. So sind Arbeiten, die sich mit der Einstellung von Bevölkerungen oder Bevölkerungsgruppen zu Migration und Migrationspolitik beschäftigen, zumeist im Bereich der politischen Kulturforschung bzw. der politischen Soziologie anzusiedeln (Pickel et al. 2018). Unter politischer Kultur versteht man üblicherweise die Verteilung von politischen Orientierungen in einer Bevölkerung oder, anders ausgedrückt, die individuellen Einstellungen der Bürger:innen zu politischen Objekten (Almond/Verba 1996). Unter „politische Objekte“ fallen auch Fragen der Migration sowie der Umgang staatlicher Stellen mit Wanderungsbewegungen. Übergeordnetes Ziel politischer Kulturforschung ist es, über die Analyse der politikfeldspezifischen Einstellungen hinaus, Aussagen über die Unterstützung der

Bürger:innen für das politische System zu treffen und politischen Wandel zu erklären. Aus dieser Perspektive wäre eine besonders große und permanente Kluft zwischen öffentlicher Meinung zu Migration und faktischer Migrationspolitik zunächst als ein Beitrag zur Destabilisierung der jeweiligen Regierung und dann – sofern die Kluft sich auch bei einer anderen Regierungskonstellation nicht verringert – zur Destabilisierung des politischen Systems zu lesen. Daher wird die Frage nach dem *opinion-policy gap* immer auch als eine Frage der Legitimität von politischen Systemen betrachtet (Boswell 2007b). Regierungen sind daher grundsätzlich daran interessiert, eine mögliche Kluft entweder materiell zu schließen oder zumindest symbolisch zu verkleinern.

11.1.2 Differenzierung der Kluft

Gary Freeman ist sich des etwas pauschalen Charakters seiner berühmten Hypothese durchaus bewusst. Es gibt ganz offensichtlich nicht *die* öffentliche Meinung zu Migration, sie setzt sich aus diversen Einstellungen heterogener Bevölkerungsgruppen zu verschiedenen Teilaspekten der Migration zusammen. In einem späteren Aufsatz regt er daher selbst eine differenziertere Betrachtung an: „Disaggregating public opinion according to specific aspects of immigration policy may undermine generalizations about a gap between public opinion and policy." (Freeman/Tendler 2012: 325) Wie lässt sich eine solche Differenzierung nun vornehmen?

Zunächst lässt sich festhalten, dass die Kluft zwischen öffentlicher Meinung und politischer Entscheidung nicht so groß und eindeutig ist wie bei Freeman angenommen: Erstens ist die unterschiedliche Natur öffentlicher Debatten und politischer Entscheidungsprozesse zu berücksichtigen (Kolb 2004). Während in öffentlichen Streitgesprächen grundsätzlich schärfere Forderungen erhoben werden, werden Extrempositionen im demokratischen Prozess abgeschliffen. Vergleicht man den Ausgangspunkt des Prozesses – eine möglicherweise besonders einseitig artikulierte ‚öffentliche Meinung' – mit dem Endprodukt, also den verabschiedeten *policies*, erscheint die inhaltliche Differenz naturgemäß groß. Zweitens sind auch politische Entscheidungsträger:innen oder Verwaltungsmitarbeitende nicht frei von restriktiven Vorstellungen (Eule 2014; Lahav 2004). Insbesondere den Mitarbeiter:innen von Innenministerien und Ausländerbehörden, die für die Formulierung und Umsetzung eines Großteils der migrationspolitischen *policies* zuständig sind, kann sicher nicht pauschal eine allzu liberale Grundausrichtung unterstellt werden. Drittens ist die Einstellung der Bevölkerung nicht nur restriktiv, sondern weist durchaus liberale Tendenzen auf (Ellermann 2010; Rosenberger et al. 2018). Wohl jede:r kennt Aktivist:innengruppen aus der Flüchtlingshilfe aus dem eigenen Ort.

Unbefriedigend ist auch, dass das Begriffspaar „liberal" versus „restriktiv" unterkomplex beschrieben wird, indem es zumeist die pauschale Befürwortung bzw. Ablehnung von Zuwanderung meint. Mit der Bipolarität dieses Modells gehen jedoch mehrere Schwierigkeiten einher. So verführt es dazu, die empirisch mehrfach belegte Tatsache zu vernachlässigen, dass sowohl Bevölkerung als auch Politik und Verwaltung zwischen verschiedenen Migrant:innengruppen unterscheiden (Fetzer 2012: 309). In der Migrationsforschung recht üblich, in öffentlich stark wahrgenommenen Studien jedoch keinesfalls Standard, ist daher die Differenzierung der Einstellungen der Befragten nach verschiedenen Aufenthaltstiteln, ethnischen oder religiösen Zugehörigkeiten. In entsprechenden Studien lässt sich beispielsweise für Deutschland erkennen, dass Muslim:innen sowie Sinti und Roma am häufigsten mit Ablehnung begegnet wird (Berghan/Schröter 2019). ‚Restriktive' oder ‚liberale' Einstellungen treffen also nicht alle „Fremden" gleichermaßen. Hinzu kommt, dass selbst diese Form der Differenzierung die Gefahr birgt, an der Oberfläche der Phänomene zu bleiben – insbesondere wenn man einer Bielefelder Arbeitsgruppe um Wilhelm Heitmeyer und Andreas Zick folgt, die Anfang der 2000er Jahre das Konzept der *gruppenbezogenen Menschenfeindlichkeit* entwickelt hat (Heitmeyer 2002; Zick et al. 2019). Dessen Kernaussage ist, dass die Abwertung von Menschengruppen ein Syndrom ist, dem eine „Ideologie der Ungleichheit" zugrunde liegt. Solange diese bei einer Person bestehen bleibt, wird sie immer eine oder mehrere Menschengruppen abwerten. Wenn etwa die Muslim:innenfeindlichkeit abnimmt, wäre es wahrscheinlich, dass eine andere Gruppe – etwa Homosexuelle oder Politiker:innen – abgewertet würde.

Beispiel

Gruppenbezogene Menschenfeindlichkeit auf dem Fußballplatz

Ein Beispiel, das das Syndrom der gruppenbezogenen Menschenfeindlichkeit recht plastisch illustriert, ist eine Auseinandersetzung zwischen zwei Profi-Fußballspielern von Borussia Dortmund und Schalke 04 aus dem Jahr 2010. Der damalige Dortmunder Torwart Roman Weidenfeller wurde beschuldigt, den gegnerischen Stürmer Gerald Asamoah während der Partie als „schwarzes Schwein" bezeichnet zu haben. Von einem Sportgericht mit dem Vorwurf konfrontiert, bestritt Weidenfeller „energisch eine rassistische Bemerkung, räumte auf Nachfragen […] allerdings eine Beleidigung ein und bekannte, er habe Asamoah ‚schwules Schwein' zugerufen." (SZ 2010) Die „Ideologie der Ungleichwertigkeit" (Zick et al. 2012) wird durch das Verbot einer dezidiert rassistischen Beleidigung nicht ausgelöscht, sondern sucht sich ein neues Ventil, hier in der Homophobie.

Jenseits unterschiedlicher Adressat:innen von liberalen und restriktiven Einstellungen sind die Begriffe selbst interpretationsoffen und fassen mehrere Konzepte zusammen, die nicht notwendigerweise harmonieren: Beispielsweise lässt sich die Befürwortung erleichterter Arbeitsmigration durchaus mit der Verweigerung von Behandlungen chronischer Krankheiten bei Asylsuchenden in einer marktliberalen Argumentation verbinden. Liberal im Sinne einer Expansion humanitärer Orientierungen wäre dies aber wohl kaum. Ganz wesentlich ist daher, welche Aspekte von Migration und migrationsbedingter Vielfalt in den Mittelpunkt der jeweiligen Umfrage gerückt werden. Dies kann sehr unterschiedliche Themen betreffen, wie beispielsweise die Akzeptanz der Arbeitsmigration von Hochqualifizierten oder die Einstellung zum islamischen Kopftuch. Ein uneinheitliches Bild kann aber selbst bei ähnlichen Themen entstehen. Wird beispielsweise danach gefragt, welche Gründe (Krieg, Armut, Familienzusammenführung etc.) eine Auswanderung rechtfertigen oder danach, welche Gründe eine Einwanderung legitimieren? Im ersten Fall wird eher an das tatsächlich existierende Menschenrecht auf Auswanderung angeschlossen, das weiterhin etwas weniger umstritten sein dürfte als die zweite Frage nach der Einwanderung (ein entsprechendes Recht auf Einwanderung existiert auch nicht in der Allgemeinen Erklärung der Menschenrechte). Hier kommen Konzepte der *deservingness* (Wer verdient eine Aufnahme aus humanitären Gründen?) und der *selectiveness* (Wer passt zum Auswahlprofil des aufnehmenden Staates?) ins Spiel (Haas et al. 2018 b). Wird die Komplexität von Themengebieten vorschnell für quantitative Umfragen auf wenige Items reduziert, können widersprüchliche Ergebnisse in der Forschung kaum verwundern. So wurde Deutschland beispielsweise schon von verschiedenen Studien als das toleranteste und das intoleranteste Land Europas beschrieben (Freeman et al. 2013 b: 4). Ein Grund für zahlreiche der beschriebenen Inkohärenzen ist, dass dieselbe Person verschiedene Einstellungen zu verschiedenen Phasen des Migrationsprozesses hat. Es kann daher sinnvoll sein, in Befragungen zwischen der Phase vor der Migration (z. B. Akzeptanz der Gründe für Auswanderung), der Migration selbst (z. B. Wahrnehmung bestimmter, klandestiner Migrationsrouten als illegitim) und der Phase des Ankommens bzw. der langfristigen Integration/Teilhabe (z. B. Einstellungen zur erleichterten Anerkennung von ausländischen Berufsabschlüssen) zu unterscheiden.

Um die Dimensionen des *opinion-policy gap* differenziert zu betrachten, lässt sich neben der Differenzierung nach Migrant:innengruppen und nach Phasen des Migrationsprozesses auch eine Systematisierung nach den drei zentralen Arenen jeder Migrationsdebatte – Identität, Sicherheit, Wirtschaft – vornehmen (→ Kap. 2). Die Frage wäre dann, bezüglich welches Debattenstranges sich eine besonders große oder besonders geringe Distanz zwischen konkreten migrationspolitischen Maßnahmen und einer besonders stark wahrnehmbaren Kritik aus der vergleichsweise unorganisierten Bevölkerung feststellen ließe (Schammann 2015 a). Für Deutschland ließe sich bezüglich der Arena der Identität annehmen, dass die deutsche Migrationspolitik seit Ende der 1990er Jahre einem Teil der Bevölkerung tatsächlich „mit Siebenmeilenstiefeln vorausgeeilt“ (Bade 2005: 20) sei und eine Situation geschaffen hat, die am ehesten Freemans *opinion-policy gap* entspricht. Dies betrifft einerseits das Staatsangehörigkeitsrecht, andererseits den Umgang mit religiöser Vielfalt (→ Kap. 12). Holger Kolb sieht insbesondere hinsichtlich der Frage der Präsenz des Islam eine tiefe, strukturelle Kluft (Kolb 2018). Mit Blick auf Sicherheitsfragen dagegen ist die Kluft nicht mehr so eindeutig, denn hier geht es nicht um die Frage, *ob* Sicherheit gewährleistet werden soll, sondern mit welchen Maßnahmen diese erreicht werden kann (dazu auch Lahav 2004). In der Arena der Wirtschaft schließlich scheinen in Deutschland selbst „migrationskritische“ Akteure wie die AfD oder Pegida den Nutzen von (Fachkräfte-)Migration anzuerkennen. Hier existiert auch mit Blick auf Umfragen keine klar erkennbare Kluft zwischen *policies* und Einstellungen (eines großen Teils) der Bevölkerung. Stattdessen könnte man in Anlehnung an eine Studie von Morales/Pilet/Ruedin (2015) von einer Kongruenz zwischen Migrationspolitik und öffentlicher Meinung sprechen.

11.1.3 Bridging the gap? Wechselwirkungen und Symbolpolitik

Neben der fehlenden Ausdifferenzierung des *opinion-policy gap* ist eine weitere Kritik an Freemans Hypothese, dass er keine wesentliche Wechselwirkung zwischen Politik und öffentlicher Meinung vorsieht. Es regiert das „Hinterzimmer“: Politische Entscheidungen finden abseits der Öffentlichkeit statt und werden durch diese weder vorgeprägt noch wirksam kritisiert. Dieser Annahme wird bereits seit längerem und verstärkt im Zuge der abnehmenden Diskurshoheit liberaldemokratischer Orientierungen und dem Aufstieg populistischer Politiker:innen in ihrer Absolutheit zunehmend widersprochen (Lahav 2004). Tobias Böhmelt argumentiert auf der Grundlage quantitativer Analysen beispielsweise, dass öffentliche Meinung durchaus einen Einfluss auf die inhaltliche Ausgestaltung von migrationsrechtlichen Grundlagen haben kann. Dies sei allerdings nur dann der Fall, wenn sich eine große Anzahl an Migrant:innen und/oder Geflüchteten im Land befinde (Böhmelt 2019). Gallya Lahav (2004: 233) nennt als Gründe für die zunehmende Bedeutung von öffentlicher Meinung für die Ausgestaltung von Migrationspolitik das Erstarken direktdemokratischer Elemente (u. a. Referenden) verbunden mit der Tatsache, dass Migration von Wähler:innen als *salient issue*, d. h. als ein besonders relevantes Thema, wahrgenommen wird. Sie argumentiert zudem, dass die öffentliche Meinung weniger durch die faktischen Einwanderungszahlen als vielmehr durch die Reaktion in Politik und Medien bestimmt wird. Aus dieser Perspektive beeinflussen sich öffentliche Meinung und politische Verlautbarungen durchaus intensiv und wechselseitig.

Antonia Scholz (2012) folgert in ihrer Untersuchung zum Einfluss von politischen Ideen auf die Migrationspolitik in Deutschland und Frankreich, dass Akteur:innen in politischen Debatten „eine Deckungsgleichheit der präsentierten Deutungen zu Einwanderung und dem in der Gesellschaft vorherrschenden Gesamttenor erzielen“ (ebd. 305) müssten. Dabei würden kulturell verankerte Ideen sowohl für die Begründung restriktiver als auch liberaler *policies* herangezogen. Sie argumentiert, dass „der *gap* weniger ein ‚Vorher-Nachher-Phänomen‘ darstellt, sondern eine der Migrationspolitik immanente Erscheinung“ (ebd. 310), welche die Bevölkerung mit dem politischen Entscheidungssystem verbinde. Saskia Bonjour formuliert ähnlich und mit Blick auf ihre Untersuchung der niederländischen Politik des Familiennachzugs:

> „Importantly, the immaterial values that shape policy makers’ decisions are more often than not values that resonate broadly in society as a whole: the tone of the public debate, rather than invariably tending toward restriction, may therefore very well push toward expansive entry policies.“ (Bonjour 2011: 112)

Wenn Entscheidungsträger:innen den Druck verspüren, einer vermeintlichen Mehrheitsmeinung gerecht zu werden und möglicherweise entsprechende Maßnahmen ankündigen, bedeutet dies noch nicht, dass dadurch der *opinion-policy gap* notwendigerweise aufgelöst wäre. Schließlich könnte auch ein bewusst oder unbewusst in Kauf genommener *discursive gap* (→ Kap. 6) vorliegen, d. h. eine fehlende oder ungenügende materielle Umsetzung proklamierter Ziele. Dies trifft insbesondere auf Symbolpolitik oder symbolische Gesetzgebung zu. Kennzeichen symbolischer Gesetzgebung ist es, „substanziell ineffektiv zu bleiben" (Newig 2010: 302) und nur auf „hohe antizipative politisch-strategische Effektivität" (ebd. 306) zu setzen. Sie kann beispielsweise angewandt werden, um unbequeme Einschnitte für die Bevölkerung trotz offenbar gegebenen Handlungsdrucks zu vermeiden, wie im Falle der Umweltpolitik (Newig 2010), oder um trotz nicht-beeinflussbarer Rahmenbedingungen die Illusion staatlicher Kontrolle aufrecht zu erhalten.

Symbolische Politik nun jedoch als zahnlos und ohne jegliche Wirkung abzutun, wäre etwas voreilig. Das in einem Gesetz oder einer sonstigen Maßnahme formulierte Ziel setzt, selbst wenn es materiell zunächst ineffektiv bleibt, Leitplanken für die weitere Entwicklung – und für die Interpretation bereits bestehender Gesetze. Beispielsweise haben Behörden einen erheblichen Spielraum bei der Umsetzung des Aufenthaltsrechts. In unklaren Fällen wird immer wieder auf eine sogenannte teleologische Rechtsauslegung zurückgegriffen. Dabei fragen Jurist:innen danach, welches Ziel (*telos*) mit einem Gesetz verbunden ist. Hier kann auch der unmittelbare und weitere rechtliche und politische Kontext der Norm eine Rolle spielen. In diesem Sinne lässt beispielsweise auch eine noch so weich formulierte und rechtlich nicht bindende „Obergrenze" für die Aufnahme von Flüchtlingen recht eindeutig das politische Ziel erkennen, die Zuwanderung zu begrenzen und den Flüchtlingsstatus nicht zu leicht anzuerkennen. Damit wird die Legitimität einer restriktiven Auslegung von Regelungen zum Zuzug und Aufenthalt von Schutzsuchenden deutlich erhöht.

11.2 Erklärungsfaktoren für Einstellungen zu Migration

Neben der Frage, wie sich das Verhältnis von *policies* und Bevölkerungsmeinung fassen lässt, beschäftigt sich die politikwissenschaftliche und vor allem die soziologische Migrationsforschung auch damit, wie sich individuelle Einstellungen zu Migration und migrationsbedingter Vielfalt erklären lassen. Dabei lassen sich grob zwei Traditionen unterscheiden: Ansätze, die auf individuelle Charakteristika abheben und solche, die eher relationale Kontextfaktoren betonen (Freeman et al. 2013 b).

11.2.1 Individuelle Charakteristika

Individuelle Charakteristika stehen vor allem in medialen Veröffentlichungen weiterhin im Mittelpunkt, wenn es um die Erklärung von migrationsrelevanten Einstellungen geht. Doch welche sind dies und welche scheinen auf Basis akademischer Befunde tatsächlich Einstellungen zu Migration zu determinieren? Im Folgenden werden einige der am häufigsten debattierten Faktoren kurz besprochen:

Gender: Frauen stehen vielen Aspekten der Migration offenbar etwas entspannter gegenüber als Männer. Interessant ist dabei, dass dies auch für Fragen zutrifft, die in der Debatte mit einer vermeintlich notwendigen Verteidigung der Freiheit von Frauen einhergehen. Beispielsweise zeigt eine bevölkerungsrepräsentative Umfrage in Deutschland aus dem Jahr 2019, dass 29% der männlichen Befragten einem

Kopftuchverbot für muslimische Schülerinnen eindeutig zustimmten, während dies nur 23% der weiblichen Befragten taten (Foroutan et al. 2019). Ein ähnliches Bild gibt es hinsichtlich weiterer Aspekte der Integrationsdebatte, beispielsweise erkennen Frauen Diskriminierung von Zugewanderten eher als Hürde an als Männer. Mit Blick auf die Befürwortung von Zuwanderung gibt es jedoch auch immer wieder Hinweise darauf, dass Männer etwas stärker für Einwanderung plädieren – zumindest, wenn es um den Zuzug ausländischer Fachkräfte geht (u. a. Kober/Kösemen 2019: 34)

Alter: Immer wieder feststellbar ist auch die Tendenz, dass mit zunehmendem Alter die Skepsis gegenüber Einwanderung und migrationsbedingter Vielfalt zunimmt. Mit Blick auf die oben genannte Umfrage zum Kopftuch zeigt sich dies besonders drastisch: Während nur 7% der Gruppe der 14- bis 25-Jährigen ein Kopftuchverbot klar befürworten, sind es bei den über 60-Jährigen 39%.

Bildung: Übereinstimmend heben die meisten Untersuchungen zu Einstellungen zu Migration auf die Bedeutung des Bildungsstandes ab. Kurz gefasst: Je höher der erreichte Abschluss, desto größer die Befürwortung von Migration und die Bereitschaft, migrationsbedingte Vielfalt zu akzeptieren. In der genannten Umfrage zum Kopftuch sind 34% der Befragten mit niedriger Schulbildung, aber nur 17% der Befragten mit Hochschulreife strikt gegen das Kopftuch in der Schule. Generell gilt Bildung als das Charakteristikum, dessen Einfluss in der Forschung am wenigsten umstritten ist – auch wenn Studien existieren, die danach fragen, ob es nicht eher die höher qualifizierte Beschäftigung sei, die zu einer positiven Einstellung zu Migration führt (Freeman et al. 2013 b). Bildung wäre aus dieser Sicht eine Art *proxy*, d. h. eine indirekte Variable zur Messung der Qualifizierung.

Werte und politisches Lernen: Einige Studien gehen davon aus, dass grundlegende, persönliche Werte sowie die (partei)politische Sozialisation die Einstellungen zu Migration beeinflussen (Espenshade/Hempstead 1996). Tatsächlich zeigt sich in Umfragen regelmäßig eine Korrelation von linker politischer Verortung und Befürwortung von Migration und Vielfalt. Auch ein gesellschaftlich-liberales Weltbild (etwa eine Akzeptanz gleichgeschlechtlicher Partnerschaften) korreliert mit einer größeren Offenheit in Migrationsfragen. Allerdings ist Vorsicht vor vorschnellen Schlussfolgerungen geboten. Beispielsweise gibt es in linken/sozialistischen Kreisen eine verbreitete Skepsis gegenüber Zuwanderung (aus Sorge um ein zu hohes Arbeitskräfteangebot) und gegenüber religiöser Vielfalt (aus ideologiebedingter Skepsis gegenüber Religion an sich). Liberale Weltanschauungen ihrerseits können sich durchaus darauf beschränken, Vielfalt zu tolerieren und freie Grenzen zu fordern, ohne sich aktiv in der Unterstützung von Migrant:innen zu engagieren.

Migrationshintergrund und Religion: Es ist nicht davon auszugehen, dass ein eigener Migrationshintergrund die Einstellungen zu Migration und migrationsbedingter Vielfalt per se determiniert. Zwar lassen sich hinsichtlich verschiedener Gruppen – etwa Spätaussiedler:innen oder Türkeistämmige – Unterschiede zur Gesamtbevölkerung feststellen. Generell gilt jedoch, dass sich die Einstellungen von Migrant:innen und ihren Kindern im Zeitverlauf denen der Mehrheitsbevölkerung anpassen. Ähnliches gilt auch für die Religionszugehörigkeit: Zwar lassen religiöse (wie auch ethnische) Minderheiten etwas mehr Akzeptanz für Zuwanderung erkennen, aber dies dürfte eher der Tatsache geschuldet sein, dass Verbindungen ins Ausland in diesen Gruppen meist stärker sind. Eine direkte Wirkung einer bestimmten religiösen Überzeugung auf eine bestimmte Einstellung zu Migration lässt sich nicht eindeutig belegen.

Einkommen: Das Einkommen scheint nur recht schwach mit Einstellungen zu Diversität zu korrelieren. In der genannten Umfrage befürworteten untere Einkommensgruppen das Kopftuchverbot zwar etwas stärker, aber dies lässt keinen eindeutigen Schluss zu. Ähnliches gilt für die Klassen- oder Schichtzugehörigkeit, bei der jedoch auch der Faktor Bildung mit hineinspielen kann.

11.2.2 Kontextfaktoren

Die genannten individuellen Charakteristika sind im Zeitverlauf nur schwer veränderbar. Wären sie die einzig entscheidenden Faktoren bei der Bestimmung der Einstellung zu Migration, müsste man eigentlich relativ stabile Umfrageergebnisse erhalten. Allerdings lässt sich feststellen, dass insbesondere die Zustimmung zu mehr Einwanderung im Zeitverlauf starken Schwankungen ausgesetzt ist. Deborah Schildkraut zeigt beispielsweise auf, dass sich die Ablehnung eines Gastarbeiter:innenprogramms in den USA innerhalb weniger Jahre zwischen 11 und 80% bewegt (Schildkraut 2013). Individuelle Charakteristika alleine können solche Schwankungen nicht erklären. Stattdessen müssen beweglichere Variablen über den Einfluss von sich ändernden Kontextfaktoren einbezogen werden (Freeman et al. 2013 b). Besonders prominent sind in der Literatur die folgenden:

Reale wirtschaftliche Entwicklung: Vor allem in der medialen, aber auch der akademischen Diskussion wird immer wieder die Annahme formuliert, dass Offenheit für Migration und Vielfalt in Zeiten einer besonders positiven wirtschaftlichen Entwicklung leichter möglich sei. In wirtschaftlichen Krisen und steigender Arbeitslosigkeit nehme diese Zustimmung drastisch ab. Dieser Annahme allerdings widersprechen zahlreiche empirische Studien (Freeman et al. 2013 b), denn es kann durchaus hohe Zustimmung für Zuwanderung in Zeiten wirtschaftlicher Unsicherheit geben – wie beispielsweise in Frankreich während der europäischen Finanzkrise seit 2007. Umgekehrt kann auch in Zeiten wirtschaftlicher Stärke und niedriger Arbeitslosigkeit ein Anstieg an Zuwanderungsskepsis beobachtet werden – wie etwa in Deutschland nach dem Jahr 2015.

Deprivationsthese: Wichtiger als die reale wirtschaftliche Entwicklung scheint daher das subjektive Gefühl, in der eigenen sozialen Position (wie sie auch sein mag) durch Zuwanderung gefährdet zu werden. Dieses Gefühl *relativer Deprivation* kann im Zeitverlauf schwanken und hängt eher von der Wahrnehmung nationaler oder lokaler Diskurse zu Migration als von der faktischen individuellen Bedrohungslage ab. Umstritten ist daher, ob relative Deprivation als ökonomischer Faktor eingeordnet werden kann, oder ob sie von nicht-ökonomischen (z. B. „kulturellen“) Faktoren überlagert wird. Generell kann auch das Gefühl einer fehlenden gesellschaftlichen Anerkennung subjektiv den Eindruck relativer Deprivation verursachen. Dieses Argument wird beispielsweise immer wieder mit Blick auf die erhöhte Zuwanderungsskepsis von vermeintlichen Wendeverlierer:innen in Ostdeutschland ins Feld geführt. Eng verbunden mit der Angst, selbst auf dem Arbeitsmarkt, Wohnungsmarkt etc. um knappe Ressourcen konkurrieren zu müssen (LeVine/Campbell 1972), ist auch die Sorge, dass öffentliche Kassen durch Zuwanderung zu stark belastet werden könnten (Facchini et al. 2008) (→ Kap. 9).

Kontakthypothese: Eine besonders stark beforschte, aber auch heftig debattierte Annahme der Migrationsforschung ist die Kontakthypothese (Allport 1954). Sie geht im Kern davon aus, dass Vorurteile gegenüber anderen Gruppen vor allem dann begünstigt werden, wenn kein Kontakt zwischen ihnen besteht. Umgekehrt kann Kontakt zu weniger negativen Einstellungen gegenüber der entsprechenden Gruppe führen. Dies gilt allerdings nur, wenn dieser Kontakt als positiv empfunden wird, tendenziell zwischen sozioökonomisch ähnlich gestellten Gruppen stattfindet, auf Kooperation basiert und von sozialen Institutionen unterstützt wird (Messing/Ságvári 2019: 12). Tatsächlich zeigt sich in den weiter oben genannten Studien zum Kopftuch (Foroutan et al. 2019) und zu generellen Einstellungen zu Migration (Kober/Kösemen 2019), dass die Ablehnung des Kopftuchs sowie die Skepsis gegenüber Zuwanderung relativ stark mit persönlichen Kontakten zu entsprechenden Gruppen korrelieren. Auf diese Weise kann auch erklärt werden, weshalb in einigen Bundesländern Deutschlands die Ablehnung von Migration und migrationsbedingter Vielfalt vergleichsweise hoch ist, obwohl – bzw. eben gerade weil – der Anteil der Migrant:innen sehr niedrig ist. Allerdings muss bei pauschalen Aussagen zur durchschnittlichen Kontakthäufigkeit an einem Ort – wie sie beim Vergleich von Ost- und Westdeutschland häufig getroffen werden – berücksichtigt werden, dass der Kontakt in einem Stadtviertel durchaus sehr eng sein kann, selbst wenn er bezogen auf die gesamte Stadt oder gar das Bundesland sehr gering ist.

Wahrgenommener Kontrollverlust: In Zeiten starker Zuwanderung, wie sie beispielsweise in Deutschland in den Jahren 2015 und 2016 stattfand, kann die Anzahl von Migrant:innen auch an Orten ansteigen, die bislang kaum internationale Migration erfahren haben. Im Ergebnis haben solche Orte dann zwar auch weiterhin einen niedrigen Anteil an Migrant:innen, der relative Unterschied zur Situation vorher und vor allem die Wahrnehmung einer pluralisierten Gesellschaft ist jedoch wesentlich stärker als in Gebieten mit langer Migrationserfahrung. Man könnte anhand der Kontakthypothese nun annehmen, dass Vorurteile hier zurückgehen. Allerdings kann es, verbunden mit öffentlichen Debatten über eine Überforderung staatlicher Institutionen, auch zu einem Gefühl des Kontrollverlustes kommen. Dies betrifft einerseits die Kontrolle über das eigene Leben, aber auch den Eindruck, dass die Gesellschaft insgesamt eine Situation nicht mehr im Griff hat. Der wahrgenommene Kontrollverlust korreliert stark mit einer Ablehnung von Migration (Harell et al. 2017).

Wandel gesellschaftlicher Frames: Die Wahrnehmung eines Kontrollverlusts, relative Deprivation, aber auch andere subjektive Befürchtungen und Hoffnungen hinsichtlich des Migrationsgeschehens, können durch gesellschaftlich konstruierte und sich verändernde Narrative erzeugt und verstärkt werden. Innerhalb der so entstehenden *Frames* wird die individuelle Interpretation von Fakten diskursiv geprägt. Dies betrifft neben ökonomischen Aspekten vor allem die Frage, welchen Einfluss Migration auf physische Sicherheit und die existente, dominante „Kultur“ des Aufnahmelandes haben könnte. Gallya Lahav (2013) hat in ihren Untersuchungen der Einstellungen zu Migration ein Modell entwickelt, nach dem gesellschaftliche Polarisierung in der Aufnahmegesellschaft insbesondere dann ansteigt, wenn kulturelle Überfremdungsängste betont werden. Während ein kosmopolitisch geprägter Teil der Gesellschaft diese Vielfalt begrüßt, finden sich in einem anderen Teil heftige Abwehrreaktionen. Dagegen sinkt die Polarisierung, wenn Migration als Sicherheitsproblem gerahmt wird (→ Kap. 8). Lahav argumentiert beispielsweise, dass sich der Diskurs über Migration in westlichen Einwanderungsländern nach den Terroranschlägen vom 11. September 2001 zunehmend von einer Wahrnehmung von Migration als ökonomische und kulturelle Herausforderung hin zur Einschätzung einer physischen Bedrohung entwickelte. Dies führte zu einer größeren Einigkeit in der Bevölkerung hinsichtlich der Frage, ob restriktive migrationspolitische Maßnahmen notwendig seien. In jüngster Zeit lässt sich, insbesondere in den Kampagnen rechtspopulistischer Parteien und Politiker:innen weltweit, wieder eine Rückkehr zu stärker kulturalistisch aufgeladenen Debatten rund um Migration erkennen. Folgt man dem theoretischen Modell von Lahav, wird dies eine stärkere Polarisierung der Gesellschaft nach sich ziehen.

11.3 Rechtspopulismus – auf der Suche nach dem Volk

Für das Framing der Debatte um Migration und Migrationspolitik werden rechtspopulistische Akteur:innen immer wichtiger. Doch was verbirgt sich hinter dem schillernden Begriff des (Rechts)Populismus? In einer keineswegs abschließenden Aufzählung lassen sich, orientiert u. a. an Karin Priester (2012), Cas Mudde (2009) oder Jan-Werner Müller (2016), folgende fünf zentrale Wesensmerkmale benennen:

Allen populistischen Bewegungen gemein ist erstens eine *anti-elitäre Haltung* – selbst wenn ihre prominentesten Vertreter:innen diesem Bild bei näherer Betrachtung nicht entsprechen. Sie inszenieren sich als Außenseiter:innen eines vermachteten politischen Systems, dessen Elite Zugangsbarrieren für das „einfache Volk“ errichtet hat. Bestandteile dieser Elite sind Berufspolitiker:innen, etablierte Parteien und nicht zuletzt ein vermeintlich korrumpierter Medienapparat. Auch Wissenschaftler:innen erleben den Anti-Elitismus der Populist:innen regelmäßig, wenn ihnen vorgeworfen wird, keine unabhängige Forschung zu betreiben, sondern politisch erwünschte Ergebnisse zu produzieren. An die Stelle einer Expert:innenorientierung tritt der *common sense*, also der gesunde Menschenverstand (Priester 2012).

Eng verbunden mit dem Element des Anti-Elitismus ist zweitens der *Bezug auf das „Volk“*, der ja bereits im Begriff des Populismus enthalten ist. Alle Populist:innen – ob eher „rechts“ oder „links“ orientiert – fordern, dass der direkte Kontakt zwischen Bürger:innen und politischem Entscheidungssystem verstärkt und die Bedürfnisse der Mitglieder der politischen Gemeinschaft in politischen Entscheidungen stärker berücksichtigt werden müssten. Sie treten daher meist für die Stärkung direktdemokratischer Elemente ein. Rechtspopulistische Bewegungen zeichnen sich zudem dadurch aus, dass sie zur Bestimmung des Volks einen Gemeinschaftsbegriff nutzen, der ethnisch, kulturalistisch und teilweise biologistisch aufgeladen ist. Gleichzeitig hat er einen eher diffusen Anker in der gesellschaftlichen Realität: Für die Zugehörigkeit ist aus Perspektive der Rechtspopulist:innen weniger relevant, welche Menschen faktisch in einem Gemeinwesen leben. Auch die Frage nach der Staatsangehörigkeit ist nachgeordnet, da diese in den meisten westlichen Demokratien auch als Zugewanderte:r erworben werden kann. Stattdessen berufen sie sich auf eine geteilte, ethnische Identität. Welche Elemente diese beinhaltet, bleibt im Rechtspopulismus überwiegend unklar und wird, wenn überhaupt, vor allem über Negationen bestimmt. Das „Volk“ bleibt damit vage, geradezu mystisch und erscheint gleichzeitig als Ausgangsbedingung und heiliger Gral politischer Aktivität.

Populismen zeichnen sich drittens meist durch eine eher *dünne Ideologie* aus (Freeden 1998; Mudde/Rovira Kaltwasser 2017). In Aussagen und Publikationen lässt sich kein klares sozialistisches, liberales oder konservatives Programm erkennen. „Rechte“ Positionen, wie ein traditionelles Familienbild, können durchaus einhergehen mit „linken“ Forderungen, wie etwa der Kontrolle globaler Konzerne.

An die Stelle einer vereinenden Ideologie tritt, viertens, bei den meisten populistischen Bewegungen eine *charismatische Führungspersönlichkeit*, die emotionalisierend auftritt und letztlich autoritär führt.

Als fünftes, meist eher beiläufig erwähntes und dennoch zentrales Element des Populismus, lässt sich der *Umgang mit „Fakten“* festhalten. Die Abkehr von den Institutionen repräsentativ-demokratischer Politik korrespondiert mit der Abkehr von den Institutionen der gesellschaftlichen Wahrheitsproduktion. Die anti-intellektuelle Haltung bringt es mit sich, dass jegliche Faktizität als bewusst konstruiert wahrgenommen und als potenzielle *„fake news“* abqualifiziert wird. In der Konsequenz konstruieren Populist:innen eigene Fakten, die ihren Ursprung weniger in einer empirisch und rational erfassbaren Realität, sondern vielmehr in der assoziativen Vorstellungswelt der jeweiligen populistischen Bewegung haben.

Rechtspopulist:innen wehren sich gegen eine elitäre, verkopfte Diskussion und erheben die Forderung einer Rückkehr des vermeintlich Natürlichen in die Politik. Die gesellschaftliche wie politische Auflösung scheinbar naturgegebener Grenzen – ob zwischen Ländern, Kulturen oder Geschlechtern – ist ihnen zuwider. Es gibt kein Pardon für „Gutmenschen“, „Flüchtlingsversteher“ und „Deutschlandhasser“, die hoffnungslos dem „Gender-Wahn“ verfallen sind. Sie argumentieren aus einer vermeintlich volksnahen Position heraus, die „dem Reflexionswissen von Intellektuellen nicht nur ebenbürtig, sondern überlegen [sei], weil [sie] auf konkreter, lebensweltlicher Erfahrung beruhe, noch nicht vom Virus des modernen Skeptizismus infiziert sei und daher noch einen unverfälschten, ‚gesunden‘ Zugang zu Recht und Wahrheit habe“ (Priester 2012: 4).

In einem viel beachteten Versuch, die Erfolge rechtspopulistischer Bewegungen zu erklären, entwickeln die US-amerikanischen Politikwissenschaftler:innen Ronald

Inglehart und Pippa Norris die These des „cultural backlash" (Norris/Inglehart 2019). Sie argumentieren, dass die Unterstützung von Politiker:innen wie Donald Trump oder Marine Le Pen als Reaktion auf das Erstarken progressiver Werte zu verstehen sei. Im Zuge der ökonomischen Prosperität und eines jahrzehntelang andauernden Friedens hätten sich westliche Gesellschaften insbesondere seit den 1970er Jahren zunehmend für postmaterialistische Werte, wie Kosmopolitismus, Menschenrechte und Umweltschutz geöffnet. Diese Entwicklung sehen Inglehart und Norris von Beginn an durch die Möglichkeit einer kulturellen Konterrevolution begleitet, da ältere und weniger gebildete Menschen (und besonders weiße Männer) eine Erosion eigener Privilegien fürchten. Der Erfolg rechtspopulistischer Bewegungen wäre aus dieser Perspektive ein Indikator dafür, dass der Wertewandel zwar weite Teile von Gesellschaft (und Gesetzgebung) erfasst hat, aber beileibe nicht konsensuell oder gar vollständig stattgefunden hat.

Übungs- und Reflexionsfragen

1. Welche Schwierigkeiten bestehen beim Versuch, das Verhältnis von Migrationspolitik und Bevölkerungsmeinung empirisch und theoretisch zu fassen?
2. Weshalb lassen sich bei Migration und migrationsbedingter Vielfalt häufig Akte symbolischer Politik feststellen?
3. Mit welchen Faktoren wird üblicherweise versucht, individuelle Einstellungen zu Migration zu erklären?
4. Transferfrage: Wählen Sie eine aktuelle migrationspolitische Maßnahme aus. Besteht an dieser Stelle die Gefahr eines *opinion-policy gap*? Weshalb/ weshalb nicht?

Zur Vertiefung

i Freeman, Gary P./Hansen, Randall/Leal, David L. (Hrsg.) (2013): Immigration and Public Opinion in Liberal Democracies, New York, Milton Park: Routledge.

i Mudde, Cas/Rovira Kaltwasser, Cristóbal (2017): Populism, Oxford, New York, NY: Oxford University Press.

i Pickel, Gert/Röder, Antje/Blätte, Andreas (2018): Einleitung: Migration und (demokratische) politische Kultur – ein dynamisches und polarisierendes Thema? In: Zeitschrift für Vergleichende Politikwissenschaft 12, H. 1, S. 1–7. https://doi.org/10.1007/s12286-018-0382-0.

Zick, Andreas/Schröter, Franziska/Küpper, Beate/Berghan, Wilhelm/Faulbaum, Frank/Häusler, Alexander (2019): Verlorene Mitte – feindselige Zustände, Bonn: Dietz. https://colorful-germany.de/wp-content/uploads/2019/04/rassismus_0224.pdf (15.3.2021).

12 Wer spricht? Zugehörigkeit und politische Partizipation

Die Staatsangehörigkeit bedeutet aus politischer und rechtlicher Sicht die vollständige Zugehörigkeit zu einer Gesellschaft, denn üblicherweise ermöglicht erst sie die volle politische Teilhabe. Doch die politische Diskussion um Zugehörigkeit und die Frage einer legitimen Sprecher:innenposition beginnt schon deutlich früher und geht weit über die Frage nach dem Pass hinaus. Das Kapitel führt in die sozialwissenschaftliche Diskussion um Zugehörigkeitskonzepte und ihre statistische Erfassung ein und bespricht vor diesem Hintergrund Möglichkeiten politischer Partizipation für Migrant:innen in Deutschland.

Üblicherweise konzentrieren sich Ausführungen zur politischen Partizipation von Migrant:innen auf die Rolle politischer Partizipation in Integrationsprozessen sowie auf die rechtlichen Möglichkeiten und Erscheinungsformen (Roth 2018; Sauer 2016). Dieses Kapitel geht einen etwas anderen Weg und verknüpft Fragen der politischen Partizipation von Migrant:innen mit breiteren sozialwissenschaftlichen Debatten um Zugehörigkeit, ethnische Gruppen und Identität. Diese Ausrichtung folgt der Annahme, dass das Entstehen von Zugehörigkeit(en) Ausgangspunkt politischer Partizipation in Migrationsgesellschaften ist. Grundlegende Vorstellungen über Zugehörigkeit sowie erzwungene, freiwillige oder beiläufige Ethnisierungsprozesse formen die Ausgangsbedingungen für politische Teilhabe. In diesem Kapitel werden daher zunächst in groben Strichen grundlegende Auseinandersetzungen rund um die Entstehung von Zugehörigkeit skizziert. Anschließend werden Ethnisierungsprozesse betrachtet und die Rolle der Statistik thematisiert. Mit der Betrachtung von Staatsangehörigkeit und Citizenship wird dann die Brücke zur politischen Partizipation im engeren Sinne geschlagen. Eine Rolle spielen bei deren expliziter Thematisierung nicht nur formale Formen politischer Partizipation – also insbesondere das aktive und passive Wahlrecht – sondern auch informellere Formen der politischen Beteiligung. Während die Ausführungen zur Zugehörigkeit allgemeingültiger sind, werden die konkreten Befunde und Beispiele politischer Partizipation ausschließlich am Beispiel Deutschlands entwickelt.

12.1 Debatten um Zugehörigkeit

12.1.1 Objektivistische versus sozialkonstruktivistische Perspektiven

Grundsätzlich kann in Debatten um ethnische Gruppen, Kulturen und kollektive Identitäten zwischen zwei Extrempositionen unterschieden werden (im Folgenden Schammann 2013: 25–41): Auf der einen Seite begreifen *Primordialist:innen* bzw. *Objektivist:innen* „ethnische Gruppen als ‚natürliche', universelle Gruppen, die schon immer bestanden hätten" (Heckmann 1997: 48). Zugehörigkeit ist in dieser Perspektive urwüchsig und stark mit biologischen Merkmalen verbunden. Mitglieder einer Gemeinschaft sind über „Blutsbande" miteinander verbunden. Während die primordialistische Perspektive in der akademischen Welt mittlerweile ein Nischendasein fristet, ist sie – wie später deutlich wird – in der politischen Praxis durchaus relevant. Auf der anderen Seite gehen *Sozialkonstruktivist:innen* davon aus, dass jede Art der Gemeinschaft durch soziales Handeln entsteht und daher fortwährenden Veränderungen ausgesetzt ist. Diese Perspektive hat sich spätestens seit Peter Bergers und Thomas Luckmanns *Die gesellschaftliche Konstruktion der Wirklichkeit* von 1966 in den Sozialwissenschaften durchgesetzt. Die Idee einer sozial konstruierten Welt hat jedoch eine wesentlich längere Tradition. So stellt der Historiker Philipp Sarasin (2014) fest, dass beispielsweise bereits der Philosoph Ernest Renan im Jahr 1882 von einem ethnischen Gemeinschaftsglauben als Konstitutionsbedingung von Gemeinschaft spricht. Auch Max Weber, in Sozial- und Geisteswissenschaften gleichermaßen gern gewählter Bezugspunkt, erklärt Anfang des 20. Jahrhunderts den subjektiven Glauben an „Abstammungsgemeinsamkeiten" (Weber 2001: 175) zur Konstitutionsbedingung ethnischer Gemeinschaften. Schon beinahe ganz im Duktus des später dominierenden Sozialkonstruktivismus formuliert Max Weber:

> „Fast jede Art von Gemeinsamkeit und Gegensätzlichkeit des Habitus [bei Weber i. S. v. Physiognomie] und der Gepflogenheiten kann Anlaß zu dem subjektiven Glauben werden, daß zwischen den sich anziehenden oder abstoßenden Gruppen Stammverwandtschaft oder Stammfremdheit bestehe. Nicht jeder Stammverwandtschaftsglaube zwar beruht auf Gleichheit der Sitten und des Habitus. Es kann auch trotz starker Abweichungen auf diesem Gebiet dann ein solcher bestehen und gemeinschaftsbildende Macht entfalten, wenn er durch Erinnerung an reale Abwanderung, Kolonisation oder Einzelauswanderung gestützt wird." (2001: 174)

Der Politikwissenschaftler Benedict Anderson führt Anfang der 1980er Jahre den Begriff der „Imagination" in die Debatte ein (Anderson 2006). Nach Anderson sind Nationen als *Imagined Communities* deshalb vorgestellt, weil sich selbst die Mitglieder der kleinsten Nation niemals alle persönlich kennen könnten, sondern die Gemeinschaft nur in ihrer Vorstellung existiere. Eine solche Imagination wird u. a. durch eine gemeinsame mediale Öffentlichkeit erreicht. Ein durchaus verwandtes Konzept stellt nahezu zeitgleich der Historiker Eric Hobsbawm vor. Sein Konzept der *Invented Tradition* (Hobsbawm 2008) geht davon aus, dass sich eine Nation über die sozial konstruierte Vorstellung einer gemeinsamen Geschichte konstituiert. Von Anderson grenzt sich Hobsbawm dadurch ab, dass er zwischen Nationen und engeren, in gewissem Sinne wirklicheren, Gemeinschaften unterscheidet. Anderson dagegen weist explizit darauf hin, dass es nicht-vorgestellte Gemeinschaften nicht gebe. Andersons vorgestellte Nation zeichnet sich zudem durch messbare, wenn auch elastische Grenzen aus, denn, so Anderson: Keine Nation würde sich mit der Menschheit gleichsetzen.

Die Bedeutung der Grenzen einer Gemeinschaft für die Identifikation ethnischer Gruppen hatte bereits Ende der 1960er Jahre der norwegische Ethnologe Fredrik Barth betont (Barth 1998). Er kritisierte, dass ethnografische Beschreibungen bis dato davon ausgegangen waren, dass ethnische Gruppen nur dann stabil blieben, wenn sie geografisch und sozial isoliert wären. Demgegenüber stellt er fest, dass die Grenzen der ethnischen Gruppe intakt bleiben können, obwohl sich das Kollektiv in seiner personellen Zusammensetzung ändert und stabile Beziehungen zu Individuen und Kollektiven außerhalb der eigenen sozialen Einheit pflegt. Daraus folgt eine Unterscheidung zwischen Ethnie und Kultur, bei der ethnische Gruppen als *culture bearing units* konzipiert werden. Damit ist Kultur nicht mehr untrennbar mit Ethnizität verbunden, sondern geht mit der Existenz der ethnischen Gruppe einher bzw. ist eine Folge von Ethnizität.

Durch die Unterscheidung von Ethnizität und Kultur gelingt es Barth, kulturelle Veränderungen und Annäherungen zwischen ethnischen Gruppen zu erklären, ohne sofort die Auflösung ethnischer Gemeinschaften diagnostizieren zu müssen. Barth zeigt auch, dass es sich bei Ethnisierungs- und Kulturalisierungsprozessen vor allem um soziale Grenzziehungen handelt, die den Zugang zu gesellschaftlichen Ressourcen regeln. Barth argumentiert, dass ethnische Identität als übergeordnete Kategorie vergleichbar sei mit Geschlecht oder sozialer Stellung, da sie die jeweilige Person in allen Lebensbereichen sozial prägen würde.

Der Soziologe Georg Simmel formuliert im Jahr 1908 in seinem *Exkurs über den Fremden*, einem Gründungswerk der Migrationsforschung, sinngemäß, dass Fremdheit nur aufhört zu existieren, wenn der Fremde als „Bodenbesitzer" wahrgenommen wird (Simmel 1983). Insofern ist bei Simmel – wie auch bei den vorher genannten Autoren – eine Zugehörigkeit von Migrant:innen zur aufnehmenden Gesellschaft zwar grundsätzlich möglich. Allerdings gelingt dies nicht vollständig, wenn die Zuschreibung „fremd" weiterhin sozial wirksam ist, das heißt: Nur über eine vollständige und vollständig akzeptierte Anpassung. Die Realität einer heutigen Migrationsgesellschaft zeigt, dass es möglich ist, in verschiedenen Lebensbereichen unterschiedliche Grade von Zugehörigkeit zugesprochen zu bekommen – oder auch gleichzeitig als fremd und zugehörig wahrgenommen zu werden.

12.1.2 Pluralisierung und Hybridisierung von Zugehörigkeit

Bei den bislang besprochenen Autoren kann die Zugehörigkeit des Individuums meist eindeutig bestimmt werden. Dies ändert sich unter dem Eindruck einer beschleunigten Dekolonisierung nach dem Zweiten Weltkrieg und einer rasanten Globalisierung seit Ende des 20. Jahrhunderts. Beeinflusst u. a. durch den Zerfall großer Kolonialreiche und Herrschaftsbereiche, insbesondere des British Empire und, nach 1989, der Sowjetunion beschreiben und fordern Autor:innen des Postmodernismus, Poststrukturalismus oder Postkolonialismus die Auflösung von Grenzen – realer geografischer oder politischer, aber auch sprachlicher und kultureller sowie zwischen Wissenschaftsdisziplinen und Theorieansätzen. Das Aufeinandertreffen von kollektiven Identitäten und die Debatte um Ethnozentrismus erfahren dabei eine besondere Beachtung.

Zentral ist die Beobachtung, dass einem Individuum nicht mehr zwingend eine einzige kollektive Identität zugeordnet werden kann – die „Logik der Eindeutigkeit" macht einer „Logik der Mehrdeutigkeit" Platz (Beck/Grande 2004: 50). Populär ist in dem Zusammenhang vor allem das Konzept der Hybridität, das für postkoloniale Gesellschaften in einem Sowohl-als-auch der Zugehörigkeiten eine Technik der Überwindung strukturell verankerter Machtasymmetrien sieht (Bhabha 2007). In der europäischen Rezeption entsprechender Konzepte wird hoffnungsvoll angenommen, es sei nun möglich „Europäer [zu] sein, ohne aufzuhören Deutscher, Türke oder türkischer Deutscher oder postmarxistischer Pole oder antikontinentaler, pro-atlantischer Brite und Moslem zu sein" (ebd.: 59). Dabei wird durchaus anerkannt, dass Globalisierungstendenzen und das Aufbrechen traditionaler Ordnungen Herausforderungen beinhalten. Das Individuum sieht sich nicht nur einer Deregularisierung und Flexibilisierung des Lebens ausgesetzt, sondern kann (und muss) sich aus einem bunten Strauß der Lebensformen, Werte und Normen bedienen (Beck/Beck-Gernsheim 1994). Der Zwang, sich selbst in der Gesellschaft positionieren zu müssen, macht die individualisierten Menschen zu Einkäufer:innen im „kulturellen ‚Supermarkt' für Weltdeutungsangebote aller Art" (Hitzler/Honer 1994: 308) – ob sie wollen, oder nicht. Es entstehen die viel zitierten „Bastelexistenzen" (ebd.).

Der Migrationsforscher Steve Vertovec hat in der Tradition dieser Gedanken das Konzept der *Super Diversity* entwickelt (Vertovec 2014). Es besagt, stark vereinfacht, dass sich Menschen im Allgemeinen und Migrant:innen im Besonderen durch eine schier unübersehbare und individualisierte Fülle von Identitätsmerkmalen auszeichnen. Dies betrifft rechtliche Aspekte wie den Aufenthaltsstatus und die Staatsbürger:innenschaft, aber eben auch eine Reihe von ethnischen, religiösen und sonstigen Zugehörigkeiten.

Die Annahme sozialer Konstruktion und der Pluralisierung von Zugehörigkeit hat sich nicht nur in den Sozialwissenschaften, sondern auch in einigen Bereichen praktischer Politik durchgesetzt – sowohl in migrationspolitischen Fragen (s. u.) als auch mit Blick auf Gender-Aspekte wie die Anerkennung eines dritten Geschlechts in Deutschland im Jahr 2018. Die parallel erstarkende rechtspopulistische Forderung nach der Berücksichtigung vermeintlich natürlicher Grenzen zwischen Geschlechtern oder „Völkern" lässt sich im Anschluss an die „cultural backlash"-These der US-amerikanischen Politolog:innen Pippa Norris und Ronald Inglehart als ein Versuch verstehen, den Einfluss postmodernen Denkens auf politische Praxis zurückzudrängen (Norris/Inglehart 2019; Schammann 2019): Rechtspopulist:innen lehnen das Nachdenken über die soziale Konstruktion der Wirklichkeit ab, stattdessen dominiert die Suche nach Stabilität und Eindeutigkeit – und nicht zuletzt nach der verloren geglaubten Hegemonie weißer Männlichkeit.

12.1.3 Die Grenzen des Bastelns

Doch auch jenseits rechtspopulistischer Vorwürfe mussten sich die Post-Theorien von Beginn an mit dem Verdacht auseinandersetzen, jegliche Wirklichkeit in Beliebigkeit aufzulösen und blind für strukturelle Diskriminierung und soziale Ungleichheit zu sein. In ein einfaches Bild gebracht lautet die Kritik: Selbst wenn alle basteln, haben doch nicht alle den gleichen Zugang zum Bastelmaterial.

Entsprechende Arbeiten lassen den Kern sozialkonstruktivistischer Theorien keineswegs fallen: Zugehörigkeiten werden in einem komplexen Wechselspiel aus Selbst- und Fremdzuschreibung konstruiert und bleiben veränderbar (Wimmer 2008). Sie versuchen jedoch, die materiellen und sozialen Grenzen des Bastelns besser zu konzeptualisieren. Dabei wird insbesondere betont, dass Zugehörigkeit eben nicht immer individualisiert gewählt werden kann. Ethnizität (und vergleichbare Linien der Zugehörigkeit) werden durch Zuschreibungen durch die Mehrheit konstruiert. Auf diese wiederum müssen die betroffenen Individuen reagieren, indem sie sich entlang der aufgezeigten Zuschreibungen postieren – selbst, wenn sie diesen nicht völlig entsprechen (wollen) oder gar nicht Mitglied der benannten Gruppe sind.

Ein typisches Beispiel für den deutschen Kontext ist die Schwierigkeit, sich als „deutsche Muslima“ zu identifizieren. In universitären Seminaren sprechen selbst akademisch sozialisierte, junge Muslim:innen häufig von einem vermeintlich natürlichen Gegensatz von „den Muslim:innen“ auf der einen und „den Deutschen“ auf der anderen Seite. Auf diese Weise wird ein „muslimischer Migrationshintergrund“ (Foroutan/Schäfer 2009) konstruiert, die religiöse Zugehörigkeit *ethnisiert*, d. h. als nahezu unabänderliches Charakteristikum einer Person konzipiert. Der Soziologe Ferdinand Sutterlüty bemerkt zur Bedeutung ethnischer Zuschreibung:

> „Hinter ethnischen erscheinen andere Merkmale als sekundär oder, besser gesagt, nachgeordnet. Ethnizität wirkt wie ein Filter für andere Klassifizierungen: Die Bewertung anderer Merkmale hängt von der ethnischen Zugehörigkeit des Merkmalsträgers ab.“ (Sutterlüty 2006: 148)

Ethnisierungsprozesse sind also nicht ein bloßes Spiel mit Symbolen und kulturellen Markierungen. Sie ziehen soziale Grenzen, die vertikale soziale Ungleichheit bedingen. In (rassismus)kritischen Studien kommen daher die machttheoretischen Aspekte postkolonialer Theorie wieder stärker zum Tragen (Mecheril et al. 2013; Varela/Mecheril 2016; Yıldız/Hill 2015). In dem Beispiel der „verunmöglichten“ deutschen Muslima wird zudem das Diskriminierungspotenzial von ethnisierenden Zugehörigkeitsdiskursen noch verstärkt, da mehrere potenziell diskriminierungsanfällige Kategorien – hier: Gender, Religion und (implizit) Migration – vereint werden. Die damit verbundenen Herausforderungen werden sowohl praktisch als auch theoretisch unter dem Stichwort der *Intersektionalität* diskutiert (Lutz/Amelina 2017).

12.2 Ethnisierungsprozesse zur Reduktion der Komplexität

12.2.1 Komplexität als Privileg der Mehrheit

Im Gegensatz zur Ethnisierung von „Anderen“ wird die ethnische Identität der Mehrheitsgesellschaft üblicherweise nicht oder kaum mit Leben gefüllt. Durch die Abgrenzung gegenüber Minderheiten wird jedoch der Anschein von Homogenität *ex negativo* erreicht, ohne sich auf konkrete Gemeinsamkeiten festlegen zu müssen. Dieses Privileg der Mehrheit, die eigene Komplexität anerkennen zu können und gleichzeitig auf Eigenschaften vermeintlich homogener Anderer verweisen zu können, lässt sich gut am Beispiel der Leitkulturdebatte illustrieren. Der Göttinger Politikwissenschaftler Bassam Tibi hatte Mitte der 1990er Jahre die Idee einer *europäischen* Leitkultur in die Diskussion um Zugehörigkeit und ihre Voraussetzungen eingebracht (Tibi 1996). Auf breiter politischer Bühne wurde der Gedanke im Jahr 2000 vor allem durch Friedrich Merz als *deutsche* Leitkultur polemisiert. In den Folgejahren wurde in Boulevardpresse, Feuilletons, Parlamenten und wissenschaftlichen Artikeln gleichermaßen darüber diskutiert, welche Anpassungsleistungen die Mehrheitsgesellschaft von Zuwander:innen fordern dürfe (Lammert 2006; Oberndörfer 2001). Dies gipfelte in einer längeren Auseinandersetzung um Einbürgerungstests in den Jahren 2006 bis 2008, bei der es darum ging, die vage diskutierte Leitkultur in einen konkreten, abprüfbaren Fragenkatalog zu überführen (→ Beispiel). Hier konnte man eindrücklich erleben, wie – um das Bonmot von Max Kaase zu bemühen – erfolglos versucht wurde, „einen Pudding an die Wand zu nageln" (Kaase 1983).

Beispiel

Einbürgerungstests und Leitkultur: Der Versuch, einen Pudding an die Wand zu nageln

Einbürgerung ist in Deutschland Sache der Bundesländer, daher existierten lange sehr unterschiedliche Regelungen (im Folgenden Schammann 2013: 148). Als der Bund Mitte der 2000er Jahre ankündigte, die Testpraxis harmonisieren zu wollen, wurde vielerorts die bisherige Praxis öffentlich gemacht – auch weil einige Bundesländer ein Interesse daran hatten, ihre Tests zum bundesweiten Standard zu machen. In diesem Zusammenhang stellte die baden-württembergische Landesregierung Anfang des Jahres 2006 einen Fragenkatalog vor. Frage 6 lautete: „Wie stehen Sie zu der Aussage, dass die Frau ihrem Ehemann gehorchen soll und dass dieser sie schlagen darf, wenn sie ihm nicht gehorsam ist?" Wenige Wochen später legte die hessische Regierung einen Vorschlag für einen Einbürgerungstest vor, der auf reinen Wissensfragen basierte. Besonders Frage 84 erregte die Gemüter: „Der deutsche Maler Caspar David Friedrich malte auf einem seiner bekanntesten Bilder eine Landschaft auf der Ostseeinsel Rügen. Welches Motiv zeigt dieses Bild?"
Während der baden-württembergische Test wegen seiner Suggestivfragen und der Stigmatisierung insb. von Muslim:innen angegriffen wurde, entbrannte angesichts des hessischen Vorschlags eine Debatte um die Frage, wie viel Wissen um die deutsche (Hoch-)Kultur als Einbürgerungsvoraussetzung gefordert werden dürfe. Die endgültige Version des Einbürgerungstests, den das Bundesministerium des Inneren im Juli 2008 vorstellte, beschränkte sich angesichts des vorangegangenen Schlagabtausches auf einen Minimalkonsens. Dieser zielt nur noch auf Kenntnisse der deutschen Verfassung und geschichtliches Wissen ab. Ein begleitender Einbürgerungskurs bereitet auf den Test vor, die Sprache des Tests und des Kurses ist Deutsch.

Das Ergebnis der Diskussion um den Einbürgerungstest zeigt, welche Grundpfeiler eines „deutschen" Wertegerüstes bis heute über alle Parteigrenzen hinweg als verbindlich angesehen werden: Grundgesetz und deutsche Sprache. Gleichzeitig bleiben die nicht konsensfähigen oder nicht beschreibbaren Elemente einer „Leitkultur" wohl auch künftig ein immer wieder auftauchendes Gespenst der Debatte. Als diffuse Assimilationserwartung suggeriert es, dass das Deutschsein im Grunde gar nicht erworben werden könne.

Dies hat unmittelbare Konsequenzen für Menschen, die auf Chancengleichheit hoffen, wenn es ihnen gelingt, sich durch Anpassung an die Mehrheit „unsichtbar" zu machen (Oberndörfer 2005: 725). Wäre die Mehrheitsidentität inhaltlich definiert, wäre eine vollständige Anpassung zumindest theoretisch denkbar. Wenn aber ein undurchdringlicher Nebel über den Insignien der Mehrheit liegt, können sich Minderheiten niemals vollständig anpassen – oder auch nur darüber diskutieren – weil sie gar nicht wissen können, worauf sie sich beziehen sollen. Verschärft wird die Situation, wenn einige kaum änderbare Merkmale wie die Hautfarbe, die religiöse Zugehörigkeit oder der Geburtsort als Abgrenzungsmerkmal genannt werden. Dann können manche Menschen die „Spuren der Außenwelt" (Giesen 1999: 34) niemals tilgen.

Für Angehörige der Mehrheit liegt der Vorteil von solch unklaren Assimilationserwartungen relativ klar auf der Hand: Der privilegierte Zugang zu gesellschaftlichen Ressourcen bleibt gesichert (Rothenberg 2016), im Sinne Fredrik Barths können kulturelle Markierungen jederzeit geändert werden, um die sozialen Grenzen der Zugehörigkeit aufrechtzuhalten. Den meisten Mitgliedern der Mehrheit dürfte dieser Mechanismus allerdings nicht bewusst sein. Das Sichtbarmachen der Privilegien von Menschen, die kein Diskriminierungsmerkmal aufweisen – insbesondere weiße, nicht-muslimische Männer mittleren Alters – ist daher das Ziel der *Critical Whiteness*-Forschung. Doch dieser aktivistisch geprägte Forschungsstrang baut letztlich auf einer Annahme auf, die er selbst kritisiert: einer dichotomen Kategorisierung von „weißen Menschen" und *People of Colour*. Zudem entzieht er den Privilegierten jede Legitimation zu sprechen. Aus diesem Grund gibt es auch in der deutschsprachigen kritischen Migrationsforschung seit geraumer Zeit eine gewisse Ernüchterung bezüglich des Konzepts, das sich von Anfang an im Kreis drehe und die Abschaffung ethnisierender und rassistischer Kategorien verhindere (Karakayali et al. 2012).

12.2.2 Ethnisierung als Strategie der Minderheit

Die Forderung einer Auflösung eindeutiger Zugehörigkeiten und Ethnisierungen für eine echte Teilhabe ist zunächst einleuchtend. Sie wird auch durchaus von einigen Migrant:innen und migrantisierten Menschen vertreten. Doch daneben gibt es auch Menschen, die sich selbst ethnisieren. Dies kann folkloristische Motive haben, beispielsweise um die „Herkunftskultur" zu bewahren. Ethnisierungen können aber auch politisch einen Vorteil oder gar eine empfundene Notwendigkeit darstellen. Der Soziologe Valentin Rauer bringt dies auf den Punkt:

> „Die Minderheiten müssen sich ethnisieren, um eine legitime Sprecherposition zu erlangen. […] Die eingewanderten Gemeinschaften konstituieren sich als ethnisch definierte Andere, um das kommunikative Machtdefizit bei der Definition der eigenen Einwanderungssituation zu kompensieren." (Rauer 2008: 89)

Eine solche Ethnisierung muss nicht, wie häufig vorausgesetzt, bei einer Rückbesinnung auf ein „Entsendeland" (Esser 2006: 38) ansetzen. Vielmehr entstehen in Migrationsgesellschaften ethnisierte Minderheiten, die nur noch partiell andere Nationalstaaten als Referenzpunkt benötigen. Die Anthropologin Arlene Dávila zeigt dies beispielsweise für die Gruppe der „Hispanics" in den USA (Dávila 2008): Lateinamerika ist nur noch ein loser Bezugspunkt, um den sich vor allem popkulturell, aber auch politisch eine in den Vereinigten Staaten verwurzelte kollektive Identität konstruiert. Ähnliches zeigt sich in Ansätzen bei der Ethnisierung „des Islams" in Deutschland (→ Beispiel Moscheebau).

Beispiel

Sprecher:innen in Moscheebaukonflikten

Öffentliche Konflikte um Moscheebauten sind ein Indikator für einen lebendigen Integrationsprozess, bei dem eine als migrantisch etikettierte Gruppe um Rahmenbedingungen gesellschaftlicher Teilhabe ringt. Der Wunsch von Muslim:innen nach repräsentativen Bauwerken verlangt von der nicht muslimischen Mehrheit eine aktive Akzeptanz. Schließlich müssen muslimische Gemeinden – um mit Simmel (1983) zu sprechen – im wahrsten Sinne des Wortes „Bodenbesitzer" werden und damit ihre „Fremdheit" ablegen dürfen. Doch durch die Wahrnehmung sämtlicher islamischen Strömungen als „migrantisch" müssen sich Moscheegemeinden auf erheblichen Gegenwind einstellen. Aus diesem Grund – und weil der finanzielle Aufwand von der ersten Generation der „Gastarbeiter:innen" gescheut wurde – verzichteten Muslim:innen lange auf öffentlich sichtbare Sakralbauten. Die Moscheen wurden und werden meist in unauffälligen, ehemaligen Gewerberäumen oder Wohnungen errichtet. Allerdings zeigte sich, dass eine solche Segmentation nur solange möglich ist, solange sie von der Mehrheitsgesellschaft toleriert wird (Wimmer 2008). Die sogenannten Hinterhof-Moscheen wurden spätestens mit den Terroranschlägen vom 11. September 2001 aus der privaten Sphäre in die politische katapultiert. Sie galten plötzlich als parallelgesellschaftliche Institutionen, in denen Jihadisten ihr Unwesen treiben könnten.
Um vor dem Hintergrund eines tendenziell ablehnenden gesellschaftlichen Klimas repräsentative Moscheebauten zu verwirklichen und ihre freie Religionsausübung zu verteidigen, müssen sich die Mitglieder der Moscheegemeinden organisieren. In der Folge nehmen sie – bei aller Diversität islamischer Akteur:innen – eine Sprecher:innenrolle für „den Islam" in ihrem jeweiligen lokalen Kontext ein. Nicht selten kommt es dabei zu einer „Re-Ethnisierung" der Protagonist:innen: Sie treten als Muslim:innen in die Öffentlichkeit und werden damit wieder stärker als „Fremde" wahrgenommen.

Nur selten werden teilhaberelevante Rahmenbedingungen ohne vorangehende Ethnisierungsprozesse aufgrund der (ökonomischen) Attraktivität einer Migrant:innengruppe geändert. Ein eher seltenes Beispiel ist die Anerkennung ausländischer Berufsabschlüsse für Fachkräfte mit dem Anerkennungsgesetz aus dem Jahr 2012. Im Normalfall aber müssen politische Ziele marginalisierter Menschen – wie beispielsweise ein aktiver Diskriminierungsschutz aufgrund eines nicht-weißen Äußeren oder die freie Religionsausübung in der Schule – politisch erstritten werden. Je „fremder" ein Ziel im jeweiligen gesellschaftlichen Kontext wahrgenommen wird, desto stärker wird der Gegenwind.

12.3 Zugehörigkeit und Statistik

Ethnisierungsprozesse zielen darauf ab, die Komplexität einer super-diversen Migrationsgesellschaft handhabbar zu machen. Ähnliches gilt auch für die statistische Erfassung migrationsbedingter Vielfalt. Grundsätzlich gilt, dass die statistische Erfassung von Zugehörigkeit keineswegs eine Abbildung vermeintlich natürlicher Realität, sondern das Ergebnis politischer Konstruktionen ist (Supik 2014; Supik/Spielhaus 2019). Die Soziologinnen Linda Supik und Riem Spielhaus schlagen zur Einordnung der entsprechenden Ansätze in verschiedenen Nationalstaaten eine Systematisierung nach den Gründen der statistischen (Nicht-)Erfassung vor. Ihr Ansatz kann im Rahmen der Versicherheitlichungsdebatten (→ Kap. 8) verortet werden, da er wesentlich zwischen dem Erfassen von Menschen als Risiko (*people as risk*) und dem Erfassen von Menschen in Risiko (*people at risk*) unterscheidet.

	National rationales for (not) representing internal diversity	Policy field rationales
Measuring people as risk	1. Counting to dominate and exclude 2. Not counting to unify and assimilate	a. Immigration control b. Ethnic profiling c. Monitoring integration and social cohesion
Measuring people at risk	3. Counting or not counting in the name of multiculturalism 4. Counting for non-discrimination and positive action	d. Managing diversity and protecting cultural minorities e. Monitoring and fighting discrimination and (in)equality

Tab. 3 Gründe für die statistische (Nicht)Erfassung von Zugehörigkeit (Supik/ Spielhaus 2019)

Alternativ zu diesem anspruchsvolleren Kategorisierungsversuch ließe sich auch eine stark vereinfachte vorläufige Einordnung der Ansätze auf einem Kontinuum zwischen den oben besprochenen objektivistischen und sozialkonstruktivistischen Zugehörigkeitsvorstellungen vornehmen. Diese grobe Hintergrundfolie soll die Richtschnur für die Vorstellung zweier unterschiedlicher Ansätze – Deutschland und USA – sein.

12.3.1 Deutschland: Objektivistische Definition mit Assimilationsanspruch

Das in Deutschland genutzte Konzept des *Migrationshintergrundes* (→ Infobox) wurde vom Statistischen Bundesamt entwickelt und im Nachgang des Zuwanderungsgesetzes von 2005 offiziell eingeführt. Zu dieser Zeit suchten die deutschen Behörden nach einer Möglichkeit, Integrationsbedarfe bereits in Deutschland lebender Migrant:innen abzuschätzen und statistisch sichtbar zu machen. Der Begriff des Migrationshintergrundes als vage Kategorie war damals bereits in der Fachdiskussion präsent, aber nicht definiert (zur Entstehung des Konzeptes ausführlich: Will 2019). In Zeiten geringer Zuwanderung gab es durchaus ein Interesse daran, dass die Zahl der „Menschen mit Migrationshintergrund" nicht allzu klein ausfiel, um die Maßnahmen und Ressourcen zur „nachholenden Integration" rechtfertigen zu können. Die Definition wurde vor diesem Hintergrund sehr breit gewählt und ließ die Integrationsbedarfe möglicherweise größer erscheinen als sie faktisch waren. Dies zeigt sich im Alltag u. a. daran, dass in Seminaren zu Migrationspolitik regelmäßig Studierende von der Tatsache überrascht werden, dass sie einen „unentdeckten" Migrationshintergrund haben.

Infobox

Definition des Migrationshintergrundes in Deutschland

„Eine Person hat einen Migrationshintergrund, wenn sie selbst oder mindestens ein Elternteil die deutsche Staatsangehörigkeit nicht durch Geburt besitzt.

Die Definition umfasst im Einzelnen folgende Personen:

1. zugewanderte und nicht zugewanderte Ausländer/innen
2. zugewanderte und nicht zugewanderte Eingebürgerte
3. (Spät-)Aussiedler/innen
4. Personen, die die deutsche Staatsangehörigkeit durch Adoption durch einen deutschen Elternteil erhalten haben
5. mit deutscher Staatsangehörigkeit geborene Kinder der vier zuvor genannten Gruppen

Die Vertriebenen des Zweiten Weltkrieges haben (gemäß Bundesvertriebenengesetz) einen gesonderten Status; sie und ihre Nachkommen zählen daher nicht zur Bevölkerung mit Migrationshintergrund. Daneben gibt es noch eine Gruppe von Personen, die mit deutscher Staatsangehörigkeit im Ausland geboren sind und deren beide Eltern mit deutscher Staatsbürgerschaft geboren sind und somit keinen Migrationshintergrund haben. Im Mikrozensus 2019 betrifft dies hochgerechnet 127.000 Personen. Diese Personen wurden während eines Auslandsaufenthalts der Eltern geboren, z.B. während eines Auslandsstudiums oder einer Beschäftigung im Ausland. Diese im Ausland geborenen Personen haben aber keinen Migrationshintergrund, weil sie selbst und ihre Eltern mit deutscher Staatsangehörigkeit geboren sind." (Destatis 2020: 4)

Im Jahr 2019 hatten 26% der Bevölkerung einen Migrationshintergrund. Davon hatten nur rund zwei Drittel (65%) eine eigene Migrationserfahrung. Die Definition bildet somit nur eingeschränkt die Migration selbst ab. Gleichzeitig führt der Erwerb der Staatsangehörigkeit durch Einbürgerung erst für die Enkel:innengeneration zum Verlust des Migrationshintergrundes. Entsprechend waren 2019 mehr als die Hälfte (52%) der Menschen mit Migrationshintergrund deutsche Staatsbürger:innen – wiederum die Hälfte davon (51%) seit ihrer Geburt. Selbst durch Einbürgerung oder inländische Geburt kann man sich der Erfassung als „migrantisch" nicht entziehen, wenn ein Elternteil die ausländische Staatsangehörigkeit besitzt oder besessen hat.

Umgekehrt werden im Ausland geborene Deutsche deutscher Eltern nicht mitgezählt, obwohl sie eigene Migrationserfahrung haben und möglicherweise nach der Migration nach Deutschland durchaus vor Herausforderungen im individuellen Integrationsprozess stehen. Zudem werden Vertriebene des Zweiten Weltkriegs, die ebenfalls über Migrationserfahrung verfügen, aber als ethnische Deutsche gelten, nicht gezählt. Die Vorstellung der „Blutsbande" wird somit gegenüber der

Staatsangehörigkeit und der Migrationserfahrung bevorzugt. Doch diese primordiale Ausrichtung ist ihrerseits keineswegs kohärent, denn schließlich wächst sich der Migrationshintergrund nach einigen Generationen aus – sofern eine Einbürgerung stattfindet. Hierin manifestiert sich die assimilationistische Hoffnung auf ein Verschmelzen der Migrant:innen mit der Mehrheitsbevölkerung – und damit ein Verschwinden „migrantischer" Probleme. Allerdings können diskriminierungsanfällige Eigenschaften bestehen bleiben, auch wenn die Person nicht mehr als migrantisch erfasst wird – sei es durch die nicht-weiße Hautfarbe, den vermeintlich nicht-deutschen Namen oder die Religionszugehörigkeit.

Zusammenfassend zeigt sich in der Definition des Migrationshintergrundes der Versuch, Zugehörigkeit objektiv erfassbar zu machen und gleichzeitig sowohl an primordialen Zugehörigkeitsvorstellungen als auch am Ideal der Assimilation festzuhalten. Derart ideologisch überfrachtet sagt der Migrationshintergrund alleine wenig darüber aus, ob eine Person Förderbedarfe hat oder effektiven Schutz vor Diskriminierung benötigt. Es gilt daher, aussagekräftige Statistiken für konkrete Fragestellungen zu entwickeln. Um beispielsweise den Bedarf für schulische Deutschförderung zu erheben, fragt das Statistische Bundesamt seit 2017 im Mikrozensus ab, welche Sprache zu Hause vorwiegend gesprochen wird.

Es verwundert daher nicht, dass die Kategorie des Migrationshintergrundes seit Jahren für Missfallen in der Fachwelt sorgt (Will 2019). Aus normativer Sicht werden die objektivistische Kategorisierung und die Begrifflichkeit an sich kritisiert, aus einer pragmatischen Sicht wird die geringe Aussagekraft des Merkmals bemängelt. Im Jahr 2021 forderte die von der Bundesregierung eingesetzte Fachkommission zu den Rahmenbedingungen der Integrationsfähigkeit sogar, den Migrationshintergrund als Kategorie ganz abzuschaffen.

12.3.2 USA: Selbstidentifikation und Festschreibung der Ethnisierung

Während in Deutschland die Zugehörigkeit einer Person durch staatliche Behörden von außen bestimmt wird, geht das *US Census Bureau* einen etwas anderen Weg. Zwar existiert mit der Kategorie *foreign-born* eine auf den ersten Blick vergleichbare, objektivierte Definition, da darunter alle Menschen erfasst werden, die nicht von Geburt an die US-amerikanische Staatsangehörigkeit besaßen:

> „The foreign-born population consists of anyone living in the United States on April 1, 2020 who is not a U.S. citizen by birth, including naturalized citizens." (US Census Bureau 2020 a)

Ähnlich wie der deutsche Migrationshintergrund werden also Menschen mitgezählt, die bereits US-Staatsbürger:innen sind. Da jedoch in den USA Menschen mit der inländischen Geburt die Staatsangehörigkeit erhalten (*ius soli*, s. u.), werden im Gegensatz zu Deutschland in den USA Menschen ohne eigene Migrationserfahrung – also die sogenannte zweite Generation – nicht erfasst. Das Konzept *foreign-born* setzt zudem dezidiert an der eigenen Migrationserfahrung einer Person an und dient nicht dazu, die Diversität des Landes zu messen. Dies unterscheidet den Ansatz vom Migrationshintergrund, der im Grunde sowohl Migrationserfahrung als auch Diversität abbilden will.

Zu diesem Zweck hat der US-amerikanische Zensus andere Kategorien eingeführt, denen sich die befragten Menschen selbst zuordnen können. Unter dem Begriff „Race" werden verschiedene Zugehörigkeiten vorgegeben, die sich im Laufe der Zeit auch wandeln können (für den Zensus 2020 → Beispiel). Das *Census Bureau* betont ganz explizit, dass die *racial categories* keine biologistischen, anthropologischen oder genetischen Definitionen seien. Zudem gibt es keine objektivierende Kontrolle durch die Behörde. Jede Person kreuzt an, was sie für sich als richtig empfindet, und kann auch mehrere Kategorien wählen.

> „The *racial categories* included in the census questionnaire generally reflect a social definition of race recognized in this country and not an attempt to define race biologically, anthropologically, or genetically. In addition, it is recognized that the categories of the race item include racial and national origin or sociocultural groups. People may choose to report more than one race to indicate their racial mixture." (US Census Bureau 2020 b)

Zusätzlich enthält der Zensus auch eine als *Ethnicity* benannte Kategorie. Hierunter werden jedoch ausschließlich Hispanics gefasst, also Menschen, die sich einer lateinamerikanischen ethnischen Identität zugehörig fühlen (→ Beispiel). Die Selbstdefinition als Hispanic kann (und soll) mit den *racial categories* kombiniert werden.

> „*Ethnicity* is defined [...] as either 'Hispanic or Latino' or 'Not Hispanic or Latino.' [...] People who identify as Hispanic, Latino, or Spanish may be any race." (US Census Bureau 2020 b)

Im US-amerikanischen Zensus wird die Diversität der Gesellschaft daher weniger hinsichtlich der Frage der objektiv feststellbaren Migrationshistorie der Familie bestimmt, sondern – um mit Max Weber zu sprechen – zu subjektiv empfundenen Abstammungsgemeinsamkeiten. Dies ermöglicht einerseits ein zielgenaueres Abschätzen von Maßnahmen für bestimmte Gruppen, bedingt andererseits aber auch, dass sich die gewählten Kategorisierungen zementieren und über viele Generationen bestehen bleiben können. Während die Bundesregierung mit dem Migrationshintergrund die assimilationistische Idee des Schmelztiegels verfolgt, geht die US-amerikanische Regierung davon aus, dass sozial konstruierte ethnische Gruppen dauerhaft bestehen bleiben. Hier greift das häufig bemühte Bild einer *Salad Bowl*, bei der viele Zutaten in einer Schüssel sind, ohne ineinander aufzugehen.

Beispiel

Fragen zu „Ethnicity“ und „Race“ im US_amerikanischen Zensus 2020

„NOTE: Please answer BOTH Question 8 about Hispanic origin and Question 9 about race. For this census, Hispanic origins are not races.

Q 8: Is Person 1 of Hispanic, Latino, or Spanish origin?

O No, not of Hispanic, Latino, or Spanish origin
O Yes, Mexican, Mexican Am., Chicano
O Yes, Puerto Rican
O Yes, Cuban
O Yes, another Hispanic, Latino, or Spanish origin – Print, for example, Salvadoran, Dominican, Colombian, Guatemalan, Spaniard, Ecuadorian, etc. _ _ _ _ _ _ _ _ _ _ _

***Q 9: What is Person 1's race?** Mark one or more boxes AND print origins.*

O White – Print, for example, German, Irish, English, Italian, Lebanese, Egyptian, etc. _ _ _ _ _ _ _ _ _ _ _
O Black or African Am. – Print, for example, African American, Jamaican, Haitian, Nigerian, Ethiopian, Somali, etc. _ _ _ _ _ _ _ _ _ _ _
O American Indian or Alaska Native – Print name of enrolled or principal tribe(s), for example, Navajo Nation, Blackfeet Tribe, Mayan, Aztec, Native Village of Barrow Inupiat Traditional Government, Nome Eskimo Community, etc. _ _ _ _ _ _ _ _ _ _ _
O Chinese
O Filipino
O Asian Indian
O Vietnamese
O Korean
O Japanese
O Other Asian – Print, for example, Pakistani, Cambodian, Hmong, etc. _ _ _ _ _ _ _ _ _ _ _
O Native Hawaiian
O Samoan
O Chamorro
O Other Pacific Islander – Print, for example, Tongan, Fijian, Marshallese, etc. _ _ _ _ _ _ _ _ _ _ _
O Some other race – Print race or origin. _ _ _ _ _ _ _ _ _ _ _”

Quelle: https://www.2020census.gov/en/about-questions.html (15.2.2021)

12.4 Staatsangehörigkeit und citizenship

12.4.1 Staatsangehörigkeit und denizenship

Ähnlich wie die Zugehörigkeitsstatistiken zeigt das Staatsangehörigkeitsrecht die geronnenen Vorstellungen von Zugehörigkeit in einem Nationalstaat. Rund um die Staatsangehörigkeit und das breiter zu verstehende Konzept der *citizenship* hat sich seit Jahren eine äußerst lebhafte akademische Debatte entwickelt (Bauböck 2018, 2012; Brubaker 1992; Castles/Davidson 2000; Faist 2000; Joppke 2010; Kymlicka 2003; Michalowski 2011). Der Politikwissenschaftler Dietrich Thränhardt sieht drei Funktionen, die Staatsangehörigkeit grundsätzlich erfüllt (Thränhardt 2017): Erstens kommt ihr als Symbol der Zugehörigkeit eine wichtige identifikatorische Rolle zu. Zweitens garantiert sie den Inhaber:innen die volle Schutz- und Leistungsfunktion des Staates. Drittens schließlich verleiht sie den Staatsbürger:innen alle politischen Rechte, insbesondere das Wahlrecht.

Letzteres ist besonders in einer Demokratie relevant, bei der Wohnbevölkerung und Wahlvolk nicht allzu weit auseinanderklaffen sollten, um Legitimität von Wahlen und politischen Entscheidungen zu sichern. Einwanderung ohne Einbürgerung führt unweigerlich zu einem Demokratiedefizit. Insofern haben demokratische Staaten ein systemisch angelegtes Interesse, Migrant:innen und ihren Nachkommen einen Weg zur Staatsangehörigkeit zu eröffnen. Die Alternative dazu wäre ein Wahlrecht für Ausländer:innen. Auch dies würde das Demokratiedefizit abbauen, wird jedoch nur in Ansätzen für die kommunale Ebene diskutiert (s. u.).

Infobox

Ius sanguinis* und *ius soli

„Hinsichtlich des Erwerbs der Staatsangehörigkeit durch die Geburt können analytisch zwei Vermittlungsprinzipien unterschieden werden. Während sich nach dem ‚ius-sanguinis-Prinzip' (Abstammungsprinzip) die Staatsangehörigkeit des Kindes aus der Staatsangehörigkeit seiner Eltern ergibt, erwirbt in Staaten, in denen das ‚ius-soli-Prinzip' (Territorialprinzip) praktiziert wird, das Kind die Staatsangehörigkeit des Landes, in dem es geboren wurde, unabhängig von der Staatsangehörigkeit seiner Eltern.“ (Thränhardt/Santel 1992)

Das Staatsangehörigkeitsrecht der meisten Staaten enthält üblicherweise Elemente beider Prinzipien. Allerdings wird im europäischen Vergleich deutlich, dass zwar alle EU-Mitgliedsstaaten Elemente des „Rechts des Blutes“ (*ius sanguinis*) nutzen, Elemente des „Rechts des Bodens“ (*ius soli*) jedoch nur bei rund 70% zusätzlich vorliegen. Rund 30% setzen ausschließlich auf das *ius sanguinis* – im Falle von Schweden oder Malta unter Hinnahme von Doppelstaatlichkeit (Thränhardt 2017).

Besonders prägend für die Debatte zu nationalen Unterschieden im Staatsangehörigkeitsrecht war lange Rogers Brubaker (1992), der in seiner Analyse von Deutschland und Frankreich auf Pfadabhängigkeiten verweist, die er bis ins 19. Jahrhundert zurückverfolgt. Während er für das zentralistische Frankreich ein republikanisches Ideal feststellt, diagnostiziert er für die deutsche „Volksgemeinschaft“ ein ethnisch-kulturelles Verständnis von nationaler Identität. Diese These hatte so lange Bestand, wie in Deutschland für den Erwerb der Staatsbürger:innenschaft ein relativ striktes *ius sanguinis* (Abstammungsprinzip) galt. Mit der Einführung zahlreicher Elemente des *ius soli* (Territorialprinzip) und der erleichterten Einbürgerung spätestens ab 1999 sah sich die kulturalistische Argumentation Brubakers wachsender Kritik ausgesetzt. Die Migrationsforscherin Susanne Worbs stellt fest, dass für Deutschland kein überwölbendes konsensuales Verständnis von Staatsbürger:innenschaft diagnostiziert werden kann. Stattdessen lässt sich eher von permanent widerstreitenden Auffassungen sprechen, deren Mehrheiten sich im Zeitverlauf gewandelt haben (Worbs 2014).

Infobox

Staatsangehörigkeit: Drei Wege zum deutschen Pass

„**Abstammung**: […] Wer mindestens einen deutschen Elternteil hat, erhält mit der Geburt automatisch die deutsche Staatsangehörigkeit. Wird das Kind im Ausland geboren oder ist bei der Geburt nur der Vater deutscher Staatsangehöriger und nicht mit der Mutter verheiratet, müssen bestimmte Nachweise erbracht werden.

Geburt in Deutschland: […] Kinder, die zwei ausländische Eltern haben und in Deutschland geboren sind, können neben dem Pass ihrer Eltern auch den deutschen Pass erhalten – allerdings nur unter der Voraussetzung, dass mindestens ein Elternteil seit acht Jahren rechtmäßig in Deutschland lebt und zum Zeitpunkt der Geburt ein unbefristetes Aufenthaltsrecht hat. Für einige dieser Kinder gilt die sogenannte Optionspflicht. Das heißt: Zwischen ihrem 18. und 22. Geburtstag müssen sie sich entscheiden, welchen der beiden Pässe sie dauerhaft behalten wollen. Von der „Optionspflicht" ist jedoch ausgenommen, wer bis zu seinem 22. Geburtstag acht Jahre in Deutschland gelebt hat, sechs Jahre in Deutschland zur Schule gegangen ist oder einen Schul- oder Berufsabschluss in Deutschland erworben hat. Ebenso ausgenommen sind Personen, die neben der deutschen die Staatsangehörigkeit eines anderen EU-Staates oder der Schweiz besitzen.

Einbürgerung: Wer nicht per Abstammung oder per Geburt die deutsche Staatsbürgerschaft erhält, kann sich einbürgern lassen. […] Einen Anspruch auf Einbürgerung hat, wer seit acht Jahren dauerhaft und rechtmäßig in Deutschland lebt, sich zur freiheitlichen demokratischen Grundordnung des Grundgesetzes bekennt, zum Zeitpunkt der Einbürgerung ein unbefristetes oder auf Dauer angelegtes Aufenthaltsrecht hat, seinen Lebensunterhalt eigenständig sichern kann, über ausreichende Deutschkenntnisse verfügt, nicht wegen einer Straftat verurteilt worden ist und den „Einbürgerungstest" bestanden hat (hier gibt es Ausnahmeregelungen), seine bisherige Staatsangehörigkeit aufgibt (auch hier gibt es Ausnahmeregelungen). Für Antragsteller*innen, die nicht alle Voraussetzungen erfüllen, gibt es die Möglichkeit einer „Ermessenseinbürgerung". In diesen Fällen muss die Einbürgerungsbehörde entscheiden, ob ein „öffentliches Interesse" an der Einbürgerung besteht und einige Mindestanforderungen erfüllt sind."

Quelle: https://www.mediendienst-integration.de/migration/staatsbuergerschaft.html (15.2.2021)

Ein politisch gerade in Deutschland immer wieder kontrovers diskutiertes Thema ist die Frage, ob Doppelstaatlichkeit toleriert oder – wie im Falle von in Deutschland geborenen Kindern mit ausländischen Eltern – sogar aktiv befördert werden sollte. Tatsächlich müssen sich in Deutschland geborene Kinder, die mit zwei Staatsangehörigkeiten aufgewachsen sind, seit 2014 nicht mehr zwischen den beiden Pässen entscheiden. Bei der Einbürgerung gilt in Deutschland allerdings weiterhin, wie in vielen europäischen Ländern, dass bei der Annahme der deutschen

Staatsangehörigkeit grundsätzlich der bisherige Pass aufgegeben werden muss. Mit Blick auf die oben besprochenen Zugehörigkeitsvorstellungen dürfte hier eine generelle Skepsis gegenüber hybriden Identitäten eine gewisse Rolle spielen. Doch Gegner:innen der Doppelstaatlichkeit befürchten insbesondere Loyalitätskonflikte – nicht nur mit Blick auf kaum wahrscheinliche bewaffnete Konflikte, sondern vor allem hinsichtlich der Ausübung des Wahlrechts im Sinne des jeweils anderen Staates. Bei aller begründeten Skepsis darf jedoch auch nicht vergessen werden, was in Deutschland seit jeher gilt: Wenn der jeweilige Staat nicht in der Lage oder willens ist, die Person aus der Staatsangehörigkeit zu entlassen, wird die Mehrfachstaatlichkeit hingenommen. Dies betrifft ausgerechnet solche Staaten, die bezüglich etwaiger Loyalitätskonflikte gerne genannt werden, beispielsweise den Iran oder Marokko.

Nationalstaaten, die sich mit Doppelstaatlichkeit und Einbürgerung schwertun, suchen meist nach anderen Wegen, die Bedürfnisse von dauerhaft ansässigen Ausländer:innen zu berücksichtigen. Der Migrationsforscher Tomas Hammar stellte dies früh für zahlreiche europäische Staaten fest, die sich mit dem dauerhaften Verbleib der „Gastarbeiter:innen“ abgefunden hatten und ihnen relative weitreichende Rechte verliehen. Hammar prägte dafür den Begriff der *denizenship* (Hammar 1990). Diese fokussiert die zweite der oben genannten Funktionen der Staatsangehörigkeit (Schutz und Leistungsrechte). Die *denizenship* ist mittlerweile über die Niederlassungserlaubnis fest im deutschen Aufenthaltsrecht verankert.

> „Damit einher gehen aufenthaltsrechtliche Privilegierungen, insbesondere ein besonderer Ausweisungsschutz, unbeschränkter Arbeitsmarktzugang und die Befähigung, selbst als Bezugsperson einer Familienzusammenführung aufzutreten. In Bezug auf die wirtschaftlichen und sozialen Rechte genießen Denizens weitgehend Inländerbehandlung, auch im Sozialrecht, das sonst zu den Teilbereichen gehört, in denen Ungleichbehandlungen von Ausländern verbreitet sind.“ (Bast 2013: 355)

Doch auch die *denizenship* kann zwei wesentliche Funktionen der Staatsangehörigkeit nicht erfüllen: Sie ist weder symbolisches Zeichen der Zugehörigkeit, noch ermöglicht sie die volle politische Partizipation.

12.4.2 Urban citizenship

Während die Staatsangehörigkeit ein rechtliches Instrument ist, kann *citizenship* breiter verstanden werden – vielleicht besser übersetzbar mit „Staatsbürger:innenschaft“. Hier geht es nicht nur um das formale Band des Individuums mit dem Staat, sondern auch um die Interaktion der Individuen eines Gemeinwesens zu dessen Gestaltung. Staatsbürger:innenschaft ist in diesem Verständnis weniger Status als gelebte Praxis (Bauböck 2003).

Der Migrationsforscher Rainer Bauböck führt den Begriff der *citizenship* auf die Ursprünge europäischer Demokratie, d. h. die athenische *polis* zurück. Daran anschließend versteht er *citizenship* als gleichberechtigte Mitgliedschaft in einer lokalen politischen Gemeinschaft. Erst mit der französischen und US-amerikanischen Revolution war das Prinzip auf die Nationalstaaten übergegangen. Aus dieser Perspektive leuchtet es durchaus ein, wenn Bauböck einen geradezu natürlichen Weg zurück zu einer inklusiveren Zugehörigkeit von Migrant:innen sieht: die *urban citizenship*.

Urban citizenship lässt sich wohl am besten mit „Stadtbürger:innenschaft" übersetzen und strebt danach, eine weitgehende Teilhabe für alle Bewohner:innen der Stadt zu erreichen. In der Praxis wird das Konzept durchaus in einigen Großstädten umgesetzt. Allerdings stehen dabei weniger politische als vielmehr soziale Teilhabechancen im Vordergrund. Eine formalisierte Stadtbürger:innenschaft (→ Beispiel) kann als Identitätsnachweis für Menschen ohne Pass fungieren. Damit können einerseits alltagspraktische Herausforderungen, wie die Eröffnung eines Bankkontos, bewältigt werden. Andererseits wird städtischen Behörden die Registrierung von Menschen ohne Papiere oder Staatsangehörigkeit *(sans papiers)* im Rahmen städtischer Leistungen ermöglicht. In der Praxis dient *urban citizenship* somit sowohl der Teilhabe als auch der Kontrolle.

Beispiel

***Urban citizenship* in der Praxis: Die „ ID New York City "**

„Ein Konzept, das die Papiere der Realität und nicht die Realität den Papieren anpasst, ist die in US-amerikanischen Städten bereits praktizierte Urban Citizenship. In New York City beispielsweise wird sie in Form der Stadtbewohner*innen-Karte ‚ID NYC' praktiziert. Vorreiter war bereits 2007 die Stadt New Haven, seitdem sind andere Städte wie San Francisco, Oakland oder eben New York gefolgt. Die Bewohner*innen dort können sich unabhängig von Pass, Aufenthaltsstatus oder Wohnsituation diese Karte ausstellen lassen, die ihnen beispielsweise Zugang zu Bankkonten, kultureller Teilhabe oder dem Gesundheitssystem gibt – und die sie vor allem vor Polizeischikanen schützt [...]. Eingeführt 2015 unter Bürgermeister Bill de Blasio, nutzt inzwischen fast jeder zehnte der 8,4 Millionen New Yorker die Karte. Dies ist ein erster Schritt, um vor allem Papierlose und Wohnungslose stärker am städtischen Leben teilhaben zu lassen." (http://urban-citizenship-hamburg.rechtaufstadt.net, 5.2.2021)

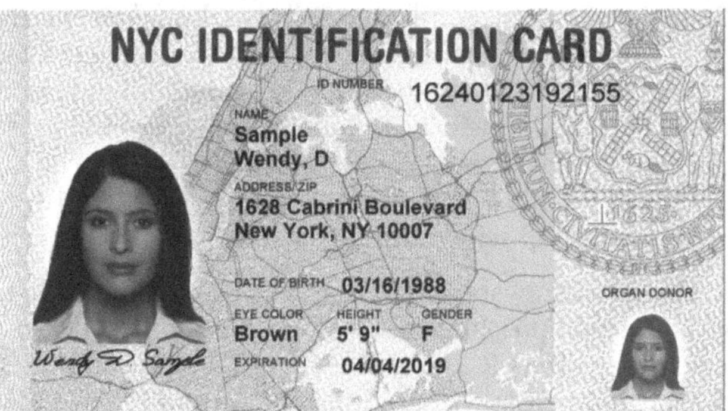

Abb. 4: NYC ID (https://www1.nyc.gov/site/idnyc/card/how-to-apply.page, 5.2.2021)

12.5 Politische Partizipation

In der deutschsprachigen Politikwissenschaft wird zur Definition politischer Partizipation gerne auf Max Kaase zurückgegriffen. Dieser versteht unter Bezug auf die angloamerikanische Debatte darunter „jene Verhaltensweisen von Bürgern [...], die sie alleine oder mit anderen freiwillig mit dem Ziel unternehmen, Einfluss auf politische Entscheidungen zu nehmen“ (Kaase 2000). Die Definition trennt erstens politische Partizipation von sonstigem Engagement. Zweitens unterscheidet sie individuelle Formen, wie beispielsweise die Ausübung des Wahlrechts, von kollektiven Formen, also beispielsweise das Engagement in einer Bürger:inneninitiative.

Zur weiteren Systematisierung politischer Partizipation wird häufig die Unterscheidung in formale und informelle politische Partizipation herangezogen. Erstere meint insbesondere das aktive (= wählen) und passive (= gewählt werden) Wahlrecht sowie die politische Arbeit in demokratisch gewählten Gremien. Informelle Partizipationsformen sind vielfältig und reichen von Protesten über Initiativen bis hin zu Vereins- und Verbandsarbeit. Partizipationsmöglichkeiten von Migrant:innen werden also einerseits stark von ihrem rechtlichen Status bestimmt. Andererseits ist auch ohne die Staatsangehörigkeit eine breite Palette politischer Beteiligung denkbar. Ob diese realisiert werden, ist vor allem abhängig von der *political efficacy*.

12.5.1 Political efficacy

Political efficacy meint die subjektive Einschätzung politischer Selbstwirksamkeit (Vetter 1997). Dabei wird üblicherweise zwischen *internal* und *external efficacy* unterschieden. *Internal efficacy* beschreibt die „subjektive Beurteilung der eigenen Fähigkeit, politische Fragen verstehen zu können“ (Wüst/Faas 2018: 12) und diese auch zu artikulieren. Es geht also nicht um faktische Sprachkenntnisse oder das objektive Bildungsniveau, sondern um deren persönliche Beurteilung. Unter *external efficacy* versteht man die „Wahrnehmung des politischen Systems als responsiv, d. h. dass die eigene Partizipation, wiederum aus subjektiver Sicht, tatsächlich einen Einfluss auf Regierungshandeln und Politikergebnisse hat“ (Wüst/Faas 2018: 12). Beide Formen politischer Selbstwirksamkeit werden maßgeblich durch das Gefühl sozialer Zugehörigkeit zu einer politischen Gemeinschaft geprägt. Einen positiven Einfluss kann beispielsweise die Einbindung in Vereine und in nicht-elektorale Partizipationsformen haben. Üblicherweise wird davon ausgegangen, dass sich u. a. Diskriminierungserfahrungen negativ auswirken (Wüst/Faas 2018). Allerdings legen die Befunde von Goerres et al. (2018) nahe, dass Diskriminierung auch ein Grund sein könnte, vom Wahlrecht Gebrauch zu machen.

In einer Studie des Forschungsbereichs beim Sachverständigenrat für Integration und Migration aus dem Jahr 2019 zeigen sich hinsichtlich der *internal efficacy* deutliche Unterschiede (FB SVR 2019).[11] Zudem fällt eine starke Differenzierung nach Geschlecht auf: Frauen mit Migrationshintergrund schätzen ihre Selbstwirksamkeit besonders negativ ein. Dies gilt besonders für die Frage, ob sie sich eine

11 Bei der Erhebung wurden sowohl Deutsche als auch Ausländer:innen mit Migrationshintergrund berücksichtigt.

Beteiligung an einem Gespräch über Politik zutrauen. Es liegen mehr als 30 Prozentpunkte zwischen ihnen und Männern ohne Migrationshintergrund. Zwischen Frauen beider Gruppen ist der Unterschied mit 16% immer noch enorm (→ Abb. 5). Hier zeigt sich die oben angesprochene Intersektionalität von „Gender" und „Migrationshintergrund" besonders eindrücklich.

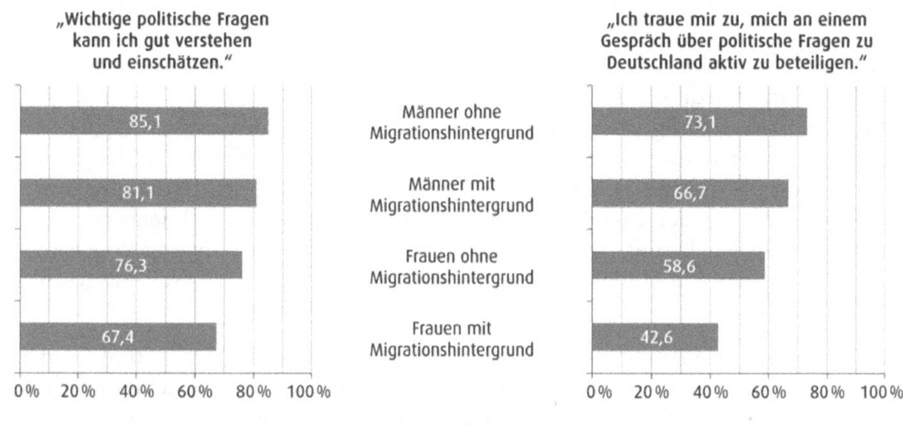

Abb. 5: Internal efficacy bei Menschen mit und ohne Migrationshintergrund (FB SVR 2019: 15)

Die Studie weist darüber hinaus darauf hin, dass auch bei Hochgebildeten mit Migrationshintergrund ein deutlich geringeres Zutrauen in die eigenen politischen Partizipationsfähigkeiten besteht als in der Vergleichsgruppe ohne Migrationshintergrund. Hinsichtlich der *external efficacy* zeigt die Studie ein anderes Bild: Menschen mit Migrationshintergrund fühlen ihre Anliegen eher von Politiker:innen aufgenommen als Menschen ohne Migrationshintergrund. Allerdings haben beide Gruppen „mehrheitlich das Gefühl, dass die Vertreterinnen und Vertreter des politischen Systems ihre Belange und Bedürfnisse nicht ernst nehmen" (FB SVR 2019: 15).

12.5.2 Wahlrecht und Wahlbeteiligung

Die Grundlage elektoraler Partizipation ist in Art. 20 Abs. 2 GG festgeschrieben: „Alle Staatsgewalt geht vom Volke aus. Sie wird vom Volke in Wahlen und Abstimmungen und durch besondere Organe der Gesetzgebung, der vollziehenden Gewalt und der Rechtsprechung ausgeübt." Als „Volke" versteht das Grundgesetz nach bisheriger Rechtsprechung ausschließlich Personen mit deutscher Staatsangehörigkeit sowie in Ausnahmefällen EU-Bürger:innen (s. u.). Der Erwerb der Staatsangehörigkeit durch Einbürgerung wird daher häufig als erfolgreicher Abschluss eines Integrationsprozesses gesehen: Die Migrant:innen gehen gewissermaßen im „Volke" auf. Entsprechend formulierte der nordrhein-westfälische Integrationsminister Joachim Stamp im Jahr 2019: „Einbürgerungen liegen im besonderen Interesse der Landesregierung. Sie krönen erfolgreiche Integration und vermitteln alle Rechte und Pflichten." (MKFFI 2019) In dieser verbreiteten Lesart der Einbürgerung als Krönung des Integrationsprozesses wird also davon ausgegangen, dass politische Partizipation eine Belohnung für soziale Teilhabe sei – und weniger ein Instrument auf dem Weg dorthin.

Doch diese Auffassung ist umstritten. Bereits Mitte der 1980er Jahre wies Dietrich Thränhardt darauf hin, dass Migrant:innen erst in das Kalkül der politischen Entscheider:innen einbezogen würden, wenn sie als Wähler:innen ernst genommen würden (Thränhardt 1985). Um also die Rahmenbedingungen für individuelle Integrationsprozesse möglichst effizient zu gestalten, wäre aus dieser Sicht die Beteiligung an Wahlen bereits kurz nach der Einwanderung sinnvoll. An dieser Stelle erfolgt dann üblicherweise der Verweis auf die Schranken des Grundgesetzes, da der Artikel 20 mit der Ewigkeitsklausel (Art. 79 Abs. 3 GG) vor jeglicher Änderung geschützt ist. Damit ist die aktive und passive Wahlbeteiligung von Ausländer:innen auf der Ebene des Bundes und der Bundesländer faktisch ausgeschlossen.

Eine Sondersituation stellen jedoch die Wahlen zu den Stadt-, Kreis- und Gemeinderäten auf kommunaler Ebene dar. Die Kommunen sind aus staatsrechtlicher Sicht keine eigene föderale Ebene, sondern Teil des jeweiligen Bundeslandes (→ Kap. 5). Daraus lässt sich die Interpretation ableiten, dass die Wahlen zu den lokalen „Parlamenten" streng genommen überhaupt nicht im Grundgesetz geregelt werden. Diese Sichtweise führte schon früh zur Forderung eines kommunalen Wahlrechts für Ausländer:innen. Dieses wurde jedoch in der BRD lange höchstrichterlich abgelehnt. In der DDR wurde dagegen kurzzeitig (1989 und 1990) ein kommunales Wahlrecht für Ausländer:innen umgesetzt.

Im wiedervereinigten Deutschland wurde dann recht schnell zumindest das kommunale Wahlrecht für eine bestimmte Gruppe ohne deutsche Staatsangehörigkeit realisiert – allerdings brauchte es dafür den Anstoß von europäischer Ebene: Seit dem Vertrag von Maastricht 1992 (→ Kap. 4) haben auch Migrant:innen aus einem Mitgliedsstaat der Europäischen Union das aktive und passive Wahlrecht auf EU-Ebene. Hierfür wurde eine Grundgesetzänderung vorgenommen. In Art. 28 Abs. 1 GG heißt es seitdem: „Bei Wahlen in Kreisen und Gemeinden sind auch Personen, die die Staatsangehörigkeit eines Mitgliedstaates der Europäischen Gemeinschaft besitzen, nach Maßgabe von Recht der Europäischen Gemeinschaft wahlberechtigt und wählbar." Dies führte dazu, dass heute in Kommunen Migrant:innen aus der EU an politischen Entscheidungen mitwirken – in Einzelfällen sogar an der Spitze der Kommunalverwaltung. Im September 2019 wurde beispielsweise in Rostock der dänische Staatsbürger Claus Ruhe Madsen zum Oberbürgermeister der Hansestadt gewählt. Er ist allerdings (Stand Ende 2020) der einzige Oberbürgermeister Deutschlands, der ausschließlich eine ausländische Staatsangehörigkeit besitzt.

Befürworter:innen des kommunalen Ausländer:innenwahlrechts sehen in der Bevorzugung der EU-Bürger:innen einen systemischen Widerspruch und fordern die Ausweitung auf Drittstaatsangehörige. Sie äußern Unverständnis darüber, dass der

Ausschluss von Drittstaatsangehörigen weiter über die Staatsangehörigkeit begründet werde, dieses Argument bei EU-Bürger:innen jedoch nicht gelte. Bislang wird dies damit begründet, dass die EU-Staatsbürger:innenschaft zum einen eine Sonderstellung innehabe und sich Deutschland zudem per EU-Vertrag zum kommunalen Wahlrecht verpflichtet hätte. Hier lautet die provokante Gegenfrage der Kritiker:innen: Wenn die EU-Staatsbürger:innenschaft zu Wahlen berechtigt, weshalb dann nicht auf Landes- oder Bundesebene? Die juristische Debatte zum kommunalen Wahlrecht für Drittstaatsangehörige ist also keineswegs abgeschlossen, auch wenn in absehbarer Zeit keine materiellen Änderungen zu erwarten sind.

Solange das Ausländer:innenwahlrecht nicht umfangreich realisiert ist, bleibt die Einbürgerung der einzige Weg zur vollen elektoralen Partizipation. Bei der Bundestagswahl 2017 stellten nach Angaben des Bundeswahlleiters Personen mit Migrationshintergrund bereits 10,2% der Wahlberechtigten – mit steigender Tendenz. Aussagen zum Wahlverhalten von „Migrant:innen“ mit deutscher Staatsangehörigkeit auf Bundes- und Landesebene beziehen sich meist auf diese gesamte äußerst heterogene Gruppe der Deutschen mit Migrationshintergrund und sind entsprechend unpräzise (Wüst/Faas 2018). Forschende der Universitäten Duisburg-Essen und Köln erhoben in der *Immigrant German Election Study* daher erstmals Daten zum Wahlverhalten von „Russlanddeutschen“ und „Deutschtürk:innen“ und befragten jeweils rund 500 Personen dieser Gruppen persönlich bei sich zu Hause (Goerres et al. 2018). Die tatsächliche Wahlbeteiligung lag für die beiden Gruppen bei rund 61% – und damit rund 15 Prozentpunkte unter der von Personen ohne Migrationshintergrund (76,2%). Studien aus der Vergangenheit kommen zwar nicht zu derart großen Differenzen, bestätigen aber die Tendenz (Wüst/Faas 2018): Menschen mit Migrationshintergrund gehen seltener zur Wahl, selbst wenn dieser Unterschied bei Personen der „zweiten Generation“ bei einigen Studien etwas geringer ausfällt. Die Parteipräferenzen sind nicht eindeutig festlegbar.

12.5.3 Mandatsträger:innen mit Migrationshintergrund

Nach der Bundestagswahl 2017 zogen 58 Menschen mit Migrationshintergrund in das Parlament ein. Dies entsprach 8,2% aller Abgeordneten (Mediendienst Integration 2017). Im Vergleich zum Anteil an der Gesamtgesellschaft (ca. 26%) stellt dies ein erhebliches Ungleichgewicht dar, das auch regelmäßig in Presse und Wissenschaft kritisiert wird. Allerdings wird die Lücke deutlich kleiner, wenn man nur die wahlberechtigten Personen mit Migrationshintergrund (ca. 10%) betrachtet. Die Diagnose eines Demokratie- und Repräsentationsdefizits bleibt dennoch richtig. Auffällig ist auch eine ungleiche Verteilung auf die im Bundestag vertretenen Fraktionen (→ Beispiel).

Beispiel

Bundestagsabgeordnete mit Migrationshintergrund im Jahr 2017 nach Fraktionen

„Der Blick in die einzelnen Fraktionen zeigt:

- Die Linke hat mit 18,8% den höchsten Anteil an Abgeordneten mit Migrationshintergrund
- bei den Grünen haben 14,9% der Parlamentarier einen Migrationshintergrund.
- in der SPD sind es 9,8% der Anteil der Abgeordneten mit Migrationshintergrund
- in der AfD liegt bei 8,7%
- bei der FDP sind es 6,3%
- mit 2,9% in der CDU/CSU-Fraktion sind hier anteilig die wenigsten Menschen mit Migrationshintergrund vertreten.“ (Mediendienst Integration 2017)

Auf Ebene der Bundesländer sind die Zahlen der Abgeordneten mit Migrationshintergrund noch etwas geringer. Der offizielle Integrationsmonitoringbericht der Länder aus dem Jahr 2019 verzeichnet zum letzten berichteten Stand 2015 sogar nur 4,5% Mandatsträger:innen mit Migrationshintergrund in Landesparlamenten (IntMK 2019: 114). Allerdings hat sich der Anteil zwischen 2005 und 2015 verdreifacht. Bis zur Jahrtausendwende waren Migrant:innen in Landesparlamenten kaum vertreten (Schönwälder 2013). Zudem existierten zum Erhebungszeitpunkt des Integrationsmonitorings erhebliche Unterschiede zwischen den Ländern: Während in Bremen 18,1% der Abgeordneten einen Migrationshintergrund haben, sind es in Hessen 6,4%, in Nordrhein-Westfalen 3,0%, in Bayern 1,7%, in Sachsen 0,8% und im Saarland und Sachsen-Anhalt 0,0%. Auch wenn einige der Bundesländer einen geringen Anteil von Menschen mit Migrationshintergrund an der Gesamtbevölkerung aufweisen, bleibt es auch in diesen Fällen bei der Feststellung einer Unterrepräsentation von Migrant:innen und „Migrantisierten“ in allen Bundesländern.

Zur politischen Repräsentation in deutschen Kommunen gibt es keine regelmäßig aktualisierten Daten – und lange überhaupt keine aussagekräftige Studie, bis die Politikwissenschaftler:innen Karen Schönwälder, Cihan Sinanoglu und Daniel Volkert im Jahr 2011 eine erste Untersuchung vorlegten (Schönwälder et al. 2011), die später durch andere ergänzt wurde (Holtkamp et al. 2013; Hossain et al. 2016). Im Gegensatz zu den Parlamenten auf Landes- und Bundesebene könnte die Zahl der Ratsmitglieder mit Migrationshintergrund eigentlich auf kommunaler Ebene potenziell höher sein, da auch EU-Bürger:innen gewählt werden können. Allerdings zeigt sich in allen Befunden ein ähnliches Bild wie auf der Landesebene: Die Anteile liegen im einstelligen Prozentbereich; die Verteilung auf die Parteien ähnelt der auf der Bundesebene. Selbst Städte mit einer progressiven Integrationspolitik haben in ihren Räten wenige Menschen mit Migrationshintergrund.

Die Unterrepräsentation von Menschen mit Migrationshintergrund in Parlamenten lässt sich nicht allein durch *political efficacy* erklären. Neben dem teilweise fehlenden Wahlrecht und vermuteten Vorurteilen von Wähler:innen wird insbesondere auf interne Rekrutierungs- und Selektionsmechanismen in den Parteien hingewiesen. Um hier Abhilfe zu schaffen, wird in regelmäßigen Abständen eine Migrant:innenquote für Kandidat:innenlisten oder Parteigremien diskutiert. Der Politikwissenschaftler Lars Holtkamp sieht dies vor allem in freiwilliger Form durchaus als eine sinnvolle Option – in Anlehnung an die Frauenquote bei den GRÜNEN (Mediendienst Integration 2021).

Beispiel

Perspektive eines CSU-Politikers mit Migrationsgeschichte im Landkreis Freising

„Ozan Iyibas […]gehört zu den wenigen Politikern im Landkreis [Freising] mit einer Migrationsgeschichte. […] ‚Ich habe trotz Migrationsgeschichte in der CSU einiges erreicht, aber ich muss sagen: Hätte ich einen anderen Namen gehabt, hätte ich noch mehr erreicht‘, sagt er über seine persönliche Erfahrung. Iyibas glaubt, dass es für den niedrigen Migrantenanteil zwei Gründe gibt. Erstens, weil ‚in den Parteien, auch in der CSU, in der Vergangenheit vieles verschlafen worden ist‘; zweitens, ‚weil Menschen mit einem Migrationshintergrund nicht in die Politik eintreten wollen, weil sie der Meinung sind, nicht viel verändern zu können‘. […] Derzeit, stellt er aber fest, seien ‚wir in Deutschland, vor allem in Bayern, noch nicht bereit, einen türkischstämmigen Landrat oder Minister zu haben. Ich hoffe, das ändert sich‘."

Quelle: https://www.sueddeutsche.de/muenchen/freising/kommunalwahl-freising-migranten-1.4744912 (5.2.2021).

12.5.4 Verwaltung

Die Rolle der Verwaltung aller föderalen Ebenen für den Verlauf politischer Prozesse wird regelmäßig unterschätzt (Bogumil/Jann 2020). Ministerien, Dezernate oder Ämter sind keine unpolitischen Automaten zur Erfüllung von Exekutivfunktionen. Sie sind aktiv bei der Vorbereitung und Implementation von Beschlüssen und gestalten gerade auf kommunaler Ebene den Alltag von Menschen häufig unmittelbarer, als dies durch politische Entscheidungen in gewählten Gremien möglich ist. Vor diesem Hintergrund stellt sich die Frage nach der Repräsentation von Migrant:innen in der öffentlichen Verwaltung und deren „interkultureller Öffnung". Darunter werden meist Prozesse der Organisationsentwicklung verstanden, die das Ziel haben, „kulturelle" Vielfalt sowohl in den Angeboten als auch im Personal einer Organisation zu berücksichtigen. Interkulturelle Öffnung wird in den 1990er Jahren zunächst von Wohlfahrtsverbänden und bald auch von Behörden als wichtige Aufgabe benannt; zahlreiche Konzepte, Handreichungen und Projekte existieren. Dennoch kommen die Öffnungsprozesse gerade in Verwaltungen häufig nur schleppend voran, zu stark wirken vielerorts organisationale Beharrungskräfte (Gesemann et al. 2012; Lang 2019). Mit Blick auf interkulturelle Öffnung als behördliche Personalpolitik liegt der Anteil der Verwaltungsmitarbeitenden mit Migrationshintergrund weiterhin deutlich unter dem Anteil an der Gesamtgesellschaft. Umgekehrt machten im Jahr 2017 Deutsche ohne Migrationshintergrund 94% der Mitarbeitenden in der öffentlichen Verwaltung aus (Baumann et al. 2019: 11).

12.5.5 Beratungsgremien

Um das Demokratiedefizit durch fehlendes Wahlrecht etwas abzufedern, wurden in Deutschland etwa seit den 1970er Jahren „Ausländerbeiräte" ins Leben gerufen. Diese waren zunächst auf die kommunale Ebene beschränkt und sollten sicherstellen, dass die Anliegen der ausländischen Bevölkerung zumindest Gehör im politischen Prozess fanden. Aktives und passives Wahlrecht haben meist alle Ausländer:innen, die einige Monate vor Ort leben. Im Laufe der Zeit wurden die Ausländerbeiräte in vielen Bundesländern und Kommunen in Integrations(bei)räte umbenannt. Außerdem wurden auf der Ebene der Bundesländer ebenfalls Beiräte gegründet – teils eingerichtet durch die Landesregierung, teils als Selbstorganisation der Migrant:innen. Ausländer-/Integrationsbeiräte haben bis zum heutigen Tag mit drei strukturellen Problemen zu kämpfen: Erstens haben die Mitglieder üblicherweise nur beratende Funktion und kein Stimmrecht bei politischen Entscheidungen. Dies kann zu Frustration und Exklusionserfahrungen bei den Mitgliedern führen und die Legitimität des Gremiums unterminieren. Zweitens und damit verbunden sind die Wahlbeteiligungen meist außerordentlich niedrig – teilweise sogar im einstelligen Prozentbereich. Drittens sorgt die geringe Wahlbeteiligung dafür, dass Einzelpersonen mit einem großen Rückhalt in der jeweiligen Community recht sicher einen Platz im Gremium erhalten und dies vor allem aus sozialem Prestige tun. Eine dauerhafte und intensive Arbeit im Gremium ist damit nicht garantiert. Zudem wird kritisiert, dass Beiräte, deren Mitglieder auf Basis eines Proporz-Prinzips für bestimmte Gruppen gewählt werden, dadurch den Anschein kulturell oder ethnisch homogener Migrant:innengruppen erwecken. Diese Erfahrungen haben einige Kommunen dazu gebracht, das Modell der Integrationsräte grundlegend zu überarbeiten. In Stuttgart, Ulm, Hildesheim und zahlreichen weiteren Kommunen wurde die demokratische Wahl durch ein Bewerbungsverfahren und eine Ernennung durch die Verwaltungsspitze ersetzt. Außerdem wurden Plätze für nicht zwingend migrantische Sachkundige geschaffen. Diese Maßnahmen haben zur Folge, dass sich die Gremien von Beteiligungsformen zu Abmilderung des Demokratiedefizits zu Expert:innengremien zur Politikberatung wandeln.

12.5.6 Migrant:innenorganisationen und Interessengruppen

Neben den genannten formelleren Partizipationsmöglichkeiten suchen Migrant:innen nach Möglichkeiten, sich über Verbände und Interessengruppen in politische Prozesse einzubringen. Migrant:innenorganisationen (MO) lassen sich definieren als „gemeinnützige Zusammenschlüsse, die mindestens zur Hälfte von Menschen mit Zuwanderungsgeschichte getragen werden oder von entsprechenden Personen gegründet wurden und bei denen für ihr Selbstverständnis, ihre Ziele und Aktivitäten eine Migrationserfahrung im weitesten Sinne zentral ist" (FB SVR 2020a: 9). In ihrer Selbstbeschreibung bezeichnen sich einige MO auch als „Neue deutsche Organisationen" (NDO), da sie das Etikett des Migrantischen ablehnen. Allerdings versteht sich die überwiegende Mehrheit der Vereine weiterhin eher als MO, auch wenn sie gleichzeitig eine alternative Beschreibung nutzen – also z. B. als Jugendorganisation (FB SVR 2020a: 6). Sie sind häufig in Dachverbände eingebunden und auch vor Ort gut vernetzt.

Die meisten MO sind ehrenamtlich organisiert. Dies sorgt für ein erhebliches strukturelles Ungleichgewicht in der Kooperation mit anderen Organisationen und Behörden. Um dem entgegenzuwirken, werden die Beteiligung und der Aufbau von MO/NDO finanziell durch öffentliche Projektgelder gefördert. Dabei ist auch der aus dem Subsidiaritätsprinzip abgeleitete „Trägerpluralismus" relevant. Dieser Grundsatz besagt, vereinfacht gesprochen, dass die Träger:innen sozialer Angebote die Vielfalt der Gesellschaft widerspiegeln sollten. Für die Jugendhilfe heißt es beispielsweise in § 3 Abs. 1 SGB VIII: „Die Jugendhilfe ist gekennzeichnet durch die Vielfalt von Trägern unterschiedlicher Wertorientierungen und die Vielfalt von Inhalten, Methoden und Arbeitsformen." Bei der Zunahme gesellschaftlicher Vielfalt ist die Bildung neuer Organisationen also ausdrücklich erwünscht. Dies bedeutet allerdings auch, dass MO zu Konkurrent:innen etablierter Verbände (z. B. Diakonie, Caritas) werden könnten. Bislang jedoch werden MO von Behörden und etablierten Verbänden eher als „Türöffner" zu migrantischen Communities wahrgenommen. MO kämpfen daher auch für mehr Eigenverantwortung und Augenhöhe. Dies tun sie einerseits in öffentlich sichtbaren, stark symbolisch aufgeladenen Veranstaltungen wie dem „Integrationsgipfel" der Bundeskanzlerin oder den Plenumsveranstaltungen der „Deutschen Islam Konferenz". Andererseits geht es bei den meisten MO im Alltag viel stärker darum, ihre Strukturen zu sichern, Projekte zu akquirieren und die viel beschworene Augenhöhe in alltäglichen Kooperationen mit kommunalen Behörden, Kirchengemeinden, Kreisjugendringen oder Wohlfahrtsverbänden immer wieder aufs Neue einzufordern.

12.5.7 Initiativen und Proteste

Um sich an politischen Prozessen zu beteiligen, kommen gerade für Menschen mit unsicherem Aufenthaltsstatus und akuten Anliegen – wie beispielsweise eine bevorstehende Abschiebung – häufig nur Proteste und spontane Initiativen als Partizipationsformen in Frage. Die Protest- und Bewegungsforschung untersucht in diesem Zusammenhang beispielsweise Protest-Camps von Geflüchteten in europäischen Städten (Ataç/Steinhilper 2020; Rosenberger et al. 2018). Diese Proteste finden vor dem Hintergrund einer äußerst prekären sozialen und politischen Situation statt. In der postkolonialen Theorie existiert die bekannte Frage von Gayatri Spivak, ob politisch und sozial marginalisierte Personen überhaupt die Fähigkeit zugesprochen bekommen, für sich selbst zu sprechen. Tatsächlich lässt sich durchaus feststellen, dass Geflüchtete mit prekärem Aufenthalt, wenn überhaupt, durch andere in politischen Debatten vertreten werden. Dies gilt z. B. für die Flüchtlingsräte auf Landes- oder Pro Asyl auf Bundesebene. Diese „Anwält:innen" der Schutzsuchenden sind sich der Gefahr des Paternalismus und der politischen Entmündigung ihrer „Mandant:innen" allerdings meist sehr wohl bewusst. In Ansätzen arbeiten sie auch daran, Geflüchtete bei ihren politischen Aktivitäten zu unterstützen. Beispielsweise unterstützt Pro Asyl die 2005 gegründete Gruppe *Jugendliche ohne Grenzen* (JOG), ein Zusammenschluss junger Menschen, überwiegend mit Fluchterfahrung. Diese politische Initiative spricht selbstbewusst für sich selbst und ist längst über den Status einer kurzlebigen Protestaktion hinausgewachsen, wenn sie auch weiterhin kein formaler Verein sind. JOG sorgt u. a. durch die jährliche Kür des „Abschiebeministers des Jahres" für Aufmerksamkeit (→ Beispiel).

Beispiel

Pressemitteilung von *Jugendliche ohne Grenzen*: Joachim Herrmann zum Abschiebeminister 2020 gewählt

„Joachim Herrmann (Innenminister Bayern) [wird] im Rahmen eines Online-Gala-Abends der Jugendlichen ohne Grenzen (JoG) mit dem Negativpreis „Abschiebeminister 2020" ausgezeichnet. [...] Den Negativpreis erhält Joachim Herrmann (3.545 Abschiebungen in 2019) u.a., da Bayern geflüchteten Jugendlichen Ausbildungsverbote erteilen lässt, nach Afghanistan abschiebt und geflüchtete Kinder und Jugendliche in Anker-Zentren ohne Zugang zur Regelschule und Kita auf engem Raum leben müssen. „Um eine junge Frau nach Togo abzuschieben, war Joachim Herrmann kein Weg zu schwer. Er bezahlte trotz Corona ein ganzes komplettes Flugzeug nur für die Abschiebung, besorgte eine Sondergenehmigung für den gesperrten Flughafen in Togo und einen Platz in einem Hotel für 2 Wochen Quarantäne. Allein deshalb hat er den Preis mehr als verdient", erklärt Zuhra Hassanzada von Jugendliche ohne Grenzen."

Quelle: https://www.jogspace.net/files/2020/06/03-PM_Abschiebeminister.pdf (5.2.2021).

12.6 Ausblick

Migrationsgesellschaften sind geprägt von der permanenten Verhandlung von Zugehörigkeitskategorien. Die Identifikationsangebote für Migrant:innen unterscheiden sich danach, ob in einer Gesellschaft ein tendenziell objektivistisches oder ein sozialkonstruktivistisches Verständnis von Ethnizität und/oder Kultur vorherrscht. Dies zeigt sich besonders eindrücklich im Staatsangehörigkeitsrecht. Aber auch darüber hinaus findet stets eine Reduktion der Komplexität einer super-diversen Gesellschaft statt. Die soziale Konstruktion von Minderheiten in Migrationsgesellschaften erfolgt durch Zuschreibungen seitens der Mehrheit, Mobilisierungsversuche der Minderheit und scheinbar beiläufige, technische Prozesse, wie statistische Erhebungen. Es steht in wohl kaum einer Migrationsgesellschaft zu erwarten, dass sich Ethnisierungs- und Kollektivierungsprozesse in einer inklusiven Anerkennung von Vielfalt an sich auflösen. Gerade in klassischen Einwanderungsländern wie den USA zeigt sich, dass es eher zu einer Versäulung ethnischer Zugehörigkeit kommt. Politische Konflikte werden an vermeintlich ethnischen oder kulturellen Grenzlinien ausgetragen.

Politische Partizipation von Migrant:innen und migrantisierten Menschen ist eng verbunden mit den Mechanismen der Zugehörigkeitsdebatten – weit über die Staatsangehörigkeit hinaus. Demokratische Migrationsgesellschaften stehen vor der Herausforderung, die politische Beteiligung eines möglichst großen Teils der Wohnbevölkerung zu gewährleisten, um Legitimität auf Dauer zu sichern. Informelle Partizipationsformen und semi-formelle Instrumente, wie lokale Integrationsbeiräte oder die Unterstützung von Migrant:innenorganisationen können Demokratiedefizite abmildern, aber nicht beseitigen. In einer Demokratie ist und bleibt das aktive und passive Wahlrecht die einzige Partizipationsform, die volle politische Zugehörigkeit nicht nur symbolisiert, sondern erlebbar macht. Dessen muss sich Migrationspolitik stets bewusst sein.

Auch die Wissenschaft trägt mit Aussagen zu bestimmten Gruppen, mit eigener Kategorienbildung und allein durch die Thematisierung von Problemlagen als migrationsbezogen zur Konstruktion imaginierter Gruppen bei. Aber auch das Politikfeld der Migrationspolitik selbst wird durch die „Migrantisierung“ verschiedener politischer Fragestellungen – wie in diesem Buch – als solches erst geschaffen. In der Migrationsforschung wird daher in jüngerer Zeit unter dem Schlagwort des *reflexive turn* debattiert, ob und in welchem Ausmaß soziale Problemlagen wieder „demigrantisiert“ werden müssten (Dahinden 2016; Schinkel 2018; Scholten 2020). Auch bei eigenen Forschungsfragen sollte daher kritisch überprüft werden, ob der Faktor der Migration oder der migrationsbedingten Vielfalt tatsächlich im Zentrum stehen muss. Wie jede sozialwissenschaftliche Forschung operiert auch politikwissenschaftliche Migrationsforschung nicht in einem Vakuum, sondern gestaltet durch Publikationen und Analysen den Gegenstand mit, von dem sie spricht. Diese Einsicht sollte Ansporn sein, mit dem begrifflichen, theoretischen und methodischen Instrumentarium reflektiert und verantwortungsvoll umzugehen.

Übungs- und Reflexionsfragen

1. Worin unterscheiden sich objektivistische und konstruktivistische Perspektiven auf Ethnizität und Zugehörigkeit?
2. Der „Migrationshintergrund“ als statistische Kategorie ist in der Kritik. Sollte die Bundesregierung ihn abschaffen? Wenn nein, wozu ist er sinnvoll? Wenn ja, was wäre die Alternative?
3. Ist die Staatsangehörigkeit Ausgangspunkt oder Ziel des individuellen Wegs zu voller Teilhabe?
4. Wie beurteilen Sie die Idee der *urban citizenship*?
5. Was verhindert ein kommunales Wahlrecht für Drittstaatsangehörige?
6. Wie beurteilen Sie Ihre eigene *political efficacy*?

Zur Vertiefung

- * Bauböck, Rainer (2003): Reinventing Urban Citizenship. In: Citizenship Studies 7, H. 2, S. 139–160. https://doi.org/10.1080/1362102032000065946
- # Dahinden, Janine (2016): A plea for the 'de-migranticization' of research on migration and integration. In: Ethnic and Racial Studies 39, H. 13, S. 2207–2225. https://doi.org/10.1080/01419870.2015.1124129
- * Joppke, Christian (2010): Citizenship and Immigration, Oxford: Wiley.
- i Oberndörfer, Dieter (2001): Leitkultur und Berliner Republik. In: Aus Politik und Zeitgeschichte 1–2/2001, S. 27–30, https://www.bpb.de/apuz/26537/leitkultur-und-berliner-republik (15.3.2021).
- # Rosenberger, Sieglinde/Stern, Verena/Merhaut, Nina (Hrsg.) (2018): Protest Movements in Asylum and Deportation, Cham: Springer International Publishing. https://www.springer.com/gp/book/9783319746951
- i Sauer, Martina (2016): Politische und zivilgesellschaftliche Partizipation von Migranten. In: Brinkmann, Heinz U./Sauer, Martina (Hrsg.): Einwanderungsgesellschaft Deutschland, Wiesbaden: Springer VS, S. 255–279.
- i Supik, Linda/Spielhaus, Riem (2019): Introduction to Special Issue: Matters of classification and representation: Quantifying ethnicity, religion and migration introduction. In: Ethnicities 19, H. 3, S. 455–468. https://doi.org/10.1177/1468796819833434
- i SVR-Forschungsbereich (2020): Mitten im Spiel – oder nur an der Seitenlinie? Politische Partizipation und zivilgesellschaftliches Engagement von Menschen mit Migrationshintergrund in Deutschland, Berlin. https://www.svr-migration.de/wp-content/uploads/2021/03/SVR-FB_Studie_Be-Part.pdf (15.3.2021)
- i Thränhardt, Dietrich (2017): Einbürgerung im Einwanderungsland Deutschland, Bonn: Friedrich-Ebert-Stiftung Abteilung Wirtschafts- und Sozialpolitik. https://library.fes.de/pdf-files/wiso/13590-20170821.pdf (15.3.2021).
- i Vertovec, Steven (2014): Super-Diversity: Routledge.
- * Wimmer, Andreas (2008): The Making and Unmaking of Ethnic Boundaries: A Multilevel Process Theory. In: American Journal for Sociology 113, H. 4, S. 970–1022. https://doi.org/10.1086/522803

Anhang

I. Auswahl wichtiger Zeitschriften der Migrationsforschung

Die folgende Liste beinhaltet eine Auswahl wichtiger, wissenschaftlich begutachteter Zeitschriften der interdisziplinären Migrationsforschung. Selbstverständlich werden auch in den zahlreichen Zeitschriften der politikwissenschaftlichen Teilgebiete Migrationsthemen behandelt. Diese werden hier jedoch nicht aufgeführt. Ein hochgestelltes ***F*** bezeichnet eine Zeitschrift mit Forschungscharakter, ein ***P*** verweist auf Praktiker:innen als Zielgruppe.

Citizenship Studies [F]
Comparative Migration Studies [F]
Ethnic and Racial Studies [F]
Ethnicities [F]
European Journal of Migration and Law [F+P]
Forced Migration Review [P]
International Journal of Refugee Law [F+P]
International Migration [F/P]
International Migration Review [F]
Journal of Ethnic and Migration Studies [F]
Journal of Immigrant & Refugee Studies [F]
Journal of International Migration and Integration [F]
Journal of Refugee Studies [F]
Migration Letters [P+F]
Migration Studies [F]
movements. Journal for Critical Migration and Border Regime Studies [F]
Population, Space and Place [F]
Refuge – Canada‘s Journal on Refugees [F+P]
Zeitschrift für Ausländerrecht und Ausländerpolitik [P+F]
Zeitschrift für Flucht- und Flüchtlingsforschung [F+P]
Zeitschrift für Migrationsforschung [F]

II. Auswahl empfehlenswerter Websites für Forschung, Lehre und Praxis

IMISCOE Research Hub | https://migrationresearch.com
Datenbank der europäischen Vereinigung Migrationsforschender IMISCOE (International Migration, Integration and Social Cohesion in Europe). Sinnvoll für die Suche nach Publikationen, vorstrukturierte Suchmöglichkeiten.

Migrationsdatenportal der IOM | https://migrationdataportal.org/
Daten, Publikationen und didaktisches Material zu Migration und Migrationspolitik im internationalen Vergleich.

SVR – Sachverständigenrat für Integration und Migration | https://www.svr-migration.de
Jahresgutachten des SVR, die einen wissenschaftlich fundierten Einblick in das jeweilige Thema geben; Forschungsberichte und Kurzinformationen zu zahlreichen Themen; alle Publikationen kostenlos als Download.

MPI – Migration Policy Institute | https://www.migrationpolicy.org
Think Tank mit Sitz in Washington, DC und Brüssel; Newsletter, Kurzinformationen und längere Analysen zu aktuell interessierenden Themen der Migrationspolitik weltweit; aufbereitet von anerkannten Expert:innen.

FluchtforschungsBlog | https://blog.fluchtforschung.net
Blog des Netzwerks Fluchtforschung mit regelmäßigen Beiträgen zu aktuellen Themen; wissenschaftliche Qualität wird durch Begutachtung der Herausgebenden gesichert.

Bpb Migrationspolitik – Monatsrückblick | https://www.bpb.de/gesellschaft/migration/flucht/monatsrueckblick
Updates zu migrationspolitischen Entwicklungen, insb. in Deutschland; zudem auf der Website der bpb zahlreiche Online-Dossiers und Publikationen zum Thema Migration.

Mediendienst Integration | https://mediendienst-integration.de
Kompakte, gut recherchierte und wissenschaftlich basierte Informationen; wöchentlicher Newsletter mit politischen Terminen und aktuellen Publikationen; Projekt des Rats für Migration.

MiGAZIN | https://www.migazin.de
Online-Magazin zu aktuellen Migrationsthemen, verfasst aus einer tendenziell kritischen und überwiegend migrantisch geprägten Perspektive; Newsletter-Angebot.

Bundesamt für Migration und Flüchtlinge | https://www.bamf.de
Zahlreiche nützliche Informationen/Publikationen, u.a. die jeweils aktuellsten Asylantragszahlen für Deutschland.

Pro Asyl | https://www.proasyl.de
Interessenvertretung für Geflüchtete, zahlreiche Positionspapiere und rechtliche Informationen; hilfreich für spezifische Themen sind auch die Links unter „Netzwerk“ zu den regionalen Flüchtlingsräten.

Literatur

Abrahamson, Peter (2010): European Welfare States Beyond Neoliberalism: Toward the Social Investment State. In: Development and Society 39, H. 1, S. 61–95.

Adamson, Fiona B./Tsourapas, Gerasimos (2020): The Migration State in the Global South: Nationalizing, Developmental, and Neoliberal Models of Migration Management. In: International Migration Review 54, H. 3, S. 853–882.

Ager, Alastair/Strang, Alison (2004): Indicators of integration, London: Home Office.

Ainsley, Julia (2019): CBP stopped only 6 immigrants listed in terrorism database at US-Mexico border in the first half of 2018. https://www.nbcnews.com/politics/immigration/only-six-immigrants-terrorism-database-stopped-cbp-southern-border-first-n955861, 15.03.21.

Alamillo, Rudy/Haynes, Chris/Madrid, Raul (2019): Framing and immigration through the trump era. In: Sociology Compass 13, H. 5, e12676.

Alba, Richard/Nee, Victor (2005): Remaking the American Mainstream, Cambridge: Harvard University Press.

Allport, Gordon W. (1954): The Nature of Prejudice, Cambridge: Addison-Wesley.

Almond, Gabriel A./Verba, Sidney (1996): The Civic Culture Revisited. Political Attitudes and Democracy in Five Nations. 4. Aufl., Newbury Park: Sage.

Amnesty International (2018): Human Rights Council should establish an international investigative mechanism into human rights violations in Libya. https://www.refworld.org/country,COI,AMNESTY,,LBY,,5b55c0fb4,0.html, 15.03.21.

Anderson, Benedict (2006): Imagined communities, London - New York: Verso.

Andersson, Ruben (2019): No go world. How fear is redrawing our maps and infecting our politics, Berkeley: University of California Press.

Andreas, Peter (2003): Redrawing the Line: Borders and Security in the Twenty-first Century. In: International Security 28, H. 2, S. 78–111.

Angeli, Oliviero (2018): Migration und Demokratie, Ditzingen: Reclam.

Angenendt, Stefan (2003): Regelung und Vermittlung: Die Rolle internationaler Migrantionsorganisationen. In: Thränhardt, Dietrich/Hunger, Uwe (Hrsg.): Migration im Spannungsfeld von Globalisierung und Nationalstaat, Wiesbaden: VS Verlag für Sozialwissenschaften, S. 180–202.

Angenendt, Stefan/Bendel, Petra (2017): Internationale und nationale Aspekte des Whole of Government. In: Einwanderungsland Deutschland, Berlin: Heinrich-Böll-Stiftung, S. 40–57.

Angenendt, Stefan/Koch, Anne (2017): Global Migration Governance im Zeitalter gemischter Wanderungen, Berlin.

Angenendt, Stefan/Martin-Shields, Charles/Schraven, Benjamin (2017): Mehr Entwicklung – mehr Migration?, Berlin.

Appleyard, R. T. (1964): British Emigration to Australia, Toronto: University of Toronto Press.

Arts, Wil A./Gelissen, John (2012): Models of the Welfare State. In: Castles, Francis G./Leibfried, Stephan/Lewis, Jane/Obinger, Herbert/Pierson, Christopher (Hrsg.): The Oxford handbook of the welfare state, Oxford: Oxford University Press, S. 569–583.

Ataç, Ilker/Steinhilper, Elias (2020): Arenas of fragile alliance making. Space and interaction in precarious migrant protest in Berlin and Vienna. In: Social Movement Studies. DOI:10.1080/14742837.2020.1837099.

Aumüller, Jutta (2009): Assimilation, Bielefeld: Transcript.

Auth, Günther (2014): Theorien der Internationalen Beziehungen kompakt. 2. Aufl., Berlin: De Gruyter Oldenbourg.

Bache, Ian/George, Stephen/Bulmer, Simon (2011): Politics in the European Union. 3. Aufl., Oxford: Oxford University Press.

Bade, Klaus J. (Hrsg.) (1994): Das Manifest der 60, München: Beck.

Bade, Klaus J. (Hrsg.) (1996): Die Multikulturelle Herausforderung, München: Beck.
Bade, Klaus J. (2000): Europa in Bewegung, München: Beck.
Bade, Klaus J. (2005): Nachholende Integrationspolitik. In: Zeitschrift für Ausländerrecht und Ausländerpolitik 25, H. 7, S. 217–222.
Bade, Klaus J./Emmer, Pieter C./Lucassen, Leo/Oltmer, Jochen (Hrsg.) (2010): Enzyklopädie Migration in Europa. 3. Aufl., Paderborn, München: Ferdinand Schöningh; Wilhelm Fink.
Bade, Klaus J./Oltmer, Jochen (2004): Normalfall Migration, Bonn: Bundeszentrale für Politische Bildung.
Bade, Klaus J./Oltmer, Jochen (2010): Deutschland. In: Bade, Klaus J./Emmer, Pieter C./ Lucassen, Leo/Oltmer, Jochen (Hrsg.): Enzyklopädie Migration in Europa. 3. Aufl., Paderborn/München: Ferdinand Schöningh; Wilhelm Fink, S. 141–170.
Bahl, Eva/Becker, Johannes (Hrsg.) (2020): Global processes of flight and migration = Globale Flucht- und Migrationsprozesse, Göttingen: Göttingen University Press.
Bakewell, Oliver (2008): 'Keeping Them in Their Place': the ambivalent relationship between development and migration in Africa. In: Third World Quarterly 29, H. 7, S. 1341–1358.
Baringhorst, Sigrid (2010): Aborigines, Anglos and Asians - Discourses on Multiculturalism and National Identity in Autsralian Migration Research. In: Thränhardt, Dietrich/ Bommes, Michael (Hrsg.): National paradigms of migration research, Göttingen: V&R Unipress, S. 61–77.
Baringhorst, Sigrid/Hunger, Uwe/Schönwälder, Karen (Hrsg.) (2006): Politische Steuerung von Integrationsprozessen, Wiesbaden: VS Verlag für Sozialwissenschaften.
Barth, Fredrik (1998): Ethnic Groups and Boundaries, Long Grove: Waveland Press.
Bast, Jürgen (2013): Denizenship als rechtliche Form der Inklusion in eine Einwanderungsgesellschaft. In: Zeitschrift für Ausländerrecht und Ausländerpolitik 33, H. 10, S. 353–357.
Bauböck, Rainer (2003): Reinventing Urban Citizenship. In: Citizenship Studies 7, H. 2, S. 139–160.
Bauböck, Rainer (2012): Migration and Citizenship: Normative Debates. In: Rosenblum, Marc R./Tichenor, Daniel J. (Hrsg.): The Oxford handbook of the politics of international migration, Oxford: Oxford University Press, S. 594–613.
Bauböck, Rainer (Hrsg.) (2018): Debating Transformations of National Citizenship, Cham: Springer International Publishing.
Bauböck, Rainer (2020): The Democratic Case for Immigration. In: Politische Vierteljahresschrift 61, H. 2, S. 357–375.
Baumann, Anne-Luise/Feneberg, Valentin/Kronenbitter, Lara/Naqshband, Saboura/Nowicka, Magdalena/Will, Anne-Kathrin (2019): Ein Zeitfenster für Vielfalt, Bonn: Friedrich-Ebert-Stiftung.
Beck, Ulrich/Beck-Gernsheim, Elisabeth (Hrsg.) (1994): Riskante Freiheiten. Individualisierung in modernen Gesellschaften, Frankfurt/Main: Suhrkamp.
Beck, Ulrich/Grande, Edgar (2004): Das kosmopolitische Europa, Frankfurt/Main: Suhrkamp.
Bendel, Petra (2011): Wohin bewegt sich die Europäische Einwanderungspolitik? Perspektiven nach dem Lissabon-Vertrag und dem Stockholm-Programm. In: Hentges, Gudrun (Hrsg.): Europa - quo vadis?, Wiesbaden: VS Verlag für Sozialwissenschaften, S. 189–204.
Bendel, Petra (2013): Nach Lampedusa, Bonn.
Bendel, Petra (2018): Contemporary Politics of International Protection in Europe: From Protection to Prevention. In: Weinar, Agnieszka/Bonjour, Saskia/Zhyznomirska, Lyubov (Hrsg.) The Routledge handbook of the politics of migration in Europe, London et al.: Taylor & Francis, Chapter 23.

Berghan, Wilhelm/Schröter, Franziska (Hrsg.) (2019): Verlorene Mitte - feindselige Zustände, Bonn: Dietz.
Bernauer, Thomas/Jahn, Detlef/Kuhn, Patrick M./Walter, Stefanie (2018): Einführung in die Politikwissenschaft. 4. Aufl., Baden-Baden: Nomos.
Berry, John W. (1997): Immigration, Acculturation, and Adaptation. In: Applied Psychology 46, H. 1, S. 5–34.
Betts, Alexander (2003): Public Goods Theory and the Provision of Refugee Protection: The Role of the Joint-Product Model in Burden-Sharing Theory. In: Journal of Refugee Studies 16, H. 3, S. 274–296.
Betts, Alexander (2009 a): Forced migration and global politics, Malden, Oxford, Chichester: Wiley-Blackwell.
Betts, Alexander (2009 b): Institutional Proliferation and the Global Refugee Regime. In: Perspectives on Politics 7, H. 1, S. 53–58.
Betts, Alexander (2013): Regime Complexity and International Organizations: UNHCR as a Challenged Institution. In: Global Governance: A Review of Multilateralism and International Organizations 19, H. 1, S. 69–81.
Bhabha, Homi K. (2007): The Location of Culture, London: Routledge.
Bieling, Hans-Jürgen (2013): Intergouvernementalismus. In: Bieling, Hans-Jürgen/Lerch, Marika (Hrsg.): Theorien der europäischen Integration. 3. Aufl., Wiesbaden: Springer, S. 77–97.
Bigo, Didier (2014): The (in)securitization practices of the three universes of EU border control: Military/Navy – border guards/police – database analysts. In: Security Dialogue 45, H. 3, S. 209–225.
Bigo, Didier/Guild, Elspeth (Hrsg.) (2017): Controlling frontiers. Free movement into and within Europe. New York: Routledge.
Birsl, Ursula (2005): Migration und Migrationspolitik im Prozess der europäischen Integration?, Opladen: Budrich.
Bjerre, Liv/Helbling, Marc/Römer, Friederike/Zobel, Malisa (2015): Conceptualizing and Measuring Immigration Policies: A Comparative Perspective. In: International Migration Review 49, H. 3, 555-600.
Blätte, Andreas (2010): Integration im Spannungsfeld von Ressortzuständigkeit und Ubiquität - Funktionalität und diskursive Grundlagen der Landesintegrationsministerien, Potsdam.
Blätte, Andreas (2015): Grenzen und Konfigurationen politischer Handlungsfelder. Skizze einer typologischen Theorie. In: dms - der moderne staat 8, H. 1, S. 91–112.
Blätte, Andreas (2016 a): Migrationspolitik in der Vergleichenden Politikwissenschaft. In: Lauth, Hans-Joachim/Kneuer, Marianne/Pickel, Gert (Hrsg.): Handbuch vergleichende Politikwissenschaft, Wiesbaden: Springer VS, S. 1–12.
Blätte, Andreas (2016 b): Politische Steuerung im Migrations-Integrations-Dilemma. In: Zeitschrift für Politikwissenschaft 26, H. 1, S. 79–86.
Blätte, Andreas (2017): Regelungen der Bundesländer in Bezug auf Integration, Duisburg-Essen.
Bloemraad, Irene/Kymlicka, Will/Lamont, Michèle/Hing, Leanne S. S. (2019): Membership without Social Citizenship? Deservingness & Redistribution as Grounds for Equality. In: Daedalus 148, H. 3, S. 73–104.
BMZ (2017): Afrika und Europa – Neue Partnerschaft für Entwicklung, Frieden und Zukunft, Berlin. http://www.bmz.de/de/mediathek/publikationen/reihen/infobroschueren_flyer/infobroschueren/Materialie310_Afrika_Marshallplan.pdf, 15.03.21.
Bogumil, Jörg/Burgi, Martin/Kuhlmann, Sabine/Hafner, Jonas/Heuberger, Moritz/Krönke, Christoph (2018): Bessere Verwaltung in der Migrations- und Integrationspolitik, Baden-Baden: Nomos.
Bogumil, Jörg/Jann, Werner (2020): Verwaltung und Verwaltungswissenschaften in Deutschland, Wiesbaden: Springer VS.

Bogumil, Jörg/Kuhlmann, Sabine (2020): Integrationsverwaltung im Föderalismus. In: Knüpling, Felix/Kölling, Mario/Kropp, Sabine/Scheller, Henrik (Hrsg.): Reformbaustelle Bundesstaat, Wiesbaden: Springer VS, S. 459–483.

Bogumil, Jörg/Kuhlmann, Sabine/Proeller, Isabella (Hrsg.) (2019): Verwaltungshandeln in der Flüchtlingskrise, Baden-Baden: Nomos.

Böhmelt, Tobias (2019): How public opinion steers national immigration policies. In: Migration Studies 42, H. 13, S. 2087.

Bommes, Michael (1999): Migration und nationaler Wohlfahrtsstaat, Opladen: Westdeutscher Verlag.

Bommes, Michael (2003): Die politische ‚Verwaltung' von Migration in Gemeinden. In: Oltmer, Jochen (Hrsg.): Migration steuern und verwalten, Göttingen: V&R Unipress, S. 459–480.

Bommes, Michael (Hrsg.) (2011 a): Migration und Migrationsforschung in der modernen Gesellschaft.

Bommes, Michael (2011 b): Nationale Paradigmen der Migrationsforschung. In: Bommes, Michael (Hrsg.): Migration und Migrationsforschung in der modernen Gesellschaft, S. 15–52.

Bonjour, Saskia (2011): The Power and Morals of Policy Makers: Reassessing the Control Gap Debate. In: International Migration Review 45, H. 1, S. 89–122.

Borjas, George J. (1999): Immigration and Welfare Magnets. In: Journal of Labor Economics 17, H. 4, S. 607–637.

Borkert, Maren/Bosswick, Wolfgang/Heckmann, Friedrich/Lüken-Klaßen, Doris (2007): Local integration policies for migrants in Europe, Luxembourg.

Boswell, Christina (2007 a): Migration Control in Europe after 9/11: Explaining the Absence of Securitization. In: Journal of Common Market Studies 45, H. 3, S. 589–610.

Boswell, Christina (2007 b): Theorizing Migration Policy: Is There a Third Way? In: International Migration Review 41, H. 1, S. 75–100.

Boswell, Christina (2008): Combining Economics and Sociology in Migration Theory. In: Journal of Ethnic and Migration Studies 34, H. 4, S. 549–566.

Boswell, Christina/Geddes, Andrew (2011): Migration and mobility in the European Union, Basingstoke, New York: Palgrave Macmillan.

Bourdieu, Pierre (2015): Ökonomisches Kapital – Kulturelles Kapital – Soziales Kapital. In: Steinrücke, Margareta (Hrsg.): Die verborgenen Mechanismen der Macht. 1992. Aufl., Hamburg: VSA Verlag Hamburg, S. 49–80.

Brady, David/Finnigan, Ryan (2014): Does Immigration Undermine Public Support for Social Policy? In: American Sociological Review 79, H. 1, S. 17–42.

Brasche, Ulrich (2017): Europäische Integration. 4. Aufl., Boston/Berlin: Walter de Gruyter.

Brettell, Caroline/Hollifield, James F. (Hrsg.) (2014): Migration Theory. 3. Aufl., London: Routledge.

Breznau, Nate/Rinke, Eike M./et al. (2019): The Crowdsourced Replication Initiative: Investigating Immigration and Social Policy Preferences. Executive Report. https://www.osf.io/preprints/socarxiv/6j9qb/, 15.03.21.

Brubaker, Rogers (1992): Citizenship and nationhood in France and Germany, Cambridge, Mass. u.a: Harvard University Press.

Brumat, Leiza/Acosta, Diego (2019): Three generations of free movement of regional migrants in Mercosur: any influence from the EU? In: Geddes, Andrew/Espinoza-Vera, Marcia/Hadj-Abdou, Leila/Brumat, Leiza (Hrsg.): The dynamics of regional migration governance, Cheltenham: Edward Elgar, S. 54–72.

Buonanno, Laurie/Nugent, Neill (2013): Policies and policy processes of the European Union, Basingstoke: Palgrave Macmillan.

Castillejo, Clare (2019): The influence of EU migration policy on regional free movement in the IGAD and ECOWAS regions, Bonn.

Castles, Stephen (2003): The International Politics of Forced Migration. In: The Socialist Register H. 39, S. 172–192.

Castles, Stephen (2004 a): The Factors That Make and Unmake Migration Policies. In: International Migration Review 38, H. 3, S. 852–884.

Castles, Stephen (2004 b): Why Migration Policies Fail. In: Ethnic and Racial Studies 27, H. 2, S. 205–227.

Castles, Stephen (2009): Development and Migration - Migration and Development: What Comes First? Global Perspective and African Experiences. In: Theoria: A Journal of Social & Political Theory. DOI:10.3167/th.2009.5612102.

Castles, Stephen/Davidson, Alastair (Hrsg.) (2000): Citizenship and Migration, New York: Routledge.

Castles, Stephen/Haas, Hein d./Miller, Mark J. (2013): The Age of Migration. 5. Aufl., London: Palgrave Macmillan.

Castles, Stephen/Kosack, Godula (1972): The Function of Labour Immigration in Western European Capitalism. In: New Left Review H. 73, S. 3–21.

Cerami, Alfio/Vanhuysse, Pieter (Hrsg.) (2009): Post-communist welfare pathways, Basingstoke: Palgrave Macmillan.

Chebel d'Appollonia, Ariane (2012): Frontiers of fear, Ithaca, New York: Cornell University Press.

CHS, Commission on Human Security (2003): Human security now, New York. https://www.reliefweb.int/sites/reliefweb.int/files/resources/91BAEEDBA50C6907C1256D19006A9353-chs-security-may03.pdf, 15.03.21.

Clark, Ken/Drinkwater, Stephen/Robinson, Catherine (2016): Labor Mobility as an Adjustment Mechanism in the UK During the Great Recession. In: Kahanec, Martin/Zimmermann, Klaus F. (Hrsg.): Labor Migration, EU Enlargement, and the Great Recession, Berlin: Springer, S. 139–162.

Clemens, Michael A./McKenzie, David (2018): Why Don't Remittances Appear to Affect Growth? In: The Economic Journal 128, H. 612, F179–F209.

Connell, John (1980): Remittances and rural development, Canberra: Australian Nat. Univ.

Constant, Amelie/Massey, Douglas S. (2005): Labor Market Segmentation and the Earnings of German Guestworkers. In: Population Research and Policy Review 24, H. 5, S. 489–512.

Cook-Martín, David/FitzGerald, David S. (2019): How Their Laws Affect our Laws: Mechanisms of Immigration Policy Diffusion in the Americas, 1790–2010. In: Law & Society Review 53, H. 1, S. 41–76.

Cornelius, Wayne A./Martin, Philip L./Hollifield, James F. (1994): Introduction: The Ambivalent Quest for Immigration Control. In: Cornelius, Wayne A./Tsuda, Takeyuki/Martin, Philip L./Hollifield, James F. (Hrsg.): Controlling Immigration, Stanford: Stanford University Press, S. 3–41.

Crawley, Heaven/Düvell, Franck/Jones, Katharine/McMahon, Simon/Sigona, Nando (2018): Unravelling Europe's 'migration crisis': Journeys over land and sea, Bristol, UK: Bristol University Press.

Crowley, John (2017): Where Does the State Actually Start? The Contemporary Governance of Work and Migration. In: Bigo, Didier/Guild, Elspeth (Hrsg.): Controlling frontiers, New York: Routledge, S. 140–160.

Cuttitta, Paolo (2012): Das europäische Grenzregime: Dynamiken und Wechselwirkungen. In: Hess, Sabine/Kasparek, Bernd (Hrsg.): Grenzregime. 2. Aufl., Berlin: Assoziation A, S. 23–40.

Czaika, Mathias/Haas, Hein d. (2013): The Effectiveness of Immigration Policies. In: Population and Development Review 39, H. 3, S. 487–508.

Dahinden, Janine (2016): A plea for the 'de-migranticization' of research on migration and integration. In: Ethnic and Racial Studies 39, H. 13, S. 2207–2225.

Dahlvik, Julia (2017): Asylum as construction work: Theorizing administrative practices. In: Migration Studies 5, H. 3, S. 369–388.
Dávila, Arlene M. (2008): Latino Spin, New York: New York University Press.
Delgado Wise, Raúl/Márquez Covarrubias, Humberto (2011): The Dialectic between Uneven Development and Forced Migration: Toward a Political Economy Framework. In: Faist, Thomas/Fauser, Margit/Kivisto, Peter (Hrsg.): The migration-development nexus, Basingstoke: Palgrave Macmillan, S. 57–82.
Devitt, Camilla (2011): Varieties of Capitalism, Variation in Labour Immigration. In: Journal of Ethnic and Migration Studies 37, H. 4, S. 579–596.
Dick, Eva/Schraven, Benjamin (2019): Regional cooperation on migration and mobility: experiences from two African regions. In: Geddes, Andrew/Espinoza-Vera, Marcia/Hadj-Abdou, Leila/Brumat, Leiza (Hrsg.): The dynamics of regional migration governance, Cheltenham: Edward Elgar, S. 109–127.
Dienelt, Klaus (o. J.): EGMR: Zurückweisung von Flüchtlingen auf hoher See rechtswidrig. https://www.migrationsrecht.net/nachrichten-asylrecht/egmr-menschenrechte-fluechtlinge-zurueckweisung.html, 15.03.21.
Dietz, Andreas (2020): Ausländer- und Asylrecht, Baden-Baden: Nomos.
Dinan, Desmond (2010): Ever closer Union. 4. Aufl., New York, London: Palgrave.
Dünnwald, Stephan (2015): Remote Control? In: movements. Journal for Critical Migration and Border Regime Studies.
Dustmann, Christian/Frattini, Tommaso/Halls, Caroline (2010): Assessing the Fiscal Costs and Benefits of A Migration to the UK. In: Fiscal Studies. DOI:10.1111/j.1475-5890.2010.00106.x.
Dustmann, Christian/Schönberg, Uta/Stuhler, Jan (2016): The Impact of Immigration: Why Do Studies Reach Such Different Results? In: Journal of Economic Perspectives 30, H. 4, S. 31–56.
Eder, Klaus (1998): Warum ist Migration ein soziales Problem? Von einer politischen Ökonomie zu einer politischen Soziologie der Migration. In: Bommes, Michael/Halfmann, Jost (Hrsg.): Migration in nationalen Wohlfahrtsstaaten, Osnabrück: Rasch, S. 63–79.
Ekşi, Nuray (2016): Die Asylpolitik der Türkei: Ein Überblick, Bonn. https://www.bpb.de/gesellschaft/migration/laenderprofile/229957/die-asylpolitik-der-tuerkei, 15.03.21.
Ellermann, Antje (2006): Street-level Democracy: How Immigration Bureaucrats Manage Public Opinions. In: Guiraudon, Virginie/Lahav, Gallya (Hrsg.): Special Issue on Immigration Policy in Europe: The Politics of Control, London/New York: Routledge, S. 293–309.
Ellermann, Antje (2010): Undocumented Migrants and Resistance in the Liberal State. In: Politics & Society 38, H. 3, S. 408–429.
Engelen, Ewald (2003): How to Combine Openness and Protection? Citizenship, Migration, and Welfare Regimes. In: Politics & Society 31, H. 4, S. 503–536.
Engler, Marcus (2018): Das globale Flüchtlingsregime: Konzeptionen, Flüchtlingsbegriffe und Verantwortungsteilung, Osnabrück.
Engler, Marcus (2019 a): Umkämpfte Externalisierung. Zur Dynamik der Diskussionen über regionale ›Ausschiffungszentren‹ und ihre Folgen für die europäische und globale Flüchtlingspolitik. In: Zeitschrift für Flucht- und Flüchtlingsforschung 3, H. 1, S. 128–145.
Engler, Marcus (2019 b): Europäische Asyl- und Flüchtlingspolitik seit 2015 – eine Bilanz. http://www.bpb.de/gesellschaft/migration/laenderprofile/290977/europaeische-asyl-und-fluechtlingspolitik-seit-2015?p=all#footnode31-31, 15.03.21.
Espenshade, Thomas J./Hempstead, Katherine (1996): Contemporary American Attitudes Toward U.S. Immigration. In: International Migration Review 30, H. 2, S. 535.
Esping-Andersen, Gøsta (1990): The three worlds of welfare capitalism, Princeton, NJ: Princeton University Press.

Esping-Andersen, Gøsta (2009): Incomplete Revolution: Adapting Welfare States to Women's New Roles, Cambridge: Wiley.
Esser, Hartmut (2001): Integration und ethnische Schichtung, Mannheim.
Esser, Hartmut (2006): Sprache und Integration, Frankfurt/Main: Campus.
Ette, Andreas (2017): Migration and refugee policies in Germany, Opladen, Berlin, Toronto: Budrich.
Eule, Tobias G. (2014): Inside Immigration Law, Farnham: Ashgate.
Europäische Kommission (2020): Ein Neuanfang in der Migrationspolitik: Aufbau von Vertrauen und Schaffung eines neuen Gleichgewichts zwischen Verantwortung und Solidarität, Brüssel.
Europäisches Parlament (2019): Europäische Grenz- und Küstenwache. http://www.europarl.europa.eu/doceo/document/TA-8-2019-0415_DE.html, 15.03.21.
Facchini, Giovanni/Mayda, Anna M./Guiso, Luigi/Schultz, Christian (2008): From Individual Attitudes Towards Migrants to Migration Policy Outcomes: Theory and Evidence [with Disscussion]. In: Economic Policy 23, H. 56, S. 651–713.
Faist, Thomas (2000): Transnationalization in international migration: implications for the study of citizenship and culture. In: Ethnic and Racial Studies 23, H. 2, S. 189–222.
Faist, Thomas/Fauser, Margit (2011): The Migration-Development Nexus: Toward a Transnational Perspective. In: Faist, Thomas/Fauser, Margit/Kivisto, Peter (Hrsg.): The migration-development nexus, Basingstoke: Palgrave Macmillan, S. 1–26.
Faist, Thomas/Fauser, Margit/Reisenauer, Eveline (2014): Das Transnationale in der Migration, Weinheim, Basel: Beltz Juventa.
Faist, Thomas/Fauser, Margit/Kivisto, Peter (Hrsg.) (2011) The migration-development nexus: A transnational perspective. Basingstoke: Palgrave Macmillan.
Farrokhzad, Schahrzad (2019): Chancen und Barrieren für geflüchtete Frauen im Kontext von Qualifizierung und Beschäftigung. In: Arslan, Emre/Bozay, Kemal (Hrsg.): Symbolische Ordnung und Flüchtlingsbewegungen in der Einwanderungsgesellschaft, Wiesbaden: Springer VS, S. 407–437.
FB SVR, Forschungsbereich beim Sachverständigenrat deutscher Stiftungen für Migration und Integration (2019): Mit der Politik auf Du und Du? Wie Menschen mit und ohne Migrationshintergrund ihre politische Selbstwirksamkeit wahrnehmen, Berlin. https://www.svr-migration.de/wp-content/uploads/2019/04/SVR-FB_Politische_Selbstwirksamkeit.pdf, 15.03.21.
FB SVR, Forschungsbereich beim Sachverständigenrat deutscher Stiftungen für Migration und Integration (2020 a): Vielfältig engagiert – breit vernetzt – partiell eingebunden? Migrantenorganisationen als gestaltende Kraft in der Gesellschaft, Berlin. https://www.svr-migration.de/publikationen/migrantenorganisationen-in-deutschland, 15.03.21.
FB SVR, Forschungsbereich beim Sachverständigenrat deutscher Stiftungen für Migration und Integration (2020 b): Mitten im Spiel – oder nur an der Seitenlinie? Politische Partizipation und zivilgesellschaftliches Engagement von Menschen mit Migrationshintergrund in Deutschland, Berlin. https://www.svr-migration.de/wp-content/uploads/2021/03/SVR-FB_Studie_Be-Part.pdf, 15.03.2021.
Fetzer, Joel S. (2012): Public Opinion and Populism. In: Rosenblum, Marc R./Tichenor, Daniel J. (Hrsg.): The Oxford handbook of the politics of international migration, Oxford: Oxford University Press, S. 301–323.
Fiddian-Qasmiyeh, Elena (2018): Southern-led responses to displacement. In: Fiddian-Qasmiyeh, Elena/Daley, Patricia (Hrsg.): Routledge Handbook of South–South Relations, Abingdon: Routledge.
Fiddian-Qasmiyeh, Elena/Loescher, Gil/Long, Katy/Sigona, Nando (Hrsg.) (2014): The Oxford Handbook of Refugee and Forced Migration Studies, Oxford: Oxford University Press.
Filsinger, Dieter (2008): Bedingungen erfolgreicher Integration - Integrationsmonitoring und Evaluation, Bonn: Friedrich-Ebert-Stiftung.

Fine, Janice/Tichenor, Daniel J. (2012): An Enduring Dilemma: Immigration and Organized Labor in Western Europe and the United States. In: Rosenblum, Marc R./Tichenor, Daniel J. (Hrsg.): The Oxford handbook of the politics of international migration, Oxford: Oxford University Press, S. 532–572.
Fine, Sarah/Ypi, Lea (Hrsg.) (2016): Migration in political theory, Oxford: Oxford University Press.
Finotelli, Claudia (2013): Italy. In: Thränhardt, Dietrich (Hrsg.): Immigration and federalism in europe, Osnabrück: IMIS, S. 49–64.
Finotelli, Claudia/Arango, Joaquín (2011): Regularisation of unauthorised immigrants in Italy and Spain: determinants and effects. In: Documents d'Anàlisi Geogràfica 57, H. 3, S. 495.
Foroutan, Naika (2019): Die postmigrantische Gesellschaft, Bielefeld: Transcript.
Foroutan, Naika/Canan, Coşkun/Arnold, Sina/Schwarze, Benjamin (2014): Deutschland postmigrantisch I. Gesellschaft, Religion, Identität, Berlin: BIM.
Foroutan, Naika/Hensel, Jana (2020): Die Gesellschaft der Anderen.
Foroutan, Naika/Karakayalı, Juliane/Spielhaus, Riem (Hrsg.) (2018): Postmigrantische Perspektiven, Frankfurt/Main: Campus.
Foroutan, Naika/Schäfer, Isabel (2009): Hybride Identitäten - muslimische Migrantinnen und Migranten in Deutschland und Europa. In: Aus Politik und Zeitgeschichte H. 5, S. 11–18.
Foroutan, Naika/Simon, Mara/Canan, Coskun (2019): Wer befürwortet ein Kopftuchverbot in Deutschland? https://www.dezim-institut.de/fileadmin/user_upload/Presse/DRN/DRN_01_190830_3einseitig.pdf, 15.03.21.
Forschungsgruppe Staatsprojekt Europa (Hrsg.) (2014): Kämpfe um Migrationspolitik, Bielefeld: Transcript.
Foucault, Michel (2006): Die Ordnung der Dinge, Frankfurt/Main: Suhrkamp.
Franzen, K. E. (2016): Migration als Kriegsfolge: Instrumente und Intentionen staatlicher Akteure nach 1945. In: Oltmer, Jochen (Hrsg.): Handbuch Staat und Migration in Deutschland seit dem 17. Jahrhundert, Berlin: De Gruyter Oldenbourg, S. 721–740.
Freeden, Michael (1998): Is Nationalism a Distinct Ideology? In: Political Studies 46, H. 4, S. 748–765.
Freeman, Gary P. (1995): Modes of Immigration Politics in Liberal Democratic States. In: International Migration Review 29, H. 4, S. 881.
Freeman, Gary P. (2002): Toward a Theory of Migration Politics, Chicago.
Freeman, Gary P. (2004): Immigrant Incorporation in Western Democracies. In: International Migration Review 38, H. 3, S. 945–969.
Freeman, Gary P./Hansen, Randall/Leal, David L. (Hrsg.) (2013 a): Immigration and Public Opinion in Liberal Democracies, New York: Routledge.
Freeman, Gary P./Hansen, Randall/Leal, David L. (2013 b): Introduction. Immigration and Public Opinion. In: Freeman, Gary P./Hansen, Randall/Leal, David L. (Hrsg.): Immigration and Public Opinion in Liberal Democracies, New York: Routledge, S. 1–18.
Freeman, Gary P./Tendler, Stuart M. (2012): Interest Group Politics and Immigration Policy. In: Rosenblum, Marc R./Tichenor, Daniel J. (Hrsg.): The Oxford handbook of the politics of international migration, Oxford: Oxford University Press, S. 324–344.
Freise, Matthias/Zimmer, Annette (Hrsg.) (2019): Zivilgesellschaft und Wohlfahrtsstaat im Wandel, Wiesbaden: Springer VS.
Friese, Heidrun (2017): Flüchtlinge: Opfer - Bedrohung - Helden: Zur politischen Imagination des Fremden, Bielefeld: Transcript.
Frontex, European Border and Coast Guard Agency (2020): Risk analysis for 2020, Luxembourg.
Gammeltoft-Hansen, Thomas (2014): International Refugee Law and Refugee Policy: The Case of Deterrence Policies. In: Journal of Refugee Studies 27, H. 4, S. 574–595.

Geddes, Andrew/Scholten, Peter (2016): The politics of migration and immigration in Europe. 2. Aufl., London: Sage.

Geiger, Martin/Pécoud, Antoine (2012): The Politics of International Migration Management. In: Geiger, Martin/Pécoud, Antoine (Hrsg.): The politics of international migration management, Basingstoke: Palgrave Macmillan, S. 1–20.

Geiger, Martin/Pécoud, Antoine (2014): International Organisations and the Politics of Migration. In: Journal of Ethnic and Migration Studies 40, H. 6, S. 865–887.

Geißler, Rainer (2005): Interkulturelle Integration von Migranten. In: Geißler, Rainer/Pöttker, Horst (Hrsg.): Massenmedien und die Integration ethnischer Minderheiten in Deutschland, Bielefeld: Transcript, S. 45–70.

Georgi, Fabian (2012): For the Benefit of Some: The International Organization for Migration and its Global Migration Management. In: Geiger, Martin/Pécoud, Antoine (Hrsg.): The politics of international migration management, Basingstoke: Palgrave Macmillan, S. 45–72.

Gerard, Alison/Pickering, Sharon (2014): Gender, Securitization and Transit: Refugee Women and the Journey to the EU. In: Journal of Refugee Studies 27, H. 3, S. 338–359.

Gerst, Dominik/Klessmann, Maria/Krämer, Hannes (Hrsg.) (2021): Grenzforschung, Baden-Baden: Nomos.

Gesemann, Frank/Roth, Roland (2015): Integration ist (auch) Ländersache! Schritte zur politischen Inklusion von Migrantinnen und Migranten in den Bundesländern. 2. Aufl., Berlin.

Gesemann, Frank/Roth, Roland (Hrsg.) (2018): Handbuch Lokale Integrationspolitik, Wiesbaden: Springer VS.

Gesemann, Frank/Roth, Roland/Aumüller, Jutta (2012): Stand der kommunalen Integrationspolitik in Deutschland, Berlin: BMI / IntB.

Gest, Justin/Boucher, Anna/Challen, Suzanna/Burgoon, Brian/Thielemann, Eiko/Beine, Michel/McGovern, Patrick/Crock, Mary/Rapoport, Hillel/Hiscox, Michael (2014): Measuring and Comparing Immigration, Asylum and Naturalization Policies Across Countries: Challenges and Solutions. In: Global Policy 5, H. 3, S. 261–274.

Ghosh, Bimal (2000): Managing Migration, New York: Oxford University Press.

Gibney, Matthew (2014): Political Theory, Ethics, and Forced Migration. In: Fiddian-Qasmiyeh, Elena/Loescher, Gil/Long, Katy/Sigona, Nando (Hrsg.): The Oxford Handbook of Refugee and Forced Migration Studies, Oxford: Oxford University Press.

Glick Schiller, Nina (2011): A Global Perspective on Migration and Development. In: Faist, Thomas/Fauser, Margit/Kivisto, Peter (Hrsg.): The migration-development nexus, Basingstoke: Palgrave Macmillan, S. 29–56.

Glorius, Birgit/Oesch, Lucas/Nienaber, Birte/Doomernik, Jeroen (2019): Refugee Reception within a common European asylum system: looking at convergences and divergences through a local-to-local comparison. In: Erdkunde 73, H. 1, S. 19–29.

Gluns, Danielle (2020): Innovation und Legitimation an den Außengrenzen der EU: Die Situation der Geflüchteten in Sizilien. In: Pioch, Roswitha/Toens, Katrin (Hrsg.): Innovation und Legitimation in der Migrationspolitik: Politikwissenschaft, politische Praxis und Soziale Arbeit im Dialog, Wiesbaden: Springer VS, S. 123–145.

Gluns, Danielle/Schammann, Hannes (2020): Die EU und die globale Migration als gegenwärtige Herausforderung und bleibende Zukunftsfrage. In: Gehler, Michael/Merkl, Alexander/Schinke, Kai (Hrsg.): Die Europäische Union als Verantwortungsgemeinschaft, Wien: Böhlau, S. 235–256.

Gluns, Danielle/Wessels, Janna (2017): Waste of Paper or Useful Tool? The Potential of the Temporary Protection Directive in the Current 'Refugee Crisis'. In: Refugee Survey Quarterly 36, H. 2, S. 57–83.

Goebel, Simon (2021): Einmischen! Aber wie? Migrationsforschung zwischen Wissenschaftskommunikation, kritischer Politikbegleitung und Politikberatung. In: Zeitschrift für Migrationsforschung. DOI:10.48439/ZMF.V1I2.110.

Goerres, Achim/Spies, Dennis C./Mayer, Sabrina J. (2018): Deutsche mit Migrationshintergrund bei der Bundestagswahl 2017: Erste Auswertungen der Immigrant German Election Study zu Deutschtürken und Russlanddeutschen. https://www.uni-due.de/migranten wahlstudie/, 05.02.21.
Goffman, Erving (1974): Frame analysis: An essay on the organization of experience, Boston: Northeastern University Press.
Gold, Steven J./Nawyn, Stephanie J. (Hrsg.) (2019): The Routledge International Handbook of Migration Studies. 2. Aufl.: Routledge.
Gordon, Milton M. (1964): Assimilation in American Life, New York: Oxford University Press.
Grande, Edgar (2012): Governance-Forschung in der Governance-Falle? – Eine kritische Bestandsaufnahme. In: Politische Vierteljahresschrift 53, H. 4, S. 565–592.
Groß, Thomas (2018): Das rechtliche Migrationsregime der Aufenthaltszwecke. In: Pott, Andreas/Rass, Christoph/Wolff, Frank (Hrsg.): Was ist ein Migrationsregime?, Wiesbaden, Germany: Springer VS, S. 225–238.
Gundelach, Birte/Manatschal, Anita (2017): Ethnic Diversity, Social Trust and the Moderating Role of Subnational Integration Policy. In: Political Studies 65, H. 2, S. 413–431.
Günther, Wolfgang/Kurrek, Dennis/Töller, Annette E. (2019): Ein starker Fall für die Parteiendifferenztheorie: Die Einführung der Gesundheitskarte für Asylsuchende in den Bundesländern. In: Zeitschrift für Politikwissenschaft. DOI:10.1007/s41358-019-00193-4.
Haas, Hein d. (2010 a): Migration and Development: A Theoretical Perspective. In: International Migration Review 44, H. 1, S. 227–264.
Haas, Hein d. (2010 b): Migration transitions: a theoretical and empirical inquiry into the developmental drivers of international migration, Oxford.
Haas, Hein d. (2012): The Migration and Development Pendulum: A Critical View on Research and Policy. In: International Migration 50, H. 3, S. 8–25.
Haas, Hein d./Czaika, Mathias/Flahaux, Marie-Laurence/Mahendra, Edo/Natter, Katharina/Vezzoli, Simona/Villares-Varela, María (2018 a): International Migration: Trends, determinants and policy effects.
Haas, Hein d./Natter, Katharina (2015): The determinants of migration policies, Oxford.
Haas, Hein d./Natter, Katharina/Vezzoli, Simona (2018 b): Growing Restrictiveness or Changing Selection? The Nature and Evolution of Migration Policies. In: International Migration Review 49, H. 3, S. 324–367.
Hackett, Sarah E. (2017): The 'local turn' in historical perspective: two city case studies in Britain and Germany. In: International Review of Administrative Sciences 83, H. 2, S. 340–357.
Hall, Peter A./Soskice, David (Hrsg.) (2001): Varieties of Capitalism, Oxford: Oxford University Press.
Hammar, Tomas (Hrsg.) (1985): European Immigration Policy, Cambridge: Cambridge University Press.
Hammar, Tomas (1990): Democracy and the Nation State, Aldershot: Avebury.
Harell, Allison/Soroka, Stuart/Iyengar, Shanto (2017): Locus of Control and Anti-Immigrant Sentiment in Canada, the United States, and the United Kingdom. In: Political Psychology 38, H. 2, S. 245–260.
Hartley, Lisa K./Pedersen, Anne (2015): Asylum Seekers and Resettled Refugees in Australia: Predicting Social Policy Attitude From Prejudice Versus Emotion. In: Journal of Social and Political Psychology 3, H. 1, S. 179–197.
Haug, Sonja (2000): Klassische und neuere Theorien der Migration: Mannheimer Zentrum für Europäische Sozialforschung.
Heckmann, Friedrich (1997): Ethnos - eine imaginierte oder reale Gruppe? In: Hettlage, Robert/Deger, Petra/Wagner, Susanne (Hrsg.): Kollektive Identität in Krisen, Opladen: Westdeutscher Verlag, S. 46–55.
Heckmann, Friedrich (2015): Integration von Migranten, Wiesbaden: Springer VS.

Heimeshoff, Lisa-Marie/Hess, Sabine/Kron, Stefanie/Schwenken, Helen/Trzeciak, Miriam (Hrsg.) (2014): Grenzregime II. Migration, Kontrolle, Wissen: Transnationale Perspektiven. Berlin: Assoziation A, Berlin.

Heitmeyer, Wilhelm (Hrsg.) (2002): Deutsche Zustände, Berlin: Suhrkamp.

Helbling, Marc/Kalkum, Dorina (2018): Migration policy trends in OECD countries. In: Journal of European Public Policy 25, H. 12, S. 1779–1797.

Hentges, Gudrun (2013): Integrations- und Orientierungskurse - Eine Bilanz nach sieben Jahren. In: Brinkmann, Heinz U./Uslucan, Hacı-Halil (Hrsg.): Dabeisein und Dazugehören, Wiesbaden: Springer VS, S. 343–364.

Herbert, Ulrich (2001): Geschichte der Ausländerpolitik in Deutschland, München: Beck.

Hess, Sabine (2012): 'We are Facilitating States!' An Ethnographic Analysis of the ICMPD. In: Geiger, Martin/Pécoud, Antoine (Hrsg.): The politics of international migration management, Basingstoke: Palgrave Macmillan, S. 96–118.

Hess, Sabine/Kasparek, Bernd/Schwertl, Maria (2018): Regime ist nicht Regime ist nicht Regime. In: Pott, Andreas/Rass, Christoph/Wolff, Frank (Hrsg.): Was ist ein Migrationsregime?, Wiesbaden, Germany: Springer VS, S. 257–283.

Hess, Sabine/Kasparek, Bernd/Schwertl, Maria/Sontowski, Simon (2015): Europäisches Grenzregime. In: movements. Journal for Critical Migration and Border Regime Studies.

Higgins, Claire M. (2017): Asylum by boat, Sydney: NewSouth Publishing.

Hill, Michael J./Hupe, Peter L. (2014): Implementing Public Policy. 3. Aufl., Los Angeles: Sage.

Hitzler, Ronald/Honer, Anne (1994): Bastelexistenz. Über subjektive Konsequenzen der Individualisierung. In: Beck, Ulrich/Beck-Gernsheim, Elisabeth (Hrsg.): Riskante Freiheiten. Individualisierung in modernen Gesellschaften, Frankfurt/Main: Suhrkamp, S. 307–313.

Hobsbawm, Eric (2008): The Invention of Tradition, Cambridge: Cambridge University Press.

Hoerder, Dirk/Lucassen, Jan/Lucassen, Leo (2010): Terminologien und Konzepte in der Migrationsforschung. In: Bade, Klaus J./Emmer, Pieter C./Lucassen, Leo/Oltmer, Jochen (Hrsg.): Enzyklopädie Migration in Europa. 3. Aufl., Paderborn/München: Ferdinand Schöningh; Wilhelm Fink, S. 28–53.

Hoesch, Kirsten (2018): Migration und Integration, Wiesbaden: Springer VS.

Hoffmann-Nowotny, Hans-Joachim (1973): Soziologie des Fremdarbeiterproblems. Eine theoretische und empirische Analyse, Stuttgart: Enke.

Hofmann, Robin (2017): Flucht, Migration und die neue europäische Sicherheitsarchitektur, Wiesbaden: Springer VS.

Hollifield, James F. (1992 a): Immigrants, Markets, and States, Cambridge: Harvard University Press.

Hollifield, James F. (1992 b): Migration and International Relations: Cooperation and Control in the European Community. In: International Migration Review 26, H. 2, S. 568.

Hollifield, James F. (2003): Offene Weltwirtschaft und nationales Bürgerrecht: das liberale Paradox. In: Thränhardt, Dietrich/Hunger, Uwe (Hrsg.): Migration im Spannungsfeld von Globalisierung und Nationalstaat, Wiesbaden: Westdeutscher Verlag, S. 35–57.

Hollifield, James F. (2004): The Emerging Migration State. In: International Migration Review 38, H. 3, S. 885–912.

Hollifield, James (2012): 'Migration and International Relations'. In: Rosenblum, Marc R./Tichenor, Daniel J. (Hrsg.): The Oxford handbook of the politics of international migration. Oxford: Oxford University Press, S. 345–379

Holtkamp, Lars/Wiechmann, Eike/Friedhoff, Caroline (2013): Intersektionale Analyse der Parlamente – Repräsentation von MigrantInnen in bundesdeutschen Parlamenten, Hagen.

Holzinger, Katharina/Knill, Christoph (2005): Causes and conditions of cross-national policy convergence. In: Journal of European Public Policy 12, H. 5, S. 775–796.

Horst, Cindy/Grabska, Katarzyna (2015): Flight and Exile - Uncertainty in the Context of Conflict-Induced Displacement. In: Social Analysis. DOI:10.3167/sa.2015.590101.

Hosenball, Mark/Landay, Jonathan (2018): No evidence for Trump claim on 'terrorists': government sources. In: Reuters.

Hossain, Nina/Friedhoff, Caroline/Funder, Maria/Holtkamp, Lars/Wiechmann, Elke (2016): Partizipation - Migration - Gender, Baden-Baden: Nomos.

Hungbauer, Daniela (2019): Ausbildungsexpertin: „Wir sind sehr auf Flüchtlinge angewiesen". In: Augsburger Allgemeine.

Hunger, Uwe (2008): Ist Migrationspolitik die „bessere" Entwicklungshilfe? Zur Rolle der deutschen Entwicklungshilfe und der amerikanischen Einwanderungspolitik für den Aufstieg Indiens. In: Thränhardt, Dietrich (Hrsg.): Entwicklung und Migration, Münster: LIT, S. 128–141.

Hunger, Uwe/Rother, Stefan (2021): Internationale Migrationspolitik, Konstanz: UTB.

Huysmans, Jef (2000): The European Union and the Securitization of Migration. In: Journal of Common Market Studies 38, H. 5, S. 751–777.

Huysmans, Jef (2006): The politics of insecurity, London, New York: Routledge.

IHK München und Oberbayern (o.J.): Ausbildung von Flüchtlingen: Wirtschaft pocht auf Einhaltung des 3+2-Modells. https://www.ihk-muenchen.de/de/Service/Fl%C3%BCchtlinge/Positionen/Integration-durch-Ausbildung.html, 27.09.19.

ILO, International Labour Office (2018): ILO Global Estimates on International Migrant Workers, Geneva: International Labour Office.

Imbusch, Peter/Heitmeyer, Wilhelm (Hrsg.) (2008): Integration - Desintegration, Wiesbaden: VS Verlag für Sozialwissenschaften.

IntMK - Konferenz der für Integration zuständigen Ministerinnen und Minister/Senatorinnen und Senatoren der Länder (2019): Fünfter Bericht zum Integrationsmonitoring der Länder Bericht 2019 Berichtsjahre 2015–2017, Berlin. https://www.integrationsmonitoring-laender.de/sites/default/files/integrationsbericht_2019_n2.pdf, 05.02.21.

IOM, International Organisation for Migration (2018): World Migration Report 2018, New York: United Nations Publications.

Jahn, Detlef (2013): Einführung in die vergleichende Politikwissenschaft. 2. Aufl., Wiesbaden: Springer VS.

Jakob, Christian/Schlindwein, Simone (2017): Diktatoren als Türsteher Europas, Berlin: Ch. Links Verlag.

Jaskulowski, Krzysztof (2019): The securitisation of migration: Its limits and consequences. In: International Political Science Review, 40, H. 5, S. 710–720.

Jong, Sara de/Messinger, Irene/Schütze, Theresa/Valchars, Gerd (2017): Migrationsmanagement: Praktiken, Intentionen, Interventionen. In: Journal für Entwicklungspolitik (JEP) XXXIII, H. 1, S. 4–21.

Joppke, Christian (2010): Citizenship and Immigration, Oxford: Wiley.

Kaase, Max (1983): Sinn oder Unsinn des Konzepts Politische Kultur für die Vergleichende Politikforschung, oder auch: Der Versuch, einen Pudding an die Wand zu nageln. In: Kaase, Max/Klingemann, Hans-Dieter (Hrsg.): Wahlen und politisches System, Wiesbaden: VS Verlag für Sozialwissenschaften, S. 144–172.

Kaase, Max (2000): Politische Beteiligung/Politische Partizipation. In: Andersen, Uwe/ Woyke, Wichard (Hrsg.): Handwörterbuch des politischen Systems der Bundesrepublik Deutschland. 4. Aufl., Wiesbaden: VS Verlag für Sozialwissenschaften, S. 473–478.

Kahanec, Martin/Zimmermann, Klaus F. (2010): EU labor markets after post-enlargement migration, Berlin: Springer.

Kalm, Sara (2012): Liberalizing Movements? The Political Rationality of Global Migration Management. In: Geiger, Martin/Pécoud, Antoine (Hrsg.): The politics of international migration management, Basingstoke: Palgrave Macmillan, S. 21–44.

Kalny, Eva (2016): Anti-Muslim Racism in Comparison: Potentials for Countering Islamophobia in the Classroom. In: Islamophobia Studies Journal 3, H. 2, S. 72–84.

Kandel, William/Massey, Douglas S. (2002): The Culture of Mexican Migration: A Theoretical and Empirical Analysis. In: Social Forces 80, H. 3, S. 981–1004.

Karakayali, Jule/Tsianos, Vassilis S./Karakayali, Serhar/Ibrahim, Aida (2012): Decolorize it! In: ak - analyse & kritik - zeitung für linke Debatte und Praxis.

Karakayali, Serhat/Kleist, J. O. (2016): EFA-Studie 2. Strukturen und Motive der ehrenamtlichen Flüchtlingsarbeit (EFA) in Deutschland, Berlin. http://www.fluechtlingsrat-brandenburg.de/wp-content/uploads/2016/08/Studie_EFA2_BIM_11082016_VOE.pdf, 15.03.21.

Karatani, Rieko (2005): How History Separated Refugee and Migrant Regimes. In Search of Their Institutional Origins. In: International Journal of Refugee Law 17, H. 3, S. 517–541.

Kasparek, Bernd (2012): Laboratorium, Think Tank, Doing Border: Die Grenzschutzagentur Frontex. In: Hess, Sabine/Kasparek, Bernd (Hrsg.): Grenzregime. 2. Aufl., Berlin: Assoziation A, S. 111–126.

Kasparek, Bernd/Tsianos, Vassilis S. (2014): Whatever Works! Kontinuität und Krise des Schengener Systems. In: Heimeshoff, Lisa-Marie/Hess, Sabine/Kron, Stefanie/Schwenken, Helen/Trzeciak, Miriam (Hrsg.): Grenzregime II. Berlin: Assoziation A, S. 41–57.

Kesler, Christel/Bloemraad, Irene (2010): Does Immigration Erode Social Capital? The Conditional Effects of Immigration-Generated Diversity on Trust, Membership, and Participation across 19 Countries, 1981–2000. In: Canadian Journal of Political Science 43, H. 2, S. 319–347.

Kevins, Anthony/van Kersbergen, Kees (2019): The effects of welfare state universalism on migrant integration. In: Policy & Politics 47, H. 1, S. 115–132.

Kipp, David/Koch, Anne (2018): Auf der Suche nach externen Lösungen. Instrumente, Akteure und Strategien der migrationspolitischen Kooperation Europas mit afrikanischen Staaten. In: Stiftung Wissenschaft und Politik (SWP) (Hrsg.): Migrationsprofiteure?, Berlin, S. 9–22.

Kivisto, Peter (2011): Modernization, Development and Migration in a Sceptical Age. In: Faist, Thomas/Fauser, Margit/Kivisto, Peter (Hrsg.): The migration-development nexus, Basingstoke: Palgrave Macmillan, S. 204–224.

Kleist, J. O. (2018): The Refugee Regime: Sovereignty, Belonging and the Political of Forced Migration. In: Pott, Andreas/Rass, Christoph/Wolff, Frank (Hrsg.): Was ist ein Migrationsregime?, Wiesbaden, Germany: Springer VS, S. 167–185.

Knill, Christoph (2005): Introduction: Cross-national policy convergence: concepts, approaches and explanatory factors. In: Journal of European Public Policy 12, H. 5, S. 764–774.

Knill, Christoph/Tosun, Jale (2015): Einführung in die Policy-Analyse, Opladen: Budrich.

Knörr, Jacqueline (Hrsg.) (2005): Childhood and Migration, Bielefeld: Transcript.

Kober, Ulrich/Kösemen, Orkan (2019): Willkommenskultur zwischen Skepsis und Pragmatik. https://www.bertelsmann-stiftung.de/fileadmin/files/Projekte/Migration_fair_gestalten/IB_Studie_Willkommenskultur_2019.pdf, 06.09.19.

Koch, Anne/Weber, Annette/Werenfels, Isabelle (2018) Migrationsprofiteure? Autoritäre Staaten in Afrika und das europäische Migrationsmanagement. SWP-Studie, Berlin.

Kofman, Eleonore (2019): Gendered mobilities and vulnerabilities: refugee journeys to and in Europe. In: Journal of Ethnic and Migration Studies 45, H. 12, S. 2185–2199.

Kogan, Irena (2011): New Immigrants — Old Disadvantage Patterns? Labour Market Integration of Recent Immigrants into Germany. In: International Migration 49, H. 1, S. 91–117.

Kolb, Holger (2004): Einwanderung zwischen wohlverstandenem Eigeninteresse und symbolischer Politik, Münster: LIT.

Kolb, Holger (2008): States as Clubs? The Political Economy of State Membership. In: Kolb, Holger/Egbert, Henrik (Hrsg.): Migrants and Markets, Amsterdam: Amsterdam University Press, S. 120–146.

Kolb, Holger (2014): When Extremes Converge. In: Comparative Migration Studies 2, H. 1, S. 57–75.

Kolb, Holger (2018): Religionspolitischer Multikulturalismus in einem multikulturalismuskritischen Land: Deutschland und der Islam. In: Zeitschrift für Vergleichende Politikwissenschaft 12, H. 1, S. 155–172.

Kolb, Holger (2019): Migrations- und Integrationspolitik. In: Andersen, Uwe/Bogumil, Jörg/Marschall, Stefan/Woyke, Wichard (Hrsg.): Handwörterbuch des politischen Systems der Bundesrepublik Deutschland, Wiesbaden: Springer VS, S. 1–7.

Kolb, Holger/Egbert, Henrik (Hrsg.) (2008): Migrants and Markets: Perspectives from Economics and the Other Social Sciences, Amsterdam: Amsterdam University Press.

Koopmans, Ruud (2010): Trade-Offs between Equality and Difference: Immigrant Integration, Multiculturalism and the Welfare State in Cross-National Perspective. In: Journal of Ethnic and Migration Studies, 36, H. 1, S. 1–26.

Koslowski, Rey (2006): The Mobility Money Can Buy: Human Smuggling and Border Control in the European Union. In: Messina, Anthony M./Lahav, Gallya (Hrsg.): The migration reader, Boulder: Lynne Rienner, S. 571–587.

Kostner, Sandra (Hrsg.) (2019): Identitätslinke Läuterungsagenda, Stuttgart: ibidem.

Krasner, Stephen D. (1982): Structural Causes and Regime Consequences: Regimes as Intervening Variables. In: International Organization 36, H. 2, S. 185–205.

Krause, Ulrike (2017): Die Flüchtling – der Flüchtling als Frau. In: Ghaderi, Cinur/Eppenstein, Thomas (Hrsg.): Flüchtlinge: Multiperspektivische Zugänge, Wiesbaden: Springer VS, S. 79–93.

Kritz, Mary M./Lim, Lin L./Zlotnik, Hania (Hrsg.) (1992): International Migration Systems, Oxford: Clarendon Press.

Kymlicka, Will (2003): Multicultural citizenship, Oxford: Clarendon Press.

Lahav, Gallya (2004): Immigration and Politics in the New Europe, Cambridge: Cambridge University Press.

Lahav, Gallya/Guiraudon, Virginie (2006): Actors and Venues in Immigration Control: Closing the Gap between Political Demands and Policy Outcomes. In: Guiraudon, Virginie/Lahav, Gallya (Hrsg.): Special Issue on Immigration Policy in Europe: The Politics of Control, London/New York: Routledge, S. 201–223.

Lammert, Norbert (Hrsg.) (2006): Verfassung, Patriotismus, Leitkultur, Hamburg: Hoffmann und Campe.

Lang, Christine (2019): Die Produktion von Diversität in städtischen Verwaltungen, Wiesbaden: Springer VS.

Lange, Stefan/Schimank, Uwe (Hrsg.) (2004): Governance und gesellschaftliche Integration, Wiesbaden: VS Verlag für Sozialwissenschaften.

Laurence, James/Schmid, Katharina/Rae, James R./Hewstone, Miles (2019): Prejudice, Contact, and Threat at the Diversity-Segregation Nexus: A Cross-Sectional and Longitudinal Analysis of How Ethnic Out-Group Size and Segregation Interrelate for Inter-Group Relations. In: Social Forces 97, H. 3, S. 1029–1066.

Lauth, Hans-Joachim/Kneuer, Marianne/Pickel, Gert (Hrsg.) (2016): Handbuch vergleichende Politikwissenschaft, Wiesbaden: Springer VS.

Lavenex, Sandra (2006): Shifting up and out: The foreign policy of European immigration control. In: West European Politics, 29, H. 2, S. 329–350.

Lee, Everett S. (1966): A Theory of Migration. In: Demography 3, H. 1, S. 47–57.

Lehnert, Matthias (2015): Kämpfe ums Recht. In: movements. Journal for Critical Migration and Border Regime Studies.

Lemke, Christiane (2018): Internationale Beziehungen. 4. Aufl., Berlin, Boston: De Gruyter Oldenbourg.

Lems, Annika/Oester, Kathrin/Strasser, Sabine (2020): Children of the crisis: ethnographic perspectives on unaccompanied refugee youth in and en route to Europe. In: Journal of Ethnic and Migration Studies 46, H. 2, S. 315–335.

Léonard, Sarah (2010): EU border security and migration into the European Union: FRONTEX and securitisation through practices. In: European Security 19, H. 2, S. 231–254.
Lessenich, Stephan (1994): „Three Worlds of Welfare Capitalism" – oder vier? Strukturwandel arbeits- und sozialpolitischer Regulierungsmuster in Spanien. In: Politische Vierteljahresschrift 35, H. 2, S. 224–244.
LeVine, Robert A./Campbell, Donald T. (1972): Ethnocentrism: Theories of Conflict, Ethnic Attitudes, and Group Behavior, New York: Wiley.
Light, Matthew (2013): Regulation, recruitment, and control of immigration. In: Gold, Steven J./Nawyn, Stephanie J. (Hrsg.): Routledge international handbook of migration studies, London: Routledge, S. 345–354.
Lipsky, Michael (2010): Street-Level Bureaucracy, New York: Russell Sage Foundation.
Lockwood, David (1964): Social Integration and System Integration. In: Zollschan, George K./Hirsch, Walter (Hrsg.): Explorations in Social Change, London: Routledge & Kegan, S. 244–257.
Loth, Wilfried (1996): Der Weg nach Europa, Göttingen: Vandenhoeck & Ruprecht.
Lunn, Kenneth (2010): Großbritannien. In: Bade, Klaus J./Emmer, Pieter C./Lucassen, Leo/Oltmer, Jochen (Hrsg.): Enzyklopädie Migration in Europa. 3. Aufl., Paderborn/München: Ferdinand Schöningh; Wilhelm Fink, S. 68–84.
Lutz, Helma/Amelina, Anna (2017): Gender, Migration, Transnationalisierung, Bielefeld: Transcript.
Mabogunje, Akin L. (1970): Systems Approach to a Theory of Rural-Urban Migration. In: Geographical Analysis. DOI:10.1111/j.1538-4632.1970.tb00140.x.
Maniatis, Gregory A. (2015): Der Beitrag der Vereinten Nationen für die Global Governance von Migration. In: Bertelsmann Stiftung (Hrsg.): Migration gerecht gestalten, Gütersloh: Bertelsmann Stiftung, S. 227–237.
Martin, Philip L. (1993): Trade and Migration: The Case of NAFTA. In: Asian and Pacific Migration Journal 2, H. 3, S. 329–367.
Martin, Philip L./Taylor, J. E. (1996): The Anatomy of a Migration Hump. In: Taylor, J. E. (Hrsg.): Development strategy, employment and migration, Paris: Organisation for Economic Co-operation and Development, S. 43–62.
Martiniello, Marco/Rath, Jan (2012): An Introduction to International Migration Studies, Amsterdam: Amsterdam University Press.
Marx, Reinhard (2019): Aufenthalts-, Asyl- und Flüchtlingsrecht. 7. Aufl., Baden-Baden: Nomos.
Massey, Douglas S./Arango, Joaqín/Graeme, Hugo/Kouaouci, Ali/Pellegrino, Adela/Taylor, J. E. (1993): Theories of International Migration: A Review and Appraisal. In: Population and Development Review 19, H. 3, S. 431–466.
Mecheril, Paul/Scherschel, Karin (2007): Rassismus. In: Straub, Jürgen/Weidemann, Arne/Weidemann, Doris (Hrsg.): Handbuch interkulturelle Kommunikation und Kompetenz, Stuttgart: J.B. Metzler, S. 551–561.
Mecheril, Paul/Thomas-Olalde, Oscar/Melter, Claus/Arens, Susanne/Romaner, Elisabeth (Hrsg.) (2013): Migrationsforschung als Kritik?, Wiesbaden: Springer VS.
Mediendienst Integration (2017): Abgeordnete mit Migrationshintergrund. https://www.mediendienst-integration.de/artikel/abgeordnete-mit-migrationshintergrund.html, 15.03.2021.
Mediendienst Integration (2021): Was bringt eine Quote in der Politik? https://mediendienst-integration.de/artikel/was-bringt-eine-quote-in-der-politik.html, 15.03.21.
Menz, Georg (2011): Employer Preferences for Labour Migration: Exploring 'Varieties of Capitalism'-Based Contextual Conditionality in Germany and the United Kingdom. In: The British Journal of Politics and International Relations 13, H. 4, S. 534–550.
Messing, Vera/Ságvári, Bence (2019): Still divided but more open, Budapest: Friedrich-Ebert-Stiftung.
Meyer, Thomas (2006): Was ist Politik? 2. Aufl., Opladen: Leske + Budrich.

Michalowski, Ines (2007): Integration als Staatsprogramm, Berlin: LIT.
Michalowski, Ines (2011): Required to assimilate? The content of citizenship tests in five countries. In: Citizenship Studies 15, 6–7, S. 749–768.
MKFFI (2019): Einbürgerung bald digital: Nordrhein-Westfalen und Bayern entwickeln Online-Verfahren. https://www.mkffi.nrw/pressemitteilung/einbuergerung-bald-digital-nordrhein-westfalen-und-bayern-entwickeln-online, 05.02.21.
Moreno-Lax, Violeta (2018): The EU Humanitarian Border and the Securitization of Human Rights: The 'Rescue-Through-Interdiction/Rescue-Without-Protection' Paradigm. In: Journal of Common Market Studies 56, H. 1, S. 119–140.
Mudde, Cas (2009): Populist Radical Right Parties in Europe, Cambridge: Cambridge University Press.
Mudde, Cas/Rovira Kaltwasser, Cristóbal (2017): Populism, Oxford: Oxford University Press.
Müller, Doreen (2010): Flucht und Asyl in europäischen Migrationsregimen - Metamorphosen einer umkämpften Kategorie am Beispiel der EU, Deutschlands und Polens, Göttingen: Universitätsverlag Göttingen.
Müller, Jan-Werner (2016): Was ist Populismus?, Berlin: Suhrkamp.
Münch, Sybille (2016): Interpretative Policy-Analyse, Wiesbaden: Springer VS.
Mutimer, David (2017): Critical Security Studies. In: Dunn Cavelty, Myriam/Balzacq, Thierry (Hrsg.): Routledge handbook of security studies. 2. Aufl., London/New York: Routledge, S. 54–63.
Natter, Katharina (2018): Rethinking immigration policy theory beyond 'Western liberal democracies'. In: Comparative Migration Studies. DOI:10.1186/s40878-018-0071-9.
Nawyn, Stephanie J. (2016): Migration in the Global South: Exploring New Theoretical Territory. In: International Journal of Sociology 46, H. 2, S. 81–84.
Neal, Andrew W. (2009): Securitization and Risk at the EU Border: The Origins of FRONTEX. In: Journal of Common Market Studies 47, H. 2, S. 333–356.
Nethery, Amy/Gordyn, Carly (2014): Australia–Indonesia cooperation on asylum-seekers: a case of 'incentivised policy transfer'. In: Australian Journal of International Affairs 68, H. 2, S. 177–193.
Newig, Jens (2010): Symbolische Gesetzgebung zwischen Machtausübung und gesellschaftlicher Selbsttäuschung. In: Cottier, Michelle/Estermann, Josef/Wrase, Micheal (Hrsg.): Wie wirkt Recht?, Baden-Baden: Nomos, S. 301–322.
Niederfranke, Annette/Staubach, Lina (2015): Die Migrationsagenda der Internationalen Arbeitsorganisation. In: Bertelsmann Stiftung (Hrsg.): Migration gerecht gestalten, Gütersloh: Bertelsmann Stiftung, S. 239–251.
Nohl, Arnd-Michael/Schittenhelm, Karin/Schmidtke, Oliver/Weiß, Anja (Hrsg.) (2010): Kulturelles Kapital in der Migration, Wiesbaden: VS Verlag für Sozialwissenschaften.
Nohlen, Dieter/Nuscheler, Franz (Hrsg.) (1993): Handbuch der Dritten Welt. 3. Aufl., Bonn: Dietz.
Norris, Pippa/Inglehart, Ronald (2019): Cultural backlash, Cambridge: Cambridge University Press.
Oberndörfer, Dieter (2001): Leitkultur und Berliner Republik. In: Aus Politik und Zeitgeschichte 1–2/2001, S. 27–30.
Oberndörfer, Dieter (2005): Deutschland in der Abseitsfalle, Freiburg: Herder.
Obinna, Denise N. (2018): Lessons in Democracy: America's Tenuous History with Immigrants. In: Journal of Historical Sociology 31, H. 3, S. 238–252.
Olson, Mancur (1965): Logic of Collective Action: Public Goods and the Theory of Groups: Harvard University Press.
Oltmer, Jochen (Hrsg.) (2016 a): Handbuch Staat und Migration in Deutschland seit dem 17. Jahrhundert, Berlin, Boston: De Gruyter Oldenbourg.
Oltmer, Jochen (2016 b): Migration vom 19. bis zum 21. Jahrhundert. 3. Aufl., Berlin: De Gruyter Oldenbourg.

Oltmer, Jochen (2017): Migration, Darmstadt: Theiss.
Open Society Foundations (2018): Is Italian Agriculture a 'Pull Factor' for Irreguluar Migration - And, If So, Why? https://www.opensocietyfoundations.org/uploads/ba12312d-31f1-4e29-82bf-7d8c41df48ad/is-italian-agriculture-a-pull-factor-for-irregular-migration-20181205.pdf, 15.03.21.
Orchard, Phil (2017): The Dawn of International Refugee Protection: States, Tacit Cooperation and Non-Extradition. In: Journal of Refugee Studies 30, H. 2, S. 282–300.
Page Moch, Leslie (2010): Frankreich. In: Bade, Klaus J./Emmer, Pieter C./Lucassen, Leo/Oltmer, Jochen (Hrsg.): Enzyklopädie Migration in Europa. 3. Aufl., Paderborn/München: Ferdinand Schöningh; Wilhelm Fink, S. 122–140.
Park, Robert E./Burgess, Ernest W. (2013): Introduction to the Science of Sociology, New Delhi: Isha Books.
Parusel, Bernd (2016): Das Asylsystem Schwedens, Gütersloh. https://www.bertelsmann-stiftung.de/fileadmin/files/Projekte/28_Einwanderung_und_Vielfalt/IB_Studie_Asylverfahren_Schweden_Parusel_2016.pdf, 15.03.21.
Parusel, Bernd (2017): Unaccompanied minors in the European Union – definitions, trends and policy overview. In: Social Work and Society.
Parusel, Bernd (2018): Spurwechsel für abgelehnte Asylsuchende – warum und wie? https://blog.fluchtforschung.net/spurwechsel-fur-abgelehnte-asylsuchende-warum-und-wie/, 15.03.21, Link funktioniert nicht.
Paul, Regine (2016): Negotiating varieties of capitalism? Crisis and change in contemporary British and German labour migration policies. In: Journal of Ethnic and Migration Studies 42, H. 10, S. 1631–1650.
Pécoud, Antoine (2012): Informing Migrants to Manage Migration? An Analysis of IOM's Information Campaigns. In: Geiger, Martin/Pécoud, Antoine (Hrsg.): The politics of international migration management, Basingstoke: Palgrave Macmillan, S. 184–201.
Peri, Giovanni (2014): Do immigrant workers depress the wages of native workers? In: IZA World of Labor. DOI:10.15185/izawol.42.
Pfeiffer, Christian/Baier, Dirk/Kliem, Sören (2018): Zur Entwicklung der Gewalt in Deutschland, Zürich. https://www.zhaw.ch/storage/shared/sozialearbeit/News/gutachten-entwicklung-gewalt-deutschland.pdf, 15.03.21.
Pickel, Gert/Decker, Oliver/Kailitz Steffen/Röder, Anje/Schulze Wessel, Julia (Hrsg.) (2019): Handbuch Integration, Cham: Springer VS.
Pickel, Gert/Röder, Antje/Blätte, Andreas (2018): Einleitung: Migration und (demokratische) politische Kultur – ein dynamisches und polarisierendes Thema? In: Zeitschrift für Vergleichende Politikwissenschaft. DOI:10.1007/s12286-018-0382-0.
Pioch, Roswitha/Toens, Katrin (Hrsg.) (2020): Innovation und Legitimation in der Migrationspolitik. Wiesbaden: Springer VS.
Piore, Michael J. (1979): Birds of passage, Cambridge: Cambridge University Press.
Pott, Andreas/Rass, Christoph/Wolff, Frank (Hrsg.) (2018 a): Was ist ein Migrationsregime?, Wiesbaden, Germany: Springer VS.
Pott, Andreas/Rass, Christoph/Wolff, Frank (2018 b): Was ist ein Migrationsregime? Eine Einleitung. In: Pott, Andreas/Rass, Christoph/Wolff, Frank (Hrsg.): Was ist ein Migrationsregime?, Wiesbaden, Germany: Springer VS, S. 1–16.
Poutrus, Patrice G. (2016): Aufnahme in die ›geschlossene Gesellschaft‹: Remigranten, Übersiedler, ausländische Studierende und Arbeitsmigranten in der DDR. In: Oltmer, Jochen (Hrsg.): Handbuch Staat und Migration in Deutschland seit dem 17. Jahrhundert, Berlin: De Gruyter Oldenbourg.
Preibisch, Kerry/Dodd, Warren/Su, Yvonne (2016): Pursuing the capabilities approach within the migration–development nexus. In: Journal of Ethnic and Migration Studies 42, H. 13, S. 2111–2127.
Pries, Ludger (2008 a): Die Transnationalisierung der sozialen Welt, Frankfurt/Main: Suhrkamp.

Priester, Karin (2012): Wesensmerkmale des Populismus. In: Aus Politik und Zeitgeschichte 62, 5–6, S. 3–8.
Prins, Baukje (2010): How to Face Reality. Genres of Discourse within Dutch Minorities Research. In: Thränhardt, Dietrich/Bommes, Michael (Hrsg.): National paradigms of migration research, Göttingen: V&R Unipress, S. 81–108.
Rah, Sicco (2009): Asylsuchende und Migranten auf See, Berlin, Heidelberg: Springer.
Ratfisch, Philipp/Scheel, Stephan (2012): Migrationskontrolle durch Flüchtlingsschutz? In: Hess, Sabine/Kasparek, Bernd (Hrsg.): Grenzregime. 2. Aufl., Berlin: Assoziation A, S. 89–110.
Reimers, David (2012): Explaining Migration Policy: Historical Perspectives. In: Rosenblum, Marc R./Tichenor, Daniel J. (Hrsg.): The Oxford handbook of the politics of international migration, Oxford: Oxford University Press, S. 274–300.
Reinecke, Christiane (2010): Grenzen der Freizügigkeit, München: Oldenbourg Verlag.
Repasi, René (2018): Asyl-, Einwanderungs- und Visapolitik. In: Jahrbuch der Europäischen Integration, S. 173–182.
Reuter, Julia/Mecheril, Paul (2015): Schlüsselwerke der Migrationsforschung, Wiesbaden: Springer VS.
Robinson, Vaughan (1998): Defining and Measuring Successful Refugee Integration. In: European Council on Refugees and Exiles (Hrsg.): Report of Conference on Integration of Refugees in Europe, Antwerp 12–14 November, Brüssel: ECRE.
Röder, Antje (2019): Integration in der Migrationsforschung. In: Pickel, Gert/Decker, Oliver/Kailitz Steffen/Röder, Anje/Schulze Wessel, Julia (Hrsg.): Handbuch Integration, Cham: Springer VS.
Roos, Christof (2015): EU politics on labour migration: inclusion versus admission. In: Cambridge Review of International Affairs, 28/4: S. 536–53.
Rosenberger, Sieglinde/Stern, Verena/Merhaut, Nina (Hrsg.) (2018): Protest Movements in Asylum and Deportation, Cham: Springer International Publishing.
Rosenblum, Marc R./Cornelius, Wayne A. (2012): Dimensions of Immigration Policy. In: Rosenblum, Marc R./Tichenor, Daniel J. (Hrsg.): The Oxford handbook of the politics of international migration, Oxford: Oxford University Press, S. 245–273.
Roth, Roland (2018): Integration durch politische Partizipation. In: Gesemann, Frank/Roth, Roland (Hrsg.): Handbuch Lokale Integrationspolitik, Wiesbaden: Springer VS, S. 629–658.
Rothenberg, Paula S. (Hrsg.) (2016): White Privilege. 5. Aufl., New York: Worth Publishers.
Rother, Stefan (2019): The uneven migration governance of ASEAN. In: Geddes, Andrew/Espinoza-Vera, Marcia/Hadj-Abdou, Leila/Brumat, Leiza (Hrsg.): The dynamics of regional migration governance, Cheltenham: Edward Elgar, S. 186–204.
Ruhs, Martin/Martin, Philip (2008): Numbers vs. Rights: Trade-Offs and Guest Worker Programs. In: International Migration Review 42, H. 1, S. 249–265.
Rumford, Chris (2006): Theorizing Borders. In: European Journal of Social Theory 9, H. 2, S. 155–169.
Sarasin, Philipp (2014): Geschichtswissenschaft und Diskursanalyse. 4. Aufl., Frankfurt/Main: Suhrkamp.
Sauer, Martina (2016): Politische und zivilgesellschaftliche Partizipation von Migranten. In: Brinkmann, Heinz U./Sauer, Martina (Hrsg.): Einwanderungsgesellschaft Deutschland, Wiesbaden: Springer VS, S. 255–279.
Schader, Miriam/Maas, Felix/Münch, Sybille/Schammann, Hannes (Hrsg.) (i.E.): The Politics of Uncertainty: Producing, Reinforcing and Mediating (Legal) Uncertainty in Local Refugee Reception.
Schader, Miriam/Rohmann, Tim/Münch, Sybille (2018): Isolation im Gesetz verankern? In: Zeitschrift für Flucht- und Flüchtlingsforschung 2, H. 1, S. 91–107.
Schammann, Hannes (2013): Ethnomarketing und Integration, Bielefeld: Transcript.

Schammann, Hannes (2015 a): PEGIDA und die deutsche Migrationspolitik. In: Zeitschrift für Politikwissenschaft 25, H. 3, S. 309–333.
Schammann, Hannes (2015 b): Wenn Variationen den Alltag bestimmen. Unterschiede lokaler Politikgestaltung in der Leistungsgewährung für Asylsuchende. In: Zeitschrift für Vergleichende Politikwissenschaft H. 3, S. 161–182.
Schammann, Hannes (2016): Stadt. Land. Flucht. Konzeptionelle Überlegungen zum Vergleich städtischer Flüchtlingspolitik. In: Barbehön, Marlon/Münch, Sybille (Hrsg.): Variationen des Städtischen - Variationen lokaler Politik?, Wiesbaden: Springer VS, S. 91–117.
Schammann, Hannes (2017): Eine meritokratische Wende? Arbeit und Leistung als neue Strukturprinzipien der deutschen Flüchtlingspolitik. In: Sozialer Fortschritt 66, H. 11, S. 741–757.
Schammann, Hannes (2018 a): Migrationspolitik. In: Blank, Beate/Gögercin, Süleyman/Sauer, Karin S./Schramkowski, Barbara (Hrsg.): Soziale Arbeit in der Migrationsgesellschaft. Grundlagen – Konzepte – Handlungsfelder, Wiesbaden: Springer VS, S. 67–85.
Schammann, Hannes (2018 b): BAMF-Affäre - Es braucht eine regelrechte Revolution. In: Süddeutsche Zeitung, S. 2.
Schammann, Hannes (2019): Auf irrationalen Pfaden zur politischen Wahrheit? Rechtspopulismus als spirituelles Phänomen. In: Greve, Werner/Jochum-Bortfeld, Carsten (Hrsg.): Nachdenken über Spiritualität, Hildesheim: Georg Olms Verlag, S. 149–159.
Schammann, Hannes (2021): Zwischen common ground und Multiperspektivität: Überlegungen zu Stand und Perspektiven der Migrationsforschung. In: Zeitschrift für Migrationsforschung 1, H. 1, S. 125–148.
Schammann, Hannes/Bendel, Petra/Müller, Sandra/Ziegler, Franziska/Wittchen, Tobias (2020): Zwei Welten? Integrationspolitik in Stadt und Land, Stuttgart. https://www.bosch-stiftung.de/sites/default/files/publications/pdf/2020-07/Studie_ZWEI-WELTEN_Integrationspolitik.pdf, 15.03.21.
Schammann, Hannes/Gölz, Robert/Kretschmann, Nikolas (2012): Willkommens- und Anerkennungskultur: Konkretisierung eines Begriffs. In: Bertelsmann Stiftung (Hrsg.): Deutschland, öffne dich!, Gütersloh: Bertelsmann Stiftung, S. 27–46.
Scharpf, Fritz W. (1999): Regieren in Europa, Frankfurt/Main: Campus.
Scheel, Stephan (2015): Das Konzept der Autonomie der Migration überdenken? Yes, please! In: movements. Journal for Critical Migration and Border Regime Studies.
Schildkraut, Deborah J. (2013): Amnesty, Guest Workers, Fences! Oh My! Public Opinion about 'Comprehensive Immigration Reform'. In: Freeman, Gary P./Hansen, Randall/Leal, David L. (Hrsg.): Immigration and Public Opinion in Liberal Democracies, New York: Routledge, S. 207–231.
Schiller, Maria (2017): The implementation trap: the local level and diversity policies. In: International Review of Administrative Sciences 83, H. 2, S. 267–282.
Schiller, Nina G./Basch, Linda G./Szanton Blanc, Cristina (1994): Nations Unbound, Milton Park, New York: Routledge.
Schinkel, Willem (2018): Against 'immigrant integration': for an end to neocolonial knowledge production. In: Comparative Migration Studies. DOI:10.1186/s40878-018-0095-1.
Schmalz, Dana (2017): Genauer hinschauen: Der Beschluss des BVerfG zu einer Abschiebung nach Griechenland. https://www.verfassungsblog.de/genauer-hinschauen-der-beschluss-des-bverfg-zu-einer-abschiebung-nach-griechenland/, 15.03.21.
Schmid, Josef (2010): Wohlfahrtsstaaten im Vergleich, Wiesbaden: VS Verlag für Sozialwissenschaften.
Schmidt, Manfred G. (1995): Wörterbuch zur Politik, Stuttgart: Kröner.
Schmidtke, Oliver (2010): Canadian Multiculturalism as an Ethos, Policy and Conceptual Lens for Immigration Research. In: Thränhardt, Dietrich/Bommes, Michael (Hrsg.): National paradigms of migration research, Göttingen: V&R Unipress, S. 41–60.

Schmitt, Carina/Teney, Céline (2019): Access to general social protection for immigrants in advanced democracies. In: Journal of European Social Policy 29, H. 1, S. 44–55.

Schneider, Jan (2010): Modernes Regieren und Konsens, Wiesbaden: VS Verlag für Sozialwissenschaften.

Schniedewind, Karen (1993): Fremde in der Alten Welt: die transatlantische Rückwanderung. In: Bade, Klaus J. (Hrsg.): Deutsche im Ausland - Fremde in Deutschland. 3. Aufl., München: Beck, S. 179–185.

Scholten, Peter (2020): Mainstreaming versus alienation: conceptualising the role of complexity in migration and diversity policymaking. In: Journal of Ethnic and Migration Studies 46, H. 1, S. 108–126.

Scholz, Antonia (2012): Migrationspolitik zwischen moralischem Anspruch und strategischem Kalkül, Wiesbaden: VS Verlag für Sozialwissenschaften.

Schön, Donald/Rein, Martin (1994): Frame Reflection: Toward the Resolution of Intractable Policy Controversies, New York: Basic Books.

Schönwälder, Karen (2010): Beyond the Race Relations Model: Old Patterns and New Trends in Britain. In: Thränhardt, Dietrich/Bommes, Michael (Hrsg.): National paradigms of migration research, Göttingen: V&R Unipress, S. 109–125.

Schönwälder, Karen (2013): Immigrant Representation in Germany's Regional States: The Puzzle of Uneven Dynamics. In: West European Politics 36, H. 3, S. 634–651.

Schönwälder, Karen/Sinanoglu, Cihan/Volkert, Daniel (2011): Vielfalt sucht Rat, Berlin: Heinrich-Böll-Stiftung.

Schraven, Benjamin (2019): Der Zusammenhang zwischen Klimawandel und Migration, Berlin. http://www.bpb.de/gesellschaft/migration/kurzdossiers/282320/der-zusammenhang-zwischen-klimawandel-und-migration, 15.03.21.

Schraven, Benjamin/Leininger, Julia/Dick, Eva (2018): Entwicklungszusammenarbeit gegen Fluchtursachen in Afrika – Kann das gelingen? In: Aus Politik und Zeitgeschichte 43–45, S. 19–20.

Schumann, Harald/Simantke, Elisa (2016): Europa plant den Überwachungsstaat. In: Tagesspiegel.

Schwenken, Helen (2018): Globale Migration zur Einführung, Hamburg: Junius.

Scott, James W. (2012): European Politics of Borders, Border Symbolism and Cross-Border Cooperation. In: Wilson, Thomas M./Donnan, Hastings (Hrsg.): A Companion to Border Studies, Chichester, UK: John Wiley & Sons, Ltd, S. 83–99.

Scotto, Angelo (2017): From Emigration to Asylum Destination, Italy Navigates Shifting Migration Tides. https://www.migrationpolicy.org/article/emigration-asylum-destination-italy-navigates-shifting-migration-tides, 15.03.21.

Sen, Amartya (2007): Ökonomie für den Menschen. 4. Aufl., München: DTV.

Siegert, Manuel (2006): Integrationsmonitoring – State of the Art in internationaler Perspektive, Bamberg.

Simmel, Georg (1983): Exkurs über den Fremden. In: Simmel, Georg (Hrsg.): Untersuchungen über die Formen der Vergesellschaftung. 6. Aufl., Berlin: Duncker u. Humblot, S. 509–512.

Sjaastad, Larry A. (1962): The Costs and Returns of Human Migration. In: Journal of Political Economy 70, 5, Part 2, S. 80–93.

Smith, Adam (1776): An Inquiry into the Nature and Causes of the Wealth of Nations, London: W. Strahan and T. Cadell.

Song, Sarah (2018): Political Theories of Migration. In: Annual Review of Political Science 21, H. 1, S. 385–402.

Soroka, Stuart N./Johnston, Richard/Kevins, Anthony/Banting, Keith/Kymlicka, Will (2016): Migration and welfare state spending. In: European Political Science Review 8, H. 2, S. 173–194.

Soto, Jesús H. de (1998): A Libertarian Theory of Free Immigration. In: Journal of Libertarian Studies 13, H. 2, S. 187–197.

Soysal, Yasemin N. (1994): Limits of Citizenship, Chicago: University of Chicago Press.

Spies, Dennis C./Rinne, Ulf (2019): Einwanderung und Wohlfahrtsstaat. In: Obinger, Herbert/Schmidt, Manfred G. (Hrsg.): Handbuch Sozialpolitik, Wiesbaden: Springer VS, S. 431–451.

Spijkerboer, Thomas (2018): The Global Mobility Infrastructure: Reconceptualising the Externalisation of Migration Control. In: European Journal of Migration and Law 20, H. 4, S. 452–469.

Statistische Ämter des Bundes und der Länder (2019): Soziale Mindestsicherung in Deutschland 2017, Wiesbaden. https://www.destatis.de/DE/Themen/Gesellschaft-Umwelt/Soziales/Sozialberichterstattung/Publikationen/Downloads-Sozialberichterstattung/soziale-mindestsicherung-5228101177004.pdf?__blob=publicationFile, 15.03.21.

Stichweh, Rudolf (1998): Migration, nationale Wohlfahrtsstaaten und die Entstehung der Weltgesellschaft. In: Bommes, Michael/Halfmann, Jost (Hrsg.): Migration in nationalen Wohlfahrtsstaaten, Osnabrück: Rasch, S. 49–61.

Stockmann, Reinhard/Menzel, Ulrich/Nuscheler, Franz (2016): Entwicklungspolitik. 2. Aufl., Berlin: De Gruyter Oldenbourg.

Streinz, Rudolf (2008): Europarecht. 8. Aufl., Heidelberg: C.F. Müller.

Stricker, Yann (2019): "International Migration" between empire and nation. The statistical construction of an ambiguous global category in the International Labour Office in the 1920 s. In: Ethnicities 19, H. 3, S. 469–485.

Suhrke, Astri (1998): Burden-sharing during refugee emergencies: the logic of collective versus national action. In: Journal of Refugee Studies 11, H. 4, S. 396–415.

Supik, Linda (2014): Statistik und Rassismus, Frankfurt/Main: Campus.

Supik, Linda/Spielhaus, Riem (2019): Introduction to Special Issue: Matters of classification and representation: Quantifying ethnicity, religion and migration introduction. In: Ethnicities 19, H. 3, S. 455–468.

Sutterlüty, Ferdinand (2006): Wer ist was in der deutsch-türkischen Nachbarschaft. In: Aus Politik und Zeitgeschichte 40–41/2006, S. 26–34.

SVR, Sachverständigenrat deutscher Stiftungen für Migration und Integration (2017): ‚Spurwechsel' aus der Asyl- in die Erwerbsmigration, Berlin. https://www.svr-migration.de/wp-content/uploads/2017/11/SVR_Position_Spurwechsel.pdf, 15.03.21.

SVR, Sachverständigenrat deutscher Stiftungen für Migration und Integration (2019): Bewegte Zeiten: Rückblick auf die Integrations- und Migrationspolitik der letzten Jahre, Berlin. https://www.svr-migration.de/wp-content/uploads/2019/05/SVR_Jahresgutachten_2019.pdf, 15.03.21.

SZ (2010): Drei Spiele Sperre für Weidenfeller. In: Süddeutsche Zeitung.

Taylor, Charles/Gutmann, Amy (Hrsg.) (1994): Multiculturalism, Princeton: Princeton University Press.

Tekin, Funda (2017): Quadratur des Kreises? Hintergründe der EU-Türkei-Beziehungen. In: Aus Politik und Zeitgeschichte 2017, 9–10, S. 36–41.

terre des hommes (2020): Kein Ort für Kinder, Osnabrück. https://www.tdh.de/public-relations/pressemitteilungen/detaildarstellung/zum-weltfluechtlingstag-am-20-juni-anker-zentren-sind-kein-ort-fuer-kinder/, 16.01.21.

The Nansen Initiative (2015): Agenda for the Protection of Cross-Border Displaced Persons in the Context of Disasters and Climate Change. https://www.nanseninitiative.org/global-consultations/, 15.03.21.

Thielemann, Eiko (2018): Why Refugee Burden-Sharing Initiatives Fail: Public Goods, Free-Riding and Symbolic Solidarity in the EU. In: Journal of Common Market Studies 56, H. 1, S. 63–82.

Thränhardt, Dietrich (1985): Die verfassungsrechtliche Notwendigkeit des kommunalen Wahlrechts für Ausländer in der Bundesrepublik. In: Şen, Faruk/Jahr, G. (Hrsg.): Wahlrecht für Ausländer, Nürnberg: Verlag Konstanze Freihold, S. 13–29.

Thränhardt, Dietrich (2016): Asyl in Deutschland und Europa zwischen Willkommenskultur und Behördenversagen. https://www.ratfuermigration.files.wordpress.com/2017/11/thraenhardt_asylsystem.pdf, 15.03.21.

Thränhardt, Dietrich (2017): Einbürgerung im Einwanderungsland Deutschland, Bonn: Friedrich-Ebert-Stiftung Abteilung Wirtschafts- und Sozialpolitik.

Thränhardt, Dietrich/Bommes, Michael (Hrsg.) (2010): National paradigms of migration research. Göttingen: V&R Unipress.

Thränhardt, Dietrich/Hunger, Uwe (Hrsg.) (2003): Migration im Spannungsfeld von Globalisierung und Nationalstaat, Wiesbaden: Westdeutscher Verlag.

Thränhardt, Dietrich/Santel, Bernhard (1992): Staatsangehörigkeit/Staatsbürgerschaft. In: Andersen, Uwe/Woyke, Wichard (Hrsg.): Handwörterbuch des politischen Systems der Bundesrepublik Deutschland, Wiesbaden: VS Verlag für Sozialwissenschaften, S. 504–506.

Tibi, Bassam (1996): Multikultureller Werte-Relativismus und Werte-Verlust. In: Aus Politik und Zeitgeschichte 52–53/1996, S. 27–36.

Tinbergen, Jan (1965): International Economic Integration. 2. Aufl., Amsterdam: Elsevier.

Todaro, Michael (1980): Internal Migration in Developing Countries: A Survey. In: Easterlin, Richard A. (Hrsg.): Population and economic change in developing countries, Chicago: University of Chicago Press, S. 361–402.

Tomei, Veronica (2001): Europäisierung nationaler Migrationspolitik, Berlin, Boston: De Gruyter Oldenbourg.

Torpey, John (2000): The invention of the passport, Cambridge: Cambridge University Press.

UNDP (1994): Human Development Report, New York: Oxford University Press.

UNHCR (2012): Guidelines on International Protection No. 9. http://www.unhcr.org/refworld/docid/4f33c8d92.html, 15.01.21.

UNHCR (2017): UNHCR seeking 1,300 urgent resettlement places for vulnerable refugees in Libya. https://www.refworld.org/docid/5a2f98324.html, 15.03.21.

UNHCR (2018): Global Report 2017, Geneva. http://reporting.unhcr.org/sites/default/files/gr2017/pdf/GR2017_English_Full_lowres.pdf, 15.03.21.

UNHCR (2019): Resettlement at a glance.

UNHCR (2020): Global Trends, Copenhagen. https://www.unhcr.org/globaltrends2019/, 18.01.21.

UNIDSR, United Nations Office for Disaster Risk Reduction (2015): Sendai Framework for Disaster Risk Reduction 2015 - 2030, Geneva. https://www.bbk.bund.de/SharedDocs/Downloads/BBK/DE/Sonstiges/Sendai_Framework_for_Disaster_Risk_Reduction_2015-2030.pdf;jsessionid=917AC5A3A995B57F907D020AE63D3799.2_cid345?__blob=publicationFile, 15.03.21.

van der Waal, Jeroen/Koster, Willem de/van Oorschot, Wim (2013): Three Worlds of Welfare Chauvinism? How Welfare Regimes Affect Support for Distributing Welfare to Immigrants in Europe. In: Journal of Comparative Policy Analysis: Research and Practice 15, H. 2, S. 164–181.

Varela, María d. M. C./Mecheril, Paul (2016): Die Dämonisierung der Anderen, Bielefeld: Transcript.

Vereinte Nationen (2015): Transformation unserer Welt: die Agenda 2030 für nachhaltige Entwicklung, New York. https://www.un.org/Depts/german/gv-70/band1/ar70001.pdf, 15.03.21.

Vereinte Nationen (2018 a): Bericht des Hohen Flüchtlingskommissars der Vereinten Nationen, New York: Vereinte Nationen.

Vereinte Nationen (2018 b): Global Compact for Safe, Orderly and Regular Migration, New York.

Vertovec, Steven (2014): Super-Diversity, London: Routledge.

Vetter, Angelika (1997): Political Efficacy - Reliabilität und Validität, Wiesbaden: Deutscher Universitätsverlag.

Vollmer, Bastian A. (2019): The paradox of border security – an example from the UK. In: Political Geography 71, S. 1–9.

Vollmer, Bastian A. (2021): Public Discourses and Politics on Migration: A Precarious Situation and Dismal Outlook? In: Zeitschrift für Migrationsforschung. DOI:10.48439/ZMF.V1I2.114.

Wæver, Ole (1995): Securitization and Desecuritization. In: Lipschutz, Ronnie (Hrsg.): On Security, New York: Columbia University Press, S. 46–86.

Wahnel, Julia (2011): Die Asyl- und Flüchtlingspolitik zwischen Europäisierung und nationalen Interessen. In: Hentges, Gudrun (Hrsg.): Europa - quo vadis?, Wiesbaden: VS Verlag für Sozialwissenschaften, S. 205–232.

Wallaschek, Stefan (2020): Contested solidarity in the Euro crisis and Europe's migration crisis. In: Journal of European Public Policy 27, H. 7, S. 1034–1053.

Wallerstein, Immanuel (1974): The Rise and Future Demise of the World Capitalist System: Concepts for Comparative Analysis. In: Comparative Studies in Society and History 16, H. 4, S. 387–415.

Watson, Scott (2009): The securitization of humanitarian migration, London, New York: Routledge.

Weber, Max (2001): Gemeinschaften, Tübingen: Mohr.

Werenfels, Isabelle (2018): Migrationsstratege Marokko – Abschotter Algerien. In: Stiftung Wissenschaft und Politik (SWP) (Hrsg.): Migrationsprofiteure?, Berlin, S. 23–35.

Will, Anne-Kathrin (2019): The German statistical category "migration background": Historical roots, revisions and shortcomings. In: Ethnicities 19, H. 3, S. 535–557.

Wimmer, Andreas (2008): The Making and Unmaking of Ethnic Boundaries: A Multilevel Process Theory. In: American Journal for Sociology 113, H. 4, S. 970–1022.

Winckler, Onn (2012): Muster moderner internationaler Arbeitsmigration. https://www.bpb.de/gesellschaft/migration/laenderprofile/150739/moderne-internationale-arbeitsmigration, 15.03.21.

Wolf, Dieter (2013): Neo-Funktionalismus. In: Bieling, Hans-Jürgen/Lerch, Marika (Hrsg.): Theorien der europäischen Integration. 3. Aufl., Wiesbaden: Springer, S. 55–76.

Wolf, Zachary B. (2019): How Trump's DHS purge puts homeland security at risk. In: CNN.

Worbs, Susanne (2014): Bürger auf Zeit, Nürnberg: BAMF.

World Bank (2019): Migration and Remittances: Recent Developments and Outlook. https://www.knomad.org/sites/default/files/2019-04/Migrationanddevelopmentbrief31.pdf, 15.02.21.

Wüst, Andreas M./Faas, Thorsten (2018): Politische Einstellungen von Menschen mit Migrationshintergrund, Berlin: Friedrich-Ebert-Stiftung.

Yıldız, Erol/Hill, Marc (2015): Nach der Migration, Bielefeld: Transcript.

Zacharakis, Zacharias (2018): „Wir finden keine deutschen Bewerber". In: Die Zeit.

Zapata-Barrero, Ricard/Caponio, Tiziana/Scholten, Peter (2017): Theorizing the 'local turn' in a multi-level governance framework of analysis: a case study in immigrant policies. In: International Review of Administrative Sciences 83, H. 2, S. 241–246.

Zaun, Natascha (2017): EU Asylum Policies, London: Palgrave Macmillan.

Zick, Andreas/Hövermann, Andreas/Krause, Daniela (2012): Die Abwertung von Ungleichwertigen. In: Heitmeyer, Wilhelm (Hrsg.): Deutsche Zustände, Frankfurt/Main: Suhrkamp, S. 64–86.

Zick, Andreas/Schröter, Franziska/Küpper, Beate/Berghan, Wilhelm/Faulbaum, Frank/Häusler, Alexander (2019): Verlorene Mitte - feindselige Zustände, Bonn: Dietz.

Ziller, Conrad (2015): Ethnic Diversity, Economic and Cultural Contexts, and Social Trust: Cross-Sectional and Longitudinal Evidence from European Regions, 2002–2010. In: Social Forces 93, H. 3, S. 1211–1240.

Zimmer, Annette (2019): Wohlfahrtsstaatlichkeit in Deutschland: Tradition und Wandel der Zusammenarbeit mit zivilgesellschaftlichen Organisationen. In: Freise, Matthias/ Zimmer, Annette (Hrsg.): Zivilgesellschaft und Wohlfahrtsstaat im Wandel, Wiesbaden: Springer VS, S. 23–54.

Zito, Dima (2017): Flüchtlinge als Kinder – Kinderflüchtlinge. In: Ghaderi, Cinur/Eppenstein, Thomas (Hrsg.): Flüchtlinge: Multiperspektivische Zugänge, Wiesbaden: Springer VS, S. 235–256.

Zolberg, Aristide (1983): Patterns of International Migration Policy: A Diachronic Comparison. In: Fried, C. (Hrsg.): Minorities: Community and Identity, Berlin: Springer, S. 229–246.

Zolberg, Aristide R. (1989): The Next Waves: Migration Theory for a Changing World. In: International Migration Review 23, H. 3, S. 403–430.

Stichwortverzeichnis

Die Angaben verweisen auf die Seitenzahlen des Buches.

Bereits erschienen in der Reihe STUDIENKURS POLITIKWISSENSCHAFT (ab 2017)

Chinese Politics
Von Prof. Dr. Dr. Nele Noesselt
2021, ca. 270 Seiten, broschiert
ISBN 978-3-8487-4673-6

Föderalismus
Von Prof. Dr. Roland Sturm
3., umfassend aktualisierte Auflage, 2020, 201 Seiten, broschiert
ISBN 978-3-8487-7786-0

Das politische System der Schweiz
Von Prof. Dr. Adrian Vatter
4., vollständig aktualisierte Auflage, 2020, 592 Seiten, broschiert
ISBN 978-3-8487-6564-5

Rechtsextremismus
Von Prof. Dr. Samuel Salzborn
4., überarbeitete und erweiterte Auflage 2020, 186 S., broschiert
ISBN 978-3-8487-6759-5

Das erste Forschungsprojekt
Von Prof. Dr. Tom Mannewitz
2020, 344 Seiten, broschiert
ISBN 978-3-8487-6760-1

Entscheidungs- und Spieltheorie
Von Prof. Dr. Joachim Behnke
2., durchgesehene und aktualisierte Auflage 2020, 230 S., broschiert
ISBN 978-3-8487-6254-5

Hispanoamerika
Von Prof. Dr. rer. pol. Hartmut Sangmeister
2019, 249 S., broschiert
ISBN 978-3-8487-5102-0

Internationale Politische Ökonomie
Von Prof. Dr. Stefan A. Schirm
4., unveränderte Auflage 2019, 290 S., broschiert
ISBN 978-3-8487-5984-2

Theoretiker der Politik
Von Prof. em. Dr. Frank R. Pfetsch
3. Auflage 2019, 614 S., broschiert, 29,90 €,
ISBN 978-3-8487-5015-3

Chinesische Politik
Von Prof. Dr. Dr. Nele Noesselt
2., aktualisierte und überarbeitete Auflage 2018, 252 S., broschiert
ISBN 978-3-8487-4238-7

Einführung in die Politikwissenschaft
Von Prof. Dr. Thomas Bernauer, Prof. Dr. Detlef Jahn, Dr. Patrick M. Kuhn und Prof. Dr. Stefanie Walter
4., durchgesehene Auflage 2018, 566 S., broschiert
ISBN 978-3-8487-4872-3

Internationale Sicherheit und Frieden
Von Prof. Dr. Heinz Gärtner
3., erweiterte und aktualisierte Auflage 2018, 338 S., broschiert
ISBN 978-3-8487-4198-4

Methoden der Politikwissenschaft
Von Prof. Dr. Bettina Westle
2. Auflage 2018, 436 S., broschiert
ISBN 978-3-8487-3946-2

Parlamentarismus
Von Prof. Dr. Stefan Marschall
3., aktualisierte Auflage 2018, 265 S., broschiert
ISBN 978-3-8487-5231-7

Weltbilder und Weltordnung
Von Prof. Dr. Gert Krell und Prof. Dr. Peter Schlotter
5., überarbeitete und aktualisierte Auflage 2018, 462 S., broschiert
ISBN 978-3-8487-4183-0

Grundbegriffe der Politik
Von Dr. Martin Schwarz, Prof. Dr. Karl-Heinz Breier und Prof. Dr. Peter Nitschke
2., aktualisierte und erweiterte Auflage 2017, 246 S., broschiert
ISBN 978-3-8487-4197-7

Zeitfracht Medien GmbH
Ferdinand-Jühlke-Straße 7
99095 Erfurt, Deutschland
produktsicherheit@kolibri360.de